21 世纪高等院校网络教育示范教材

微观经济学

主编 冯 薇

知识产权出版社

内容提要

本书全面系统地探讨了微观经济学的理论与方法。其主要特色如下：本书以价格问题为主线，搭建市场运行和均衡的结构框架，逻辑推理严密，取材行文流畅。本书通过实例阐释经济学理论，在章节中嵌入例证并设有专栏，贴近现实、易于消化吸收。本书可供成人高等教育的经济与管理学科各专业在教学中使用，也可作为普通高等院校相关专业的教材使用。

责任编辑：龚　卫　　　　责任校对：韩秀天
装帧设计：张小力　　　　责任出版：卢运霞

图书在版编目（CIP）数据

微观经济学／冯薇主编．—北京：知识产权出版社，2011.2（2012.4 重印）（2013.3 重印）
ISBN 978-7-5130-0374-2

Ⅰ．①微… Ⅱ．①冯… Ⅲ．①微观经济学 Ⅳ．①F016

中国版本图书馆 CIP 数据核字（2011）第 015319 号

21 世纪高等院校网络教育示范教材

微观经济学
冯　薇　主编

出版发行：	知识产权出版社		
社　　址：	北京市海淀区马甸南村 1 号	邮　编：	100088
网　　址：	http：//www.ipph.cn	邮　箱：	bjb@cnipr.com
发行电话：	010-82000860 转 8101/8102	传　真：	010-82005070/82000893
责编电话：	010-82000860 转 8120	责编邮箱：	gongwei@cnipr.com
印　　刷：	三河市国英印务有限公司	经　销：	新华书店及相关销售网点
开　　本：	720mm×960mm　1/16	印　张：	19.5
版　　次：	2011 年 3 月第 1 版	印　次：	2013 年 3 月第 3 次印刷
字　　数：	370 千字	定　价：	32.00 元

ISBN 978-7-5130-0374-2/F·389（3293）

出版权专有　侵权必究
如有印装质量问题，本社负责调换。

前　言

近些年来，我国现代远程教育逐步兴起和发展，开辟了成人在开放大学接受高等教育的新路径。"大力发展现代远程教育"已写进新近发布的《国家中长期教育改革和发展规划纲要（2010～2020年）》。毋容置疑，现代远程教育在建设"学习型社会"和"人力资源强国"中的重要性将日益凸显。

微观经济学是国家教育部规定的全国高等院校经济与管理学科各专业的8门核心课程之一。中国农业大学网络教育学院自2002年起在金融学、会计学、公共管理等专业开设了微观经济学课程，这门专业基础课为后续专业课的学习打下了坚实的基础，收到了良好的效果。经过多年的教学实践和对授课对象的把握，为增强学生运用经济学理论洞察社会、分析问题的能力，实现应用型人才的培养目标，我们决定编写这本《微观经济学》教材。

经济学从产生至今只不过几百年的历史，而人类社会所面临的资源稀缺与需要无限的矛盾已存在数千年。现实世界中形形色色、纷乱庞杂的经济问题推进了经济学的研究，促使经济学的学科体系日臻完善。经济学这个社会科学的"皇后"，愈来愈焕发出勃勃生机。

微观经济学关注的是个体决策。稀缺性迫使我们时时处处面临选择，个人、企业乃至政府的选择决定了整个社会的权衡取舍。单个经济单位的选择与决策主要受价格的影响，微观经济学的中心问题是价格问题。微观经济学研究的是既定的经济资源如何分配到各种不同用途上，即资源配置问题，解决此问题的目标就是要使资源配置达到最优化，实现社会最大的经济福利。

本书的框架设计正是围绕着价格问题这条主线展开的。第一章"导论"对经济学予以界定，阐述了微观经济学的研究对象、基本问题和研究方法。第二章"需求、供给与市场均衡"阐释了经济学分析工具中最重要的需求—供给模型。需求和供给是推动市场运行的重要力量，市场力量能够解决生产和消费等问题。该章重点探讨均衡价格的形成，并研究市场存在的自发调节机制。第三章"消费者行为理论"主要研究作为需求方的个人选择逻辑。第四章"生产者行为理论"则研究作为供给方的厂商的生产行为及其成本、收益、利润状况。第五章—第八章着重研究四种市场结构，它们分别是"完全竞争市场"、"垄断市场"、"垄断竞争市场"和"寡头垄断市场"，研究不同市场条件下，厂商的定价和产量决策行为。第九章"博弈论和竞争策略"则是对寡头垄断市场下厂商的策略性行为的深入探讨，它体现了微观经济学的最新发展。第十章"要素市场的价格决定"讨论要素市场均衡问题，社会产品如何在全社会范围内分配。第十一章"一般均衡与经济效率"涉及所有市场同时达到的均衡与福利经济学。第十二章"市场失灵与微观经济政策"主要研究市场失灵的原因以及作为市场监管者的政府是如何通过微观经济政策纠正市场失灵的。

本书全面系统地阐释了微观经济学的理论与方法。其主要特色如下：

其一，本书以价格问题为主线，搭建市场运行和均衡的结构体系，框架设计合理。对微观经济学理论的表述由概念到原理，清晰准确，由浅入深，推理严密，层层递进，逐渐构建起一个完整的知识体系。

其二，本书通过实例阐释经济学理论，贴近现实、易于消化吸收。为了帮助学生理解和掌握相关概念和理论，尽量使用发生在他们身边的例子去解析，以增强可读性和趣味性，力求取得事半功倍的效果。在章节中嵌入例证并设有专栏，促使学生用所学理论分析具体问题，增强对经济现象的解释力。每章开端都列出本章概要、学习目标，在末尾则提供本章小结和复习思考题；在书后附有大部分题的参考答案，确保学生目标明确、学以致用。

其三，本书在保持经典理论体系完整性的同时，与时俱进，把微观经济学的最新发展动态融入其中。

本书共计十二章，中央财经大学的冯薇教授负责全书的框架设计、统一修改和定稿工作。参加本书写作的人员及分工如下：冯薇（前言、第一章、第二章和第三章的第一节、专栏及复习思考题、全书的参考文献等）、刘莹（第四章）、李宁宁（第五章）、施海雯（第六章）、石志华（第七章）、王文昕（第三章的第二节至第五节、第八章）、刘文麟（第九章）、施海楠（第十章）、耿德明（第十一章）、徐瞳舟（第十二章）。施海雯负责写作中的联络协调、书稿的汇总整理等工作。

本书的写作得到了中国农业大学网络教育学院领导和郑丽老师的大力支持，知识产权出版社的龚卫编辑为之付出许多辛勤的劳动，写作中参考了许多国内外专家学者的著作，在此一并致以谢忱！

由于作者才疏学浅，加之写作时间仓促，本书难免会有疏漏和不妥之处，敬请各位同仁和读者批评指正。作者的电子信箱是：fengwei@cufe.edu.cn。

冯　薇

2010年9月20日

目 录

第一章 导论 ··· 1
  第一节 经济学的研究对象和基本问题 ·· 2
  第二节 微观经济学的基本假定和研究方法 ·· 6
  第三节 微观经济学的形成与发展 ·· 10
  本章小结 ·· 12
  复习思考题 ·· 12

第二章 需求、供给与市场均衡 ·· 13
  第一节 需求和供给 ·· 14
  第二节 市场均衡及其变动 ··· 23
  第三节 需求和供给的弹性 ··· 28
  第四节 供求理论的应用 ·· 36
  本章小结 ·· 40
  复习思考题 ·· 40

第三章 消费者行为理论 ··· 42
  第一节 效用理论概述 ··· 43
  第二节 无差异曲线分析 ·· 49
  第三节 收入和价格的变动与消费者选择 ·· 54
  第四节 替代效应和收入效应 ·· 58
  第五节 不确定性条件下的消费者行为 ·· 62
  本章小结 ·· 66
  复习思考题 ·· 67

第四章 生产者行为理论 ··· 69
  第一节 生产函数 ··· 70
  第二节 一种可变要素的生产函数 ·· 72

第三节　两种可变要素的生产函数 ……………………………… 76
　　第四节　短期成本分析 …………………………………………… 84
　　第五节　长期成本分析 …………………………………………… 92
　　第六节　成本、收益与利润最大化 ……………………………… 96
　　本章小结 ……………………………………………………………… 102
　　复习思考题 …………………………………………………………… 103

第五章　完全竞争市场 ………………………………………………… 105
　　第一节　完全竞争的市场和厂商 ………………………………… 106
　　第二节　完全竞争厂商的短期均衡 ……………………………… 111
　　第三节　完全竞争厂商和市场的短期供给曲线 ………………… 115
　　第四节　完全竞争厂商的长期均衡 ……………………………… 119
　　第五节　完全竞争市场的长期供给曲线 ………………………… 122
　　本章小结 ……………………………………………………………… 127
　　复习思考题 …………………………………………………………… 128

第六章　垄断市场 ……………………………………………………… 129
　　第一节　垄断市场的假设条件与收益曲线 ……………………… 130
　　第二节　垄断厂商的产量决策与定价法则 ……………………… 134
　　第三节　垄断势力及其决定因素 ………………………………… 139
　　第四节　垄断厂商的价格歧视 …………………………………… 142
　　第五节　垄断和竞争的比较 ……………………………………… 148
　　第六节　政府对垄断市场的限制 ………………………………… 153
　　本章小结 ……………………………………………………………… 157
　　复习思考题 …………………………………………………………… 157

第七章　垄断竞争市场 ………………………………………………… 159
　　第一节　垄断竞争市场的假设条件 ……………………………… 160
　　第二节　产品差别和垄断竞争 …………………………………… 162
　　第三节　垄断竞争厂商的短期和长期均衡 ……………………… 164
　　第四节　垄断竞争市场的经济效率 ……………………………… 175
　　本章小结 ……………………………………………………………… 177
　　复习思考题 …………………………………………………………… 178

第八章　寡头垄断市场 ………………………………………………… 179
　　第一节　寡头垄断市场的主要特征 ……………………………… 180
　　第二节　寡头垄断市场的均衡 …………………………………… 182
　　第三节　共谋的寡头市场模型 …………………………………… 188

  第四节 寡头市场的经济效率 …………………………………… 193
  本章小结 ……………………………………………………………… 196
  复习思考题 …………………………………………………………… 197

第九章 博弈论和竞争策略 …………………………………………… 199
  第一节 博弈论及其基本概念 …………………………………… 200
  第二节 占优策略 ………………………………………………… 203
  第三节 纳什均衡 ………………………………………………… 209
  第四节 混合策略 ………………………………………………… 216
  本章小结 ……………………………………………………………… 218
  复习思考题 …………………………………………………………… 218

第十章 要素市场的价格决定 ………………………………………… 220
  第一节 完全竞争条件下要素价格的决定 …………………… 221
  第二节 非完全竞争条件下要素价格的决定 ………………… 228
  第三节 劳动市场的价格决定 …………………………………… 235
  本章小结 ……………………………………………………………… 242
  复习思考题 …………………………………………………………… 243

第十一章 一般均衡与经济效率 ……………………………………… 244
  第一节 瓦尔拉斯的一般均衡理论 …………………………… 245
  第二节 帕累托最优 …………………………………………… 251
  第三节 福利经济学 …………………………………………… 262
  本章小结 ……………………………………………………………… 266
  复习思考题 …………………………………………………………… 267

第十二章 市场失灵与微观经济政策 ………………………………… 268
  第一节 外部性 ………………………………………………… 269
  第二节 公共物品 ……………………………………………… 275
  第三节 不完全信息 …………………………………………… 283
  本章小结 ……………………………………………………………… 288
  复习思考题 …………………………………………………………… 289

部分复习思考题参考答案 …………………………………………………… 290

参考文献 ……………………………………………………………………… 303

第一章 导　　论

本章概要

　　本章我们要探讨经济学产生的原因，对经济学加以界定；学习经济学的研究对象及经济学的两大分支，引出微观经济学研究的基本问题和基本内容。本章我们还要学习资源配置的经济制度和微观经济学的研究方法，介绍微观经济学的历史沿革与发展脉络。

学习目标

1. 掌握稀缺性、经济学和机会成本的定义。
2. 认识微观经济学的研究对象，描述微观经济学的基本内容。
3. 了解微观经济学的研究方法。

第一节　经济学的研究对象和基本问题

人类在社会生活中面临各种经济问题，无论你是消费者还是生产者❶，是职员还是经理，都有亲历宏观经济状况、市场如何运行、政府政策调整等经济问题的体验，经济学无处不在。本节主要介绍经济学的研究对象和基本问题。

一、什么是经济学

1. 稀缺性

人的欲望和由此引起的对商品和服务的需要❷，是多层次和无限的，而用来满足这些无限需要的资源是相对不足的。稀缺性（scarcity）是指社会拥有的资源是有限的，因此不能生产人们希望拥有的所有商品和服务。❸

资源的界定范围很宽泛，既包括劳动、资本、土地（或自然资源）、企业家才能等生产要素，也包括国家的财富❹，时间资源等。无论对社会、企业还是个人，稀缺性都是普遍存在的。因此，每个人都面临选择和资源配置问题。比如，一个大学生即将面临期末考试，但能够用于复习的时间只有一周，时间就是一种稀缺资源，如何在学习、睡觉和娱乐之间配置时间资源，是一个经济学问题。社会资源的稀缺性以及由此产生的选择的必要，是经济学产生的根本原因。

2. 经济学的定义

关于经济学（economics）的定义众说纷纭，遣词行文不尽相同，似乎至今还没有一个公认的说法。我们选取几种常见的定义表述如下：

马歇尔在其1890年出版的《经济学原理》一书中，最先用"经济学"一词来代替传统的"政治经济学"，他指出，"政治经济学或经济学是一门研究人类一般生活事务的学问，它研究个人和社会活动中与获取和使用物质福利必需品最密切有关的那一部分。""经济学是一门研究财富的学问，同时也是一门研究人的学问。"

1932年罗宾斯给经济学下的定义应用得最为广泛，"经济学是研究人类行为的科学，这里的人类行为是指目的和稀缺手段之间的关系，两者可以替换

---

❶ 消费者又被称为个人、居民户或家庭，生产者又被称为厂商、企业，本书对此不作严格区分。
❷ 欲望和需要的定义见第二章的第一节。
❸ 商品和服务也可表述为物品或产品和劳务，本书不作严格区分。
❹ 古典经济学家亚当·斯密在其1776年出版的《国富论》中指出，财富是一国国民每年消费的生活必需品和舒适品，它们或是本国人民直接生产出来，或是用本国产品向外国交换得来，财富的源泉是劳动。

使用。"

1948 年萨缪尔森给出的定义："经济学是研究人和社会如何进行选择，来使用可以有其他用途的稀缺的资源以便生产各种商品，并在现在或将来把商品分配给社会的各个成员或集团以供消费之用。"

具有类似思想的另一个定义：经济学是研究人们如何使用相对稀缺的资源来满足无限多样的需要的一门社会科学。

曼昆在其《经济学原理》中给经济学下了一个简明的定义：经济学研究社会如何管理自己的稀缺资源。

本书对经济学作出如下的界定：经济学是一门研究人们面对稀缺性资源如何作出选择的科学。

二、经济学的研究对象

根据经济学的研究对象不同可以将其分为微观经济学和宏观经济学两大分支。

微观经济学（microeconomics）关注的是个体决策，它以个人、家庭、企业（或厂商）以及单个市场等单个经济单位为研究对象，研究其经济行为以及这些选择与决策的影响因素，研究相应经济变量的单项数值如何决定。微观经济学研究的经济行为包括：个人或家庭如何将有限的收入分配在各种商品的消费上，以获得最大满足；企业如何把有限的资源分配在各种商品的生产上，以获取最大的利润。微观经济变量主要有：价格、产量、成本、利润、需求量、效用等。单个经济单位的选择和决策直接受价格的影响，因此，微观经济学的中心问题是价格问题，正因为如此，微观经济学理论也被称为价格理论。微观经济学研究的是既定的经济资源如何分配到各种不同用途上，即资源配置问题。

宏观经济学（macroeconomics）关注的是总体现象，它以整个国民经济活动为研究对象，研究经济中总的经济问题以及相应经济变量的决定、变动及其相互间的关系。宏观经济学研究的内容包括经济增长、经济周期、失业和通货膨胀，主要宏观经济变量有：国民收入、消费、投资、失业率、经济增长率等。宏观经济学研究的是经济资源的利用问题。

微观经济学与宏观经济学的联系非常紧密。在整体经济活动中所发生的一切经济现象都是基于个体决策的结果，微观经济学是宏观经济学的基础；而个体决策又是在一定的整体经济条件下作出的，宏观经济学是微观经济学的前提。宏观经济学和微观经济学实际上是整体和构成整体的个体之间的关系。目前，宏观经济学发展的一个动向就是加强对其微观基础的研究，在方法论上宏观经济学与微观经济学也有明显的相似性。

三、经济学的基本问题

1. 机会成本和生产可能性曲线

天下没有免费的午餐。由于资源稀缺性的存在，人们必须面临权衡取舍。一个有特定预算约束的家庭，这个月外出用餐的次数增多，添加新衣服的数量就要减少；生产者为了生产某种产品就必须放弃生产其他产品；一个大学生毕业后继续深造，必然要放弃就业的机会。

机会成本就是指把某一资源用于某一特定用途时所放弃的在其他用途中所能获得的最大收益。如果用实物数量表示，机会成本是为了得到某种东西所必须放弃的东西。

一个接受过经济学训练的人能够像经济学家那样思考问题，他们会比较每一事物的成本与收益，并以此为基础作出决策。举例来说，泰格·伍兹曾经是斯坦福大学经济学专业的一名学生，为了当职业高尔夫运动员挣得巨额收入，读了两年就辍学了。❶因为他深知继续读大学的机会成本过高，远远超过其未来可能获得的收益，所以他的选择是理性的。

资源是稀缺的，无论是个人、企业，还是社会的选择都存在着机会成本。把机会成本概念加以引申推广，我们可以用生产可能性边界（PPF）来考察一个社会如何分配其相对稀缺的生产性资源。在既定的时间内，一个社会或经济体所拥有的资源既定，技术水平不变，生产可能性曲线表示它所能生产的最大数量的两种物品的组合。假设一个社会当年只生产两种物品，分别是消费品和资本品，其生产可能性边界曲线如图1-1所示。

图1-1的横坐标代表资本品的数量，纵坐标代表消费品的数量，一个社会的生产可能性边界（PPF）可以由曲线 AF 来表示。若全部资源都用于生产消费品，最大的消费品生产量为5亿单位；全部资源都用于生产资本品，最大的资本品生产量为5000万单位。一般这两种极端情况都不会被选择，因为一个社会仅生产消费品，只能维持简单再生产，如果用一部分资源生产资本品，当年的消费品虽然

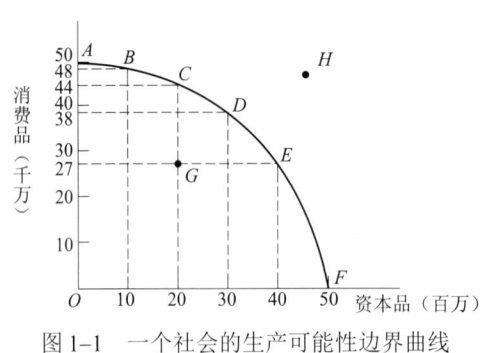

图1-1 一个社会的生产可能性边界曲线

---

❶ [美]威廉·A.迈克易切恩. 微观经济学[M]. 田秋生, 译. 北京：经济科学出版社, 2004：38.

会有所减少，但资本品可以满足投资的需求进而实现扩大再生产。

在生产可能性边界以内的点，如点 G，该点表示资源没有得到充分利用或者是低效率地使用所对应的物品组合，通过利用闲置资源或者更有效率地利用现有资源，该社会能够在不减少一种物品生产的前提下，生产出更多的另一种物品，点 G 向曲线上的点 C、E 或 D 移动，都能使资源得到更有效地利用。生产可能性边界曲线上的所有点都是有效率的。在生产可能性边界以外的点，如点 H，代表在现有可利用的资源和技术既定条件下达不到的生产组合。

生产可能性边界曲线 AF 向外弯曲体现了机会成本递增规律，即随着资本品生产数量的增加，要求该社会牺牲的消费品的生产数量越来越多。从点 A 到点 B，多生产 1000 万个单位的资本品的机会成本是消费品的减少量 2000 万个单位，从点 B 到点 C、点 C 到点 D、点 D 到点 E 的资本品增加量都是 1000 万个单位，消费品的减少量依次为 4000 万、6000 万和 1.1 亿个单位，机会成本呈递增趋势。

生产可能性边界（PPF）仅仅提供了两种物品的相对成本信息，还需知道有关收益的状况，才能决定选择哪一个生产组合。

2. 微观经济学的基本问题

稀缺性的限制使我们时时处处面临选择，个人、企业和政府的选择决定了整个社会的权衡取舍。经济问题繁杂多样，每一个社会都要解决的三个基本经济问题如下：

（1）生产什么？资源稀缺我们不可能什么都生产，一个企业需要选择生产什么产品和服务？如生产哪一种新型厨房用具，开发何种金融服务，以最大限度地满足消费者的需求。政府部门要选择修筑哪条公路，制定具体的公共支出计划。

（2）如何生产？一种产品一般都可采用多种生产方法，我们必须决定如何使用现有的资源生产出我们想要的东西，投入多少劳动、多少机器，用煤还是用太阳能发电，此类问题除了考虑技术上的可行性之外，决策的主要依据是以各种资源（或要素）的相对价格为基础。

（3）为谁生产？谁来消费所生产的产品和服务，我们必须决定社会产品如何在全社会范围内分配，这就是经济学中的收入分配问题。

可见，微观经济学所研究的是资源配置问题，解决此问题的目标就是要使资源配置达到最优化，实现社会最大的经济福利。

图 1–1 的生产可能性边界曲线 AF 表示了既定技术水平和资源条件下，一个社会可能生产的最大产量，或称潜在的国民收入，如果该社会达不到这个产量水平，说明劳动处于失业状态、机器设备也没有得到充分利用，资源的利用问题是宏观经济学研究的主要问题。

3. 微观经济学的基本内容

微观经济学主要研究：商品市场和要素市场两类市场的运行和均衡状况；个人和企业两类市场主体及市场监管者——政府的选择及其相互作用，最终决定一个经济的资源配置。微观经济学的基本内容大体上包括市场均衡理论、消费者行为理论、生产者行为理论、市场结构理论、要素市场均衡理论、一般均衡和福利经济理论、微观经济政策等。我们用结构框图 1-2 描绘全书共计 12 章所涵盖的微观经济学之基本内容及其相互关系。

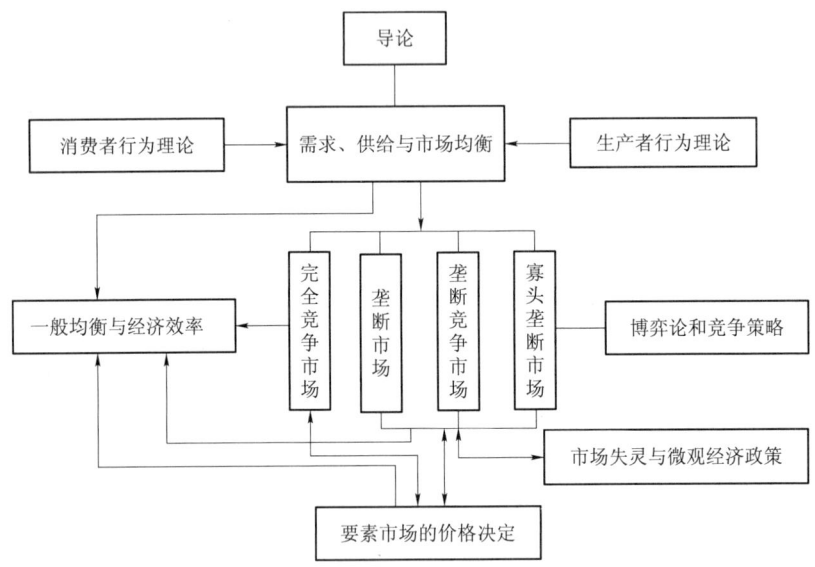

图 1-2 微观经济学的内容结构框图

第二节 微观经济学的基本假定和研究方法

微观经济学的建立是以一系列的假设条件为前提的，本节将介绍微观经济学的两个基本假定，在此基础之上探讨资源配置的经济制度，最后学习微观经济学的研究方法。

一、微观经济学的两个基本假定

第一，理性人的假定。这个假定也被称为"经济人"的假设条件。"经济人"假定是对经济生活中的人的基本特征的一般性抽象，其本性被假设为利己的。"经济人"在一切经济活动中的行为都是以利己为动机的，在可利用的信息一定的情况下，试图以最小的经济代价换取最大的经济利益。一般而言，人们不能确知哪种选择结果是最好的，只能挑选一定成本条件下所能得到的预期利益最大，或者特定利益的预期成本最小的方案。经济学中通常假定理性的消费者是为了获取自身的最大满足，而理性的生产者则是为了得到最大化的利润，作为政府代表则是寻求全体国民福利最大化。理性人❶假定是新古典经济学的研究基础，只有在完全理性的假设基础上，才可能通过价格机制的调节实现资源的最优化配置。

第二，完全信息的假定。完全信息是指消费者和生产者可以免费而迅速地获得各种市场信息，对商品的供求和价格、商品本身的特性等有关情况具有完全的知识，市场参与者在价格信号的引导下作出相应反应，以实现自身利益的最大化。不过，近些年来博弈论和信息经济学发展迅速，不完全信息的情况被纳入经济学的分析框架。

二、资源配置的经济制度

所有社会都面临稀缺资源的配置问题，然而资源配置的方式却有所不同，资源配置的经济制度即经济体制大致可以分成以下几类：

1. 市场经济制度

市场经济制度主要是指资源归私人所有、经济决策高度分散化的经济制度。在这种市场制度或体制下，市场会解决生产什么、如何生产和为谁生产的问题。市场传递有关相对稀缺的信息，提供个人激励，在资源供给者之间分配收入所得。在不受限制的市场上，为数众多的消费者可以自由地购买他们心仪的任何商品和所需要的服务，并选择自己满意的职业和工种；千千万万的企业能够独立地作出生产何物的决策，并选择雇佣多少工人及付酬水平。在市场价格这只"看不见的手"的指引下，资源被配置到最为合理的用途上。

从制度层面分析，"市场是一种经济制度，它为人们提供买卖商品和服务的机会与规则。"❷从技术层面分析，市场提供了买方和卖方之间进行交易的可能性，市场把交易双方连结起来，可以减少交易的时间和信息成本，市场是协调和统一买卖双方意愿的一种机制，最终决定商品的价格和数量。

市场又可分为竞争性市场和非竞争性市场。在一个完全竞争市场上，存在许多买者和卖者，单个买者或卖者对商品的价格均没有影响力，所有买者和卖

---

❶ 20世纪50年代，管理学家西蒙提出了有限理性的观点，与传统理论的完全理性相对应。

❷ [美]道格拉斯·伯恩海姆，迈克尔·惠斯顿. 微观经济学[M]. 项婷婷，译. 北京：北京大学出版社，2010：7.

者的共同行为决定市场的单一价格。在不完全竞争市场上，不同的企业（或厂商）可以对类似的商品制定不同的价格。

在市场经济制度下，政府尽量不要干预市场的自由运转。然而，市场的运行离不开私有产权的确立和保护制度，这些方面需要政府的介入。

2. 计划经济制度

计划经济制度通过中央计划或政府指令推动所有与资源配置相关的经济活动的进行。政府部门决定生产多少钢铁、多少房屋、多少粮食，也决定如何生产和怎样分配等问题。这种靠完全集中化的决策来解决资源配置和利用问题的经济制度，已被实践证明其效率十分低下。

3. 混合经济制度

纯粹的分散决策和纯粹的集中决策在现实中都较为少见，每个社会都兼有这两种决策方式的特点。把市场经济和计划经济两种制度结合起来的混合经济制度比较常见，混合经济制度既有市场调节，又有政府干预，两者相互补充，相得益彰。不过当今世界，不同国家的侧重点有所不同。

三、微观经济学的研究方法

1. 实证分析与规范分析

微观经济学关注的一类问题是描述和解答经济事实，如人们的选择和市场结果怎样，它可以用事实检验并得到支持或否定的结论，这一过程被称为实证分析，实证分析主要回答"是"与"不是"的问题。所有的实证问题都会涉及已经发生什么、将要发生什么以及会发生什么，这些问题分别是对过去的事实性描述、对未来的预测和基于经济事物的因果关系分析推断某种行为可能的后果。实证分析一般需要通过建立经济模型来研究经济变量之间的关系。比如"最低工资法引起了失业"的命题就属于实证分析。

微观经济学关注的另一类问题是解答涉及价值判断的问题，这一过程被称为规范分析。规范分析从价值判断出发，提出人们行为的准则，其准则是经济理论分析和制定经济政策的依据，它主要研究"应该"与"不应该"的问题。比如"政府应该提高最低工资"的命题就属于规范分析。

微观经济学既关注实证分析，也关注规范分析。

2. 均衡分析与过程分析

均衡分析和过程分析是微观经济学使用的两种分析方法。

均衡源自物理学，指一个系统受到对立的力量作用，它们正好相互抵消，使该系统处于相对静止的均衡状态。经济学中的均衡是指这样一种状态：经济决策者在权衡取舍其使用资源的方式或方法时，认为重新调整其资源配置方式已不可能获得更多的好处,从而不再改变其经济行为;或者相互抗衡的力量势均力敌,所考察的事物不再发生变化,称为所研究的事物已达到均衡状态。

均衡分析是分析各种经济变量之间的关系,说明均衡的实现条件及其变动。均衡分析又分为局部均衡分析和一般均衡分析。局部均衡分析假定一个市场的运行独立于其他市场,仅仅研究某一特定市场的均衡,该理论的创始人是英国经济学家马歇尔。一般均衡分析考虑各种市场的相互影响,研究各种市场同时达到均衡状态的条件,其创始人是瓦尔拉斯。

均衡分析并不论及达到均衡的过程,而经济变量在其相互作用,从不均衡到均衡过程中,一般要经历一定的时间,实际上均衡分析忽略了时间因素,因此均衡分析又被称为瞬时分析。

过程分析则要考虑经济变量调整变化的实际过程,这种分析方法一般将经济活动过程分为连续的分析"期间",以便研究相关经济变量在各个期间的变化情况,因此,过程分析又被称为"期间分析"或"序列分析"。

静态分析和比较静态分析中都采用均衡分析的方法,动态经济学中也会采用均衡分析方法,不过,过程分析法常用于动态经济学。

静态分析旨在分析经济现象的均衡状态以及有关的经济变量达到均衡状态所具备的条件,它完全抽象掉了时间因素和具体变化的过程,是一种静止地、孤立地考察某种经济事物的方法。比较静态分析旨在分析当已知条件发生变化后经济现象的均衡状态的相应变化,即对有关经济变量一次变动的前后状态进行比较。动态分析则要考察现实的动态社会里起作用的经济力量是怎样引起经济变动的,它的一个重要特点是考虑时间因素的影响,研究经济现象的发展变动过程。

3. 经济模型

经济学是一门社会科学,"社会"表明它涉及人类行为;"科学"说明它在研究人类行为时遵循科学的方法。微观经济学经常采用建立经济模型的方法来分析问题。经济模型是指用来描述所研究的经济现象的相关经济变量之间依存关系的理论结构。经济模型是经济现实的一种简化,它常被用于预测现实世界。经济学家在研究经济问题时,通常通过以下规范的程序来建立经济模型:

(1) 识别经济问题,选择经济变量。比如研究一个消费者每周消费蛋糕的数量,就可能取决于蛋糕的价格、黄油的价格和此人的收入等经济变量。

(2) 为简化问题而给出假设。除了微观经济学的基本假定之外,还要提出理论成立所依据的假设。比如,我们可以假设黄油的价格及消费者的收入不变,仅考虑蛋糕数量和价格这两个重要的经济变量之间的关系。

(3) 提出一种理论或假说。比如提出蛋糕的需求量与价格之间呈现负相关关系，即提出需求规律。

（4）检验理论或假说。一种理论正确与否，可以通过数据分析，比较该理论的预测结果与证据来进行检验。

4. 边际分析

边际分析是利用边际的概念对经济行为和经济变量进行数量分析的方法。理性人会根据边际分析作出相关决策。例如，一个剧院在开演后还有一些空座位，如果以半价卖给想看演出的观众，此决策是否合理？答案是肯定的。因为增加一名观众所增加的边际成本微乎其微，但增加的边际收益则是一半的票价，显然边际收益大于边际成本，所以决策完全正确。

第三节 微观经济学的形成与发展

本节主要梳理微观经济学的历史沿革和发展脉络，以期对经济学的渊源与发展新动向有一定的把握。微观经济学的形成与发展具有明显的阶段性特点。

一、微观、宏观不加区分的阶段

从 17 世纪下叶到 19 世纪上叶是微观、宏观不加区分的早期研究阶段。古典经济学家把经济研究从流通领域转移到生产领域，他们强调只有生产领域才能创造财富。威廉·配第提出"土地是财富之母，劳动是财富之父"，他于 1662 年最先提出"劳动价值论"的基本命题。

亚当·斯密是古典经济学最著名的代表，他于 1776 年出版的《国民财富的性质和原因的研究》（简称《国富论》），建立了经济学的第一个理论体系。亚当·斯密认为，劳动是供给国民一切生活用品的源泉，他对劳动价值论进行了深入的分析和研究，区分了使用价值和交换价值，认为"劳动是衡量一切商品交换价值的真实尺度"，"劳动是商品的真实价格，货币只是商品的名义价格"，在此基础之上，亚当·斯密阐述了他的"劳动价值论"。亚当·斯密以利己的经济人为出发点，提出了"看不见的手"的著名论点。他指出："每个人都在力图应用他的资本，来使其生产的产品能得到最大的价值。一般地说，他并不企图增进公共福利，也不知道他所增进的公共福利为多少，他所追求的仅仅是他个人的安乐，仅仅是他个人的利益。在这样做时，有一只看不见的手引导他去促进一种目标，而这种目标决不是他所追求的东西，由于追逐他自己的利益，他经常促进了社会利益，其效果要比真正想促进社会利益时所得的效果为大。"

大卫·李嘉图于 1817 年出版的《政治经济学及赋税原理》一书，系统地论述了他的价值理论、货币理论和分配理论等，使古典经济学更加成熟和完善。

之后萨伊和西尼尔等人的"效用论""生产费用价值论"成为价值理论和分配理论的思想基础。

二、现代微观经济学的建立与形成阶段

19世纪70年代，英国的杰文斯、奥地利的门格尔、瑞士洛桑学派的法国经济学家瓦尔拉斯几乎同时但各自独立地提出了边际效用价值论，掀起一场"边际革命"。他们认为，商品的价值不是由生产费用决定，而是由边际效用决定的。马歇尔是边际主义经济学的集大成者，他于1890年出版了《经济学原理》一书，该著作综合边际主义者和早期古典学派的观点，建立了以完全竞争市场为前提，以生产和消费、供给和需求共同决定商品价值的均衡价格理论为核心的完整的新古典经济学体系。马歇尔颂扬自由竞争，主张自由放任，认为资本主义制度可以通过市场机制的自发调节达到充分就业的均衡。马歇尔的理论分析框架为现代微观经济学的建立奠定了坚实的理论基础。奥地利学派的庞巴维克和美国的克拉克发展了边际生产力分配理论，经济学家庇古在20世纪初就创立了"福利经济学"，意大利经济学家帕累托拓展了现代经济学的分析方法，后来被称为"帕累托最优"的条件成为经济效率的判断标准，现代微观经济学体系得以初步建立。

尽管价格理论是微观经济学的核心问题，但是现代微观经济学的真正形成是在厂商理论建立之后。1933年美国经济学家张伯伦和英国经济学家琼·罗宾逊同时各自发表了《垄断竞争理论》和《不完全竞争理论》，从根本上改变了以完全竞争为前提的理论分析，补充了马歇尔的均衡价格理论。他们将市场结构分成更加符合经济现实的四种类型，即完全竞争市场、垄断竞争市场、寡头垄断市场和完全垄断市场，研究不同市场结构条件下的厂商行为，大大推进了微观经济学的发展，使得现代微观经济学最终得以形成。

现代宏观经济学的产生是以1936年凯恩斯的《就业、利息与货币通论》一书出版为标志的，他提出的有效需求理论和通过国家干预经济以减少失业的政策主张，一跃而成为西方经济学的主流，被称为"凯恩斯革命"。此后，随着新的经济现象出现，新的学派不断涌现；理论纷争促进了经济学向多元化方向发展。

三、现代微观经济学发展新动向

20世纪60年代以来，微观经济学的研究范围不断扩大，福利经济学、企业组织和决策理论、公共选择理论、交易成本理论、激励理论、经济机制设计理论、博弈论与信息经济学、贸易理论和行为经济学等发展迅猛，从而不断扩

充和完善现代微观经济学的理论和体系。微观经济学的研究对象不仅仅是金钱,它被日益拓展到诸如教育、卫生、婚姻、生育、吸毒成瘾、犯罪、种族问题等方面。每个人都会以某种方式受到经济力量的影响,促成人们理性的决策,微观经济学越来越发展成为一门研究决策的学问。

本章小结

1. 稀缺性是指社会拥有的资源的有限性。经济学是一门研究人们面对稀缺性资源如何作出选择的科学。

2. 根据经济学的研究对象不同可以将其分为微观经济学和宏观经济学两大分支。微观经济学以单个经济单位为研究对象,宏观经济学以整个国民经济活动为研究对象。

3. 机会成本就是指把某一资源用于某一特定用途时所放弃的在其他用途中所能获得的最大收益。微观经济学研究的是资源配置问题,可以归结为三个基本问题:生产什么、如何生产和为谁生产。微观经济学的基本内容包括:市场均衡理论、消费者行为理论、生产者行为理论、市场结构理论、要素市场均衡理论、一般均衡和福利经济理论、微观经济政策等。

4. 微观经济学的两个基本假定:理性人假定和完全信息假定。资源配置的三种经济制度:市场经济制度、计划经济制度和混合经济制度。微观经济学的研究方法从性质上可以区分为实证分析和规范分析;从具体操作层面可以分为均衡分析和过程分析、经济模型、边际分析,等等。

5. 微观经济学的形成与发展大致可以分成三个阶段。

复习思考题

1. 什么是经济学?其研究对象是什么?
2. 什么是机会成本?举例说明任何选择都是有代价的。
3. 微观经济学研究的基本问题和基本内容是什么?
4. 什么是经济模型?如何建立经济模型?

第二章　需求、供给与市场均衡

本章概要

英国历史学家托马斯·卡莱尔曾说过："教鹦鹉学会'供给和需求'一词，你就创造了一位经济学家。"本章我们要学习经济学分析工具中最重要的需求—供给模型，研究需求和供给背后的决定因素及其基本规律，考察市场的运行和市场均衡的涵义；学习弹性的概念及其实际应用。

学习目标

1. 理解需求和供给的概念，需求规律和供给规律。
2. 能够区分需求和需求量、供给和供给量的在曲线图上的不同。
3. 掌握需求—供给模型及其在实际问题中的应用。

第一节　需求和供给

市场价格体系的形成取决于商品的供求关系，市场上每一种商品都具有需求和供给两方面的属性。本节主要介绍需求和供给的概念及其代数、图表的表达方式。

一、需求

1. 需求的定义和需求规律

需求（demand）是指在一定时期内，其他条件不变时，消费者在每一可能的价格下愿意并且能够购买的某种商品或服务的数量。

理解需求的内涵时需注意：第一，需求被限定在一个特定时期内，如一天、一个月或一年之内，亦即在这段时间除商品自身价格之外的其他因素都保持不变；第二，构成需求要具备两个必要条件，其一要有购买欲望，其二要有购买能力，二者缺一不可。

欲望（wants）是人们对商品与服务无限的要求与希望。你多么希望拥有一套宽敞明亮的住宅，但其价格远远超出了你的预算，由于购买能力不足，你的欲望无法得到满足，自然难以转化成当期的需求。假如你买得起一辆单价 5000 元甚至更高价格的摩托车，而你对摩托车毫无兴趣，也不能构成需求。

需要（needs）❶与需求也不完全一样。需要是指人们想要获得的商品和服务的数量。你需要一款苹果 iPad 平板电脑，它目前的价格是 4950 元，虽然你买得起但你不愿意为此花费这么多钱，你的钱还可以派上更好的用场，因此，它不能构成需求。可见，构成需求的两个条件是必要条件而非充分条件。或许当这款平板电脑的价格降到合适的水平时，你决定购买一台。

需求量是一个与需求联系十分紧密而又有区别的概念。对应于一个特定的价格，消费者愿意并且能够购买的某种商品或服务的数量被称为需求量。需求则是价格与需求量之间的整个对应关系。

需求规律（law of demand）恰恰反映了商品或服务的价格和需求量之间所遵循的一般规律，它可以表述为：在一定时期内，其他条件不变时，一种商品或服务的价格越高，需求量越小；反之，一种商品或服务的价格越低，需求量越大。即商品的价格和消费者对商品的需求量之间呈现负相关关系。在一般商品中之所以存在需求规律，可以由价格变动的两种效应予以解释：

---

❶ 通常对欲望和需要不作严格区分。

（1）价格变动的替代效应。如果商品的价格上升，消费者会减少对该商品的购买并转向购买其替代品；如果商品的价格下降，消费者会增加对该商品的购买以减少其替代品的购买。这种情况被称为价格变动的替代效应。举例来说，一个家庭每周消费苹果、香蕉的预算为40元，苹果的初始价格为10元/kg，需求量为2kg；香蕉的价格为8元/kg，需求量为2.5kg。当苹果的价格下降至5元/kg而香蕉的价格不变时，在保持原有满足水平不变的前提下，这个家庭会多购买价格相对便宜的苹果以替代香蕉，比如他们对苹果的需求量会增加1kg，这就是替代效应。同时，这个家庭对香蕉的需求量可能会减少1kg。

（2）价格变动的收入效应。如果商品的价格上升，消费者既定收入对商品的购买力减弱，需求量减少；如果商品的价格下降，既定收入的购买力增强，需求量增加。这种情况被称为价格变动的收入效应。沿用上例，由于苹果价格的下降，这个家庭对苹果的需求量增至3kg，对香蕉的需求量减至1.5kg。如此一来，此家庭会余下13元钱，他们的预算变得宽松了，既可以用于多购买苹果，又可以用于多买香蕉乃至其他商品，这就是收入效应。更一般地，其他条件不变，商品价格的下降会提高消费者名义收入的购买力，即增加其实际收入，商品价格下降的收入效应会提高消费者购买所有商品的能力，消费者通常会增加所有商品的需求量，反之则反。

替代效应的强弱取决于可以替代该商品的其他商品的数量以及它们之间相互接近的程度。收入效应的大小依赖于这种商品的支出在收入中所占比例，如果所占比例越大，当该商品价格上升时，此商品的需求量下降的幅度越大。

需求规律并非对所有的商品都适用。某些炫耀性商品，如珠宝、文物、名车等，其价格成为社会地位和身份的象征，价格越高，体现的地位和历史价值越大，从而需求量越大。

2. 需求表和需求曲线

消费者的需求可以由图表加以表达，这就是个人需求表和个人需求曲线。市场需求是市场上所有消费者个人需求的总和，它可以由市场需求表和市场需求曲线表示。当我们说到需求时，除非特别说明，一般都是指市场需求。

消费者的需求表是消费者在一系列可能的价格水平上愿意并且能够购买的某种商品数量的数字序列表，它表示商品的价格与个人需求量之间的一一对应关系。把特定价格下所有消费者的需求量加总就得到市场需求量，用表列表示价格和市场需求量的关系，就是市场需求表。假设茶叶市场中有甲、乙两个消费者典型代表，他们分别代表1000个偏好相同的人的需求状况。下表2-1就是每月茶叶的个人需求表和市场需求表。

表 2–1　茶叶的需求表

茶叶价格（元/kg）	甲的需求量（g）	乙的需求量（g）	市场需求量（kg）
500	100	200	300
400	300	400	700
300	500	600	1100
200	700	800	1500
100	900	1000	1900

借助于需求表，可以把商品价格与需求量之间的对应关系绘制在坐标系中，纵轴表示价格，横轴表示数量，即可得到需求曲线。我们可以根据表 2-1 中第 1 列、第 2 列的数据直接绘制出甲消费者的个人需求曲线，由第 1 列、第 3 列数据直接绘制出乙消费者的个人需求曲线。市场需求曲线可以由所有个人需求曲线横向加总得到或者由市场需求表即第 1 列、第 4 列数据直接绘出。图 2-1 是我们绘制出的每月茶叶的市场需求曲线。

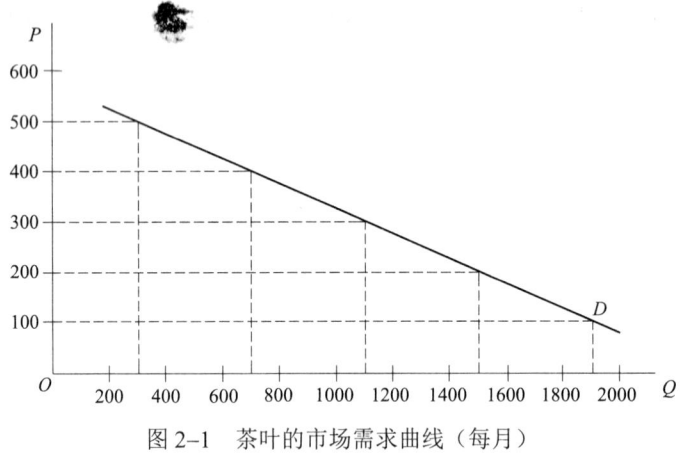

图 2-1　茶叶的市场需求曲线（每月）

需求曲线具有以下重要特征：(1) 需求曲线是一条光滑的曲线，原因就在于它是建立在价格和需求量的变化都是连续的假设基础之上的；(2) 需求曲线是一条向右下方倾斜的负斜率线，它直观地反映了价格和需求量两个经济变量此涨彼落的负相关关系，正是需求规律的几何图形体现；(3) 需求曲线既可以是曲线，又可以是直线，即使如图 2-1 需求曲线被绘制成一条直线，也被称为"曲线"。在更多情况下，需求曲线被用于描述普通的理论观点，并不一定由具体数据绘出，为简便起见，通常画成直线，表明价格与需求量之间存在线性关系。

理解需求曲线时应注意：(1)整条曲线表示需求，它不是一个具体的数量，而是价格和需求量之间的整个关系，需求曲线上的一点表示某一价格下的需求量；(2)需求曲线是建立在其他条件不变的假设基础之上的，它表示了同一时期某商品价格和需求量之间的关系，曲线上所有点代表了同一时期存在的多种可能性，其中，只有一种价格、需求量组合在市场上能够实现。

二、需求的变动

1. 需求的变动因素

上述需求的概念是在其他条件不变的情况下定义的，需求曲线把一种商品的价格与需求量之间的关系从其他复杂的情形中分离出来。一旦其他条件变化，需求就会随之变动。那么，引起需求变动的因素是什么？它们是如何影响需求的？我们选取重要的因素一一分析。

(1) 消费者收入的变动。消费者收入的提高会增加大部分商品的需求，消费者收入的降低会减少大部分商品的需求，这类商品被称为正常品。因为随着收入的提高，消费者能够支付起更多自己想要的商品，在每一价格下愿意并且能够购买更多的数量，表现为需求的增加。有些商品的需求随着消费者收入的增加而减少，这类商品被称为低档品或劣质品❶。低档品的一个例子是公共交通，当一个人的收入提高，他可能会买私家车或乘出租车，从而减少对公共交通的需求。

(2) 相关商品价格的变动。一种商品的需求同样会受到相关商品价格的影响。相关商品包括替代品和互补品两大类。替代品是指能够与一种商品产生类似功效的商品。一种商品价格的上升会引起另一种商品需求的增加，则这两种商品被称为替代品。比如，咖啡的价格上升，茶叶的需求就会增加，二者之间互为替代品。互补品是指消费者为了实现某种功效而需要一起消费的商品。一种商品价格的上升会引起另一种商品需求的减少，则这两种商品被称为互补品。比如，电影票的价格下降，爆米花的需求就会增加，爆米花和电影可以被看作互补品。

(3) 消费者偏好的变动。消费者的偏好是指一个消费者对商品的喜好程度。消费者偏好虽然较为稳定，但也不是一成不变的，它会受广告、时尚潮流和其他消费者示范效应的影响。消费者对商品的偏好增强，对商品的需求就会增大。比如，喝啤酒是看足球释放激情的一种辅助方式，2010年南非世界杯赛场上的每一个绝妙进球都可以促进啤酒销量的提升，球迷的热情越高，啤酒的需求增长越猛。

(4) 消费者预期的变动。消费者预期的变化能够使需求发生变动。如对商

---

❶ 需注意：劣质品并非质量低劣，而是针对收入提高消费量反而下降的商品而言的。

品未来价格下降的预期会推迟消费,当前需求会减少;对自己未来薪水会增加的预期,可能会推高消费者当前的需求。

(5) 人口因素的变动。人口规模和结构的变动会引起需求的变动。人口增长速度加快,对食品的需求将会增加。人口的老龄化趋势明显,家庭护理服务的需求将会增加。

2. 需求量的变动与需求的变动

需求曲线上的一点表示在某一特定价格时的需求量。因此,沿着需求曲线的变动表示需求量的变动(change in the quantity demanded)。整个需求曲线表示需求,因此,需求曲线的移动表示需求的变动(change in demand)。图 2-2 显示了这些区别。

需求量的变动是在其他条件不变时,由商品自身价格的变动所引起的,它表现为沿着需求曲线从一点到另一点的变动。如图 2-2 所示,某商品需求曲线为 D_0,初始价格为 P_0 时,需求量为 Q_0;当价格降为 P_0^* 时,需求量增至 Q_0^*,这种变动由沿着需求曲线 D_0 上从点 A 向下到点 B 的移动所示;如果此商品价格提高,其需求量就减少,在图形上表现为沿着需求曲线 D_0 的向上变动。

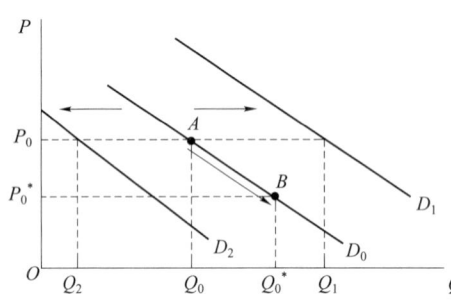

图 2-2 需求量变动与需求变动

前面我们分析了引起需求变动的几个重要因素,除了商品自身价格以外的这些因素的变动,都会造成需求的变动,因为原有需求的建立条件被打破,价格和需求量的对应关系需要重新建立,在图形上表现为需求曲线的移动。

如图 2-2 所示,如果收入增加、替代品价格上升、预期价格看涨等因素,都会使需求增加,表现为需求曲线由 D_0 向右移动到 D_1;反之,如果偏好减弱、消费群人数减少、互补品价格上升等因素,都可能使需求减少,表现为需求曲线由 D_0 向左移动到 D_2。一旦需求发生变动,即使商品价格维持不变,也会引起需求量的变化。如图 2-2,即使价格保持在 P_0 水平不变,由于需求的增加,需求量从原来的 Q_0 增加到 Q_1;由于需求的减少,需求量从原来的 Q_0 减少到 Q_2。

三、需求函数

如前所述,诸多因素都会引起需求的变动,这些因素通过影响需求进而影响需求量的水平。需求函数是用代数式表示的某一特定时期内消费者对商品的各种可能的需求量与决定需求量的各种因素之间的关系。消费者对商品的需求

函数可以一般地表示为:
$$Q_D = D(P, I, P_r, T, E, P_u \cdots) \quad (2.1)$$

式中，Q_D 表示需求量；P 表示该商品的价格；I 表示消费者收入；P_r 表示相关商品价格；T 表示消费者的偏好；E 表示预期因素；P_u 表示人口因素。

在论及需求函数、分析需求量对其中一种因素的依赖关系时，一般都假定其他因素不变。例如研究价格和需求量之间的关系时，需求函数可以写成：
$$Q_D = D(P) \quad (2.2)$$

在微观经济分析中，为简化分析过程，通常会采用线性需求函数。比如，以线性形式表示的（2.2）式的需求函数形式为：
$$Q_D = a - bP \quad (2.3)$$

(2.3) 式中，a, b 是常数，且 a, $b > 0$，该函数对应的需求曲线为一条直线。图 2-1 中所示的茶叶市场需求曲线就是一条直线，它可以写成：
$$Q_D = 2300 - 4P \quad (2.4)$$

四、供给

1. 供给的定义和供给规律

供给（supply）是指在一定时期内，其他条件不变时，生产者（或厂商）在每一可能的价格下愿意并且能够提供出售的某种商品或服务的数量。

对应于一个特定的价格，生产者愿意并且能够提供出售的某种商品或服务的数量被称为供给量。供给则是价格与供给量之间的整个对应关系。

供给规律（law of supply）反映了商品或服务的价格和生产者愿意并且能够提供出售的商品数量之间所遵循的一般规律，它可以表述为：在一定时期内，其他条件不变时，一种商品或服务的价格上升，供给量增加；反之，一种商品或服务的价格下降，供给量减少。即商品的价格和生产者对商品的供给数量之间呈现正相关关系。究其原因，有以下两个方面：

（1）商品的价格上升使生产者更愿意多生产该商品，它是建立在生产者以一种商品生产替换另一种商品生产的能力基础之上的。由于某种商品的价格上升，生产者少生产该商品的机会成本会增加，它们会重新进行资源配置来向市场提供更多的该商品，以获取更大的利润。例如，在其他条件不变的情况下，如果玉米的价格上升，农民就会把种植小麦的资源转向种植玉米，玉米的供给量会增加。反之亦然。

（2）商品的价格上升使生产者更能够多生产该商品，它是建立在价格能够补偿边际成本上升的基础之上的。例如，农民为增加玉米的生产，不得不使用较贫瘠的土地耕作，为增加一单位产量要付出更多的边际成本，对这一增加的产量,必须获得一个更高的价格。商品价格的提高使其能够补偿边际成本的上升,生产者更能够多提供该商品。

2. 供给表和供给曲线

生产者的供给可以由图表加以表达,这就是供给表和供给曲线。市场供给是市场上所有生产者供给的总和,它可以由市场供给表和市场供给曲线表示。

供给表是生产者在一系列可能的价格水平上愿意并且能够提供出售的某种商品数量的数字序列表,它表示商品的价格与供给量之间的一一对应关系。把特定价格下所有生产者的供给量加总就得到市场供给量,用表列表示价格和市场供给量的关系,就是市场供给表。假设茶叶市场中有 A、B 两个生产者典型代表,它们分别代表 10 个类似的厂商的供给状况。表 2-2 就是每月茶叶的生产者供给表和市场供给表。

表 2-2 茶叶的供给表

茶叶价格(元/kg)	A 的供给量(kg)	B 的供给量(kg)	市场供给量(kg)
500	90	100	1900
400	70	80	1500
300	50	60	1100
200	30	40	700
100	10	20	300

借助于供给表,可以把商品价格与供给量之间的对应关系绘制在坐标系中,纵轴表示价格,横轴表示数量,即可得到供给曲线。图 2-3 是根据第 1 列、第 4 列数据绘制的茶叶的市场供给曲线。

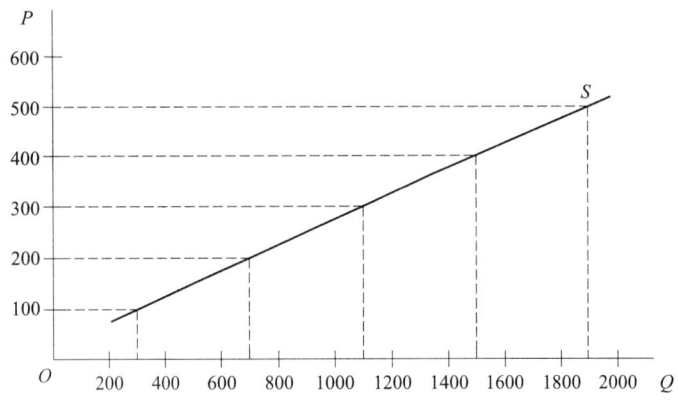

图 2-3 茶叶的市场供给曲线(每月)

供给曲线是一条向右上方倾斜的正斜率曲线，它直观地反映了价格和供给量两个经济变量同方向变动的关系，正是供给规律的几何图形体现。供给曲线的特征和理解的注意点与上述需求曲线相对应，这里不再累赘。有一点需要提醒读者，上述供给曲线的形状只是一般情况，并不是所有的供给曲线都会向右上方倾斜，有时它们是垂直的、水平的，甚至是向右下方倾斜的。这取决于在这段时间内生产者对价格变化所作出的反应。

五、供给的变动

1. 供给的变动因素

上述供给的概念是在其他条件不变的情况下定义的，供给曲线把一种商品的价格与供给量之间的关系从其他复杂的情形中分离出来。一旦其他条件变化，供给就会随之变动。那么，引起供给变动的因素是什么？它们是如何影响供给的？我们选取重要的因素一一分析。

（1）一种或多种投入品（资源）价格的变动。生产者的生产是为了赚取利润，而利润与成本息息相关。生产某种商品需要各种投入品，如原材料、劳动、资本等。一种或多种投入品价格的下降减少了生产的成本，使得在既定价格下生产变得更为有利，生产者就会多生产；在每一可能价格下生产者都更愿意并且更能够多生产，供给自然会增加。反之，投入品价格上升增大了生产的成本，利润降低，生产者的供给就会减少。

（2）技术的变动。技术进步会改变生产方式、提高生产效率，从而降低生产成本、提高利润，供给自然会增加。

上述（1）（2）情况都可归结为生产成本的变动会引致供给的变动。此外，还有政府对生产者的税收和补贴政策等因素变动也会引起成本变化，进而导致供给变动。

（3）生产者预期的变动。生产者的预期也会影响供给。如生产者预期未来商品价格看涨，它为赚取更多的利润可能会贮存一定量的产品，现期的供给就会减少。

（4）生产者数目的变动。如果生产者的数目增加，供给将增加；生产者的数目减少，供给将减少。

（5）生产的相关性产品价格的变动。用同类的投入品可以产出不同的产品，可以被称作生产的替代品。比如，一块土地上既可以种植玉米又可以种植小麦，原先农民选择的作物是玉米，现在小麦的价格上升，农民会把种植玉米的部分资源转向种植小麦，则玉米的供给会减少。同样，有时生产一种产品的同时会产出其他产品，这被称作生产的互补品。例如在加工原油精炼出汽油的同时会生产出柴油、石蜡等产品，如果汽油价格上涨，汽油供给量增加，柴油的供给也会增加。

2. 供给量的变动与供给的变动

供给曲线上的一点表示在某一特定价格时的供给量。因此，沿着供给曲线的变动表示供给量的变动（change in the quantity supplied）。整个供给曲线表示供给，因此，供给曲线的移动表示供给的变动（change in supply）。图 2-4 显示了这些区别。

供给量的变动是在其他条件不变时，由商品自身价格的变动所引起的，它表现为沿着需求曲线从一点到另一点的变动。如图 2-4 所示，某商品供给曲线为 S_0，初始价格为 P_0 时，供给量为 Q_0；当价格降为 P_0^* 时，供给量减至 Q_0^*，这种变动由沿着供给曲线 S_0 上从点 A 向下到点 B 的移动所示；如果此商品价格提高，其供给量就增加，在图形上表现为沿着供给曲线 S_0 的向上变动。

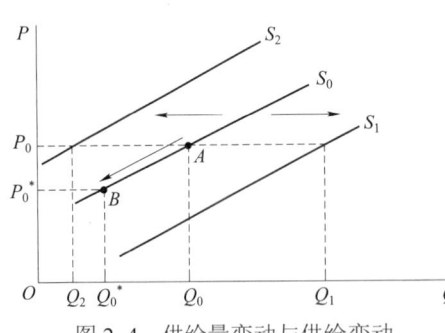

图 2-4 供给量变动与供给变动

前面我们分析了引起供给变动的几个重要因素，除了商品自身价格以外的这些因素的变动，都会造成供给的变动，因为原有供给的建立条件被打破，价格和供给量的对应关系需要重新建立，在图形上表现为供给曲线的移动。

如图 2-4 所示，如果生产成本降低、厂家数目增加、生产的替代品价格下降等因素，都会使供给增加，表现为供给曲线由 S_0 向右移动到 S_1；反之，如果投入品价格上升、预期价格上升、生产的互补品价格下降等因素，都可能使供给减少，表现为供给曲线由 S_0 向左移动到 S_2。一旦供给发生变动，即使商品价格维持不变，也会引起供给量的变化。如图 2-4，即使价格保持在 P_0 水平不变，由于供给的增加，供给量从原来的 Q_0 增加到 Q_1；由于供给的减少，供给量从原来的 Q_0 减少到 Q_2。

六、供给函数

如前所述，诸多因素都会引起供给的变动，这些因素通过影响供给进而影响供给量的水平。供给函数是用代数式表示的某一特定时期内生产者对商品的各种可能的供给量与决定供给量的各种因素之间的关系。生产者对商品的供给函数可以一般地表示为：

$$Q_S = S(P, P_i, T_e, E, F_n \cdots) \qquad (2.5)$$

式中，Q_S 表示供给量；P 表示该商品的价格；P_i 表示投入品的价格；T_e 表示技术进步；E 表示预期因素；F_n 表示生产者数目。

在论及供给函数、分析供给量对其中一种因素的依赖关系时，一般都假定其他因素不变。例如研究价格和供给量之间的关系时，供给函数可以写成：

$$Q_S = S(P) \qquad (2.6)$$

与需求函数类似，为简化分析过程，供给函数通常会采用线性供给函数。比如，以线性形式表示的（2.6）式的供给函数形式为：

$$Q_S = -c + dP \qquad (2.7)$$

（2.7）式中，c，d 是常数，且 $d>0$，该函数对应的供给曲线为一条直线。图 2-3 中所示的茶叶市场供给曲线就是一条直线，它可以写成：

$$Q_S = -100 + 4P \qquad (2.8)$$

第二节 市场均衡及其变动

为了说明自由竞争的市场是如何运行的，均衡价格究竟是怎样形成的，我们必须将需求和供给结合起来分析。亚当·斯密在18世纪首次提出"看不见的手"的思想，即在自由市场上，每个人都追求自己个人私利所形成的合力能够造福整个社会，并让每一个人都富裕起来。1890年马歇尔的《经济学原理》一书出版，首次揭示了市场均衡价格的决定过程。

一、市场均衡的实现

1. 市场均衡的涵义

需求和供给是构成某一特定市场的两个方面，需求和供给的相互作用决定均衡（equilibrium）状态。一个市场是协调和统一买者和卖者各自意愿的一种机制，当市场的每一个消费者和生产者都能独立地作出决策，价格得以自由调整，需求和供给两种相反力量的相互作用就会达到一种均衡状态。所谓市场均衡是指某种商品或服务的需求量等于供给量，不存在改变价格压力的状态，此时的价格就是均衡价格，所对应的数量就是均衡数量。

让我们回到上一节关于茶叶市场的例子，把茶叶的市场需求表和供给表整合在一起，如表2-3所示。

表 2-3　茶叶的市场供求表

茶叶价格（元/kg）	市场需求量（kg）	市场供给量（kg）	价格变动趋势
500	300	1900	下降
400	700	1500	下降
300	1100	1100	不变
200	1500	700	上升
100	1900	300	上升

从表 2-3 可以看出，茶叶市场需求量和供给量相等时的均衡价格为 300 元/kg，这时的需求量和供给量都是 1100kg，市场上既不存在短缺，也不存在过剩。当价格高于 300 元/kg 时，茶叶市场供过于求，价格有下降趋势；当价格低于 300 元/kg，茶叶市场供不应求，价格有上升趋势。

2. 需求-供给模型的图形解析

市场均衡可以利用需求和供给曲线图得到直观清晰的解析。均衡价格就是供求曲线相交点所对应的价格，均衡数量就是曲线相交处的数量。市场在均衡价格下"出清"，买卖双方都完成了合意的购买和销售。图 2-5 显示了茶叶市场供求均衡状态的形成。

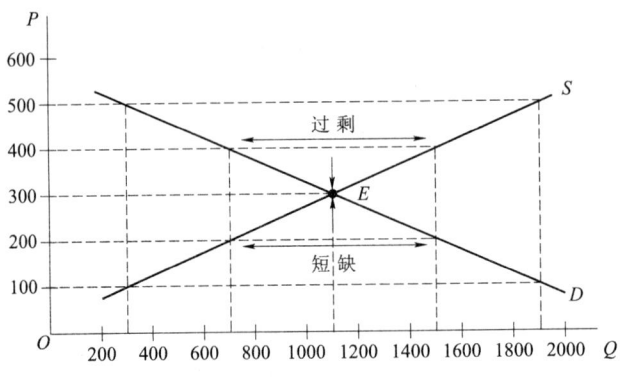

图 2-5　茶叶市场供求均衡的形成

如图 2-5 所示，茶叶的需求曲线和供给曲线的相交点 E 即为市场均衡状态，它所对应的均衡价格为 300 元/kg，均衡数量为 1100kg。在此均衡价格和均衡数量下，市场出清，既没有短缺，也没有过剩，因而市场力量将不再施加压力改变价格和数量，市场处于相对稳定状态。

市场均衡的意义在于：市场达到这种状态后，如果市场价格背离均衡价格，就有自动恢复到均衡点并保持均衡的趋势。我们可以通过图 2-5 作进一步分析。

假定茶叶的市场价格高于均衡价格，为 400 元/kg，这时市场供给量 1500kg 就大于市场需求量 700kg，市场处于供过于求的非均衡状态。然而，这种商品的"过剩"现象是暂时的。因为生产者要消除过剩的愿望和它们之间的竞争都迫使价格存在下降压力，如图中箭头所示；随着商品价格的下降，生产者会减少供给量、消费者会增大需求量，在图形上表现为沿着供求曲线的移动，所以"过剩"的存货越来越少直至完全消除，价格又回到均衡价格水平，市场恢复到均衡状态。

反之，茶叶的市场价格低于均衡价格，为 200 元/kg，这时市场需求量 1500kg 就大于市场供给量 700kg，市场处于供不应求的非均衡状态。这种商品的"短缺"现象也是暂时的。消费者想买到商品的愿望和他们之间的竞相购买都迫使价格存在上升压力，如图中箭头所示；随着商品价格的上升，生产者会扩大供给量、消费者会收缩需求量，"短缺"缺口越来越小直至完全弥补，价格又回到均衡价格水平，市场恢复到均衡状态。

总之，市场存在着自发调节的机制，微观个体被一只"看不见的手"引导着，自由竞争导致资源被转移到最需要的活动中。市场机制是供给和需求保持均衡的机制，它的作用是通过价格机制来完成的，即价格会不断变化直到市场出清为止。供给和需求是推动市场运行的重要力量，市场力量能够解决生产和消费等问题，市场的非均衡状态终究会被均衡所代替。当个体的决策在有效运行的自由市场上得到协调时，最终达到了对每个人都最好的结果。

3. 需求—供给模型的代数求解

在得知市场需求函数和供给函数的前提下，可以通过需求量和供给量的相等联立两个方程，求出均衡价格和均衡数量。用已经得到的茶叶的需求函数（2.4）式及供给函数（2.8）式联立求解：

$$\begin{cases} Q_D = 2300 - 4P \\ Q_S = -100 + 4P \\ Q_D = Q_S \end{cases} \longrightarrow \begin{cases} P = 300 \\ Q = 1100 \end{cases}$$

二、市场均衡的变动

从长期看，市场供求条件会发生变化，这就必然打破原有的均衡状态，引起新一轮供求双方的相互作用，这些因素的变动通常会以可预见的方式改变均衡价格和均衡数量，新的均衡状态重新建立，这就是经济学中的比较静态分析。

在此类经济分析中不关注调整的过程,只关注调整后的最终状态与初始状态的比较。下面我们用图形分析需求和供给变动对均衡状态的影响。

1. 需求变动的市场效应

在供给不变的条件下,如果商品价格以外的某一决定需求的因素发生变化,将引起需求变动,整个需求曲线发生移动,这将导致市场均衡沿着供给曲线移动到新的均衡点,形成新的均衡价格和均衡数量,它们相对于初始状态的变动量就是需求变动的市场效应。

如图 2-6 所示,假定牛奶的需求曲线 D_0 和供给曲线 S_0 相交,形成初始的均衡价格 P_0 和均衡数量 Q_0。如果科学家发现喝牛奶能益智,消费者对牛奶的偏好增强,导致需求增加,需求曲线右移至 D_1。在初始均衡价格 P_0 上则出现了短缺,为填补短缺,牛奶价格上涨,其产量增大,沿着供给曲线移动,最终形成新的均衡价格 P_1 和均衡数量 Q_1,二者较之初始均衡状态都增加了。

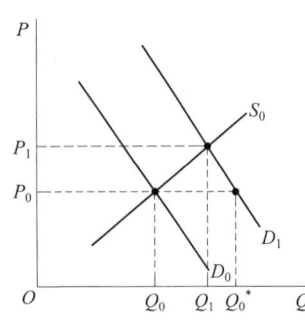

图 2-6 需求增加的市场效应

需求减少的情形读者可自行分析。

在供给不变条件下,我们可以得出结论:当需求增加时,均衡价格和数量都增加;当需求减少时,均衡价格和数量都减少。

2. 供给变动的市场效应

在需求不变的条件下,如果商品价格以外的某一决定供给的因素发生变化,将引起供给变动,整个供给曲线发生移动,这将导致市场均衡沿着需求曲线移动到新的均衡点,形成新的均衡价格和均衡数量,它们相对于初始状态的变动量就是供给变动的市场效应。

如图 2-7 所示,假定绿叶蔬菜的需求曲线 D_0 和供给曲线 S_0 相交,形成初始的均衡价格 P_0 和均衡数量 Q_0。今年绿叶蔬菜主产区干旱无雨,造成绿叶蔬菜减产,导致供给减少,供给曲线左移至 S_1。在初始均衡价格 P_0 上则出现了短缺,为填补短缺,绿叶蔬菜价格上涨,购买量减少,沿着需求曲线移动,最终形成新的均衡价格 P_1 和均衡数量 Q_1,P_1 高于初始的均衡价格 P_0,Q_1 低于初始的均衡数量 Q_0。

供给增加的情形读者可自行分析。

在需求不变条件下,我们可以得出结论:当供给增加时,均衡价格下降而均衡数量增加;当供给减少时,均衡价格上升而均衡数量减少。

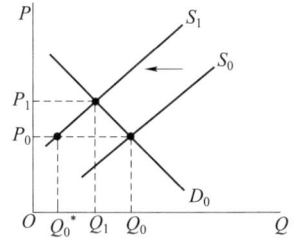

图 2-7 供给减少的市场效应

3. 需求和供给同时变动的市场效应

如果影响需求和供给的因素都发生变动，则需求和供给同时变动，表现为需求曲线和供给曲线的同时移动，从而形成新的均衡点，引起均衡价格和均衡数量的变化。需要注意，需求和供给同时变动的情形稍微复杂，有的经济变量的变动趋势是确定的，有的经济变量的变动结果是不确定的。例如，当需求和供给都增加时，均衡数量一定是增加的，而均衡价格的变动结果不确定。若需求的增加程度大于供给的增加程度，均衡价格会上升；供给的增加程度大于需求的增加程度，均衡价格会下降；若二者增加程度相同，均衡价格不变。我们把几种组合情形列表 2-4 所示。

表 2-4 需求和供给同时变动的效应

	需求增加	需求减少
供给增加	均衡价格变动不确定；均衡数量增加	均衡价格下降；均衡数量变动不确定
供给减少	均衡价格上升；均衡数量变动不确定	均衡价格变动不确定；均衡数量减少

专栏 2-1 大蒜价格暴涨的供求分析

资料显示，目前我国大蒜种植面积达 70 万公顷左右，占全球大蒜种植面积的 60% 以上。主产区为山东、江苏、河南三省，种植面积占全国总面积一半以上。山东济宁市金乡县是大蒜生产加工和出口的重要基地，素有"中国大蒜之乡"之称。

2007 年和 2008 年大蒜价格连续低迷，2008 年春最低时达到 0.8 元/kg，极大地打击了蒜农种蒜的意愿，导致 2009 年大蒜种植面积比 2008 年减少 30% 左右，单位产量减少 7% 以上。2009 年金乡大蒜总产量为 45.93 万吨，较上年总产量减少 6.71 万吨，减幅达 12.7%。

然而，近几年由于有关预防"甲流"等因素的推动，大蒜的国内需求、出口需求都呈上升之势。在供给减少和需求增加的背景下，大蒜价格上涨不可避免。大蒜的价格从 2009 年 5 月开始上涨，2010 年大蒜的批发价涨到了 8 元/kg。当然，除了供求两方面原因，还有投机者运用游资炒作农产品、社会舆论等因素都进一步推高了大蒜价格。❶

---

❶ 资料来源：根据易阔每日财经相关内容改编。
http://goo.yikuo.com/news/2010-06-18/1318_20106181054401 31813134588.html。

第三节　需求和供给的弹性

经济学家常用"弹性"的概念衡量人们对经济变量变动的反应程度。如果两个经济变量之间存在着一定的函数关系，可以用弹性表示作为因变量的经济变量对于作为自变量的经济变量的相对变化的反应程度。本节我们要讨论需求弹性和供给弹性。

一、需求的价格弹性

1. 需求的价格弹性概念

需求描述了价格和需求量之间的负相关变动关系，需求规律告诉我们：价格上升会使需求量减少，价格下降会使需求量增加。但是，仅仅知道这些还不够，我们还欲知减少或增加多少？变动的程度如何？

需求的价格弹性（price elasticity of demand）是指在其他因素不变条件下，一种商品或服务的需求量的相对变动对于其自身价格的相对变动的反应程度，它等于需求量变动的百分比除以价格变动的百分比。

$$需求的价格弹性 = \frac{需求量变动的百分比}{价格变动的百分比}$$

$$E_P = \frac{\Delta Q / Q}{\Delta P / P} = \frac{\Delta Q}{\Delta P} \cdot \frac{P}{Q} \tag{2.9}$$

式中，E_P 表示需求的价格弹性；P 表示价格，ΔP 表示价格的变动量，$\Delta P/P$ 即为价格变动的百分比；Q 表示需求量，ΔQ 表示需求量的变动量，$\Delta Q/Q$ 即为需求量变动的百分比。(2.9) 式是需求的价格弹性的定义式。

由于需求量与价格变动的反向关系，根据 (2.9) 公式计算的需求价格弹性为负值。按照习惯，通常的做法是略去负号，取每个量变动的百分比的绝对值，或者直接在公式前加负号使其为正。因为比较需求的价格弹性大小总是针对其绝对值，只考虑需求价格弹性的量。

2. 需求的价格弹性分类

（1）需求富有弹性（elastic）。如果需求的价格弹性 $E_P>1$，即需求量变动的百分比大于价格变动的百分比，我们称之为富有弹性的需求，说明消费者对价格变动反应较为敏感。如豪华汽车、高档家具、旅游等奢侈品的需求是富有弹性的。

（2）需求缺乏弹性（inelastic）。如果需求的价格弹性 $E_P<1$，即需求量变动的百分比小于价格变动的百分比，我们称之为缺乏弹性的需求，说明消费者对

价格变动反应不是很敏感。如药品、食品、住房等必需品的需求是缺乏弹性的。

（3）需求单位弹性（unit elastic）。如果需求的价格弹性 $E_P=1$，即需求量变动的百分比等于价格变动的百分比，我们称之为单位弹性的需求。

（4）需求完全弹性（infinitely elastic）。如果需求的价格弹性 $E_P=+\infty$，即价格的微小变动将引起需求量极大的变动，我们称之为完全弹性的需求，说明消费者对价格变动反应极为敏感。竞争性市场形成的单一价格水平，单个厂商所面临的需求曲线具有完全弹性。

（5）需求完全无弹性（completely inelastic）。如果需求的价格弹性 $E_P=0$，价格变动不会对需求量产生影响，我们称之为完全无弹性的需求，说明消费者对价格变动没有反应。

我们把上述不同的需求的价格弹性，用需求曲线图表示出来，如图 2–8 所示。

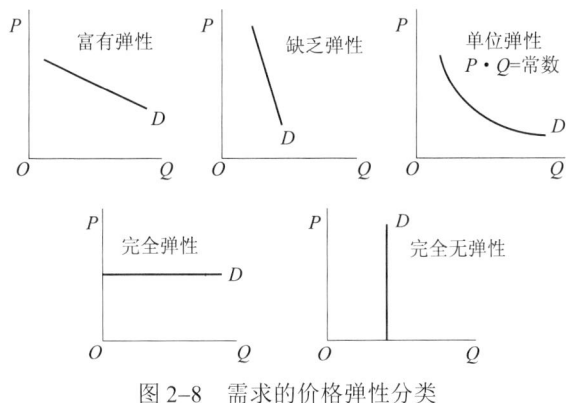

图 2–8　需求的价格弹性分类

3. 需求的价格弹性决定因素

（1）替代品数目的多寡和相近程度。一种商品的替代品数目越多，替代品之间越相近，当该商品价格上升时，人们就越容易转向购买其他替代品，从而其需求量减少程度强，这类商品需求的价格弹性越大，如不同品牌的电脑之间替代性较强，其需求富有弹性。如果某些商品几乎没有替代品，它们的需求缺乏弹性，其价格弹性一定很小，如食盐、汽油、治疗糖尿病的胰岛素等。

（2）商品支出占消费者预算的比重。需求曲线不仅反映在每一价格下购买一种商品的愿望，也反映购买该商品的能力。一种商品的支出占消费者预算的比重越大，其价格变动的收入效应越大，这类商品价格变动对消费者能够购买的量产生很大的影响，其需求的价格弹性较大，如汽车、出国旅游等就是富有弹性的需求。相反，纸巾在预算中的比重很小，纸巾价格提高的收入效应很小，对买者购买量的影响是微不足道的,其需求缺乏弹性。

(3) 必需品还是奢侈品。一般地讲,对于像面包、大米、牙膏之类的必需品,价格变动对需求量的影响不大,需求相对缺乏弹性。对于像乘飞机、酒店就餐等奢侈品的需求富有弹性。

(4) 时间因素。由于改变消费习惯和搜寻到替代品是需要时间的,因而给予消费者对价格变动作出反应的时间越短,他们的反应越有限,随着时间的推移,他们的反应会变大,即从长期看来,需求的价格弹性会增大。这一般是针对非耐用消费品而言的。如汽油涨价,短期内人们反应不大,从长期分析,可能促使人们购买节油性汽车,汽油的价格弹性变大。耐用消费品情况则截然相反,如汽车的长期需求价格弹性小于短期的需求价格弹性。

4. 需求价格弹性的计算

(1) 点弹性和弧弹性的计算

需求的点弹性表示的是需求曲线上某一点的弹性,亦即当某种商品的价格变动趋于无穷小时呈现的弹性大小。根据(2.9)式,可以用微分形式写出点弹性公式如下:

$$E_P = \lim_{\Delta P \to 0} -\frac{\Delta Q}{\Delta P} \cdot \frac{P}{Q} = -\frac{dQ}{dP} \cdot \frac{P}{Q} \quad (2.10)$$

为方便起见,我们把(2.10)公式前加了负号。$\frac{dQ}{dP}$ 正是需求曲线上某一特定点的切线斜率的倒数。如图2-9(a)所示。

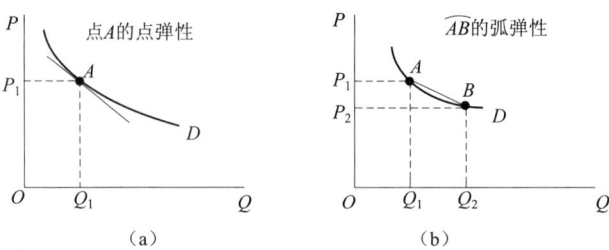

图2-9 点弹性和弧弹性的计算

需求的弧弹性则是考虑沿着需求曲线的一个不连续的变动,当需求函数不可知情况下,两点之间的价格变动所引起的需求量的相对变动。根据(2.9)式,P、Q 分别取 A、B 两点的算术平均值,可得弧弹性公式❶如下:

$$E_P = -\frac{\Delta Q/Q}{\Delta P/P} = -\frac{Q_2 - Q_1}{P_2 - P_1} \cdot \frac{P_1 + P_2}{Q_1 + Q_2} \quad (2.11)$$

---

❶ 需求弧弹性公式又被称作中点法公式。

弧弹性公式（2.11）中，$\dfrac{Q_2-Q_1}{P_2-P_1}$ 即为图 2-9（b）中直线 AB 的斜率的倒数。

由以上两个公式可以看出，需求的价格弹性与需求曲线斜率绝对值的倒数成正比，与 P/Q 的值成正比。因此，需求曲线的斜率并不是决定价格弹性的唯一因素。即使需求曲线是一条直线，每一点的斜率都相同，各点的价格弹性也是不同的，以下我们作进一步分析。

（2）线性需求曲线上点弹性的计算

假定某种商品的需求函数为 $Q=30-P$，我们计算一下线性需求曲线上半部、中点和下半部的点弹性。需求曲线如图 2-10 所示。

需求函数的价格和数量呈线性关系，需求曲线是一条直线，该需求曲线的中点为 A，此点的价格 $P_A=15$，需求数量 $Q_A=15$；两个端点为 B 和 C。用点弹性公式求点 A 的价格弹性如下：

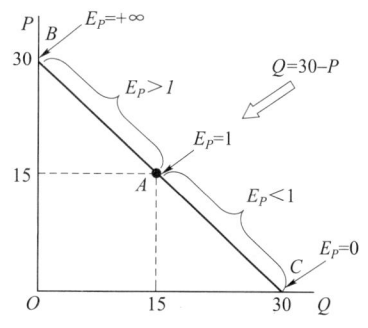

图 2-10　线性需求曲线上的价格弹性

$$E_P^A = -\dfrac{\mathrm{d}Q}{\mathrm{d}P} \cdot \dfrac{P_A}{Q_A} = -(-1) \cdot \dfrac{15}{15} = 1$$

可见，线性需求曲线的中点即为单位弹性点，该点将需求曲线分成两段：单位弹性的点之上的部分 AB 段和单位弹性的点之下的部分 AC 段。

位于线性需求曲线上部 AB 段上的点，其价格 $P>15$，需求量 $Q<15$，根据点弹性公式可知，$E_P^{AB}>1$；给出此区间内特定点的价格和数量组合，就可计算出点弹性的具体数值。

位于线性需求曲线下部 AC 段上的点，其价格 $P<15$，需求量 $Q>15$，根据点弹性公式可知，$E_P^{AC}<1$；给出此区间内特定点的价格和数量组合，就可计算出点弹性的具体数值。

显而易见，线性需求曲线价格较高的上半部分是富有弹性的，价格较低的下半部分是缺乏弹性的。

线性需求曲线上端点 B 的需求量 $Q=0$，所以该点的需求价格弹性 $E_P^B=+\infty$，线性需求曲线下端点 C 的价格 $P=0$，所以该点的需求价格弹性 $E_P^C=0$。

当我们沿着线性需求曲线从上端点向数量轴运动时，其价格弹性逐渐减少。

上例概括了需求价格弹性的所有类型。我们通常说某种商品是富有弹性的或缺乏弹性的，主要是针对它可能的价格变动区间而言的。严格地讲，一种商品并非在所有的价格区间都富有弹性或都缺乏弹性。

5. 需求的价格弹性与总收益的关系

总收益（TR）等于价格（P）与该价格下的销售量（Q）之乘积，即 $TR = P \cdot Q$。依据需求规律，如果价格上升，需求量就会减少；价格下降，需求量就会增加。那么，企业采取提价或降价措施，总收益是否一定增加呢？答案取决于这种商品需求的价格弹性。

如果某种商品的需求富有弹性，价格下降1%，引起销售量的增加超过1%，总收益就会增加；价格增加1%，引起销售量的减少超过1%，总收益则会减少。因此，对于富有弹性的商品，适当降价可以增进企业的总收益。

如果某种商品的需求缺乏弹性，价格下降1%，引起销售量的增加低于1%，总收益就会减少；价格增加1%，引起销售量的减少低于1%，总收益则会增加。因此，对于缺乏弹性的商品，适当提价可以增进企业的总收益。

如果某种商品的需求为单位弹性，价格下降（或上升）1%，引起销售量的增加（或减少）也是1%，总收益不变。

需求的价格弹性与总收益之间的关系也为检验需求是富有弹性还是缺乏弹性提供了一种方法。如果一家电影院提高票价后，其收益减少，则可以判定其需求是富有弹性的。

企业的总收益与消费者的总支出相等，因此，需求的价格弹性与总支出具有上述类似的关系。

二、需求的其他弹性

1. 需求的收入弹性

消费者收入是引起需求变动的一个重要因素，需求变动必然导致需求量的变动。需求的收入弹性（income elasticity of demand）是指在其他因素不变条件下，需求量的相对变动对消费者收入相对变动的反应程度，它等于需求量变动的百分比除以收入变动的百分比。

$$需求的收入弹性 = \frac{需求量变动的百分比}{收入变动的百分比}$$

$$E_I = \frac{\Delta Q / Q}{\Delta I / I} = \frac{\Delta Q}{\Delta I} \cdot \frac{I}{Q} \qquad (2.12)$$

式中，E_I 表示需求的收入弹性；I 表示收入，ΔI 表示收入的变动量，$\Delta I / I$ 即为收入变动的百分比；Q 表示需求量，ΔQ 表示需求量的变动量，$\Delta Q / Q$ 即为需求量变动的百分比。(2.12)式是需求的收入弹性的定义式。

根据需求的收入弹性大小可以将商品分成以下不同类型：

（1）当 $E_I > 0$ 时，即需求的收入弹性为正，说明随着收入的增加，人们的需求量会增加，这类商品被称为正常品，大多数商品属于此类。

如果 $E_I>1$，表明需求量增加的百分比大于收入增加的百分比，这类商品的需求是富有收入弹性的，一般像高档轿车、珠宝、名贵葡萄酒等奢侈品的收入弹性大于 1。

如果 $0<E_I<1$，表明需求量增加的百分比小于收入增加的百分比，这类商品的需求是缺乏收入弹性的，如食品、衣物、租用住房等必需品的收入弹性小于 1。

（2）当 $E_I<0$ 时，即需求的收入弹性为负，说明随着收入的增加，人们的需求量反而会减少，这类商品被称为低档品。比如面粉的收入弹性可能为负，因为随着消费者收入的提高，他们放弃在家蒸馒头转而去购买现成的面食。

需求的收入弹性同样也有两种计算方法，点收入弹性和弧收入弹性，公式如下：

$$E_I = \frac{dQ}{dI} \cdot \frac{I}{Q} \qquad (2.13)$$

$$E_I = \frac{Q_2 - Q_1}{I_2 - I_1} \cdot \frac{I_1 + I_2}{Q_1 + Q_2} \qquad (2.14)$$

需求的收入弹性对于企业考虑其产品未来的市场大小有一定参考价值。如果产品的需求收入弹性很高，在经济繁荣时期，国民收入增加会导致销量的迅速增长，但当经济衰退时期，其产品市场会有显著的下滑。

2. 需求的交叉价格弹性

需求的交叉价格弹性又简称为需求的交叉弹性（cross elasticity of demand），它是指在其他因素不变条件下，一种商品需求量的相对变动对另一种商品价格相对变动的反应程度，它等于 X 商品需求量变动的百分比除以 Y 商品变动的百分比。

$$需求的交叉弹性 = \frac{X需求量变动的百分比}{Y价格变动的百分比}$$

$$E_{XY} = \frac{\Delta Q_X / Q_X}{\Delta P_Y / P_Y} = \frac{\Delta Q_X}{\Delta P_Y} \cdot \frac{P_Y}{Q_X} \qquad (2.15)$$

式中，E_{XY} 表示需求的交叉弹性；P_Y 表示 Y 商品的价格，ΔP_Y 表示 Y 商品价格的变动量，$\Delta P_Y/P_Y$ 即为 Y 商品价格变动的百分比；Q_X 表示 X 商品需求量，ΔQ_X 表示 X 商品需求量的变动量，$\Delta Q_X/Q_X$ 即为 X 商品需求量变动的百分比。（2.15）式是需求的交叉弹性的定义式。

根据需求的交叉弹性大小可以将商品关系分成以下不同类型：

(1) 当 $E_{XY}>0$ 时，即需求的交叉弹性为正，说明随着 Y 商品价格的增加，对 X 商品的需求量会增加，X 和 Y 商品被称为替代品。如可口可乐与百事可乐的交叉弹性大约为 0.7，说明两种商品之间是替代关系。交叉弹性数值越大，两种商品之间的替代性越强。

(2) 当 $E_{XY}<0$ 时，即需求的交叉弹性为负，说明随着 Y 商品价格的增加，对 X 商品的需求量会减少，X 和 Y 商品被称为互补品。例如，汽油价格上涨，对轮胎的需求减少，因为人们会减少开车时间，轮胎的更换减少，轮胎和汽油的交叉弹性为负，它们是互补品。

(3) 当 $E_{XY}=0$ 时，即需求的交叉弹性为零，说明 Y 商品价格变动对 X 商品的购买量没有影响，两者之间互不相关。随机选择的商品可能属于此种类型。

需求的交叉弹性同样也有两种计算方法，点交叉弹性和弧交叉弹性，公式如下：

$$E_{XY} = \frac{dQ_X}{dP_Y} \cdot \frac{P_Y}{Q_X} \qquad (2.16)$$

$$E_P = \frac{Q_{X2} - Q_{X1}}{P_{Y2} - P_{Y1}} \cdot \frac{P_{Y1} + P_{Y2}}{Q_{X1} + Q_{X2}} \qquad (2.17)$$

三、供给的价格弹性

1. 供给的价格弹性概念及分类

价格变化时，不仅需求量会发生变化，供给量也会发生变化。需求的价格弹性衡量了消费者对价格变动的反应程度，而供给的价格弹性则要衡量生产者对价格变动的反应程度。供给的价格弹性（price elasticity of supply）是指在其他因素不变条件下，一种商品或服务的供给量的相对变动对于其自身价格的相对变动的反应程度，它等于供给量变动的百分比除以价格变动的百分比。供给的价格弹性又经常被简称为供给弹性。

$$供给的价格弹性 = \frac{供给量变动的百分比}{价格变动的百分比}$$

$$E_S = \frac{\Delta Q_S / Q_S}{\Delta P / P} = \frac{\Delta Q_S}{\Delta P} \cdot \frac{P}{Q_S} \qquad (2.18)$$

式中，E_S 表示供给的价格弹性；P 表示价格，ΔP 表示价格的变动量，$\Delta P/P$ 即为价格变动的百分比；Q_S 表示供给量，ΔQ_S 表示供给量的变动量，$\Delta Q_S/Q_S$ 即为供给量变动的百分比。(2.18) 式是供给的价格弹性的定义式。

我们也可以将其写成点弹性和弧弹性公式：

$$E_S = \frac{dQ_S}{dP} \cdot \frac{P}{Q_S} \qquad (2.19)$$

$$E_S = \frac{Q_{S2} - Q_{S1}}{P_2 - P_1} \cdot \frac{P_1 + P_2}{Q_{S1} + Q_{S2}} \qquad (2.20)$$

由于价格与供给量的同方向变动关系，供给的价格弹性数值为正。根据弹性系数的大小，也可以对供给进行分类：如果 $E_S=0$，表明价格变动不会对供给量产生影响，则称供给完全无弹性，比如稀有的名家油画作品，其弹性几乎为零；如果 $0<E_S<1$，表明供给量变动的百分比小于价格变动的百分比，则称供给缺乏弹性，如西瓜涨价了，当期的供给量也不会有明显的增加，它就属于缺乏弹性的供给；如果 $E_S=1$，价格和供给量以相同比例变化，则称供给为单位弹性；如果 $1<E_S<+\infty$，表明供给量变动的百分比大于价格变动的百分比，则称供给富有弹性；$E_S=+\infty$，供给为完全弹性，发展中国家的劳动供给近似于完全弹性。

2. 供给的价格弹性决定因素

（1）价格变动后产量改变的难易程度。如果投入要素较为稀少或比较独特，增加一单位产量的成本快速上升，价格提高引起供给量的增加程度较小，与此类投入要素相联系的供给缺乏弹性。比如贵州茅台醇香绵长的口感依赖于当地独特的自然环境，其供给价格弹性很小。反之，如果增加一单位产量的成本缓慢上升，价格提高将促使供给量大幅度增加，供给富有弹性，如劳动密集型产品的供给弹性较大。

（2）时间因素。时间是决定供给的价格弹性的一个重要因素。当某种商品价格上升时，引起的短期反应是企业利用现有的机器设备，虽然企业将会生产更多的产品，但是由于受生产能力的约束其反应程度有限。然而，随着时间的推移，现有的企业可以装备新的生产设备，新的企业进入该市场，因而对价格变动的反应程度将增大。时间越长，供给会变得越来越富有弹性。

3. 线性供给曲线上价格弹性的计算

假定供给函数为线性形式 $Q_S=-c+dP$，供给曲线为一条直线。以下我们结合图 2-11 分析线性供给曲线上的价格弹性。

我们以供给曲线 S_1 为例，计算其供给价格弹性。

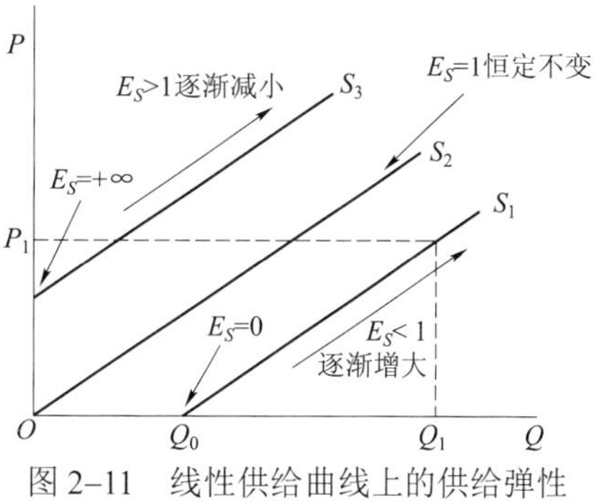

图 2-11 线性供给曲线上的供给弹性

$$E_S = \frac{\Delta Q_S}{\Delta P} \cdot \frac{P}{Q_S} = \frac{Q_0 Q_1}{OP_1} \cdot \frac{OP_1}{OQ_1} = \frac{Q_0 Q_1}{OQ_1} = \frac{OQ_1 - OQ_0}{OQ_1} = 1 - \frac{OQ_0}{OQ_1} \qquad (2.21)$$

供给曲线 S_1 与数量轴正半轴有相交点 Q_0，当 $P=0$ 时，$Q_S=Q_0>0$，亦即 $c<0$，在此交点上的 $E_S=0$；根据（2.21）式可知在整个线性供给曲线 S_1 上，$E_S<1$，沿着供给曲线向右上方运动，其供给弹性会越来越大，整体的供给缺乏弹性，最终趋近于 1。

供给曲线 S_2 穿过原点，根据（2.21）式可知在整个线性供给曲线 S_2 上所有点的 $E_S=1$，供给为单位弹性。

供给曲线 S_3 与价格轴正半轴有相交点，即 $P=c/d>0$，$Q_S=0$，在此交点上的 $E_S=+\infty$；根据（2.21）式可知在整个线性供给曲线 S_3 上，$E_S>1$，沿着供给曲线向右上方运动，其供给弹性会越来越小，整体的供给富有弹性，最终趋近于 1。

当线性供给曲线为一平行于数量轴的直线时，其供给弹性 $E_S=+\infty$，供给具有完全弹性；当线性供给曲线为一平行于价格轴的直线时，其供给弹性 $E_S=0$，供给完全无弹性。这两种特殊情形的图形略去。

第四节 供求理论的应用

在价格决定方面，供给和需求同等重要。正如马歇尔所说："我们没有必要争论在裁纸的时候是剪刀上面的刃还是下面的刃把纸剪开的，同样的，我们也没有必要争论是供给还是需求决定了价格。"本节我们将运用需求–供给模型和弹性分析工具研究一些实际问题。

一、价格控制

1. 最高限价

政府出于公平的考虑而规定某种商品的最高价格被称为最高限价，此最高价格低于市场自发调节形成的均衡价格。比如在战争时期或遇到饥荒年份，政府为生活必需品制定最高限价，以使穷人能够负担得起。然而，在政府规定的最高价格下，市场处于失衡状态，导致短缺现象出现。如图 2–12 所示。

如图 2–12，商品的均衡价格为 P_0，均衡数量为 Q_0。现在政府规定其最高限价为 P_C，此价格低于均衡价格 P_0，即 $P_C<P_0$，在此价格下，需求量为 Q_D，供给量为 Q_S，显然，$Q_D>Q_S$，商品会出现（OQ_D-OQ_S）的短缺。针对由政府干预带来的市场失衡，各种非价格分配手段相应出现：实行配给制、排长队购买，还可能出现搭配次货、黑市交易等现象。

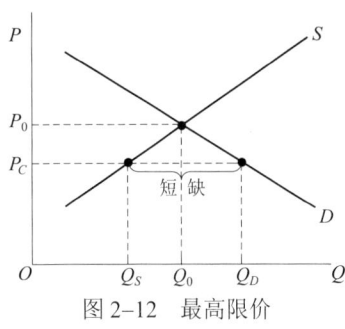

图 2–12 最高限价

出于对租用住房成本上升的担忧,美国的纽约等城市在特定时期实施过最高租金限制。短期内,住房的供给和需求都缺乏弹性,租金控制导致了短缺,起初的短缺并不大。然而,随着时间的推移,在最高限价下,房东将减少新公寓的建造和旧公寓的日常修缮,超额需求的存在引起自愿支付"钥匙费"等现象,住房不一定分配给最需要它的人。长期的供给和需求曲线会变得富有弹性,结果住房大量短缺。

专栏 2-2 越南的租金控制

越南战争之后,河内市用租金控制政策来保持低的租房价格。在《幸福》杂志的一篇采访中,越南外交部长阮高达说,由于租金控制,可供出租的房屋更少了,并且大部分房屋的状况都很恶劣。回想起越南战争期间河内市遭受的狂轰乱炸,这位外交部长说:"美国人不能摧毁河内,但我们却用低租金把我们的城市摧毁了。我们意识到这很愚蠢,因而我们必须改变这种政策。"❶

2. 最低限价

政府为扶持某一行业而规定该行业产品的最低价格被称为最低限价,又叫支持价格,它通常高于均衡价格。美国政府经常对小麦、玉米、棉花等农产品实施价格支持政策,欧盟对谷物、奶制品和糖实行价格支持,以保证农场主的利益。如图 2-13 所示。

如图 2-13,商品的均衡价格为 P_0,均衡数量为 Q_0。现在政府规定其最低限价为 P_S,此价格高于均衡价格 P_0,即 $P_S>P_0$,在此价格下,需求量为 Q_D,供给量为 Q_S,显然,$Q_S>Q_D$,商品会出现(OQ_S-OQ_D)的过剩。对于过剩部分的农产品通常采用以下方法解决:通过限制耕种面积而减少农产品产量;加强科学研究扩大农产品用途,以刺激需求;由政府收购过剩产品储备起来或直接出口。

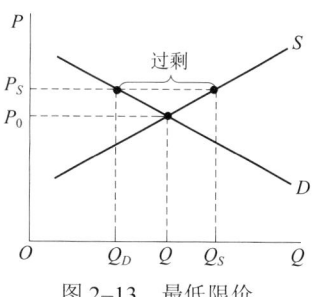

图 2-13 最低限价

西方国家的最低工资法规定低于某个工资水平雇佣劳动为非法,如果均衡工资低于最低工资,与上述最低限价类似。最低工资与市场力量相冲突,并对劳动市场产生影响,有可能引起失业问题出现,对此经济学家有不同看法。

---

❶ 资料来源:After "Rent Control It's Worse Than Bombing",FORTUNE,February 27,1989:134.

二、丰收悖论

今年大自然对农业特别恩惠，风调雨顺、气温温和、天气晴朗，玉米的收成比去年增加了 10%，去年的收成是 15 600 万吨，其价格为 2000 元/吨。经测算，玉米需求的价格弹性为 0.5。勤劳的农民农闲时坐下来一算账，结果令其大吃一惊，这种好年景和大丰收却降低了农民来自玉米的总收益，为何会出现丰收悖论？

我们先计算一下去年玉米的总收益，为 1.56 亿吨×2000 元/吨=3120 亿元。

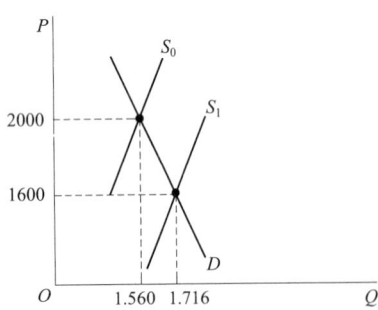

图 2-14 丰收悖论的供求分析

由于玉米需求的价格弹性为 0.5，今年要多销售 10%的玉米，即新的销量达 1.716 亿吨，必须把价格降低 20%，即降为 1600 元/吨，今年的总收益为 1.716 亿吨×1600 元/吨=2745.6 亿元。结果显示，好收成反而使总收益减少。如图 2-14 所示。

如图 2-14 所示，去年的供给曲线为 S_0，今年玉米大丰收使供给增加，供给曲线右移至 S_1，而需求相对稳定，需求曲线仍为 D。由供求分析可知，玉米的价格会大幅度下降，由于粮食作为一种必需品其价格弹性较小，价格下降并不会刺激需求量增加多少，所以农民在丰收年份收益不升反降，这就是丰收悖论的经济学解释。

二、赋税归宿

税收是各级政府收入的主要来源，它也是政府干预市场的一种方式。当政府对一种商品征税时，到底是买者还是卖者承担了税负？如果买卖双方共同承担，他们各自承担的比例如何？这就是赋税的归宿问题。

假定某地方政府通过一项法律，要求香烟制造商每销售一包香烟要向政府交纳 2 元的销售税。征税前每包香烟价格 10 元，市场销售量达 1 亿包。

向卖者收税相当于其单位成本的提高。税收减少了制造商每一个价格下的供给量；或者说要诱使卖者保持相同的供给量，必须将价格提高单位税收额 2 元。总之，征税会导致供给减少，供给曲线向左上方移动；而买者关心的只是价格的高低，需求并不变动。如图 2-15 所示。

由于供给减少、需求不变，香烟市场形成新

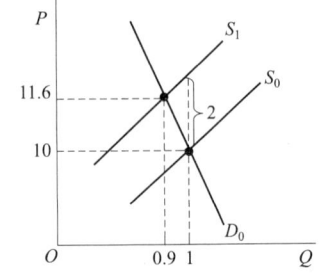

图 2-15 销售税对市场均衡的影响

的均衡点，新的均衡价格提高到 11.6 元，均衡数量减至 0.9 亿包，说明征税抑制了市场活动，交易量下降。虽然由香烟制造商向政府交税，但是买卖双方共同承担税负。具体分析，每包香烟买方承担了 1.6 元税负，制造商仅承担 0.4 元税负，买方承担比例高达 80%，卖方承担比例为 20%，这主要由香烟需求的缺乏弹性所致。

由此可见，商品需求的价格弹性越小，消费者承担的税负比例越大；特别地，如果需求曲线是一条完全无弹性的垂直线，税负将全部由消费者负担。反之，商品需求的价格弹性愈大，消费者承担的税负比例愈小。

同理，供给的价格弹性越小，生产者承担的税负比例越大；供给的价格弹性愈大，生产者承担的税负比例愈小。所以，税负总是更多地落到缺乏弹性的市场一方身上。

对于政府向消费者征消费税的情形读者可以参照以上例证自行分析，结论完全一样。

专栏 2-3　最为短命的税项之一：奢侈品税

1990 年，作为力图削减美国财政赤字的一揽子计划的一部分，国会同意对价格昂贵的奢侈品征收 10% 的"奢侈品税"。这样的奢侈品包括豪华游艇、私人飞机、高级轿车、珠宝首饰和皮革等。事实证明，奢侈品的需求确实存在很大的弹性。1991 年初，由于有钱人为了逃避税收转而前往邻国购买游艇，导致美国东海岸度假胜地南佛罗里达地区的游艇销量迅速下降 90%，令人吃惊。加上 1991 年开始出现的经济衰退，导致有钱人的投资收入下降，对于奢侈品的销售无异于雪上加霜，需求曲线向左移动，总体销量继续下跌。

奢侈品需求的高弹性颇有些出人意料，同时，游艇的供给至少在短期是缺乏弹性的。这项政策为经济带来两个不利影响：一是与政府的愿望背道而驰，原本预期由有钱人承担的税务负担最后落在有关产品的生产者和销售者身上，而这些人本身并不会富有到可以支付奢侈品税的地步。二是这一新税项可以在未来 5 年内为国库带来大约 15 亿美元的进账，平均每年应该达到 3 亿美元。然而就在第一年，即 1991 年，有钱人总共才为购置奢侈品上交了 3000 万美元的税金，只有预期平均值的 1/10。考虑到为实施这一税项所消耗的费用，这 3000 万美元很有可能入不敷出。1993 年，美国政府便宣布撤销这一税项。奢侈品税成为最为短命的税项之一。❶

---

❶ 资料来源：根据斯蒂格利茨的《经济学》小品与案例相关内容改编，专栏题目是作者加的。[美] 斯蒂格利茨.《经济学》小品与案例 [M]. 北京：中国人民大学出版社，1998：18—19.

本章小结

1. 需求—供给模型是微观经济学的一个重要分析工具。需求表示价格和需求量之间的关系,二者之间的反向变动关系就是需求规律;供给表示价格和供给量之间的关系,二者之间的正向变动关系就是供给规律。需求量的变动是沿着需求曲线从一点到另一点的变动,需求的变动表现为整条需求曲线的移动;供给量的变动是沿着供给曲线从一点到另一点的变动,供给的变动表现为整条供给曲线的移动。

2. 市场机制是需求和供给保持均衡的机制,市场均衡一旦形成就有保持下去的倾向,因为此时不存在改变价格的压力。但当决定需求和供给的因素发生变动时,新的市场均衡状态需要重新建立。

3. 弹性描述了当价格、收入或其他变量变动时,供给和需求所具有的反应特性。最为常用的需求价格弹性是指消费者对商品价格变动的反应程度。

4. 需求—供给模型和弹性可用于解释经济现象、预测经济变量变动趋势。首先要确定某种因素或某项政策是影响需求还是影响供给,然后分析曲线的移动方向,最后结合供求弹性分析这种移动产生的市场效应大小。

1. 在下列各种情形下,啤酒的市场价格将如何变动?
(1)啤酒生产原料价格上涨。
(2)消费者收入普遍提高。
(3)啤酒业进行大规模的广告宣传。
(4)凉夏。

2. 假设一个封闭的岛国遭受了大海啸的袭击,造成大面积农田被毁坏,但所幸的是只有极少一部分居民死亡。请画图分析大海啸发生前后该国粮食市场均衡价格和数量的变化。

3. 有人说,气候不好对农民不利,因为农业要歉收;但也有人说,气候不好对农民有利,因为农业歉收后谷物会涨价,农民因此而增收。试利用所学的经济学原理对这两种说法给予评价。

4. 已知某一时期内某商品的需求函数为 $Q^d = 50 - 5P$,供给函数为

$Q^s = -10 + 5P$。

（1）求均衡价格 P_e 和均衡数量 Q_e，并作出几何图形。

（2）假定供给函数不变，由于消费者收入水平提高，使需求函数变为 $Q^d = 60 - 5P$，求出相应的均衡价格 P_e 和均衡数量 Q_e，并作出几何图形。

（3）假定需求函数不变，由于生产技术水平提高，供给函数变为 $Q^s = -5 + 5P$，求出相应的均衡价格 P_e 和均衡数量 Q_e，并作出几何图形。

5. 2010年5月14日，国家发展改革委等六部门联合制定了《2010年小麦最低收购价执行预案》，规定在粮食主产区小麦最低收购价以国标三等小麦为标准品，白麦每市斤0.90元，红麦、混合麦每市斤0.86元。而2010年夏粮收购主体增多抬高了小麦市场价格，从起初的每市斤0.95元逐步上涨到如今的每市斤1.05元，使得小麦托市收购价低于市场价格。试分析出现这种现象的原因以及政府最低限价的有效性。

第三章 消费者行为理论

本章概要

在一个稀缺的现实世界，每个人都面临权衡取舍。消费者选择的目标是获得最大满足。本章我们要探讨隐藏在需求曲线背后的个人选择逻辑，即消费者行为理论。消费者行为选择会涉及偏好和约束两个方面因素。本章我们将学习消费者效用最大化所遵循的原则、影响因素和消费者选择的商品最佳组合。

学习目标

1. 掌握有关效用的概念，理解边际效用递减规律，掌握边际相等原则。
2. 掌握无差异曲线分析工具，理解消费者均衡及其变动的意义。
3. 能够根据消费者均衡条件推导出需求曲线。
4. 了解不确定条件下的消费者选择问题。

第一节 效用理论概述

研究消费者行为是以欲望或需要为起点的，由于资源的稀缺性，人们无限的欲望只能得到有限的满足。尽管如此，消费者仍把最大的满足作为其行为选择的终极目标。消费者的偏好是决定其消费行为选择的最重要因素之一。本节主要介绍偏好、效用的概念及效用理论。

一、消费者的偏好与效用

1. 消费者偏好的基本假设

消费者的偏好（preferences）是指一个消费者对商品的喜好程度。不同的人喜欢的东西各不相同，消费者的偏好千差万别，我们怎样才能一致性地描述消费者偏好？经济学家给出了消费者偏好的三个基本假设：

（1）完备性假定。消费者可以根据偏好对所有可能的消费组合❶进行比较和排序。如果有 X 和 Y 两个消费组合，消费者要么偏好 X 甚于 Y，要么偏好 Y 甚于 X，要么对二者无差异。

（2）传递性假定。消费者如果有 X、Y 和 Z 三个消费组合，他偏好 X 甚于 Y，偏好 Y 甚于 Z，那么他必然偏好 X 甚于 Z。

（3）越多越好假定。如果一个消费组合中的每一种商品都多于第二个消费组合，消费者偏好前者甚于后者，亦即多多益善。当然，这是以商品是"好的"为前提的。该假定又被称作非饱和性假定。

2. 效用

经济学家经常用效用来描述偏好。效用（utility）是一个人从消费某种商品或服务中所得到的满足程度。如果一个人对某种消费组合的偏好大于另一种消费组合，更受偏好的消费组合对于这个人来说具有更高的效用水平。从特定商品的消费中所获得的效用依赖于个人的偏好。不同的人偏好会有所不同，同一种商品对于不同的人效用是不同的。如一个酷爱摇滚音乐的人会在第一时间去买新出的 CD，这张激光唱片对他特别有吸引力，其效用水平很高；但对一个不爱听摇滚音乐的人来说，这张 CD 没有效用甚至是负效用。不同的人从同一种商品中获得的满足无法进行比较。因此，效用本身没有客观标准，它是存在于消费者心目中的一种观念；效用的大小取决于消费者对该商品的主观感受。

---

❶ 消费组合又被称为消费束或市场篮子，它是指一种或者多种商品的一个组合，如 3 袋牛奶和 1 件衣服就是一个市场篮子。

二、基数效用论的边际效用分析

1. 总效用与边际效用

基数效用理论是边际主义者所倡导的基本理论。按照基数效用论的观点，效用是可以用表示和衡量物体长度、重量等具体大小的数字来度量，如1、2、3、4等。效用的度量单位是效用单位（Util）；不同商品的效用和同一商品的效用是可以加总的。

总效用（U）是指消费者在一定时间内消费一定数量的商品所得到的总满足程度（或效用总和），它可以用总效用函数表示：

$$U = f(Q) \tag{3.1}$$

式中，U 表示总效用，Q 表示消费的某种商品的数量。（3.1）式表示总效用是商品消费量的函数。

边际效用（MU）是指消费者在一定时间内增加一单位商品的消费所增加的满足程度（或效用）。其公式如下：

$$边际效用 = \frac{总效用的增量}{消费某商品量的增量}$$

$$MU = \frac{\Delta U}{\Delta Q} \tag{3.2}$$

如果总效用函数是连续的，当消费数量的变动趋于无穷小时，边际效用可写成微分形式：

$$MU = \lim_{\Delta Q \to 0} \frac{\Delta U}{\Delta Q} = \frac{dU}{dQ} \tag{3.3}$$

当消费 n 种商品情况下，总效用函数和边际效用函数可以写成如下公式：

$$U = f(Q_1, Q_2, Q_3 \cdots Q_n) \tag{3.4}$$

式中，U 表示总效用，$Q_1, Q_2, Q_3 \cdots Q_n$ 分别表示消费的 n 种商品的数量。（3.4）式表示总效用是所有商品消费量的函数。

$$MU_i = \frac{\partial U}{\partial Q_i} \tag{3.5}$$

（3.5）式表示当消费 n 种商品时，第 i 种商品的边际效用。

我们用图表进一步分析消费一种商品时总效用和边际效用之间的关系。表3-1显示了燕子同学暑假每周看影碟的片数与所获得效用的数量关系。

表 3–1　总效用和边际效用表（Utils）

影碟片数	总效用	边际效用
0	0	
1	4	4
2	7	3
3	9	2
4	10	1
5	9	−1

根据表 3–1 我们可以在坐标系中绘制出燕子同学的总效用曲线和边际效用曲线，如图 3–1 所示，横轴表示每周观看影碟的片数，纵轴表示总效用和边际效用。

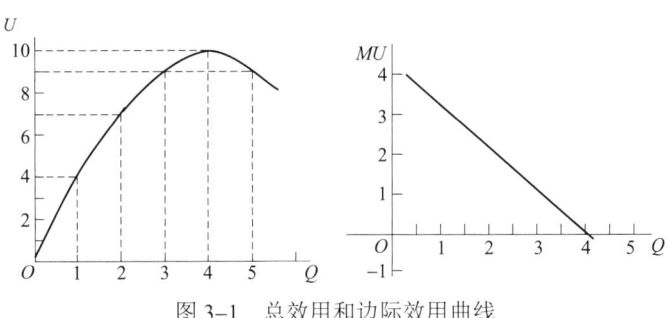

图 3–1　总效用和边际效用曲线

从以上图表可以看出，只要观看影碟的边际效用大于零，随着燕子同学观看影碟片数的增加，她所获得的总效用一直是增加的，但增加的速度越来越慢；当边际效用为零时，总效用达到最大；当边际效用为负值时，总效用水平下降。边际效用一直是减少的，它正好反映了总效用的变化速率。

2. 边际效用递减规律

在一定时间内，在其他商品的消费数量不变的条件下，随着消费者对某种商品或服务消费数量的增加，消费者从增加的每一单位消费中所得到的效用增量（即边际效用）是递减的，这就是边际效用递减规律。

仍用上述例子，燕子同学结束了一学期紧张的学习，在暑假刚开始的一周观看了 5 片影碟，看第 1 片影碟给她带来的效用是很大的，电影使她充分释放压力、心情愉悦。随着燕子观看影碟片数的增加，每一片影碟给她带来的效用增量是递减的；当看到第 4 片影碟时，她所获得的总效用达到最大；当看到第 5 片影碟时，她的身体和眼睛都很不舒服，故事情节雷同也使其感到乏味，这片影碟的边际效用为负值，总效用开始下降。

为什么在一定时间内会出现边际效用递减规律呢？一般认为有以下两方面的原因：

（1）生理或心理的原因。人的欲望多种多样，但当消费某种商品时，其欲望获得了部分满足，这种商品消费数量增大时，从人的生理和心理的角度来看，对重复刺激的反应能力减弱，致使对这种商品的欲望程度降低，从而感觉上的享受或满足程度降低。

（2）商品本身多用途的原因。很多商品都有多种用途，比如水既可以饮用、又可以洗衣服。当这种商品的数量很少时，人们会根据自己的理性判断把它用到最需要、满足程度最高的用途上；如果数量增加，人们才会把它用到重要性依次下降、满足程度较低的用途上。所以，边际效用会随消费量的增加而呈递减趋势。

3. 边际效用与价格

效用分析的目的是研究什么力量推动消费者的需求，以上我们考虑了消费者的偏好因素。除此之外，决定消费者购买数量的还有商品价格和消费者的收入等因素。

在收入既定的条件下，消费者为了在各种商品或服务中作出合理的选择，必须在价格和偏好之间进行权衡。商品价格的决定因素是什么？西方经济学家根据边际效用递减规律，提出了"边际效用价值论"，认为商品的价格取决于其边际效用的大小，商品能够给消费者带来满足，效用是商品存在价值的必要条件，而稀缺性是商品存在价值的充分条件，二者结合起来构成充分必要条件。商品越稀缺，其边际效用越大，其价值也越大。反之亦然。

西方经济学家往往对商品的价值和价格不加以区分。既然商品的边际效用决定其价值，那么，消费者愿付出的价格也是以边际效用的大小为判断依据的。某商品的边际效用大，消费者愿意为它付高价，商品的边际效用小，消费者只愿付低价。

"钻石与水的价值之谜"是几百年前哲学家提出的一个问题，为什么作为生活必需品的水其价格低廉，而没有什么大用途的钻石却十分昂贵？古典经济学家亚当·斯密试图解开这个谜。但直到边际主义学派出现，此谜才得以破解。由于水是生活所必需的，我们从水中得到的总效用是巨大的。然而，一种商品的价格是由其边际效用决定的。自然界中水十分丰富，人们购买的最后1升水的边际效用比较低，所以水的价格便宜。钻石十分稀缺，人们所购买的最后1克拉钻石的边际效用很高，因此钻石的价格非常昂贵。

三、消费者均衡的边际相等原则

我们假定消费者是理性人，能够以获得最大化的满足为目标，对商品组合进行合理的选择。所谓消费者均衡就是指在偏好及商品价格既定条件下，消费者为实现效用最大化而把现有的收入配置到各种商品消费上的状态。消费者达到均衡状态时，可以实现消费者选择的商品最佳组合。一旦消费者达到均衡，则不再有任何方法调整支出结构（即商品组合）来增进总效用。

假定消费者在一定时间内的收入为 I，全部花在 n 种商品消费上，各种商品的价格分别为 $P_1, P_2, P_3 \cdots P_n$，购买量分别为 $Q_1, Q_2, Q_3 \cdots Q_n$，各种商品的边际效用分别为 $MU_1, MU_2, MU_3 \cdots MU_n$，我们可以把消费者均衡的边际相等原则写成（3.6）式：❶

$$\frac{MU_1}{P_1} = \frac{MU_2}{P_2} = \frac{MU_3}{P_3} = \cdots = \frac{MU_n}{P_n} = \lambda \tag{3.6}$$

预算条件可以写成以下公式：

$$P_1Q_1 + P_2Q_2 + P_3Q_3 + \cdots + P_nQ_n = I \tag{3.7}$$

（3.7）式表示预算全部花在 n 种商品的消费上，（3.6）式所表达的结论是：当花在每一种商品的最后一单位货币所产生的边际效用都相等，且都等于货币的边际效用时，就可以实现效用最大化，即达到消费者均衡。保证以上两个等式同时成立，消费者才能获取最大的满足。

λ 的经济含义是货币的边际效用。严格地讲，货币的边际效用也是递减的，收入越高，货币的边际效用越小。但是对于收入既定的任一消费者的选择分析而言，又常常假定货币的边际效用不变，即 λ 是一个常数。❷

表 3-2 列出了商品小松糕 x，小甜饼 y 的不同数量对贝蒂的边际效用大小。假定小松糕、小甜饼的单位价格分别为 2 美元和 1 美元，此人在一定时间内的收入为 60 美元，请问贝蒂会选择怎样的商品组合？

表 3–2 贝蒂的边际效用表

x 的数量	MU_x	y 的数量	MU_y
5	11	50	3
6	8	48	4
7	5	46	5
8	3	44	6

---

❶ 边际相等原则可以通过建立拉格朗日函数求总效用函数的最大化得到。

❷ 当分析一种商品情况下，由于存在边际效用递减规律与边际效用价值论，在假定货币的边际效用 λ 不变条件下，根据（3.6）式可以推导出需求曲线，需求曲线是一条向右下方倾斜的曲线，这里略去推导过程。

因为 $P_x=2$，$P_y=1$；根据边际相等原则，当 $\dfrac{MU_x}{P_x}=\dfrac{8}{2}=4=\dfrac{MU_y}{P_y}=\dfrac{4}{1}$ 时，贝蒂所获得的效用最大化；此时，满足预算约束条件：

$$P_xQ_x+P_yQ_y=2\times 6+1\times 48=60=I$$

贝蒂达到均衡时所选择的商品最佳组合为：小松糕6块，小甜饼48块。

如果贝蒂偏离均衡状态，比如选择买小松糕8块，小甜饼44块，也能够满足预算约束条件 $P_xQ_x+P_yQ_y=2\times 8+1\times 44=60=I$，但此组合不满足边际相等原则：

$$\dfrac{MU_x}{P_x}=\dfrac{3}{2}=1.5<\dfrac{MU_y}{P_y}=\dfrac{6}{1}=6$$

由于1美元购买小松糕所获得的边际效用小于1美元购买小甜饼所获得的边际效用，理性的贝蒂一定会减少小松糕的购买量，增加小甜饼的购买量，直至达到均衡状态，贝蒂的总效用会增加 3Utils。可见，满足边际相等原则和预算约束条件，消费者才能实现其效用最大化。

当然，如果消费者收入或商品价格变动，消费者均衡状态会随之发生变化，消费者需要重新选择商品的最佳组合。

四、消费者剩余

消费者按照他对商品边际效用的评价来决定愿意支付的价格，而市场上形成的价格并不一定等于他愿意支付的价格。马歇尔认为，消费者购买某物所得的满足通常会超过他为此付出的代价所放弃的满足，从而在购买中得到了多余的满足。如果对它进行经济衡量，则是消费者为购买此物而愿意付出的价格减去购买此物实际付出的价格之剩余额，这个剩余部分可称为消费者剩余。

消费者剩余意味着消费者参与某个商品市场而获得的净收益，它实质上是一种主观感受。消费者剩余主要是由于消费者行为特征和完全竞争市场体系所引起的。由于边际效用递减规律的存在，随着消费商品数量的增加，消费者愿意支付的价格是递减的。虽然消费者从第1个单位商品中获得的满足最大，他愿意付出更高的价格，但是在完全竞争市场中，只存在一个均衡价格，无论消费者购买多少商品都是依据最后1个单位商品所提供的边际效用付价的。除了最后1个单位商品以外，消费者从每个单位商品中所获得的效用，都大于他实际付出的价格，因此，消费者剩

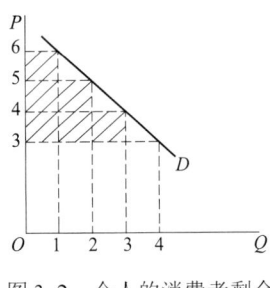

图 3-2 个人的消费者剩余

余得以产生。图 3-2 说明了消费者剩余的大小。

如图 3-2，某消费者对绿茶饮料的需求曲线为 D，当他买第 1 瓶绿茶饮料时，因为其边际效用大，他愿意支付的价格为 6 元；由于第 2、3、4 瓶的边际效用递减，他愿意支付的价格依次递减，分别为 5 元、4 元和 3 元。而此种绿茶饮料的市场统一价格为 3 元，消费者购买的第 1 瓶绿茶饮料的愿付价格与实际付价差额为 3 元，这便是第 1 个单位商品给消费者带来的剩余，以此类推，他购买 4 瓶绿茶饮料所获得的消费者剩余为（6-3）+（5-3）+（4-3）=6 元，这是消费者没有付出而得到的剩余满足，如图 3-2 中的阴影面积所示。

由一个消费者推广到某种商品的市场需求，消费者剩余是所有消费者参与市场交易而得到的净利益。它常被用来衡量经济福利、评价公共政策的影响。假定数据连续变化，消费者剩余在图形上表示为均衡数量对应的市场需求曲线之下的愿付价格总量（即总效用）与市场价格线下的实际支付总量（即总支出）之差，即需求曲线与市场价格线及纵轴围成的面积。如图 3-3 中的阴影面积所示。

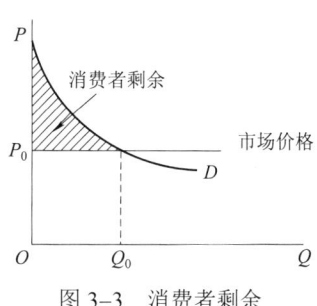

图 3-3　消费者剩余

专栏 3-1　连续吃三个面包的感觉

美国总统罗斯福连任三届后，曾有记者问他有何感想，总统一言不发，只是拿出一块三明治面包让记者吃，这位记者不明白总统的用意，又不便问，只好吃了，接着总统拿出第二块，记者还是勉强吃了。紧接着总统拿出第三块，记者赶紧婉言谢绝。这时罗斯福总统微微一笑："现在你知道我连任三届总统的滋味了吧。"这个故事揭示了经济学中的一个重要的原理：这就是边际效用递减规律。❶

第二节　无差异曲线分析

20 世纪初由洛桑学派的意大利经济学家帕累托提出了另一种研究消费者行为的理论，即序数效用论，该理论认为效用大小无法测量，效用之间的比较可以通过排序如第一、第二、第三……加以解决。序数效用论使用无差异曲线

---

❶ 资料来源：http://www.docin.com/p-5906474.html。

分析消费者行为。

一、无差异曲线

无差异曲线（indifference curve）是表示消费者偏好相同的各种商品组合的曲线，在一条无差异曲线上所有的商品组合给消费者带来相同的满足程度。在假定仅消费两种商品的情况下，无差异曲线图是一组无差异曲线，它包含无数多条无差异曲线。图 3-4 显示了简化的三条无差异曲线。

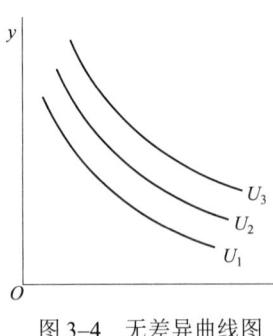

图 3-4　无差异曲线图

图中一条曲线上的各点对于消费者来说，满足程度都是相同的。效用的不同，可以通过不同的无差异曲线反映出来。在此，我们再进一步引入效用函数的概念。效用函数表示某一商品组合给消费者所带来的效用水平。假定消费者只消费两种商品，则效用函数为：

$$U = f(x, y) \tag{3.8}$$

式中，x 和 y❶分别为两种商品的数量；U 为效用水平。在此基础上，与某一条特定的无差异曲线相对应的效用函数为：

$$U = f(x, y) = U^0 \tag{3.9}$$

式中，U^0 为一个常数，表示一个不变的效用水平。该效用函数有时也被称为等效用函数。用效用函数来理解图 3-4 是很方便的，（3.9）式对应的是图中的某一条特定的无差异曲线。

二、无差异曲线的特征

第一，无差异曲线是一条向下倾斜的曲线，其斜率为负值。这就表明在收入与价格水平既定的条件下，为了获得同样的满足程度，减少一种商品的数量就必然增加另一种商品的数量，两种商品数量不能同时增加或减少。

第二，在同一平面图上可以有无数多条无差异曲线。同一条无差异曲线代表同样的满足程度，不同的无差异曲线代表不同的满足程度。离原点越远的无差异曲线所代表的满足程度越高，即如图 3-4 所示的三条无差异曲线，$U_3 > U_2 > U_1$。

第三，在同一平面图上，任意两条无差异曲线决不能相交，否则在交点上

---

❶ 注意：这里的 x 和 y 与本章第一节的 Q_1 和 Q_2 意义相同。

两条无差异曲线的满足程度相同，与第二个特征相矛盾。

第四，无差异曲线是一条凸向原点的曲线，这取决于商品的边际替代率递减规律。关于这一点，将在下一个问题中得到详细的说明。

三、边际替代率

1. 边际替代率的定义与公式

可以想象一下，当一个消费者沿着一条既定的无差异曲线上下滑动的时候，两种商品的数量组合会不断地发生变化，而效用水平却保持不变。这就说明，在维持效用水平不变的前提条件下，消费者在增加一种商品的消费数量的同时，必然会放弃一部分另一种商品的消费数量，即两商品的消费数量之间存在着替代关系。由此，经济学家建立了边际替代率（英文缩写为 MRS[1]）的概念。在维持效用水平不变的前提下，消费者增加一单位某种商品的消费数量时所需要放弃的另一种商品的消费数量，被称为边际替代率。商品 x 对商品 y 的边际替代率的定义公式为：

$$MRS_{xy} = -\frac{\Delta y}{\Delta x} = \frac{MU_x}{MU_y} \quad (3.10)$$

式中，Δx 和 Δy 分别为商品 x 和商品 y 的变化量。如果 Δx 是增加量，Δy 一定是减少量，两者的符号肯定是相反的，所以，为了使 MRS_{xy} 的计算结果是正值，以便于比较，就在公式中加了一个负号。

当商品数量的变化趋于无穷小时，则商品的边际替代率公式为：

$$MRS_{xy} = \lim_{\Delta x \to 0} -\frac{\Delta y}{\Delta x} = -\frac{dy}{dx} \quad (3.11)$$

显然，无差异曲线上某一点的边际替代率就是无差异曲线在该点的斜率的绝对值。

2. 边际替代率递减规律

经济学家指出，在两种商品的替代过程中，普遍存在着替代程度减弱的现象，这种现象被称为边际替代率递减规律。具体地说，商品的边际替代率递减规律是指：在维持效用水平不变的前提下，随着一种商品的消费数量的连续增加，消费者为得到每一单位的这种商品所愿意放弃的另一种商品的消费数量是递减的。之所以会普遍发生商品的边际替代率递减的现象，其原因在于：随着一种商品的消费数量的逐步增加，消费者想要获得更多的这种商品的愿望就会递减，或者说从更多的这种商品中所得到的额外满足程度将会下降，从而，他

---

[1] 在有的西方经济学教材中，也将边际替代率的英文缩写为 RCS。

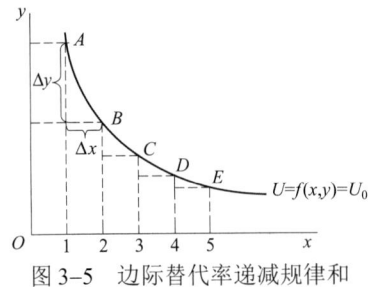

图 3-5 边际替代率递减规律和无差异曲线的形状

为了多获得一单位的这种商品而愿意放弃的另一种商品的数量就会越来越少。

从几何意义上讲,由于边际替代率就是无差异曲线的斜率的绝对值,所以,边际替代率递减规律决定了无差异曲线的斜率的绝对值是递减的,即无差异曲线是凸向原点的。

下面,利用图 3-5 来具体说明商品的边际替代率递减规律和无差异曲线形状之间的关系。在图中,当消费者沿着既定的无差异曲线由点 A 运动到点 B 时,商品 x 的增加量为 Δx,相应的商品 y 的减少量为 Δy。这两个变化量的比值的绝对值就是 MRS_{xy}。在图中,由于无差异曲线是凸向原点的,这就保证了当商品 x 的数量一单位一单位地逐步增加时,即由点 A 经点 B、C、D 运动到点 E 的过程中,每增加一单位的商品 x 所愿意放弃的商品 y 的数量是递减的。

3. 无差异曲线的特殊形状

完全替代品的边际替代率是一个常数,其无差异曲线是直线。如图 3-6 中的(a)所示,张先生对一杯橙汁和一杯桃汁的偏好相同,边际替代率为 1,无差异曲线图为一组平行的直线。完全互补品的边际替代率为零或无穷大,其无差异曲线为直角形状。如图 3-6 中的(b)所示,王女士仅仅拥有更多的咖啡并不会提高其满足程度,除非她可以获得与之相匹配的咖啡伴侣。她的无差异曲线图是一组直角形状的折线。

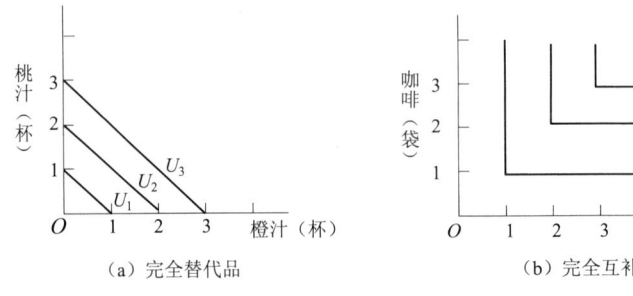

(a) 完全替代品　　　　　　　(b) 完全互补品

图 3-6 特殊形状的无差异曲线图

四、预算线

预算线又称为预算约束线、消费可能线和价格线。预算线表示在消费者的收入和商品的价格给定的条件下,消费者的全部收入所能购买到的两种商品的各种组合。我们所讨论的是商品价格不受购买量影响的情况,这时预算线为一条直线。

例如,某消费者每周用于吃和玩的预算约束为 300 元。假定每单位食品价格为 10 元,每小时娱乐活动的价格为 60 元。我们用横轴代表食品数量,纵轴代表娱乐的小时数。在收入一定的情况下,消费者增加娱乐时数就要少买食品,多买食品就要减少娱乐时数。如果收入全部用在吃上,可买食品 30 个单位;全部用于娱乐,可购买娱乐时数 5 小时,消费者的所有可能选择可以用预算线表示,如图 3-7 所示。

预算线可以用一个直线方程式表示,假定收入为 I,购买 x,y 两种商品,P_x,P_y 分别代表 x 和 y 商品的价格,x,y 分别表示两种商品的购买数量。方程式如下:

$$P_x \cdot x + P_y \cdot y = I$$

$$y = \frac{I}{P_y} - \frac{P_x}{P_y} x \quad (3.12)$$

式中,$-\frac{P_x}{P_y}$ 为预算线的斜率,如果两商品价格保持恒定或相对比例不变,预算线的斜率就不变。

如果收入保持不变,商品 x 或 y 价格发生变化,则预算线发生移动。假定 y 商品的价格不变,x 商品的价格上涨,新的预算线会围绕点 A 往左下方进行顺时针旋转式移动,若 x 商品价格下跌,新的预算线会围绕点 A 向右上方进行逆时针旋转式移动。如图 3-8 所示。

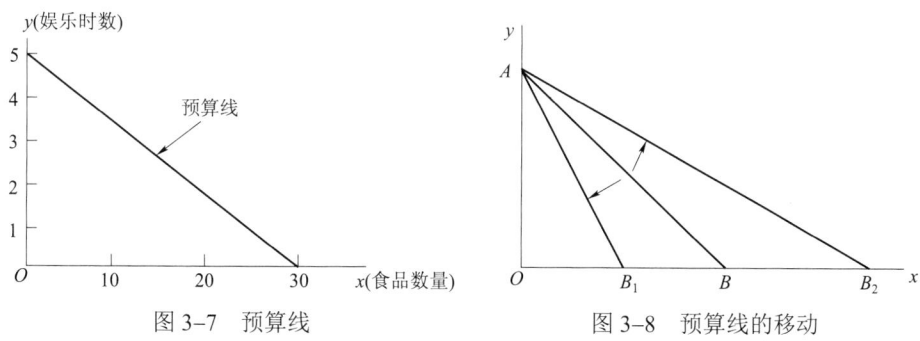

图 3-7 预算线　　　　　　图 3-8 预算线的移动

如果两种商品的价格不变,消费者收入发生变化,预算线则会发生平行移动。收入增加,预算线向上方平移,收入减少,预算线向下平移。如图 3-9 所示。

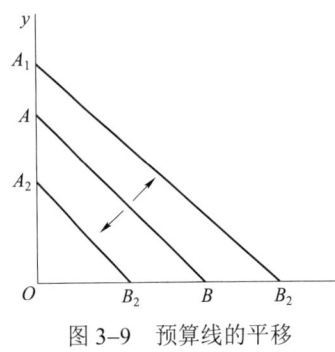

图 3-9 预算线的平移

五、消费者均衡与效用最大化

消费者对各种商品组合的无差异曲线图，是从主观方面表示消费者可以作出多种选择求得满足的情况。但是，从客观上考虑，消费者的实际购买行为受其收入和商品价格的限制。把这两个方面结合起来，就能求得在收入一定条件下，何种商品组合能够使消费者的效用达到最大化。把消费者的无差异曲线图和预算线描绘在同一平面图上，两者相切之点即达到了消费者均衡，效用达到最大化。如图 3-10，预算线与无差异曲线 U 相切于点 E，即在 E 点达到了消费者均衡。预算线在 E 点的斜率的数值为 $\dfrac{P_x}{P_y}$，无差异曲线在此点的斜率为 $\dfrac{\Delta y}{\Delta x}$，并且两者相等：

$$\dfrac{\Delta y}{\Delta x} = \dfrac{P_x}{P_y} \quad \because \quad \dfrac{\Delta y}{\Delta x} = \dfrac{MU_x}{MU_y} \quad \therefore \quad \dfrac{MU_x}{MU_y} = \dfrac{P_x}{P_y} \quad 即 \quad \dfrac{MU_x}{P_x} = \dfrac{MU_y}{P_y}$$

推广到一般情况：

$$\dfrac{MU_1}{P_1} = \dfrac{MU_2}{P_2} = \dfrac{MU_3}{P_3} = \cdots = \dfrac{MU_n}{P_n} \quad (3.13)$$

（3.13）式即为消费者均衡条件，满足此均衡条件即可实现效用最大化，消费者选择的商品组合就是最佳商品组合。该均衡条件与（3.6）式所表示的消费者均衡的边际相等原则完全相同，只不过（3.13）式是以序数效用论的分析工具为基础而得到的。

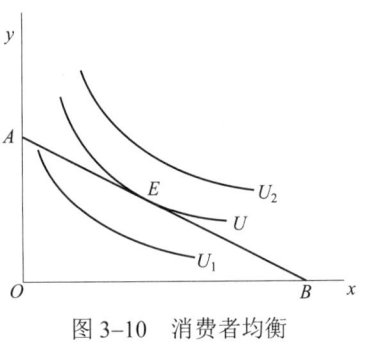

图 3-10 消费者均衡

第三节 收入和价格的变动与消费者选择

本节属于比较静态分析，将先后考察消费者收入变化和商品价格变化对消费者均衡的影响，并在此基础上分别推导出消费者的需求曲线和恩格尔曲线。

一、收入和价格的变动与消费者均衡

当某个消费者的收入变动以后，他将如何作出新的消费选择，不同的消费者在消费行为上的差异由什么因素决定？在新的收入水平下，商品组合与消费

量的确定仍然取决于消费者的个人偏好。换言之，消费量取决于无差异曲线的形状和位置。同时，它也与商品的价格有直接关系。一般地说，当消费者的收入增加后，如果商品的价格保持不变，在不考虑储蓄的条件下，消费者对商品的需求将会增加，进而需求量将相应增加。我们知道，商品价格不变而消费者收入改变，预算线将平行地移动，无差异曲线与新的预算线相切而形成新的均衡点。因此，研究收入变动对消费行为选择的影响，可以转化为研究收入变动前后消费者均衡点之间的相互关系问题。同理，价格变动对消费行为选择的影响，也可以转化为研究价格变动前后消费者均衡点之间的相互关系问题。

二、收入—消费曲线与恩格尔曲线

收入—消费曲线就是在消费者偏好和商品价格不变情况下，由于收入的变动所引起的消费者均衡点变化的轨迹。如图 3–11 所示。

图 3–11 中，原来预算线为 y_1a，与无差异曲线 U_1 相切于点 A，即在点 A 达到了消费者均衡。当收入增加后，新的预算线为 y_2b，与无差异曲线 U_2 相切于点 B，若收入继续增加，消费者均衡点变到了点 C。从点 A 到点 C，消费量增加，满足程度也增加了。连结点 A、B、C 为一条曲线即为收入—消费曲线。

收入—消费曲线并没有直接给出消费者的收入水平将怎样决定商品 x 和 y 的消费量关系。因此，我们从收入—消费曲线可以导出每种商品的"恩格尔曲线"，它表示某种商品的均衡购买量与消费者收入水平之间的对应关系。图 3–12 为商品 x 的恩格尔曲线。

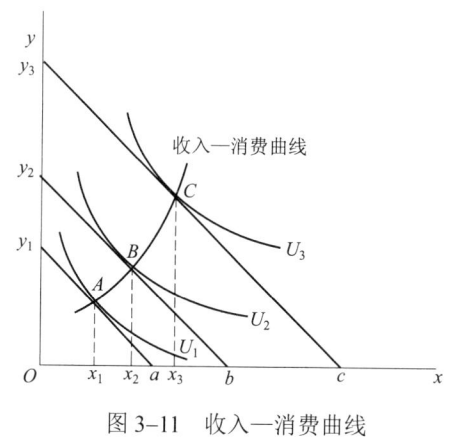

图 3–11 收入—消费曲线

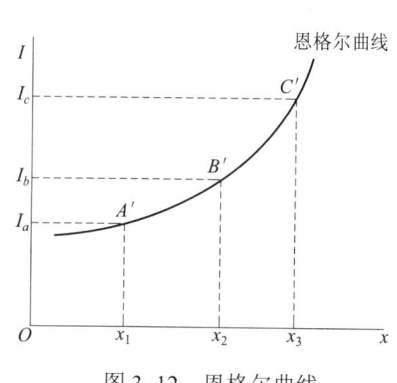

图 3–12 恩格尔曲线

图 3–12 中，横轴代表商品 x 的消费量，纵轴 I 表示消费者的收入水平。假设图 3–11 中消费者均衡点 A、B、C 所对应的收入水平分别为 I_a，I_b 和 I_c，P_x 为

商品 x 的价格。那么，$I_a = P_x \cdot \overline{Oa}$，$I_b = P_x \cdot \overline{Ob}$，$I_c = P_x \cdot \overline{Oc}$。由于均衡点 A、B、C 所对应的商品 x 的数量为 x_1，x_2 和 x_3，所以坐标点 $A'(x_1, I_a)$，$B'(x_2, I_b)$，$C'(x_3, I_c)$ 分别为恩格尔曲线上的点，连结起来，即得到商品 x 的恩格尔曲线，如图 3-12 所示。

收入—消费曲线与恩格尔曲线，二者的共同特点在于它们的每一点所对应的消费量均为均衡消费量。恩格尔曲线的形状既取决于收入—消费曲线的形状，又取决于商品的自然特性、价格水平和消费者个人偏好，恩格尔曲线的斜率可正可负，正斜率的曲线对应于正常品，负斜率的曲线对应于低档品。

三、价格—消费曲线和个人需求曲线

如果消费者的收入及偏好都保持不变，而商品的价格发生变动，同样会使预算线发生变动，从而引起消费者均衡点的变化。连结所有消费者均衡点所形成的曲线，就叫价格—消费曲线。换言之，价格—消费曲线就是在消费者偏好和收入不变情况下，某种商品价格变动所引起的消费者均衡点变动的轨迹。如图 3-13 所示。

图 3-13 中，商品 x 的价格为 P_1，其预算线为 y_1a，与无差异曲线 U_1 相切于点 A，当 x 的价格降为 P_2 后，预算线变成 y_1b，新的均衡点为点 B，若商品 x 继续降价至 P_3，新的均衡点为点 C，连结点 A、B、C 即得到一条价格-消费曲线。

个人需求曲线可由价格—消费曲线导出。消费者的收入 I 一定，则 $P_1 = I/\overline{Oa}$，$P_2 = I/\overline{Ob}$，$P_3 = I/\overline{Oc}$，消费量从均衡点上直接得出，分别为 x_1，x_2 和 x_3。连结点 A'、B'、C' 即形成个人需求曲线，如图 3-14 所示❶。市场需求曲线可以由该市场上所有的个人需求曲线的横向加总而得到。

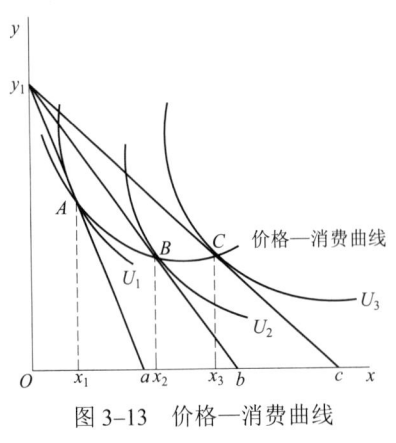

图 3-13 价格—消费曲线

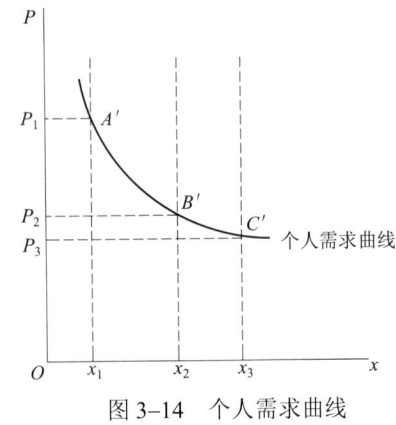

图 3-14 个人需求曲线

---

❶ 图中用 x 代表对商品 x 的需求量，与书中已出现过的 Q 意义完全相同。

四、需求价格弹性和价格—消费曲线

需求价格弹性，如前所述，是指价格变动 1%所对应的需求量变化的百分比。购买某种商品的总支出就是该商品的价格与其购买量的乘积（对企业来说就是销售总收益）。我们通过考察总支出与价格—消费曲线的关系，进而弄清楚价格弹性与价格—消费曲线的关系。

如图 3-15 所示，我们假定某商品 x 的价格—消费曲线是一条平行于横轴的直线，横轴代表商品 x 的数量，纵轴代表商品 y 的数量。商品 y 的价格为恒定值 P_m。

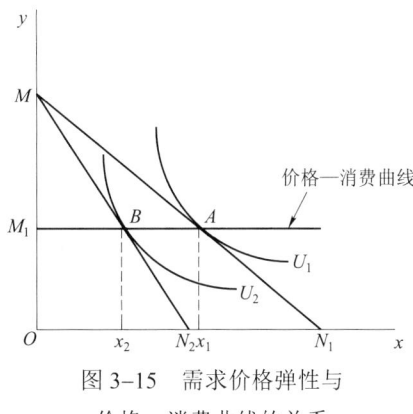

图 3-15　需求价格弹性与价格—消费曲线的关系

消费者的收入为既定值 I。我们将证明：总支出不受 x 商品价格的影响。

我们假定 P_1、P_2 分别为 A、B 两点对应的商品 x 的价格，E_A、E_B 分别表示 A、B 两点对应的花在 x 商品上的总支出，总收入为 I。

$$I = OM \cdot P_m = ON_1 \cdot P_1 = ON_2 \cdot P_2 \tag{3.14}$$

$$E_A = Ox_1 \cdot P_1 = Ox_1 \cdot \frac{I}{ON_1} \tag{3.15}$$

因为 $M_1 A$ 平行于 x 轴，所以有：

$$\frac{Ox_1}{ON_1} = \frac{MM_1}{OM} \tag{3.16}$$

将（3.14）、（3.16）代入（3.15）式，得：$E_A = \frac{MM_1}{OM} \cdot OM \cdot P_m = MM_1 \cdot P_m$

同理可求出在点 B 的总支出：$E_B = MM_1 \cdot P_m$

$$\therefore \quad E_A = E_B$$

这也就证明了当价格—消费曲线与 x 轴平行时，不同价格下消费者花在 x 商品上的总支出不变。所以对于商品 x 的需求具有单位弹性特性。

由此我们得出结论：当价格—消费曲线的斜率为零时，需求曲线的价格弹性数值等于 1；并且可以推论：当其斜率为正值时（即为增函数），需求曲线的价格弹性数值小于 1；当其斜率为负值时（即为减函数），需求曲线的价格弹性数值大于 1。

第四节　替代效应和收入效应

一种商品价格的变化会引起该商品的需求量的变化，这种变化可以被分解为替代效应和收入效应两个部分。本节将分别讨论正常商品、低档商品等的替代效应和收入效应，并以此进一步说明它们的需求曲线的形状特征。

一、替代效应和收入效应的含义

我们先考察一种商品价格的下跌情况下的两种效应：

第一，消费者往往会更多地购买变得便宜的商品，而减少对那些现在变得相对较贵的商品的购买。对商品相对价格变化的这一反应被称为替代效应。

第二，由于其中一种商品变得便宜了，消费者的实际购买力得到了提高。他们的境况会变好，因为他们能够以较少的钱买到与原先满足相同的商品组合，于是就有余钱可以购买额外的数量。这一实际购买力的变动导致的需求变化被称为收入效应。

例如，在消费者购买食物和衣服两种商品的情况下，当食物的价格下降时，使得食物相对于价格不变的衣服来说，较以前便宜了。商品相对价格的这种变化，会使消费者增加对食物的购买而减少对衣服的购买，这就是替代效应。显然，替代效应不考虑实际收入水平变动的影响，所以，替代效应不改变消费者的效用水平。另一方面，对于消费者来说，虽然货币收入不变，但是现有的货币收入的购买力增强了，也就是说实际收入水平提高了。实际收入水平的提高，会促使消费者增加对这两种商品的购买量，从而达到更高的效用水平，这就是收入效应。当然，也可以同样地分析商品价格提高时的替代效应和收入效应，情况刚好相反。

通常情况下，这两种效应会同时出现，但是为了分析，把它们区别开来是很有用的。综上所述，一种商品价格变动所引起的该商品需求量变动的总效应可以被分解为替代效应和收入效应两个部分，即总效应=替代效应+收入效应。其中，由商品的价格变动所引起的商品相对价格的变动，进而由商品的相对价格变动所引起的商品需求量的变动，称为替代效应。由商品的价格变动所引起的实际收入水平变动，进而由实际收入水平变动所引起的商品需求量的变动，称为收入效应。替代效应不改变消费者的效用水平，而收入效应则表明消费者的效用水平发生变化。

二、正常商品的替代效应和收入效应

以图 3-16 为例分析正常商品价格下降时的替代效应和收入效应。假设，

电影票价从 16 美元降低到 8 美元，而其他条件不变。你现在能够用每周 80 美元的预算观看最大量为 10 部的电影。此时，预算线的截距从 5 部电影向外移动到 10 部。价格变动后，均衡点看电影的需求量从 3 部增加到 5 部。效用的增加说明你从价格下降中获得利益。

看电影需求量的增加可以分解为价格变动的替代效应和收入效应。当电影的票价下降时，电影票价和比萨饼价格的比率的变动可以通过预算线斜率的变动表现出来。为了推导出替代效应，我们假设你必须保持价格变动前后的效用水平相同。换句话说，我们假定你的效用水平仍然未变，但你所面临的相对价格发生了变化。我们希望了解你如何针对价格变化作出调整。只反映相对价格变动而不反映效用变动的，一条更低的、假想的预算线，可以由图 3–16 中的虚线 CF 表示。给定这组新的相对价格，你会将看电影的需求量增加到无差异曲线 U_1 上的这样一点，在该点，无差异曲线 U_1 恰好与虚线预算线相切。该切点将效用保持在初始水平，但却显示一组新的相对价格和商品组合。

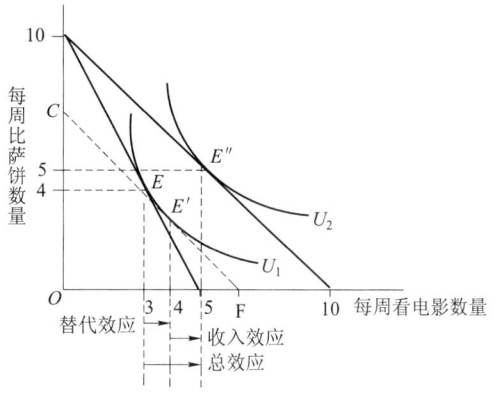

图 3–16 电影票价下降的替代效应和收入效应

你沿着无差异曲线 U_1 从点 E 向下移动到点 E'，结果购买较少数量的比萨饼，而观看较多数量的电影。需求量的这些变化反映了电影票价下降的替代效应。替代效应总是使价格下降的物品的需求量增加。因为消费组合 E' 代表的效用水平与消费组合 E 相同，所以在点 E'，你的境况既没有变好也没有变坏。

但是在点 E'，你并没有花完你的全部预算。电影票价的下降增加了你能够观看的电影的数量，正如图中连结吃 10 个比萨饼和看 10 部电影的那条新预算线所说明的那样。电影票价的下降，使你实际收入增加。因此，你能够达到无差异曲线 U_2 上的点 E''。在该点，你能够观看 5 部电影，购买 5 个比萨饼。因为在从点 E' 向点 E'' 移动的过程中价格保持不变，所以，需求的变动仅仅是由实际收入的变动引起的。因此，看电影需求量的变动反映了电影票价下降的收入效应。

我们现在能够区分电影票价下降的替代效应和收入效应。在图 3–16 中，电影票价的下降使消费者从点 E 移动到点 E''。这一移动可分解为替代效应和收入效应。替代效应可以由 E 到点 E' 的移动表示，它显示的是沿着初始无差异曲线对电影相对价格变动所作出的反应，效用水平保持在 U_1 上不变。收入

效应可以由点 E' 到点 E'' 的移动表示，它使消费者按新的相对价格比率移向更高的无差异曲线，它是对你的实际收入增加的反应，而相对价格保持不变。

电影票价变动的总效应等于其替代效应与收入效应之和。在这个例子中，替代效应使得看电影的需求量增加 1 个单位，收入效应也使得看电影的需求量增加 1 个单位。这样，当价格从 16 美元下降到 8 美元时，收入效应与替代效应共同使看电影的需求量增加 2 个单位。

二、低档商品的替代效应和收入效应

上面我们给出的是正常商品的两种效应。在分析低档商品的替代效应和收入效应之前，我们有必要先看一下正常商品和低档商品的区别。所谓正常商品，是指收入增加，商品需求量增加；收入减少，商品需求量也减少。而低档商品则是指，收入增加，商品需求量减少；收入减少，商品需求量增加。

对于低档商品而言，收入效应和替代效应的作用是相反的。比如低档商品 x 的价格下降会引起消费者更多地购买它，这就是替代效应；同时，又由于提高了消费者的实际收入，总是引起消费者减少购买这种商品，这就是收入效应。虽然两种效应的作用相反，但是收入效应并没有超过替代效应。

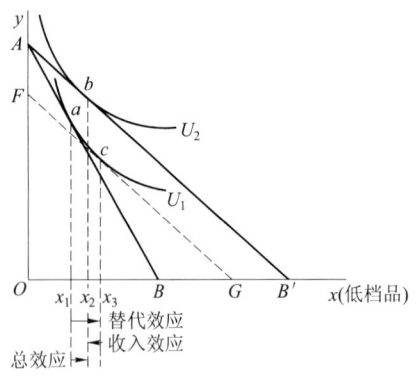

图 3-17 低档商品的替代效应和收入效应

我们以图 3-17 来分析低档商品价格下降时的替代效应和收入效应。

图中的横轴和纵轴分别表示商品 x 和商品 y 的数量，其中，商品 x 是低档商品。商品 x 的价格 P_x 变化前的消费者的效用最大化的均衡点为点 a，P_x 下降后的消费者的均衡点为点 b，因此，价格下降所引起的商品 x 的需求量的增加量为 $x_1 x_2$，这是总效应。然后，通过作只反映相对价格变动而不反映效用变动的新的预算线 FG，便可将总效应分解成替代效应和收入效应。具体来看，P_x 下降引起的商品相对价格的变化，使消费者由均衡点 a 运动到均衡点 c，相应的需求增加量为 $x_1 x_3$，这就是替代效应，它是一个正值。而 P_x 下降引起的消费者的实际收入水平的变动，使消费者由均衡点 c 运动到均衡点 b，需求量由 Ox_3 减少到 Ox_2，这就是收入效应，收入效应 $x_3 x_2$ 是一个负值，其原因在于：价格 P_x 下降所引起的消费者的实际收入水平的提高，会使消费者减少对低档商品 x 的需求量。由于收入效应是一个负值，所以，图中的 b 点必定落在 a、c 两点之间。

图中的商品 x 的价格 P_x 下降所引起的商品 x 的需求量的变化的总效应为 x_1x_2，它是正的替代效应 x_1x_3 和负的收入效应 x_3x_2 之和。由于替代效应 x_1x_3 的绝对值大于收入效应 x_3x_2 的绝对值，或者说，由于替代效应的作用大于收入效应，所以，总效应 x_1x_2 是一个正值。

综上所述，对于低档商品来说，替代效应与价格成反方向的变动，收入效应与价格成同方向的变动，而且，在大多数的场合，收入效应的作用小于替代效应的作用（如图3-17所示），所以，总效应与价格成反方向的变动，相应的需求曲线是向右下方倾斜的。

但是，在少数的场合，某些低档商品的收入效应的作用会大于替代效应的作用，于是，就会出现违反需求曲线向右下方倾斜的现象。这类商品就是吉芬商品。下面就来介绍一下吉芬商品。

四、吉芬商品的替代效应和收入效应

在低档商品中，最为典型的就是"吉芬商品"。吉芬是19世纪英国的经济学家，他对爱尔兰的土豆销售情况进行研究，发现此类商品价格上升时，对这类商品的需求量也上升；价格下降时，对它的需求量也减少。呈现这种反常变化的商品均称为"吉芬"商品。

为什么吉芬商品的需求曲线向右上方倾斜呢？下面用图3-18来解释这个问题。

图中的横轴 Ox 和纵轴 Oy 分别表示食品和科技产品的数量。最初，预算线

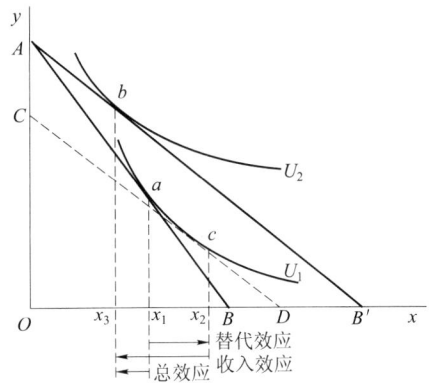

图3-18　吉芬商品的替代效应和收入效应

为 AB，消费者均衡点位于点 a，消费相对较少的科技产品和较多的食品。现在食品价格下跌，新的预算线为 AB'，食品价格的下跌释放出了足够多的收入，使得消费者可以购买更多的科技产品，少买食品，消费者新的均衡在点 b 达到。根据显示偏好理论❶，消费者在点 b 的境况要比在点 a 的为好，即使食物的消费减少了。

通过作只反映相对价格变动而不反映效用变动的新的预算线 CD 可得：x_1x_2 为替代效应，它是一个正值；x_2x_3 是收入效应，它是一个负值。而且，负

---

❶ 在实际生活中，偏好是无法直接观察和测度的，但可以通过观察人们的行为来发现其偏好。如果消费者选择两个消费组合中的一个，这个组合一定优于另一个可以购买而没有购买的组合，前者是后者的显示偏好。

的收入效应 $x_2 x_3$ 的绝对值大于正的替代效应 $x_1 x_2$ 的绝对值,所以,最后形成的总效应 $x_1 x_3$ 为负值。图中,a 点必定落在 b、c 两点之间。

当食品是一种吉芬商品,而收入效应又大到足以支配替代效应时,需求曲线就会向右上方倾斜。消费者原先位于点 a,但在食物价格下跌后,消费者移至点 b,减少了食物的消费。因为收入效应 $x_2 x_3$ 大于替代效应 $x_1 x_2$,所以食物价格的下跌反而导致了食物需求量的减少。

综上所述,作为低档商品的特例,吉芬商品的替代效应与价格成反方向的变动,收入效应则与价格成同方向的变动。吉芬商品的特性就在于:它的收入效应的作用很大,以至于超过了替代效应的作用,从而使得总效应与价格成同方向的变动。这也就是吉芬商品的需求曲线呈现出向右上方倾斜的特殊形状的原因。

现将本节分析正常商品、低档商品和吉芬商品的替代效应和收入效应所得到的结论总结于下表 3–3 中。

表 3–3 商品价格变化所引起的替代效应和收入效应

商品类别	替代效应与价格的关系	收入效应与价格的关系	总效应与价格的关系	需求曲线的形状
正常商品	反方向变化	反方向变化	反方向变化	向右下方倾斜
低档商品	反方向变化	同方向变化	反方向变化	向右下方倾斜
吉芬商品	反方向变化	同方向变化	同方向变化	向右上方倾斜

第五节 不确定性条件下的消费者行为

以上各节考察了经济学中确定性条件下的消费者效用最大化行为。然而,在现实生活中,消费者的决策往往会涉及不确定因素。本节将简要介绍不确定性条件下的消费者行为。

一、风险及其描述

在前面的消费者行为的分析中,我们实际上暗含了一个假设条件,即完全信息的假设条件。完全信息的意思是:一切从事经济活动的人都掌握了与其所从事的经济活动有关的所有变量的全部信息。因此,他们对自己经济行为的后果的了解是确切而无误的,即不存在不确定性。然而,在进行结果不确定相关的决策时,消费者可能完全不能预知与结果有关的信息,各种可能性结果的概率是不可知的,这就是不确定性。然而,如果我们不仅知道可能发生的结果,而且知道各种结果产生的概率,就可称之为风险。不确定性与风险有一定区别,本节的分析针对风险的情形;为简便起见,对这两个概念不加以严格区分。例如,消费者在购买轿车时,尽管他可能不知道所购买的某品牌轿车的质量,但可以根据厂商的信誉和其他消费者使用的经验断定,这辆轿车在 1 年内不出故障的可能性为 99%,出现故障的可能性为 1%。因此,这位消费者购买该耐用消费品就是有风险的。

为分析消费者在有风险情形下的决策,我们先借助于彩票的例子说明其表达方式。例如,消费者以价格 5 元购买一张彩票,彩票中奖可以得 200 元。如果中奖的可能性是 2.5%,而不中奖的可能性是 97.5%,那么这张价格为 5 元的彩票可以表示为 $x=(2.5\%,97.5\%;200,0)$。一般地,如果一种行为可以出现的结果有 m 种,而这些结果出现的可能性或者概率分别为 $p_1,p_2,\cdots p_m$,且 $\sum_{i=1}^{m}p_i=1$,m 种结果所对应的收益分别为 $x_1,x_2,\cdots x_m$,则这种行为的结果可以表示为:$x=(p_1,p_2,\cdots p_m;x_1,x_2,\cdots x_m)$;对应于 $m=2$ 的情形,可直接地表示为:$x=(p;x_1,x_2)$,其中,x_1 和 x_2 是可能的两种结果所对应的收益,得到 x_1 的概率是 p,则得到 x_2 的概率是 $(1-p)$。

二、预期效用理论

在分析预期效用时,期望效用和期望值的效用是两个经常要用到的概念。下面仍以彩票为例来介绍这两个概念。

1. 期望效用

为了描述消费者持有一张彩票的效用,在 20 世纪 40 年代,由冯·诺依曼(John Von Neuman)和奥斯卡·摩根斯顿(Oscar Morgenstern)在一系列假定条件下得出一个重要的结果:❶如果消费者选择的彩票是 $x=(p_1,p_2,\cdots p_m;x_1,x_2,\cdots x_m)$,消费者在得到 x_i 时的效用为 $U(x_i)$,那么消费者的选择所获得的期望效用可以表示为:

$$E[U(x)] = p_1 U(x_1) + \cdots + p_m U(x_m) \quad (3.17)$$

如果彩票的结果只有两个,比如 $x=(p;x_1,x_2)$,则消费者购买这张彩票获

---

❶ 冯·诺依曼(John Von Neuman)是一位数学家,奥斯卡·摩根斯顿(Oscar Morgenstern)是一位经济学家。他们在 20 世纪 40 年代,共同建立了冯·诺依曼–摩根斯顿方法,为分析不确定情况下的消费者行为奠定了基础;见二人合著:《博弈论和经济行为》,普林斯顿大学出版社,1944。二人提出的期望函数具有严格的规定性,远远超过本教材的范围,我们略去这些规定性。

得的期望效用为：

$$E[U(x)] = pU(x_1) + (1-p)U(x_2) \qquad (3.18)$$

（3.17）式和（3.18）式就是彩票的期望效用函数，也被称为冯·诺依曼-摩根斯顿效用函数。由（3.17）式和（3.18）式可知，消费者的期望效用等于消费者在不确定条件下可能得到的各种结果的效用的加权平均数，权数为各种结果发生的概率。

由于期望效用函数的建立，于是，对不确定条件下的消费者行为的分析，就转化为对消费者追求期望效用最大化行为的分析。

2. 期望值的效用

这里还是假定彩票只有两个结果，对于一张彩票 $x=(p; x_1, x_2)$ 来说，彩票收益的期望值为：

$$E(x) = px_1 + (1-p)x_2 \qquad (3.19)$$

由（3.19）式可知，彩票收益的期望值是彩票在可能的不同结果下，消费者所拥有的货币财富量的加权平均数，权数为各种结果发生的概率。相应地，彩票收益期望值的效用为：

$$U[E(x)] = U[px_1 + (1-p)x_2] \qquad (3.20)$$

三、消费者对待风险的态度

对于同一个具有不确定结果的事物，人们承担风险的意愿是不同的，亦即人们对于风险的态度不同。由于每个消费者对待风险的态度不同，因此，他们各自的行为选择是不一样的。以购买彩票为例，有的消费者可能害怕风险，他们一般不会去买彩票，而是稳妥地保持自己现有的货币财富量。有的消费者可能喜欢冒险，他们总是去买彩票。有的消费者可能在风险面前采取中立态度，他们觉得买或不买彩票都是无所谓的。

假定有一个刚刚毕业的大学生正在找工作。他面临两种选择：一份比较安逸的工作，每个月可挣到 2000 元的固定工资；另一份在一家电子产品公司做销售的工作，如果工作业绩好，每月可以获得 3200 元的收入，如果工作业绩欠佳，每月只能获得保底工资 800 元。同时假定明年该公司产品需求状况的好与坏取决于外部条件，而出现好与坏的可能性分别是 50%。那么，该大学毕业生会选择哪一份工作呢？在这个例子中，大学生无论选择哪一份工作都会获得 2000 元的期望收入，但前者无风险，而后者则有一定的风险。不过，他若选择了后一份工作，则有机会获得 3200 元的工资收入。简单地讲，如果该大学生选择具有固定收入的工作，那么他就表现出风险规避的态度；而如果该大学生选择具有不确定收入的工作，那么他就表现出风险偏好的态度。

经济学家根据消费者对待风险的态度，将消费者分为三类：风险规避者、风险偏好者和风险中立者。这三类风险态度的判断标准如下。

假定一张彩票为 $x=(p;x_1,x_2)$，那么，消费者持有这张彩票的期望效用为：$E[U(x)]=pU(x_1)+(1-p)U(x_2)$。另一方面，这张彩票的期望收入为：$E(x)=px_1+(1-p)x_2$。如果消费者在无风险条件下取得的期望收入与持有彩票的期望收入相同，则他可以获得的期望收入的效用为 $U[E(x)]$。这样，如果消费者愿意得到确定性收入而不喜欢持有彩票，期望值的效用大于期望效用，即 $E[U(x)]<U[E(x)]$，则该消费者为风险规避者；如果消费者更偏好于持有彩票而不愿意得到确定性收入，即：$E[U(x)]>U[E(x)]$，则该消费者为风险偏好者；如果消费者认为持有彩票与得到确定性收入一样好，即 $E[U(x)]=U[E(x)]$，则该消费者为风险中性者。

与上述的分析相对应，消费者的风险态度也可以根据消费者的效用函数的特征来判断。假定消费者的效用函数为 $U=U(x)$，其中，x 是货币财富量，且效用函数 $U=U(x)$ 为增函数。风险规避者的效用函数的斜率是逐步递减的，说明边际效用随财富的增加而递减，如图 3-19 所示；风险偏好者的效用函数的斜率是逐步递增的，如图 3-20 所示；风险中立者的效用函数是线性的，如图 3-21 所示。从图中可见，风险

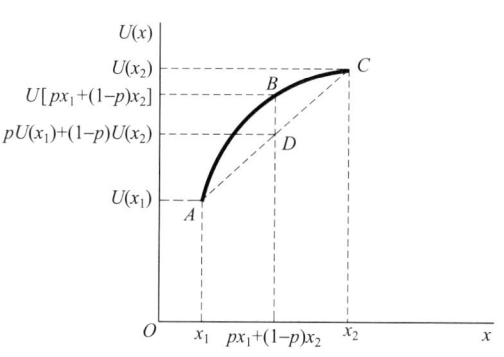

图 3-19 风险规避者的效用函数

规避者、风险偏好者和风险中立者的效用函数 $U=U(x)$，分别满足前面提到的关于这三种风险态度的判断标准，即期望效用 $E[U(x)]$ 分别小于、大于和等于期望值的效用 $U[E(x)]$。❶

下面具体分析图 3-19。图中的效用函数 $U(x)$ 是严格凹的，效用曲线上任意两点间的弧都高于这两点间的弦。根据该消费者的效用曲线 $U(x)$，消费者在无风险条件下取得的确定性收入 $px_1+(1-p)x_2$ 所对应的效用水平相当于图中点 B 的高度，而消费者持有一张具有风险的彩票的期望效用 $pU(x_1)+(1-p)U(x_2)$，相当于图中点 D 的高度。显然点 B 高于点 D。所以，严格凹的效用函数 $U=U(x)$ 满足风险规避者的判断条件。

---

❶ 从数学的角度讲，令消费者的效用函数为 $U=U(x)$，且 $U'(x)>0$。当 $U''(x)<0$ 时，消费者为风险规避者；当 $U''(x)>0$ 时，消费者为风险偏好者；当 $U''(x)=0$ 时，消费者为风险中立者。

同理，如果消费者是风险偏好者，那么 B 低于 D，即 AC 的连线在效用函数的上方，如图 3-20 所示。对于这些消费者而言，如果预期收入相同，他们更热衷于选择不确定性大的行为。在上面找工作的例子中，风险偏好者就会选择有两种收入可能的工作。

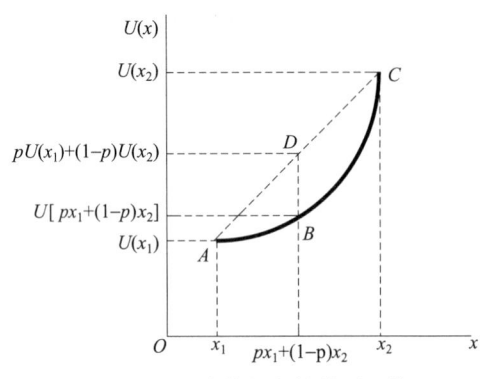

图 3-20　风险偏好者的效用函数　　　　图 3-21　风险中立者的效用函数

如果消费者是风险中性者，那么 B 与 D 重合，效用函数曲线是一条直线，如图 3-21 所示。这时，确定性的收入与不确定性的收入的效用相同。这就意味着只要彩票带来相同的预期收入，那么不管是否具有不确定性，消费者一律不加区分。

最后需要特别指出的是，在理论分析中，消费者对待风险的态度可以分为以上三类。但在一般情况下，经济学家认为大多数的消费者都是风险规避者。人们通常会采取各种措施规避风险，比如通过多样化选择、购买保险以及获取更多有关选择和支付的信息等方式来降低风险。

1. 效用（utility）是一个人从消费某种商品或服务中所得到的满足程度。追求效用最大化是消费者的行为目标。分析消费者行为的理论分为基数效用论与序数效用论，其中基数效用论运用边际效用分析方法研究消费者行为；序数效用论运用无差异曲线分析方法研究消费者行为。在当代经济学中，占主导地位的是序数效用论者的分析方法。

2. 基数效用论的边际效用递减规律是指：在一定时间内，在其他商品的消费数量不变的条件下，随着消费者对某种商品或服务消费数量的增加，消费者从增加的每一单位消费中所得到的效用增量（即边际效用）是递减的，亦即边际效用曲线是向右下方倾斜的。根据边际效用递减规律，在货币的边际效用为常数条件下，可以导出消费者的需求曲线也是向右下方倾斜的。

3. 无差异曲线分析建立在消费者偏好的基础上。消费者偏好表明消费者对不同商品的喜好程度。消费者偏好满足完备性、传递性、越多越好等假定。无差异曲线是对消费者偏好的几何描述，表明在一定的收入、商品价格和偏好下，两种商品的不同数量组合给消费者带来的效用完全相同。

4. 在商品的价格、消费者的收入和偏好给定的条件下，消费者唯一的一条预算线与无差异曲线图中的一条无差异曲线相切的切点表示消费者均衡。在均衡点上，预算线与无差异曲线的斜率相等。这样，该消费者就实现了在既定收入、价格和偏好条件下的最大效用。

5. 由消费者效用最大化均衡点出发，可以得到价格-消费曲线，进而可推导出消费者的需求曲线。消费者的需求曲线一般是向右下方倾斜的。需求曲线表示：需求曲线上与每一个价格水平相联系的商品需求量都是可以给消费者带来最大效用的最优消费量。由消费者效用最大化均衡点出发，可以得到收入—消费曲线，进而可推导出恩格尔曲线。

6. 商品的总效应等于替代效应加收入效应。任何商品的价格与替代效应成反方向变化。正常商品的价格与收入效应成反方向变化，低档商品的价格与收入效应成同方向变化。正常商品和低档商品的需求曲线向右下方倾斜。就低档商品中的特例吉芬商品而言，其替代效应小于收入效应，吉芬商品的需求曲线向右上方倾斜。

7. 不确定条件下的效用函数用来描述消费者在不同环境条件下对每种可能出现的状态的偏好。根据消费者对待风险的态度，可以将消费者分为三类：风险规避者、风险偏好者和风险中立者。

复习思考题

1. 序数效用论和基数效用论的差异是什么？
2. 亚当·斯密在《国富论》中描述了一种现象：水是人们生活不可少的东西，使用价值很大；钻石是一种对人们来说可有可无的东西。但水的价格便宜，而钻石的价格十分昂贵，这是什么原因？
3. 假设某个消费者只消费两种商品，并总是花光他的全部收入，此时，这两种商品有可能都是低档商品吗？为什么？

4. 欧阳经常乘飞机，在她一年飞了 25 000 里之后，她的机票减价 25%，飞了 50 000 里之后，减价 50%。你能用图来表示该年欧阳在安排其飞行计划时所面对的预算线吗？

5. 市场的供给函数为 $Q_S=P-30$，反需求函数为 $P=180-2Q_d$，试求消费者剩余。

第四章 生产者行为理论

本章概要

本章我们要学习供给曲线背后的生产者行为。生产者决策取决于两方面因素：一是物质生产技术状况，二是生产要素的成本。本章的内容因此而分为两大部分：生产理论和成本理论。在生产理论中，生产函数揭示了投入要素与产出的物质技术关系，本章将研究厂商如何达到既定产量的成本最小化，或者既定成本条件下的产量最大化。在成本理论中，本章将进一步考察厂商的各种类型生产成本及其与产量之间的关系。贯穿本章的一个假定是，生产要素市场是完全竞争的，厂商只能被动地接受生产要素的价格。

学习目标

1. 掌握相关产量的含义及相互关系，理解边际报酬递减规律。
2. 掌握等产量曲线分析工具和最优的生产要素组合条件。
3. 掌握厂商的短期成本曲线之间的相互关系，了解长期成本曲线的形成基础。
4. 理解成本、收益的相关概念，熟练掌握利润最大化的条件。

第一节 生 产 函 数

在微观经济分析中,生产者亦被称为厂商或企业。厂商通常被假定为合乎理性的经济人,其生产的目的就是为了追求最大化的利润。

一、生产函数的定义

在生产过程中,厂商将生产要素变为产出。例如,糕点工厂使用的生产要素包括工人的劳动,面粉、奶油、鸡蛋等原料,以及电烤箱、搅拌器、厂房等资本,生产出面包、糕点等产品。一般来说,在西方经济学中,生产要素被划分为劳动、土地、资本和企业家才能四种类型。生产过程中生产要素的投入量和最终产出之间的关系可以用生产函数来表示。生产函数表示在一定时期内,在技术水平不变的情况下,生产中所使用的各种生产要素的数量与所能生产的最大产量之间的关系。❶

假定 $X_1, X_2 \cdots X_n$ 代表各生产要素(或称投入品)的数量,Q 代表任一既定数量的投入品组合在给定技术条件下所生产出来的产品的最大产量,则生产函数可以写成以下形式:

$$Q=f(X_1,X_2\cdots X_n) \qquad (4.1)$$

为了简便起见,我们假定投入的生产要素只有资本(K)和劳动(L)两种,这样,生产函数可写为:$Q=f(K,L)$。如果再假定资本是固定不变的 $\overline{K}$,因而产量 Q 随 L 而变动,生产函数写为:

$$Q=f(\overline{K},L)=f(L) \qquad (4.2)$$

生产函数表示生产中的投入量和产出量的依存关系,这种关系普遍存在于各种生产过程中。一家糕点店必有一个生产函数,一家饭店也是如此,甚至一所学校或诊所同样也存在生产函数。

生产函数的存在使得采用不同的投入品比例生产同一数量的产出成为可能。以生产面包为例,糕点工厂可以采取纯手工制作的方式,也可以使用机器和面的生产方式。要注意的是,生产函数是在既定技术水平下生产中所使用的各种生产要素的数量与所能生产的最大产量之间的关系。随着生产技术的不断进步,生产函数也会发生变化。

---

❶ 高鸿业. 西方经济学(第 3 版)[M]. 北京:中国人民大学出版社,2004:124—125.

二、两种常见类型的生产函数

1. 固定投入比例的生产函数

固定投入比例生产函数是指在每一产量水平上任何一对要素投入量之间的比例都是固定的。我们可以把固定比例生产函数写成以下形式：

$$Q=f(X_1, X_2)=\text{Min}(X_1, X_2) \tag{4.3}$$

（4.3）式表示，产出 Q 是 X_1 和 X_2 的函数；同时，产出量究竟是多少，取决于少的那一种生产要素的量。在日常生活里，我们叫做"短边规则"。如果 X_1 为面包炉，X_2 是劳动力人数，假设一个工人只能操作一台面包炉。如果 $X_1<X_2$，那么，产出量 $Q=X_1$，即 Q 只取决于短缺的这一种生产要素量，即烤炉 X_1 短缺，劳动力 X_2 再多也没有用，人力闲置不会形成新的产量；反之亦然。生产函数 $Q=\text{Min}(X_1, X_2)$ 可以用图 4–1 来刻画。

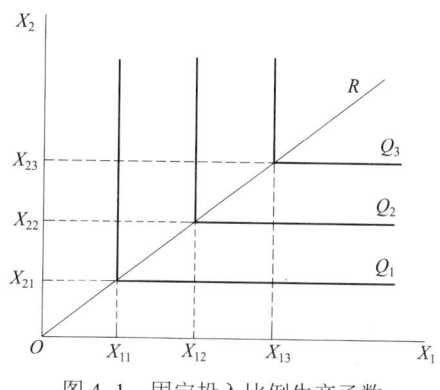

图 4–1 固定投入比例生产函数

2. 柯布–道格拉斯生产函数

1928 年美国数学家柯布（Charles Cobb）和经济学家道格拉斯（Paul Dauglas）提出了一种很有用的生产函数，被称之为柯布–道格拉斯（Cobb–Dauglas）生产函数，简称 C–D 函数。因为该函数以其简单的形式描述了经济学家所关心的一些性质，它在经济理论的分析和实证研究中都具有一定意义。该生产函数的一般形式为：

$$Q=AL^{\alpha}K^{\beta} \tag{4.4}$$

式中，Q 为产量，L 和 K 分别为劳动和资本投入量；A，α 和 β 为三个参数，$0<\alpha、\beta<1$。

在最初提出的 C–D 生产函数中，假定参数满足 $\alpha+\beta=1$，即生产函数的一阶齐次性，也就是假定研究对象满足规模报酬不变。因为

$$A(\lambda L)^{\alpha}(\lambda K)^{\beta}=\lambda^{\alpha+\beta}AL^{\alpha}K^{\beta}=\lambda AL^{\alpha}K^{\beta}=\lambda Q \tag{4.5}$$

由（4.5）式，当资本与劳动的数量同时增长 λ 倍时，产出量也增长 λ 倍。其中 α 和 β 分别表示劳动和资本在生产过程中的相对重要性，α 为劳动的产出弹性系数，β 为资本的产出弹性系数。1937 年，Durand 提出了 C–D 生产函数的改进型，即取消 $\alpha+\beta=1$ 的假定，允许要素的产出弹性之和大于 1 或小于 1，即

承认研究对象可以是规模报酬递增的,也可以是规模报酬递减的,取决于参数的估计结果。❶

第二节 一种可变要素的生产函数

微观经济学通常以一种可变生产要素的生产函数来考察短期生产理论、以两种可变生产要素的生产函数来考察长期生产理论。这里的短期和长期的区别是以生产者能否变动全部生产要素的投入数量作为标准。短期是指生产者来不及调整全部生产要素的数量,至少有一种生产要素的数量是不变的时间周期。长期是指生产者可以调整全部生产要素的数量的时间周期。

这一节考察这样一种短期生产情况:厂商生产某种产品,所使用的所有生产要素中,只有一种要素是可以变动的,其余的要素都固定不变。例如,在短期内,厂房、设备、土地和少数经理人员及其薪金(统称为资本 K)给定不变,唯一可以变动的是劳动的投入数量(L)。

一、总产量、平均产量和边际产量

短期生产函数 $Q=f(\overline{K},L)$ 表示:在资本投入量固定时,由劳动投入量变化所带来的最大产量的变化。由此,可以得到劳动的总产量、平均产量和边际产量这三个概念。

劳动的总产量(TP_L)是指在一定时期内,在技术水平不变的情况下,生产函数所使用一定的可变要素劳动的投入量相对应的最大产量。它的定义公式为:

$$TP_L = Q = f(\overline{K},L) = f(L) \tag{4.6}$$

劳动的平均产量(AP_L)是指每单位劳动投入所生产的产出,由总产量除以劳动投入 L 得出。它的定义公式为:

$$AP_L = \frac{TP_L(\overline{K},L)}{L} \tag{4.7}$$

劳动的边际产量(MP_L)是指最后一单位劳动所带来的总产出的增加量。它的定义公式为:

$$MP_L = \frac{\Delta TP_L(\overline{K},L)}{\Delta L} \tag{4.8}$$

---

❶ 规模报酬变化是指在其他条件不变的情况下,企业内部各种生产要素按相同比例变化时所带来的产量变化。规模报酬递增指产量增加的比例大于各种生产要素增加的比例;规模报酬不变指产量增加的比例等于各种生产要素增加的比例;规模报酬递减指产量增加的比例小于各种生产要素增加的比例。

或

$$MP_L = \lim_{\Delta L \to 0} \frac{\Delta TP_L(\overline{K}, L)}{\Delta L} = \frac{dTP_L(\overline{K}, L)}{dL} \quad (4.9)$$

根据以上的公式定义，可以编制一张关于一种可变生产要素的生产函数的总产量、平均产量和边际产量的表格。如表 4–1 就给出了产出与劳动投入之间的关系。

表 4–1　一种可变投入（劳动）的生产

劳动投入量 L	资本数量 $\overline{K}$	劳动总产量 TP_L	劳动平均产量 AP_L	劳动边际产量 MP_L
0	12	0	—	—
1	12	10	10	10
2	12	28	14	18
3	12	58	19	30
4	12	80	20	22
5	12	95	19	15
6	12	108	18	13
7	12	112	16	4
8	12	112	14	0
9	12	108	12	−4
10	12	100	10	−8

二、总产量曲线、平均产量曲线和边际产量曲线及其关系

我们将总产量曲线、平均产量曲线和边际产量曲线置于同一张坐标图中，来分析这三个产量概念及其之间的相互关系。图 4–2 就是这样一张标准的一种可变要素的生产函数曲线图，它反映了短期生产的有关产量曲线。

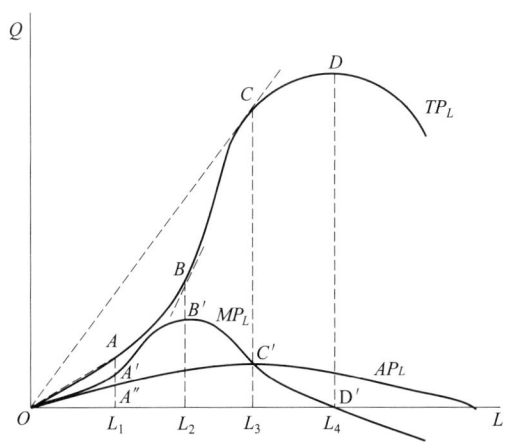

图 4–2　一种可变要素（L）的生产函数的产量曲线

1. 总产量曲线、平均产量曲线和边际产量曲线

图 4-2 横轴 L 代表劳动量，纵轴 Q 代表产量，TP_L 就是总产量曲线。TP_L 曲线与生产可能性曲线有很多的共同点，也是可以达到的产量和无法达到的产量的边界线。TP_L 线以外各点是无法达到的产量，TP_L 线以内各点是可以达到的产量。但是，在这些点，生产一定量产品所需要的劳动量多，所以，在技术上是无效率的。如图 4-2，总产量曲线始于原点，为"S"形状，先递增地增加，后递减地增加，达到最高点后下降。

根据劳动的平均产量的定义公式（4.7）可以推知，平均产量可以用从原点到总产量曲线上一点之间直线的斜率表示。例如，在图中，当劳动投入量为 L_1 时，连接 TP_L 曲线上点 A 和坐标原点 O 的线段 OA 的斜率为 AL_1/OL_1，就是相应的 AP_L 的值，它等于 $A''L_1$ 的高度。因此当 AP_L 曲线在 C' 达到最大时，TP_L 必然有一条从原点出发的最陡的切线，其切点为 C 点。AP_L 曲线是倒 U 形的。就是说，随着劳动投入的增加，平均产量曲线的变化趋势是先上升，后下降。总产量曲线位置确定了，平均产量曲线的位置同样也就确定了。

根据劳动的边际产量的定义公式（4.8）或（4.9）可以推知，过 TP_L 曲线任何一点的切线的斜率就是相应的 MP_L。例如，在图 4-2 中，当劳动投入量为 L_1 时，作 TP_L 曲线上点 A 的切线，其斜率就是相应的 MP_L 的值，它等于 $A'L_1$。因此当 MP_L 曲线在 B' 达到最大时，TP_L 曲线必然有一条斜率最大的的切线，其切点为 B 点。MP_L 曲线的变化趋势是倒 U 形的。在图形上显示为，随着劳动投入的增加，边际产量曲线也是先上升，后下降。

2. 总产量、平均产量和边际产量关系

（1）边际产量与总产量的关系。由于每一个劳动投入量上的边际产量 MP_L 值等于相应的总产量 TP_L 曲线的斜率，因此，在图 4-2 中，MP_L 曲线和 TP_L 曲线之间存在这样的对应关系：在劳动投入量为 L_2 以前，总产量以递增速度上升，表现为总产量曲线形状为凸曲线，相应地，边际产量曲线呈上升趋势。从 L_2 单位劳动到 L_4 单位劳动，总产量以递减的速率上升，总产量曲线表现为凹曲线，此时边际产量曲线下降。从 L_4 单位劳动开始，增加劳动投入反而使总产量减少，说明劳动的边际产量已经为负，边际产量曲线延伸到横轴以下。总之，边际产量曲线的最高点对应于总产量曲线的拐点；边际产量曲线与横轴的交点对应于总产量曲线的最高点，即当边际产量为零时，总产量达到最大，或者说 MP_L 曲线的零值点 D' 和 TP_L 的最大值点 D 是相互对应的。

（2）边际产量与平均产量的关系。在图 4-2 中，我们可以看到 MP_L 曲线和 AP_L 曲线之间存在如下关系：两条曲线相交于 AP_L 的最高点 C'。在点 C' 以前，MP_L 曲线高于 AP_L 曲线，平均产量曲线处于上升阶段；在点 C' 以后，MP_L 曲线

低于 AP_L 曲线，平均产量曲线处于下降阶段。不管是上升还是下降，MP_L 曲线的变动都快于 AP_L 曲线的变动。

之所以存在上述的关系是因为，就任何一对边际量和平均量而言，只要边际量大于平均量，边际量就会把平均量拉上；只要边际量小于平均量，边际量就把平均量拉下。这一点不难理解，试想，如果一个班级转来一个新学生的年龄（边际年龄）小于原班级学生平均年龄的话，新生的加入会使班级平均年龄降低；如果新学生的年龄大于原班级学生的平均年龄，新学生的加入会使班级的平均年龄增加。因此，就边际产量和平均产量来说，当边际产量大于平均产量时，平均产量曲线上升；当边际产量小于平均产量时，平均产量曲线下降；当边际产量等于平均产量时，平均产量曲线取得极大值，并且，边际产量曲线恰交于平均产量曲线的最高点。

三、边际报酬递减规律

由表 4-1 和图 4-2 可以清楚地看到，对一种可变要素的生产函数来说，边际产量表现出先上升后下降的特征，这一特征被称作为边际报酬递减规律。

边际报酬递减规律是指：在技术水平不变的条件下，在连续地把等量的某一种可变生产要素增加到其他一种或几种数量不变的生产要素上去的过程中，当达到某一特定值时，继续增加该可变生产要素的投入量所带来的边际产量是递减的。

边际报酬递减规律成立的原因在于：对于任何一种产品的生产来说，可变要素投入量和不变要素投入量之间都存在一个最佳的组合比例。例如，在糕点店中，假定烤炉和糕点师的最佳配比是 1 台烤炉配 4 个糕点师。初始时的情况是 1 台烤炉 1 个糕点师，随着多雇佣糕点师，糕点店中糕点师的边际产量是增加的。当达到 1 台烤炉配 4 个糕点师，即生产要素达到最佳的比例组合时，糕点师的边际产量达到最大值。如果继续雇佣糕点师，有太多的员工时，一部分员工的工作就会变得缺乏效率，劳动的边际产出下降，出现边际报酬递减的规律。

需要注意，上述边际报酬递减规律是以生产技术给定不变为前提的。如果技术变化或其他要素数量变化可能会影响边际产量曲线的形态，但是不会改变边际报酬递减规律；技术进步一般会使边际产量递减的现象延后出现，但不会使此规律失效。

四、短期生产的三个阶段

根据短期生产的总产量曲线、平均产量曲线和边际产量曲线之间的关系，

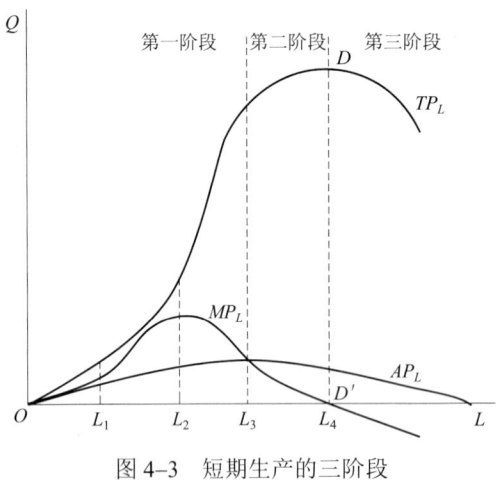

图 4-3 短期生产的三阶段

可以将短期生产划分为三个阶段，如图 4-3 所示。

第一阶段：投入量从 0 到 L_3，在此阶段中，AP_L 始终是上升的，最终达到最大值；MP_L 上升至达到最大值，然后开始下降，且 MP_L 曲线始终高于 AP_L 曲线；劳动的总产量 TP_L 始终是增加的。这说明，在第一阶段，可变要素的投入量相对于固定要素数量而言太少，厂商增加可变要素投入量是有利的。显然，一个理性的生产通常不会把可变投入的使用量限制在这一阶段内。因为只要生产要素的价格和产品的价格不变，进一步扩大可变要素的使用量从而使产量扩大是有利可图的。

第三阶段：投入量大于 L_4，劳动的平均产量 AP_L 继续下降，劳动的边际产量 MP_L 为负值，劳动的总产量 TP_L 也呈下降趋势。这说明，在此阶段，可变要素投入量太多，厂商只要减少可变要素投入量就可以增加总产量。这意味着，增加劳动反而减少总产量、平均产量和边际产量，相对于固定投入来说，可变投入的使用量过多，增加其使用量有害无益。在这种情况下，减少可变因素的投入量，反而会使总产量扩大。

由此可见，任何理性的生产者既不会将生产停留在第一阶段，也不会将生产扩张到第三阶段，所以第二阶段（投入量在 L_3 与 L_4 之间）才是生产的合理区域。在生产的第二阶段，生产者可以得到由第一阶段增加可变要素投入带来的好处，又可以避免将可变要素增加到第三阶段对应的数量而带来的不利影响。因此，第二阶段是生产者进行短期决策的区间。

第三节　两种可变要素的生产函数

本节将从生产要素之间替代的角度，说明厂商如何选择各种生产要素的组合使之达到最优，以实现其利润最大化的目标。

一、等产量曲线

生产中使用的各种生产要素（或投入品）的不同组合就是各种生产方式或技术。现实世界中并没有哪一种产品只能用一种方法生产，亦即只能用各种要素投入品的一种固定组合方式生产。诸多物品与劳务既可以用资本密集型技术生产，也可以采用劳动密集型技术生产。

在图4-4中，横轴L表示劳动量，纵轴K表示资本量。从图4-4中可以看出，当使用（L_1，K_4）的劳动和资本组合，可以生产 Q_1 单位产量。同时，还有一些劳动与资本的组合同样生产出 Q_1 单位产品，如 L_2 单位劳动与 K_2 单位资本；L_4 单位劳动与 K_1 单位资本。我们把劳动与资本不同数量组合生产的相同产量 Q_1 单位的所有点连结起来，就得到一条等产量曲线 Q_1。同理，可以画出其他产量水平的等产量曲线。因此，等产量曲线是在技术水平不变条件下生产同一产量的两种可变生产要素投入量的各种不同组合的轨迹。❶

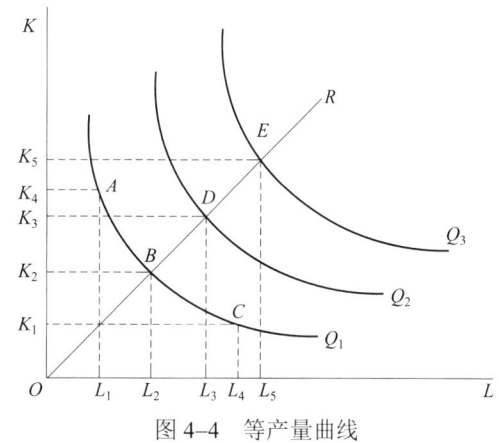

图 4-4 等产量曲线

等产量曲线一般具有以下特征：（1）等产量曲线通常向右下方倾斜，其斜率为负。这是因为等产量曲线上的每一个点都代表着能生产同一产量的两种投入的组合，这意味着增加一种投入品的使用量，要保持产量不变，就必须相应地减少另一种投入品的使用量，如果不是如此，则说明这一点所代表的投入组合是无效率的。（2）同一等产量曲线图上的任意两条等产量曲线不相交。因为两条等产量曲线的交点必然代表着两种投入品组合生产出同一产量的单位产品，这显然与不同的等产量曲线代表不同的产量水平相矛盾。（3）等产量曲线通常凸向原点，其斜率的绝对值是递减的，等产量曲线的斜率的绝对值等于边际技术替代率。等产量曲线的斜率的绝对值递减是由边际技术替代率递减所引起的。（4）离原点越近的等产量曲线代表的产量水平越低；离原点越远的等产量曲线代表的产量水平越高。因为，一般投入较多的要素，厂商就能得到较大的产出。

此外，由等产量曲线图的坐标原点出发引出的一条射线 OR 代表两种可变要素投入数量的比例固定不变情况下的所有组合方式。

二、边际技术替代率

在产量一定而两种投入品的价格可变化时，经理人员往往会考虑用一种投

---

❶ 高鸿业. 西方经济学（第3版）[M]. 北京：中国人民大学出版社，2004：135-136.

入品替代另一种投入品。等产量线的斜率表明在保持产出不变的前提下一种投入品与其他投入品之间的替代关系。在略去负号后，我们称此斜率的绝对值为边际技术替代率（MRTS）。边际技术替代率是指，在维持产量水平不变的条件下，增加一个单位的某种要素投入量时所减少的另一种要素的投入数量。劳动–资本的边际技术替代率指的是在保持产出不变的前提下，多投入一单位的劳动，资本的投入可以减少的量，其公式为：

$$MRTS_{LK} = -\frac{\Delta K}{\Delta L} \qquad (4.10)$$

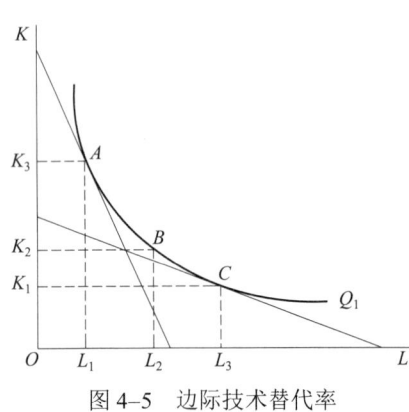

图 4–5 边际技术替代率

（4.10）式中，ΔK、ΔL 分别为资本投入量的变化量和劳动投入量的变化量。公式中加入负号是为了使 MRTS 的值在一般情况下取正值，以便比较。

在图 4–5 中，当生产 Q_1 单位产量的要素组合由点 A 变为点 B 时，劳动对资本的边际技术替代率等于资本投入量的减小量和劳动投入量的增加量之比，即

$$MRTS_{LK} = -\frac{OK_2 - OK_3}{OL_2 - OL_1} = -\frac{\Delta K}{\Delta L}$$

当图中的点 A 沿着既定的等产量曲线的变动为无穷小时，即 $\Delta L \to 0$ 时，则相应的边际技术替代率的定义公式为：

$$MRTS_{LK} = \lim_{\Delta L \to 0} -\frac{\Delta K}{\Delta L} = -\frac{dK}{dL} \qquad (4.11)$$

显然，等产量曲线上某一点的边际技术替代率就是等产量曲线在该点的斜率的绝对值。

假设在产出保持在 Q_1 单位产量的前提下，劳动投入增加，就要减少资本投入。劳动投入的增加会带来总产出的增加，其值等于新增单位劳动的产出（劳动的边际产出）与新增劳动的乘积，即：劳动投入增加产生的产量的增加 $= MP_L \cdot \Delta L$。同样，资本投入的减少会带来总产出的下降，其值等于新增单位资本的产出（资本的边际产出）乘以资本投入的减少量，即：资本投入减少产生的产量的下降 $= MP_K \cdot \Delta K$。在等产量曲线上，总产出不变，其改变量为 0，因此可得：$MP_L \cdot \Delta L + MP_K \cdot \Delta K = 0$，重新整理后，可以得到：

$$\frac{MP_L}{MP_K} = -\frac{\Delta K}{\Delta L} = MRTS_{LK} \qquad (4.12)$$

可见，边际技术替代率可以表示为两要素的边际产量之比。

在图 4-5 中，两种要素的投入组合沿着既定的等产量曲线 Q_1 由 A 点顺次运动到 B 和 C 点的过程中，劳动投入量等量地由 L_1 增加到 L_2，再增加到 L_3，即有 $OL_2-OL_1=OL_3-OL_2$，而相应的资本投入量的减少量为 $OK_3-OK_2>OK_2-OK_1$。这表明，在产量保持不变的条件下，当用越来越多的劳动替代资本时，劳动的生产率会降低，而资本的生产率会相对上升。所以，单位劳动可以替换的资本数量越来越小，等产量曲线也因此变得越来越平坦，也就是说劳动对资本的边际技术替代率是递减的。

边际技术替代率递减规律是指在维持产量不变的前提下，当一种生产要素的投入数量不断增加时，每一单位的这种生产要素所能替代的另一种生产要素的数量是递减的。边际技术替代率递减规律决定了等产量曲线是凸向原点的。

三、等成本线

生产要素是有市场价格的，厂商对生产要素的购买支付构成了厂商的生产成本。生产理论中的等成本线是一个和效用理论中的预算线非常相似的曲线。

等成本线是在总成本既定和生产要素价格不变的条件下，厂商所能购买的两种生产要素的各种不同数量组合。假定厂商既定的总成本支出为 C，已知劳动的价格即工资率为 w，资本价格即利率为 r，则成本方程为

$$C=wL+rK \qquad (4.13)$$

由成本方程可得

$$K=-\frac{w}{r}L+\frac{C}{r} \qquad (4.14)$$

根据公式（4.14）可以得到等成本线，如图 4-6。图中横轴上的点 C/w 表示全部成本用于劳动的数量，纵轴上的点 C/r 表示全部成本用于购买资本的数量，连结两点的线段就是等成本线，这表示既定成本所能购买到的资本和劳动的各种组合。等成本线的斜率为 $-(w/r)$，也就是两种生产要素价格之比的负值。

在图 4-6 中，等成本线以内区域的任何一点，如点 A，表示既定的全部成本都用于购买该点的劳动和资本的组合以后还有剩余。等成本线以外的区域中的任何一点，如点 B 则显示用既定的全部成本购买该点的劳动和资本的组合是不可能的。

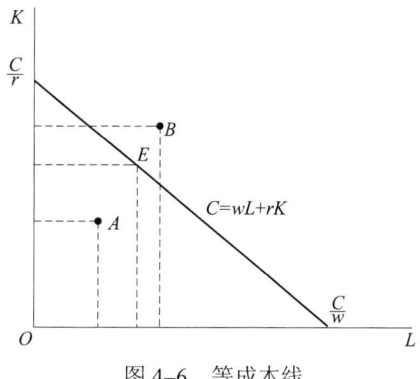

图 4-6 等成本线

唯有等成本线上的任何一点 E，才表示用既定的全部成本刚好能购买到的劳动和资本的组合。

在成本固定和要素价格已知条件下，便可以得到一条等成本线，所以成本和要素价格的任何变动都会使等成本线发生变化。当资本的价格和劳动的价格发生变化时，等成本线就会发生旋转式移动。如图4-7（a）表示的是在总成本 C 固定时，资本的价格不变，劳动的价格上升的情况；图4-7（b）表示的是在总成本 C 固定时，劳动的价格不变，资本的价格上升的情况。

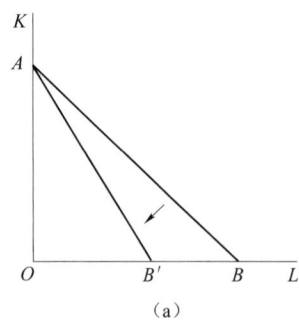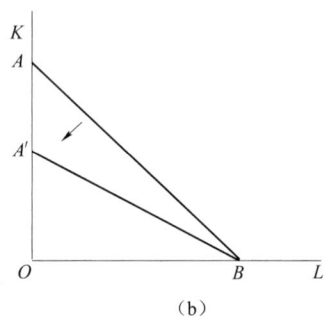

图 4-7　等成本线的移动

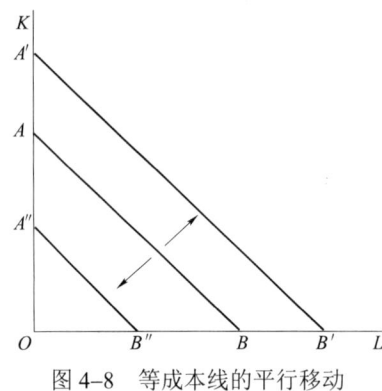

图 4-8　等成本线的平行移动

另外，等成本线图表示一组等成本线，每一条成本线适用于特定的成本水平。总成本越高，所购买的投入量越多，等成本线离原点越远，如图4-8。当投入品价格不变的情况下，总成本增加总使等成本线向外平移，总成本减少会使等成本线向内平移。

四、最优的生产要素组合

在长期中，所有的生产要素的投入量都是可变的，任何一个理性的生产者都会选择最优的要素组合进行生产。这里，我们将把等产量曲线和等成本线结合在一起，确定生产者如何选择最优的要素组合从而实现既定成本条件下的产量最大，或者实现既定产量条件下的成本最小，以获得最大利润。

1. 成本既定时产量最大的要素组合

成本既定时使产量最大的投入品组合，就是一般所说的生产要素的最优组合。

现假定企业用两种可变生产要素劳动和资本生产一种产品，且劳动、资本

的单位价格分别为 w 和 r，企业用于购买这两种要素的全部成本为 C 是既定的，如果企业要从既定成本中获得最大的产量，那么，它如何选择最优的劳动投入量和资本投入量的组合呢？

把企业的等产量曲线和等成本线放在同一个平面坐标中，就可以确定既定成本下实现最大产量的最佳要素组合点，即生产的均衡点。

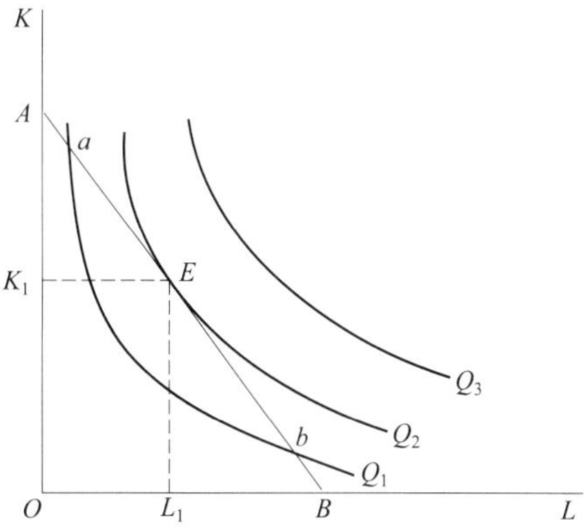

在图 4-9 中，有一条既定的等成本线 AB 和三条等产量曲线 Q_1、Q_2 和 Q_3。等成本线代表了既定的成本量 C，这条唯一的等成本线 AB 与其中一条等产量曲线 Q_2 相切于点 E。该点就是生产的均衡点。它表示，在既定成本下，企业应按照点 E 的要素组合进行生产，即劳动投入量和资本投入量分别为 OL_1 和 OK_1，厂商取得了最大的产量。

图 4-9 既定成本下生产要素的最优组合

之所以只有在点 E 才能实现生产要素的最优组合，基于以下分析：从图 4-9 上看出，Q_3 代表的产量水平虽然大于 Q_2，但唯一的等成本线 AB 与 Q_3 既无交点又无切点，这表明 Q_3 所代表的产量水平是企业在既定成本 C 下无法实现的；再看等产量曲线 Q_1，虽然与唯一的等成本线 AB 相交于 a、b 两点，a 和 b 点是既定总成本条件下所能实现的组合，但在这两点的组合所生产的产量水平是 Q_1，小于 Q_2 所代表的产量水平，因而未达到既定总成本下的最大产量；至于 Q_2 上除 E 点之外的其他点，由于均处于等成本线 AB 之外，因而也都无法实现。因此，只有在唯一的等成本线 AB 和等产量曲线 Q_2 的相切点 E，才是实现既定成本条件下的最大产量的要素组合。任何更高的产量在既定的成本条件下都无法实现，任何更低的产量都是低效率的。

既定成本时产量最大的最优要素组合，是在等产量曲线 Q_2 与唯一等成本曲线 AB 的相切点 E 达到的，也就是生产者均衡点。根据本节对边际技术替代率的说明，可知，等产量曲线上某一点的边际技术替代率就是等产量曲线在该点的斜率的绝对值，而等成本曲线斜率的绝对值为 w/r。因此，在生产的均衡点 E 有：

$$MRTS_{LK} = -\frac{\Delta K}{\Delta L} = \frac{w}{r} \tag{4.15}$$

它表示，厂商要实现成本既定下产量最大，厂商必须选择最优的生产要素组合，使得两要素的边际技术替代率等于两要素的价格之比。

由于边际技术替代率可以表示为两要素的边际产量之比。所以，（4.15）式可以写为：

$$MRTS_{LK} = \frac{MP_L}{MP_K} = \frac{w}{r} \quad (4.16)$$

进一步地，可以有：

$$\frac{MP_L}{w} = \frac{MP_K}{r} \quad (4.17)$$

（4.17）式表示：为了实现成本既定条件下的产量最大，厂商都应该通过对两要素投入量的不断调整，使得花费在每一种要素上的最后一单位成本支出所带来的边际产量相等。

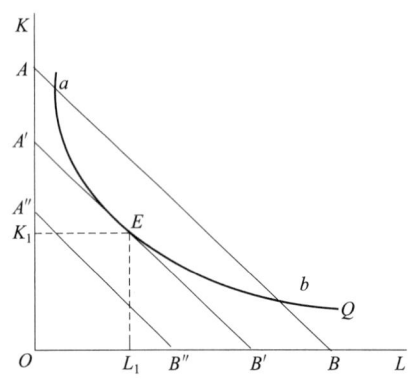

图 4-10　既定产量下生产要素的最优组合

2. 产量既定时成本最小的要素组合

如同生产者在既定成本条件下实现产量最大一样，产量既定时使总成本最小的投入品组合，也是通常所说的生产要素的最优组合，二者都是保证生产者实现利润最大化的条件。我们用图 4-10 加以分析。

图中有一条等产量曲线和三条等成本线 AB、$A'B'$ 和 $A''B''$。唯一的等产量曲线 Q 代表既定产量，三条等成本线具有相同的斜率表示两要素的价格之比是既定的，它们代表三个不同的成本水平。唯一的等产量曲线 Q 与其中一条等成本线 $A'B'$ 相切于点 E，这就是生产均衡点或最优要素组合点。它表示：在既定产量 Q 的条件下，生产者应该选择点 E 的要素组合（OL_1，OK_1），才能实现成本最小。

从图中可见，比等成本线 $A'B'$ 更低的等成本线 $A''B''$ 虽然代表的成本更低，但它与既定的等产量曲线 Q 既无交点又无切点，它无法实现等产量曲线所代表的产量水平 Q。等成本线 AB 与既定的等产量曲线 Q 相交于 a、b 两点，但它代表的成本过高，通过沿着等产量曲线 Q 由 a 点或 b 点向 E 点的移动，都可以在获得相同产量 Q 情形下而使成本降低。所以，只有在切点 E 对应的组合是在既定产量条件下实现最小成本的要素组合。

在图中，既定的等产量曲线 Q 和等成本线 $A'B'$ 的切点 E 便是生产的均衡点。在生产的均衡点 E 有：

$$MRTS_{LK} = \frac{w}{r} \tag{4.18}$$

它表示，厂商要实现产量既定成本最小，厂商应该选择最优的生产要素组合，使得两要素的边际技术替代率等于两要素的价格比例。

由于边际技术替代率可以表示为两要素的边际产量之比。所以，上式可以写为：

$$MRTS_{LK} = \frac{MP_L}{MP_K} = \frac{w}{r} \tag{4.19}$$

进一步地，可以有：

$$\frac{MP_L}{w} = \frac{MP_K}{r} \tag{4.20}$$

（4.20）式表示：为了实现产量既定条件下成本最小，厂商应该通过对两要素投入量的不断调整，使得花费在每一种要素上的最后一单位成本支出所带来的边际产量相等。

如果生产过程中需要 n 种投入要素，各种要素的价格分别为 p_1，p_2，p_3… p_n，其边际产量分别为 MP_1，MP_2，MP_3…MP_n，我们可以把最优的生产要素组合条件写成下式：

$$\frac{MP_1}{p_1} = \frac{MP_2}{p_2} = \frac{MP_3}{p_3} = \cdots = \frac{MP_n}{p_n} \tag{4.21}$$

五、扩展线

如果厂商在各种产量水平下都可以实现成本最小化，这时最优的生产要素组合变动的轨迹就是扩展线，它给出了企业在长期扩张的路径。具体分析，如果要素价格不变而总成本增加，等成本线平行地向右上方移动，不同的等成本线 C_1、C_2、C_3 与相应的等产量线 Q_1、Q_2、Q_3 相切，连接 A、B、E 等所有切点所形成的曲线 OR 即为扩展线，如图 4-11 所示。

图 4-11 中的扩展线是一条直线，这是线性齐次生产函数的扩展线，其产量与投入要素按照同一比例增长，它对应于规模报酬不变的情形。如果是规模

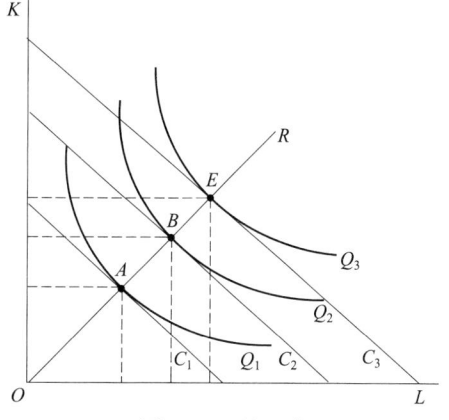

图 4-11 扩展线

报酬递增或递减的生产函数，其扩展线则为曲线。

第四节　短期成本分析

在短期内，企业投入生产过程中的某些要素是固定的，而另外的要素数量则随企业产出的变化而变化。本节我们进行短期成本分析。

一、短期总产量曲线与短期总成本曲线的关系

成本函数是在生产函数的基础上建立起来的。短期生产函数与短期成本函数之间，存在着密切的关系。在短期内，假定企业使用劳动和资本两种要素生产一种产品，其中，劳动投入量是可变的，以 L 代表，资本投入量是固定不变的，以 $\overline{K}$ 代表，如第一节的（4.2）式可以把短期生产函数表示为：

$$Q = f(\overline{K}, L)$$

上式表明产量和劳动投入量之间存在着一一对应的关系，即：在资本投入量固定不变的前提下，厂商可以通过对可变要素劳动投入量的调整来实现不同的产量水平。换言之，厂商可以根据不同的产量水平的要求，来确定相应可变要素劳动的投入量。根据这种关系，已知劳动的价格即工资率为 w，资本价格即利率为 r，则可以用公式（4.22）来表示厂商在每一产量水平上的短期总成本：

$$STC(Q) = w \cdot L + r \cdot \overline{K} \qquad (4.22)$$

式中，$w \cdot L$ 为可变成本部分，$r \cdot \overline{K}$ 为不变成本部分，两部分之和构成厂商的短期总成本，用 STC 表示短期总成本。由于劳动投入量 L 依存于产量 Q，所以可变成本 $w \cdot L$ 是产量 Q 的函数，我们以 $\Phi(Q)$ 表示它；同时以 b 表示不变成本 $r \cdot \overline{K}$，则短期总成本函数可以写成以下的形式：

$$STC(Q) = \Phi(Q) + b \qquad (4.23)$$

由（4.2）（4.22）和（4.23）式可以看出，企业的短期生产函数和要素价格共同确定了短期总成本函数。

根据（4.22）式，可以很容易地由厂商的短期总产量曲线求得相应的厂商的短期总成本曲线。由总产量 TP_L 曲线推导相应的短期总成本曲线的具体做法是：在总产量曲线上找到与每一产量水平相对应的可变要素劳动的投入量 L，再用所得到的 L 去乘以劳动的价格 w，便可得到每一产量水平上的可变成本。将这种产量与可变成本的对应关系描绘在以横轴代表产量 Q 和纵轴代表成本 C 的平面坐标系中，即可得到短期总可变成本曲线，如图 4-12 所示。

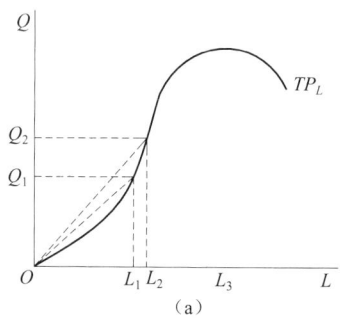
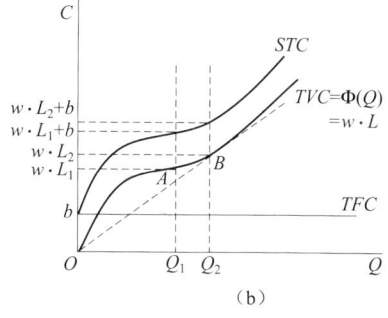

图 4-12 短期总成本曲线

图 4-12 中的（a）为厂商一种可变要素(L)的生产函数的总产量曲线，（b）为厂商的短期总成本曲线。在图（a）中，在总产量 TP_L 曲线上找到与 Q_1 和 Q_2 产量水平相对应的可变要素劳动的投入量 L_1 和 L_2，用所得到的 L_1 和 L_2 去乘以劳动价格 w，便可得到每一产量水平上的可变成本，即 $w·L_1$ 和 $w·L_2$，将这两点标注在图（b）中，即为点 A 和点 B，他们都在短期可变成本曲线上。以此类推，在总产量曲线上找到与每一产量水平相对应的可变要素劳动的投入量 L，乘以劳动价格 w，把产量水平 Q 和相应的劳动成本标在图（b）的坐标系中，并将这些点连起来，就可以得到短期总可变成本曲线 $TVC=w·L(Q)$。由于短期内总固定成本为 $r·\overline{K}$，所以将短期总可变成本曲线向上垂直平移 b 单位，就可得到短期总成本曲线 STC。

二、短期成本曲线的形成及其相互关系

1. 短期成本的分类和短期成本曲线

在短期内，厂商的成本可以分为不变成本和可变成本。具体地讲，厂商的短期成本有以下七种：总不变成本、总可变成本、总成本、平均不变成本、平均可变成本、平均总成本和边际成本。它们的英文缩写依次为：TFC、TVC、TC、AFC、AVC、AC 和 MC。

总不变成本 TFC（total fixed cost）是指厂商在短期内必须支付的固定生产要素的全部费用，其中主要包括厂房和设备的折旧以及管理人员的工资等。这种成本一般不随产量的变动而变动，即使产量为零时总不变成本仍然存在，因而在短期内是固定不变的。如图 4-13（a）所示，图中的横轴 Q 表示产量，纵轴 C 表示成本，总不变成本 TFC 曲线是一条水平线。它表示在短期内，无论产量如何变化，总不变成本 TFC 是固定不变的。

总可变成本 TVC（total variable cost）是指厂商在可变要素上花费的总费用。如图 4-13（b）所示，它是一条由原点出发向右上方倾斜的曲线，这表示随着

产量的增加，总可变成本也增加，并且总可变成本曲线是先递减地增加，后递增地增加。当产量为零时，总可变成本为零。随着产量的增加，总可变成本也在上升，这是因为较高的产量需要投入较多的可变要素，从而导致较高的总可变成本。例如，糕点店要增加糕点的产量，就要使用较多的面粉，面粉这种可变要素的费用就会增加。总可变成本的函数形式为：

$$TVC = TVC(Q) \tag{4.24}$$

总成本 TC（total cost）是指厂商在短期内为生产一定数量的产品对全部生产要素所支出的总费用，它等于总不变成本和总可变成本之和。总成本 TC 曲线如图 4–13（c）所示，总成本 TC 曲线在总变动成本 TVC 曲线之上，两曲线之间的垂直距离等于总不变成本 TFC 的数值。总成本曲线的特性完全取决于总变动成本曲线的特性，所以，随着产量的增加，总成本曲线也是先递减地增加，后递增地增加。用公式表示为：

$$TC(Q) = TFC + TVC(Q) \tag{4.25}$$

平均不变成本 AFC（average fixed cost）是总不变成本除以产量，即单位产量的总固定成本。平均不变成本 AFC 曲线如图 4–13（d）所示，它是一条向两轴渐近的双曲线。AFC 表示，在总不变成本 TFC 固定的前提下，随着产量的增加单位产品负担的固定成本逐渐减少，平均固定成本 AFC 曲线向右下方倾斜，逐渐向横轴靠拢。平均不变成本用公式表示为：

$$AFC(Q) = \frac{TFC}{Q} \tag{4.26}$$

平均可变成本 AVC（average variable cost）是总可变成本除以产量，即单位产量的总可变成本。平均可变成本 AVC 曲线如图 4–13（e）所示，是由（b）图中 TVC 曲线推导出来的，TVC 曲线上任一点与原点 O 的连线的斜率即该产量水平上的平均可变成本。AVC 曲线形状为 U 形，表明随着产量水平的增加，AVC 先递减达到最低点后再递增。AVC 曲线用公式表示为

$$AVC(Q) = \frac{TVC}{Q} \tag{4.27}$$

平均总成本 AC（average total cost）是总成本除以产量，即单位产量的总成本。它等于平均不变成本和平均可变成本之和。平均总成本 AC 曲线如图 4–13（f）所示，它是一条 U 形曲线。平均成本曲线 AC 在平均变动成本曲线 AVC 和平均不变成本曲线 AFC 之上，平均成本曲线 AC 与平均可变成本曲线 AVC 之间的垂直距离就是平均不变成本 AFC 的值。由于随着产量的增加，平均不变成本逐渐减少，所以，平均成本曲线与平均变动成本曲线逐渐靠拢。用公式表示

$$AC(Q) = \frac{TC(Q)}{Q} = AFC(Q) + AVC(Q) \quad (4.28)$$

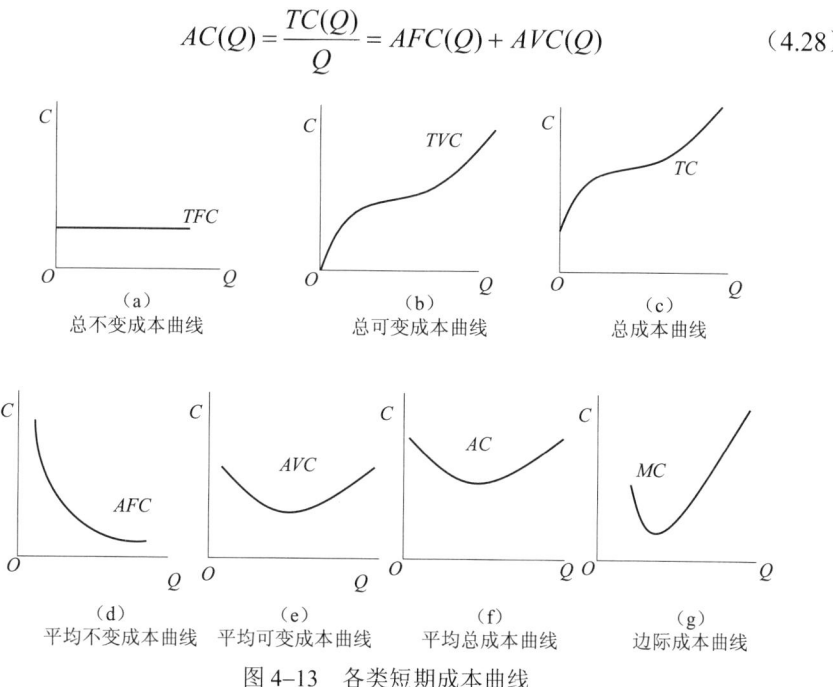

图 4-13　各类短期成本曲线

边际成本是新增加的一个单位的产量所带来的总成本的增加额。总成本曲线上各切线的斜率就是与之一一对应的边际成本的值。边际成本 MC 曲线如图 4-13（g）所示，它是一条 U 形曲线，随着产量水平的增加，初期迅速下降，很快降至最低点，而后迅速上升，上升的速度快于 AVC、AC。MC 的最低点在 TVC 由递减上升转入递增上升的拐点的产量上。用公式表示为：

$$MC(Q) = \frac{\Delta TC(Q)}{\Delta Q} \quad (4.29)$$

或者

$$MC(Q) = \lim_{\Delta Q \to 0} \frac{\Delta TC(Q)}{\Delta Q} = \frac{\mathrm{d}TC}{\mathrm{d}Q} \quad (4.30)$$

从以上各种短期成本的定义公式中可见，由一定产量水平上的总成本（包括 TFC、TVC 和 TC）出发，是可以得到相应的平均成本（包括 AFC、AVC 和 AC）和边际成本 MC。

2. 短期成本曲线的综合图

在图 4-13 中，我们分别画出 7 条不同类型的短期成本曲线。现在我们将这些不同类型的短期成本曲线置于同一张图中，以分析不同类型的短期成本曲线相互之间的关系。这项工作通过图 4-14 来完成。

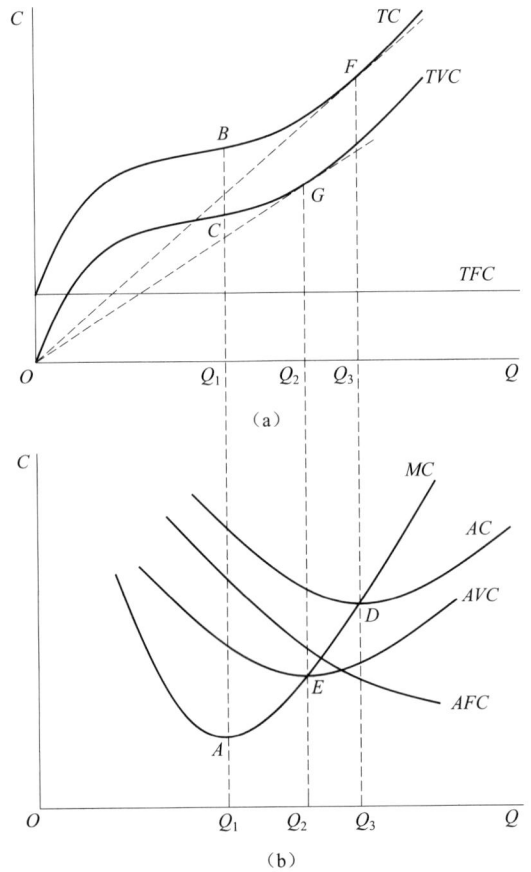

图 4-14 短期成本曲线

先分析图 4-14（a）。由图可见，总成本 TC 曲线是从纵轴上相当于总不变成本 TFC 高度的点出发的一条向右上方倾斜的曲线。在每个产量上，TC 曲线和 TVC 曲线两者的斜率相同，并且，TC 曲线和 TVC 曲线之间的垂直距离等于总不变成本 TFC。此外，TVC 曲线和 TC 曲线在同一个产量水平 Q_1 各自存在一个拐点 B 和 C。在拐点以前，TVC 曲线和 TC 曲线的斜率是递减的，在拐点以后，TVC 曲线和 TC 曲线的斜率是递增的。

再分析图 4-14（b）。由图可见，不仅 AVC 曲线、AC 曲线和 MC 曲线均呈现 U 形特征，而且 MC 曲线与 AC 曲线相交于 AC 曲线的最低点 D，MC 曲线与 AVC 曲线相交于 AVC 曲线的最低点 E。

最后，将图 4-14（a）和图 4-14（b）结合起来分析。我们发现 MC 曲线在产量水平 Q_1 达到最低点 A，而这个最低点 A 恰好对应 TC 曲线的拐点 B 和

TVC 曲线的拐点 C。在图 4-14（b）中，当 AVC 在产量水平 Q_2 达到最低点 E 时，(a) 图中的 TVC 恰好有一条从原点出发的切线，与 TVC 相切于点 G。类似地，在图 4-14（b）中，当 AC 在产量水平 Q_3 达到最低点 D 时，(a) 图中的 TC 恰好有一条从原点出发的切线，与 TC 相切于点 F。

3. 短期成本变动的决定因素：边际报酬递减规律

边际报酬递减规律是短期生产的一条基本规律，因此它也决定了短期成本曲线的特征。

如前所述，边际报酬递减规律是指在技术水平不变的条件下，在连续地把等量的某一种可变生产要素增加到其他一种或几种数量不变的生产要素上去的过程中，当达到某一特定值时，继续增加该可变生产要素的投入量所带来的边际产量是递减的。在短期生产中，边际产量的递增阶段对应的是边际成本的递减阶段，边际产量的递减阶段对应的是边际成本的递增阶段，边际产量的最大值对应的是边际成本的最小值（这一对应关系将在下一小节进行详细的说明）。

短期生产函数的边际报酬递减规律决定了短期边际成本 MC 曲线呈现 U 形的特征。利用短期的边际成本 MC 曲线的这一特征，可以解释其他短期成本曲线的特征以及相互之间的关系：

（1）首先，由于每一产量的 MC 值就是相应的 TC 曲线或 TVC 曲线的斜率，所以，U 形的 MC 曲线使得 TC 曲线和 TVC 曲线的斜率是先递减后递增的，而且，MC 曲线的最低点对应 TC 曲线和 TVC 曲线的拐点（即图 4-14 中的点 A 与 B、C 两点是相对应的）。

（2）其次，我们已经知道，就任何一对边际量和平均量而言，只要边际量大于平均量，边际量就会把平均量拉上；只要边际量小于平均量，边际量就把平均量拉下。MC 曲线的 U 形特征，使得 MC 曲线和 AC 曲线必相交于 AC 曲线的最低点（即图 4-14 中的 D 点），还使得 MC 曲线和 AVC 曲线必相交于 AVC 曲线的最低点（即图 4-14 中的 E 点）。

（3）再次，进一步地分析，对于产量变化的反应，边际成本 MC 要比平均成本 AC 和平均可变成本 AVC 敏感得多。反映在图 4-14 中，不管是上升还是下降，MC 曲线的变动都快于 AC 曲线和 AVC 曲线。

（4）最后，还要指出的是，比较 AC 曲线和 MC 曲线的交点 D 与 AVC 曲线和 MC 曲线的交点 E，可以发现，前者的出现慢于后者，并且前者的位置高于后者。也就是说，AVC 曲线降到最低点 E 时，AC 曲线还没有降到最低点 D，而且 AC 曲线的最小值大于 AVC 曲线的最小值。这是因为：在平均总成本中不仅包括平均可变成本，还包括平均不变成本。正是由于平均不变成本的作用才使得 AC 曲线的最低点 D 的出现既慢于、又高于 AVC 曲线的最低点 E。

三、短期产量曲线与短期成本曲线之间的关系

前面,我们已经指出,短期生产函数的边际报酬递减规律决定短期边际成本曲线的特征。在此,我们将进一步分析短期生产条件下的生产函数和成本函数之间的对应关系。

假定短期生产函数为:

$$Q = f(\overline{K}, L) \tag{4.31}$$

短期成本函数为:

$$TC(Q) = TVC(Q) + TFC \tag{4.32}$$

$$TVC(Q) = w \cdot L(Q) \tag{4.33}$$

假定生产要素的价格是既定的,则可以得到以下的关系式:

1. 边际产量和边际成本之间的关系

根据式(4.32)和(4.33)可得:

$$MC = \frac{dTC}{dQ} = w \cdot \frac{dL}{dQ}$$

即:

$$MC = w \cdot \frac{1}{MP_L} \tag{4.34}$$

(4.34)式表明:在短期内,边际成本等于变化的投入要素的价格除以其边际产量。例如,假定劳动的边际产量是 3,而劳动的工资率为每小时 30 元。那么,1 小时劳动会引起产出增加 3 个单位,因而 1 单位的产出需要 1/3 小时的劳动,其成本为 10 元,即生产该单位产出的边际成本是 10 元,它等于工资除以劳动的边际产量。较低的劳动边际产出意味着生产更多的产出需要大量的追加劳动,它会导致较高的边际成本;较高的边际产出意味着较低的劳动需求,边际成本也较低。

如图 4–15(a)和(c),从 0 到 L_1 的劳动投入量,TP_L 曲线是下凸的,MP_L 曲线处于上升阶段,且在劳动为 L_1 下 MP_L 曲线达到最高点;劳动投入量超过 L_1 以后,TP_L 曲线的是下凹的,MP_L 曲线处于下降阶段。与此相对应,如图 4–15(b)和(d),从 0 到 Q_1 的产量,TC 曲线和 TVC 曲线是下凹的,MC 曲线处于下降阶段,且在产量 Q_1 下 MC 曲线达到最低点;产量超过 Q_1 之后,TC 曲线和 TVC 曲线的是下凸的,MC 曲线处于上升阶段。

根据(4.34)式及以上分析所显示的边际产量和边际成本之间的关系,我们可以得出结论:

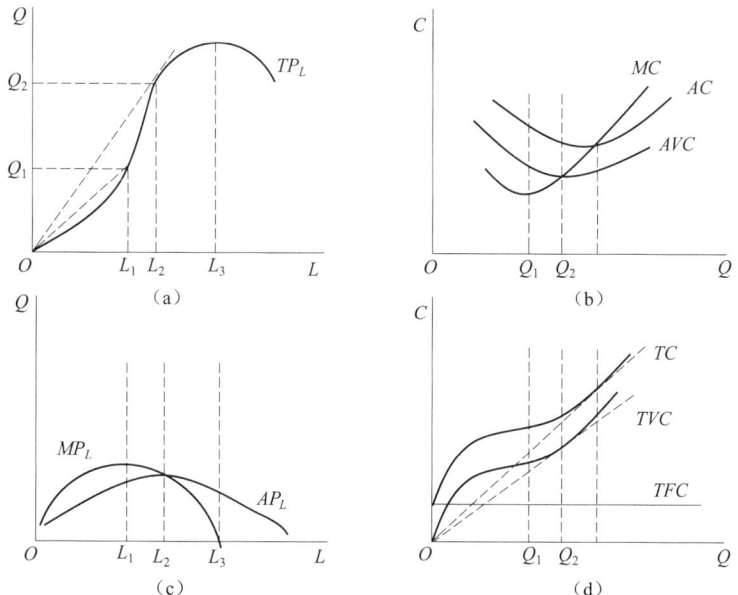

图 4-15 短期生产函数和短期成本函数之间的对应关系

MP_L 曲线的上升段和下降段分别对应 MC 曲线的下降段和上升段；TP_L 曲线的下凸段和下凹段分别对应 TC 曲线和 TVC 曲线的下凹段和下凸段，TP_L 曲线的拐点对应 TC 曲线和 TVC 曲线的拐点。

2. 平均产量和平均成本之间的关系

根据式（4.27）和（4.33）可得：

$$AVC = \frac{TVC}{Q} = w \cdot \frac{L}{Q} = w \cdot \frac{1}{AP_L} \quad (4.35)$$

由于假定生产要素市场是完全竞争的，厂商只能被动地接受要素的价格，所以工资率是固定的，从而平均可变成本与劳动的平均产出之间存在反向关系。例如，假定劳动的平均产出是 5，劳动工资率是每小时 30 元。那么，每 1 小时的劳动的平均产出 5 个单位，因此，每单位的产出需要 1/5 小时的劳动，其成本为 6 元，即生产每单位产出的平均可变成本是 6 元，它等于工资除以劳动的平均产出。较低的劳动平均产出意味着厂商生产产品需要大量的劳动，从而导致较高的平均可变成本；较高的劳动平均产出意味着生产所需的劳动投入量较低，从而平均可变成本也较低。

如图 4-15（c），从 0 到 L_2 的劳动投入量，AP_L 曲线是上升的，与此相对应，如图 4-15（b）从 0 到 Q_2 的产量，AVC 曲线处于下降阶段；在投入量为 L_2 下 AP_L 曲线达到最高点且于 MP_L 曲线相交，在产量 Q_2 下 AVC 曲线达到最低点且

与 MC 曲线相交；投入量超过 L_2 之后，AP_L 曲线是下降的，相应地，产量超过 Q_2 之后，AVC 曲线则处于上升阶段。

根据（4.35）式和以上分析所显示的平均产量和平均可变成本之间的关系，我们可以得出结论：

AP_L 的上升段和下降段分别对应于 AVC 曲线的下降段和上升段，AP_L 曲线的最高点对应于 AVC 曲线的最低点。此外，MP_L 曲线和 AP_L 曲线的相交点与 MC 曲线和 AVC 曲线的相交点是相对应的。

第五节　长期成本分析

在长期中，厂商可以改变所有投入要素，即所有成本都属于可变成本。厂商的长期成本可以分为长期总成本 LTC、长期平均成本 LAC 和长期边际成本 LMC。

一、长期总成本函数与长期总成本曲线

厂商在长期内可以改变所有要素的投入量就意味着生产规模可以随时调整，更进一步地，从长期看，厂商总是可以在每一个产量水平上选择最优的生产规模进行生产。长期总成本 LTC 表示：在长期内，厂商总可以在一个产量水平上选择最优的生产规模进行生产，从而将生产总成本降到最低。相应地，长期总成本函数写成以下形式：

$$LTC=LTC(Q) \tag{4.36}$$

从理论上来讲，长期总成本曲线是短期总成本曲线的包络线。

在图 4–16 中，假定有三条❶短期总成本曲线 STC_1、STC_2 和 STC_3，它们分别代表三个不同的生产规模。由这三条短期总成本曲线在纵轴上的截距可知，STC_1 曲线所表示的总不变成本小于 STC_2 曲线，STC_2 曲线所表示的总不变成本又小于 STC_3 曲线，而总不变成本的多少（如厂房、机器设备等）往往可以代表生产规模的大小。因此，从三条短期总成本曲线所代表的生产规模看，STC_1 曲线最小，STC_2 曲线居中，STC_3 曲线最大。

假定厂商根据市场需求而确定的生产量为 Q_2，那么厂商应该如何调整生产要素的投入量以降低成本呢？在短期内，厂商可能面临 STC_1 曲线所代表的过小的生产规模或 STC_3 曲线所代表的过大的生产规模，于是，厂商只能按较高的总成本来生产产量 Q_2，即在 STC_1 曲线上的 d 点或 STC_3 曲线上的 c 点进行生产。

---

❶ 从理论上讲可以假定有无数多条短期总成本曲线。

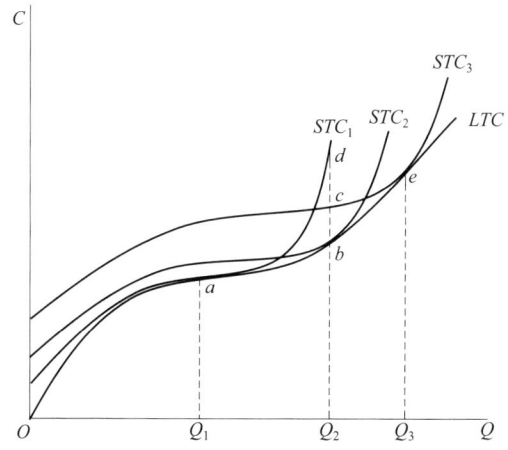

图 4-16 最优生产规模的选择和长期总成本曲线

然而,在长期情况就会发生变化。厂商在长期内可以变动所有的投入要素,选择最优的生产规模,厂商必然会选择 STC_2 曲线所代表的生产规模进行生产,从而将总成本降低到所能达到的最低水平,即厂商是在 STC_2 曲线上的 b 点进行生产。类似地,在长期内,厂商会选择 STC_1 曲线所代表的生产规模,在 a 点上生产 Q_1 的产量;选择 STC_3 曲线所代表的生产规模,在 e 点上生产 Q_3 的产量。这样,厂商就都实现既定产量下的最低总成本。

在理论分析上可以假定有无数条短期总成本曲线。如此一来,在长期中,厂商在任何一个产量水平上,都能找到相应的一个最优的生产规模,而把总成本降到最低水平。换句话说,可以找到无数个类似于 a、b 和 e 的点,这些点的轨迹就形成了图中的长期总成本 LTC 曲线。显然,长期总成本 LTC 曲线是无数条短期总成本曲线的包络线。在这条包络线上,在连续变化的每一个产量水平上,都存在着 STC 曲线和一条 LTC 曲线的相切点,该 STC 曲线所代表的生产规模就是生产该产量的最优生产规模,该切点所对应的总成本就是生产该产量的最低总成本。

长期总成本 LTC 曲线是从原点出发向右上方倾斜的。它表示,当产量为零时,长期总成本为零,以后随着产量的增加,长期总成本是增加的。而且,长期总成本曲线的斜率先递减,经拐点之后,又变为递增。

二、长期平均成本函数与长期平均成本曲线

长期平均成本 LAC 表示厂商在长期内按产量平均计算的最低总成本。长期平均成本函数可以写为:

$$LAC(Q) = \frac{LTC(Q)}{Q} \qquad (4.37)$$

根据以上对长期总成本曲线的分析，厂商在长期内是可以实现每一个产量水平上的最小总成本的。因此，根据式（4.37）可以推知：厂商在长期内实现每一产量水平的最小总成本的同时，必然也就实现了相应的最小平均成本。所以，长期平均成本曲线可以根据式（4.37）由长期总成本曲线的数据除以相应产量绘出。更常见的做法是，长期平均成本曲线根据短期平均成本 SAC 曲线求得。

在图 4–17 中，由于在短期内厂商无法改变生产规模，因而，当厂商的现有生产规模为 SAC_1，需要生产的产量为 Q_1 时，厂商只能以 SAC_1 曲线上的 OC_1 的平均成本来生产，而不可能以 SAC_2 曲线上更低的平均成本 OC_2 进行生产。

在长期中，厂商在每一个产量水平上都会选择最优的生产规模进行生产。当厂商生产的产量为 Q_1，则厂商会选择 SAC_2 曲线所代表的生产规模，以 OC_2 的平均成本进行生产。而如果厂商生产的产量为 Q_1'，因为 SAC_1 曲线和 SAC_2 曲线在此产量水平相交，说明这两个生产规模都以相同的最低成本生产同一个产量 Q_1'，则厂商既可选择 SAC_1 曲线所代表的生产规模，也可以选择 SAC_2 曲线所代表的生产规模。这时，厂商可能会选择 SAC_1 曲线所代表的生产规模，因为该生产规模相对较小，厂商的投资可以少一些。也有可能考虑到今后扩大产量的需要，而选择了 SAC_2 曲线所代表的生产规模。

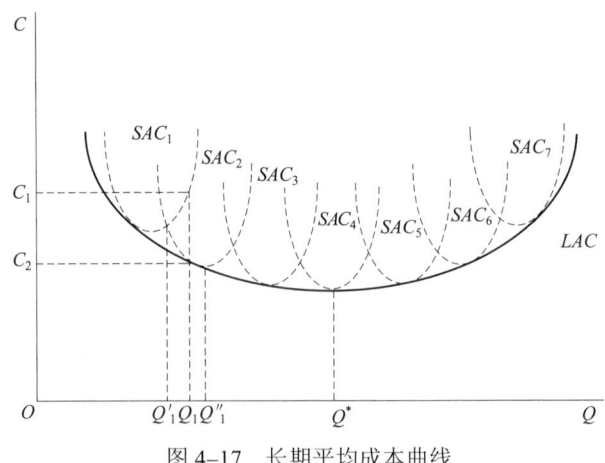

图 4–17　长期平均成本曲线

在图 4–17 中，当厂商的产量为 Q_1'' 时，从短期看 SAC_2 曲线已经达到了最低点，但是仍然高于生产这一产量的长期平均成本；如前所述，当产量为 Q_1 时，

选择 SAC_2 曲线所对应的生产规模才能达到此产量下的长期最低平均成本。

显然,长期平均成本曲线是无数条短期平均成本曲线的包络线。在这条包络线上,在连续变化的每一个产量水平,都存在 LAC 曲线和一条 SAC 曲线的相切点,该 SAC 曲线所代表的生产规模就是生产该产量的最优生产规模,该切点所对应的平均成本就是相应的最低平均成本。LAC 曲线表示厂商在长期内每一产量水平可以实现的最小的平均成本。

由以上分析可见,以 SAC_1 代表第一种生产规模,各个 SAC 曲线代表不同的生产规模。随着生产规模扩大,SAC 曲线最低点对应的产量增加。因为该最低点表示可变要素与固定要素数量结合比例达到了使固定要素充分发挥作用的状态,规模越大,固定要素数量越多,使其充分发挥作用的产量就必然越大。各条 SAC 曲线的包络曲线为有限个数规模下的平均成本曲线。当规模数量无穷大时,该包络线变得平滑。LAC 曲线表示,在长期内厂商在每一个产量水平上,通过选择最优的生产规模进行生产,从而将生产的平均成本降到最低水平。

此外,从图 4–17 还可以看出,长期平均成本曲线 LAC 呈现出 U 形特征。❶ 而且在 LAC 的下降段,LAC 曲线相切于所有相应的 SAC 曲线最低点的左边;在 LAC 曲线的上升段,LAC 曲线相切于所有相应的 SAC 曲线最低点的右边。只有在 LAC 曲线的最低点上,LAC 曲线才相切于相应的某条 SAC 曲线(图中为 SAC_4 曲线)的最低点,此时产量为 Q^*。

三、长期边际成本函数和长期边际成本曲线

长期边际成本曲线 LMC 表示厂商在长期内增加一单位产量所引起的最低总成本的增量。长期边际成本函数可以写为:

$$LMC(Q) = \frac{\Delta LTC(Q)}{\Delta Q} \qquad (4.38)$$

或

$$LMC(Q) = \lim_{\Delta Q \to 0} \frac{\Delta LTC(Q)}{\Delta Q} = \frac{\mathrm{d}LTC(Q)}{\mathrm{d}Q} \qquad (4.39)$$

显然,每一产量水平上的 LMC 值都是相应的 LTC 曲线的斜率。因此,长期边际成本曲线可以根据式(4.39)由长期总成本曲线的斜率而画出。

此外,由于长期总成本曲线是短期总成本曲线的包络线,所以,在每一个产量上,LTC 曲线都与一条代表最优生产规模的 STC 曲线相切。由于 LTC 曲线

---

❶ 长期平均成本曲线呈 U 形特征是由于规模经济与规模不经济而造成的。厂商可以用低于双倍的成本获得双倍的产出,我们就称厂商存在规模经济,对应于图 4–17 中产量低于 Q^* 的曲线部分;当双倍的产出需要双倍以上的成本时,就存在规模不经济,对应于图 4–17 中产量高于 Q^* 的曲线部分。

的斜率和 STC 曲线的斜率分别是相应的 LMC 值和 SMC 值,这说明在长期中,在每一个产量上,LMC 值都与相应的最优生产规模的 SMC 值相等。根据这种关系,便可由短期边际成本 SMC 曲线推导长期边际成本 LMC 曲线。但是,与长期总成本 LTC 曲线及长期平均成本 LAC 曲线的推导结果不同的是,长期边际成本 LMC 曲线不是短期边际成本 SMC 曲线的包络线。如图 4-18 所示。

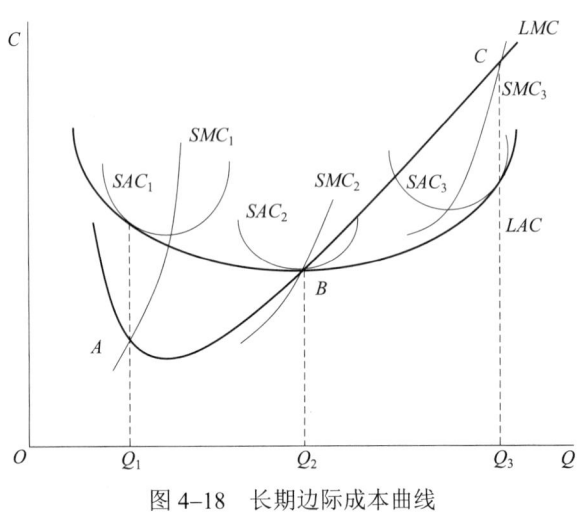

图 4-18 长期边际成本曲线

图 4-18 中的每一个产量水平上的代表最优生产规模的 SAC 曲线都有一条相应的 SMC 曲线,每一条 SMC 曲线都过相应的 SAC 曲线的最低点。在 Q_1 这个产量水平上,短期总(平均)成本曲线与长期总(平均)成本曲线相切,因而短期边际成本一定与长期边际成本相等,生产该产量的最优生产规模由 SAC_1 曲线和 SMC_1 曲线所代表,相应的短期边际成本由点 A 给出,AQ_1 既是最优的短期边际成本,又是长期边际成本,即有 $LMC=SMC_1=AQ_1$。同理,在 Q_2 的产量水平上,有 $LMC=SMC_2=BQ_2$。在 Q_3 的产量水平上,有 $LMC=SMC_3=CQ_3$。在生产规模可以无限细分的条件下,可以得到无数个类似于 A、B 和 C 的点,将这些点连结起来便得到一条光滑的长期边际成本 LMC 曲线。长期边际成本曲线 LMC 穿过长期平均成本 LAC 的最低点 B。

第六节　成本、收益与利润最大化

经济学家对于成本的看法与关心企业财务报告的会计人员对于成本的看法截然不同。在经济学的成本分析中,必须首先明确机会成本、显成本和隐成本以及沉淀成本的概念,还要掌握收益和利润的含义。本节我们要学习厂商的利润最大化的条件。

一、相关成本和利润概念

1. 机会成本

西方经济学家认为,经济学是要研究一个经济社会如何对稀缺的经济资源进行合理配置的问题。从经济资源的稀缺性这一前提出发,当一个社会或一个企业用一定的经济资源生产一定数量的一种或几种产品时,这些经济资源就不能同时被使用在其他的生产用途方面。这就是说,这个社会或这个企业所获得的一定数量的产品收入,是以放弃用同样的经济资源来生产其他产品时所能获得的收入作为代价的。由此,便产生了机会成本的概念。

按照经济学家的定义,生产某一特定的产品的成本,是生产该产品时所使用的资源如果用来生产其他产品时的价值。例如生产电动汽车的机会成本,是电动汽车生产过程中所使用的人力、机器设备和原材料不能用于一般汽车等其他的商品或服务生产时,这些商品或服务的价值。

机会成本并不是生产活动中的实际货币支出,但对于经营与决策是十分重要的。假定某人有 10 万元,假定将这笔钱投资于经济型酒店每年可获利 3 万元,投资于商业可获利 5 万元,投资于股票可获利 6 万元,投资于期货可获利 9 万元。这笔钱只能投资于一处,投资于经济型酒店就要放弃其他投资机会。在经济学上就把所放弃的最大获利 9 万元称作投资于经济型酒店的机会成本。以此类推,投资于商业、股票和期货的机会成本分别为 9 万、9 万元和 6 万元。理性人一般会选择机会成本小的方案。

2. 显性成本、隐性成本与经济成本

企业的生产成本可以分为显性成本和隐性成本两个部分。

显性成本是指厂商购买生产要素而支付货币构成的成本。显性成本包括支付雇员的工资,购买的原材料,燃料和其他生产资源,也包括利息,租金,保险费等。在正常运转的市场上,价格等于机会成本,所以厂商购买生产要素的机会成本就是其支付的货币。

隐性成本是指厂商使用自有生产要素而支付的费用,它包括使用自有资本的折旧费,使用自产原材料,燃料的费用(按市价计),使用自有资金的利息(按市场利率计)和企业主为自己企业提供劳务所应得的酬金。这种酬金又被称作为正常利润。隐性成本也必须从机会成本的角度按照企业自有生产要素在其他用途中所能得到的最高收入来支付,否则,厂商会把自有生产要素转移出本企业,以获得更高的报酬。

显性成本与隐性成本之间的区别说明了经济学家与会计师分析经营活动之

间的不同。经济学家关心研究企业如何作出生产和定价决策，因此，当他们在衡量成本时就包括了所有机会成本。与此相比，会计师的工作是记录流入和流出企业的货币，他们仅仅衡量显性成本，却忽略了隐性成本。

经济成本等于显性成本与隐性成本之和。

3. 沉淀成本

尽管绝大多数的机会成本是隐性的，但是在作经济决策时必须予以考虑。与之相对应的沉淀成本正好相反，沉淀成本通常是可见的，但一旦发生以后，在作出经济决策之时经常不予以考虑。沉淀成本是已经发生而无法收回的费用。由于它是无法收回的，因而不会影响企业的决策。例如，我们来考察一下一项按企业特定要求而设计的专用设备，假定该项设备仅能用于起初设计的用途，而不能转作他用，这项支出就属于沉淀成本。因为该设备别无他用，其机会成本为零，从而不应包括在企业的成本之中。不管购置该设备的决策是否正确，这项支出已付诸东流，都不应该影响当期的决策。

例如，假定某企业考虑购买一套昂贵的精密设备。企业支付了80万美元购买了制造商一台设备的买方期权，这项期权给予企业以按800万美元的价格购入该精密设备的选择权，如果企业需要购买这套高级设备的话，则其所应支付的价格就是880万美元。现在企业又发现另一制造商出售一套为860万美元的类似设备。那么，企业应该购买哪个制造商生产的设备呢？答案是购买原先的那套。因为购买期权的80万美元是一项沉淀成本，不应影响企业的本期决策。原来那台精密设备的经济成本为800万美元（因为购买期权的80万美元不属于经济成本的一部分），而另一套设备的经济成本为860万美元。当然，如果后者仅需780万美元代价的话，企业就应该购买它而放弃期权。

4. 经济利润

企业的所有的显性成本和隐性成本之和构成总的经济成本。经济利润是总收益和总成本之间的差额，也叫超额利润，简称企业的利润。企业所追求的最大利润，指的就是最大的经济利润。

正常利润是指厂商对自己所提供的企业家才能的报酬的支付。正常利润属于成本，是隐性成本的一个组成部分。经济利润中不包括正常利润。由于厂商的经济利润等于总收益减去总成本，所以，当厂商的经济利润为零时，厂商仍然得到了全部的正常利润。

二、总收益、平均收益和边际收益

厂商的收益就是厂商的销售收入。厂商的收益可以分为总收益、平均收益和边际收益，它们的英文缩写分别为 TR、AR 和 MR。

总收益指厂商按一定的价格出售一定量产品时所获得的全部收入。以 P 表示市场价格，Q 表示销售量，则有：

$$TR(Q)=P \cdot Q \tag{4.40}$$

平均收益指厂商在平均每一单位产品销售上所获得的收入。即：

$$AR(Q)=\frac{TR(Q)}{Q} \tag{4.41}$$

边际收益指厂商增加一单位产品销售所获得的收入增量。即：

$$MR(Q)=\frac{\Delta TR(Q)}{\Delta Q} \tag{4.42}$$

或者

$$MR(Q)=\lim_{\Delta Q \to 0}\frac{\Delta TR(Q)}{\Delta Q}=\frac{dTR(Q)}{dQ} \tag{4.43}$$

显然，每一销售量水平上的边际收益值就是相应的总收益曲线的斜率。

三、总收益曲线、平均收益曲线和边际收益曲线

1. 价格 P 为一既定不变的常数情形

当价格 P 为常数时，即 $P=P_0$ 时，厂商的需求曲线 d 为一条水平线，它表示，在每一个销售量上厂商的销售价格是固定不变的。此外，我们还假定厂商的销售量等于厂商所面临的需求量。❶

根据（4.40）（4.41）和（4.43）式，我们可以得知，当 $P=P_0$ 时：

$$TR=P_0 \cdot Q \tag{4.44}$$

$$AR(Q)=\frac{TR(Q)}{Q}=\frac{P_0 \cdot Q}{Q}=P_0 \tag{4.45}$$

$$MR(Q)=\frac{dTR(Q)}{dQ}=P_0 \tag{4.46}$$

根据（4.44）（4.45）和（4.46）式可以画出图 4–19。由图 4–19 可以看出，当价格为常数时，厂商的平均收益 AR 曲线、边际收益 MR 曲线和需求曲线 d 三条线重叠，它们都用同一条由既定价格水平出发的水平线来表示。而总收益曲线是一条由原点出发的斜率不变的上升的直线。

---

❶ 此假定是一个合理的假定，因为，此假定意味着厂商是根据市场上对其产品的需求量来决定其销售量的。

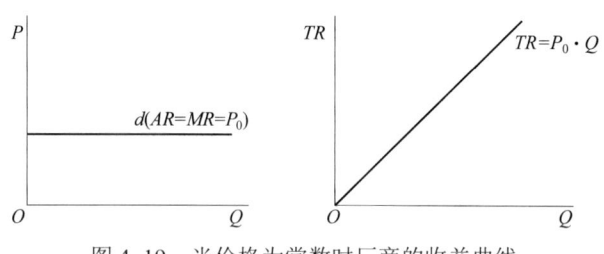

图 4-19　当价格为常数时厂商的收益曲线

2. 价格函数 $P=P(Q)$❶为线性函数的情形

当价格函数 $P=P(Q)$ 为线性函数时，即

$$P=a-bQ \qquad (4.47)$$

那么，总收益 TR，平均收益 AR 和边际收益 MR 的函数式分别为：

$$TR = f(Q) \cdot Q = (a-bQ) \cdot Q = aQ - bQ^2 \qquad (4.48)$$

$$AR(Q) = \frac{TR(Q)}{Q} = a - bQ \qquad (4.49)$$

$$MR(Q) = \frac{\mathrm{d}TR(Q)}{\mathrm{d}Q} = a - 2bQ \qquad (4.50)$$

根据（4.48）（4.49）和（4.50）式可以画出图 4-20。由图 4-20 可以看出，当价格函数 $P=P(Q)$ 为线性反需求函数时。厂商的平均收益 AR 曲线和需求曲线 D 两条线重叠，它们都是用由同一既定价格水平 a 出发的向下倾斜的直线来表示。而总收益 TR 曲线是一条由原点出发的，开口向下的抛物线。总收益 TR 曲线在销售量为 $a/2b$ 时，亦即边际收益 MR 为零时，达到最大值；总收益 TR 曲线每一销售量水平上的切线的斜率就是相应的边际收益值，而边际收益 MR 曲线斜率的绝对值是平均收益 AR 曲线斜率绝对值的两倍。

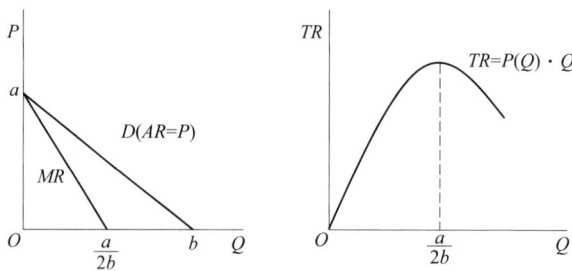

图 4-20　当价格函数为线性函数时厂商的收益曲线

---

❶ 价格函数 $P=P(Q)$ 又被称为反需求函数，它可由需求函数 $Q_D=D(P)$ 直接导出。

四、厂商实现利润最大化的均衡条件

在短期内,厂商只能通过对产量的调整来实现最大利润。厂商实现最大利润所要遵循的原则可以表述为:在其他条件不变的情况下,厂商应该选择最优的产量,使得最后一单位产品所带来的边际收益等于所付出的边际成本。或者简单地说,厂商实现最大利润的均衡条件是边际收益等于边际成本,即 $MR=MC$。

为什么只有当 $MR=MC$ 时,厂商才能实现利润最大化呢?下面用图 4-21 予以说明。

图中的横轴代表产量 Q,纵轴代表价格 P。厂商经营活动中的生产成本状况如前面所论述的短期边际成本 SMC 曲线和短期平均成本 SAC 曲线来表示。当价格 P 为常数时,厂商的销售收益状况用厂商所面临的水平形状的需求曲线表示,如图 4-21(a);当价格函数 $P=P(Q)$ 为线性反需求函数时,厂商的销售收益状况用向下倾斜的直线表示,如图 4-21(b)。根据的均衡条件,MR 曲线和 MC 曲线的交点便是厂商实现最大利润的均衡点,相应的最优产量为 Q^*。

在图 4-21(a)中,如果厂商选择的产量是在小于 Q^* 的产量范围内,如图中的 Q_1,那么,厂商便处于 $MR>MC$ 的阶段。这表明厂商此时每增加一单位产量所得到的收益增量大于所付出的成本增量。权衡得失的增量,厂商会在这一阶段上继续增加产量,以增加利润。由图 4-21(a)中还可见,只要厂商沿着箭头方向扩大产量,边际收益 MR 是始终保持不变的,MC 是不断增加的。也就是说,随着产量的不断增加,$MR>MC$ 的非均衡状态会逐步地转化为 $MR=MC$ 的均衡状态。而在这一过程中,厂商会得到由扩大产量所带来的全部的经济上的好处,获得他所能得到的最大利润。如果厂商选择的产量是在大于 Q^* 的产量范围内,如图 4-21(a)中的 Q_2,那么,厂商便处于 $MR<MC$ 的阶段。从 Q_2 向 Q^* 移动的过程与从 Q_1 向 Q^* 移动的过程相似,方向相反,目的都是追求最大的利润。

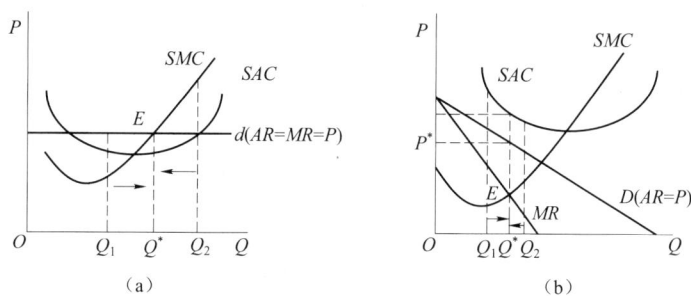

图 4-21 利润最大化和亏损最小化

从图 4-21（b）可以看出，价格线在平均成本曲线之下，显示厂商存在亏损现象，尽管如此，最优产量仍然按照在 $MR=MC$ 的条件确定为 Q^*。试图偏离 Q^* 的产量，如生产 Q_1 或 Q_2，则边际收益 MR 会大于或小于 MC，都会使亏损额增大，理性的厂商会调整产量直至 Q^*。因此，亏损最小化的条件还是 $MR=MC$。

总之，当厂商实现 $MR=MC$ 的均衡条件时，不管是盈利还是亏损，厂商都处在由既定的收益曲线和成本曲线所能产生的最好的结果之中。这也就是 $MR=MC$ 的利润最大化的均衡条件有时也被称为亏损最小化的均衡条件的原因。

利润最大化的均衡条件 $MR=MC$，又常被称为利润最大化原则。可以用数学方法证明如下。

令厂商的利润为 π，显然利润是产量的函数，利润函数可以表示为：

$$\pi(Q)=TR(Q)-TC(Q) \tag{4.51}$$

满足上式利润最大化的一阶条件：

$$\frac{\mathrm{d}\pi(Q)}{\mathrm{d}Q}=\frac{\mathrm{d}TR(Q)}{\mathrm{d}Q}-\frac{\mathrm{d}TC(Q)}{\mathrm{d}Q}=MR(Q)-MC(Q)=0$$

即

$$MR=MC \tag{4.52}$$

因此，厂商应该根据 $MR=MC$ 的原则来确定最优的产量，以实现最大的利润。

根据以上数学推导，$MR=MC$ 这一利润最大化的均衡条件具有普遍性，对于任意的需求函数和成本函数都是适用的。本书以后的相关章节对于各种市场结构的短期均衡分析和长期均衡分析，会反复使用这一重要的原则。

本章小结

1. 短期生产的基本规律是边际报酬递减规律。该规律强调：在任何一种产品的短期生产中，在技术条件不变的前提下，任何一种可变要素的边际产量必然会从递增阶段发展为递减阶段。短期生产可以分为三个阶段，厂商生产的合理区间是第二阶段。

2. 长期生产理论的主要分析工具是等产量曲线和等成本曲线。等产量曲线斜率的绝对值可以用边际技术替代率表示，边际技术替代率是递减的。在长期生产中，厂商无论是实现既定成本下的最大产量，还是实现既定产量下的最小成本，都可达到利润最大化目标，生产者均衡都发生在等产量曲线和等成本线的相切点，满足边际相等原则。

3. 成本理论以生产理论为基础。由于生产理论区分为短期生产理论和长期生产理论，相应地，成本理论也分为短期成本理论和长期成本理论。无论是短期成本，还是长期成本，它们都是产量的函数。

4. 厂商的生产成本不能简单地仅从厂商向他人购买生产要素的成本支付的角度来理解。一个重要的成本概念是机会成本。由此，厂商的生产成本不仅包括显性成本，还应该包括隐性成本。

5. 经济利润是总收益和总成本之间的差额，也叫超额利润，简称企业的利润。正常利润是指厂商对自己所提供的企业家才能的报酬的支付。根据机会成本的概念，正常利润应该以隐性成本计入总成本，正常利润不是利润，而是成本。所以，当厂商的经济利润为零时，厂商仍然得到了全部的正常利润。

6. 厂商实现利润最大化或亏损最小化的原则是：边际收益等于边际成本，即 MR=MC。此原则对于所有不同市场结构条件下的厂商的短期生产和长期生产都是适用的。

复习思考题

1. 下面是一张一种可变生产要素的短期生产函数的产量表：

可变要素的数量	可变要素的总产量	可变要素的平均产量	可变要素的边际产量
1		10	
2			20
3	60		
4		20	
5	95		
6			13
7	112		
8			0
9	108		

（1）在表中填空。

（2）该生产函数是否表现出边际报酬递减？如果是，从第几单位的可变要素投入量开始？

（3）简述边际报酬递减规律的内容。

2. 为什么边际成本曲线一定在平均成本曲线的最低点与之相交？
3. 怎样理解经济学中的机会成本？
4. 假定某企业的短期成本函数是 $TC(Q) = Q^3 - 10Q^2 + 17Q + 66$
（1）指出该短期生产函数的可变部分和不变成本部分。
（2）写出下列相应的函数：$TVC(Q)$、$AC(Q)$、$AVC(Q)$、$AFC(Q)$ 和 $MC(Q)$。
5. 已知某厂商的生产函数为：$Q = L^{3/8} K^{5/8}$，又设 $P_L = 3$，$P_K = 5$。
（1）求产量 $Q=10$ 时的最低成本支出和使用的 L 与 K 的数量。
（2）求产量 $Q=25$ 时的最低成本支出和使用的 L 与 K 的数量。
（3）求总成本为 160 时，厂商均衡的 Q、K、L 的值。

第五章　完全竞争市场

本章概要

在上一章中，我们知道，任何理性的厂商都会遵循 $MR=MC$ 这一基本原则来实现自身利润最大化。但是对于处于不同市场条件的厂商，即使都按照利润最大化原则进行决策，产品的均衡价格和均衡产量的决定也有着不同的特征。本章我们要学习在最完美的完全竞争市场中，厂商如何决定最大利润下的均衡产量和均衡价格；学习完全竞争厂商的短期均衡、长期均衡以及完全竞争市场的短期供给和长期供给。

学习目标

1. 了解市场结构的分类和完全竞争市场的假设条件。
2. 掌握完全竞争厂商的短期均衡条件，在此基础之上能够推导厂商的短期供给曲线。
3. 掌握完全竞争厂商的长期均衡条件及其意义。
4. 了解完全竞争市场的长期供给曲线的类型。

第一节 完全竞争的市场和厂商

自来水、汽车、香烟、蔬菜，这些都是可以在市场上买卖的商品，然而它们所处的市场结构却有着本质的区别。本节主要介绍市场的分类、完全竞争市场的条件以及完全竞争厂商的特点。

一、市场和厂商的类型

1. 市场与市场结构

随着市场经济的发展，市场的概念逐渐丰富化，它既可以是有形的商品买卖交易场所，也可以是通过现代化通信工具进行各种交易的接触点。从本质上讲，市场是物品买卖双方相互作用并得以决定其交易价格和交易数量的一种组织形式或制度安排。❶任意一种商品都有一个市场，有多少种商品，就有多少个市场。例如，可以有石油市场、汽车市场、服装市场、粮食市场等。

一般地，我们用生产同种或同类产品的厂商之间的竞争程度来划分市场的结构。市场结构是指某一经济市场的组织特征，而其中最重要的组织特征是那些影响竞争性质及市场价格确定的因素。决定市场竞争程度的具体因素有四：其一，市场上厂商的数目，卖者越多，集中程度越低，竞争程度越高；其二，厂商所生产的产品的差别程度，产品差异程度越小，竞争就越激烈；其三，单个厂商对市场价格的控制程度，单个厂商若无法控制价格，就表明市场竞争很激烈；其四，厂商进入或退出一个行业的难易程度，若厂商进出容易，则显然是竞争充分的市场。

根据以上因素综合强度的不同，可以将市场结构划分为四种类型：完全竞争市场、垄断竞争市场、寡头垄断市场和（完全）垄断市场。其中，完全竞争市场和垄断市场处于两个极端，垄断竞争市场和寡头垄断市场是介于两种极端情况之间的普遍存在的情况，垄断竞争市场偏向于完全竞争但又存在一定程度的垄断，寡头垄断市场则偏向于垄断市场但又存在一定程度的竞争。

关于完全竞争市场、垄断竞争市场、寡头垄断市场、垄断市场和相应的厂商的区分及其特征可以用表 5-1 加以说明。

---

❶ 高鸿业. 西方经济学（第 3 版）[M]. 北京：中国人民大学出版社，2004：183.

表 5–1 市场类型的划分和特征

市场类型	厂商数目	产品差别程度	对价格控制的程度	进出一个行业的难易程度	接近哪种产品市场
完全竞争	很多	完全无差别	没有	很容易	一些农产品
垄断竞争	很多	有差别	有一些	比较容易	香烟、糖果
寡头	几个	有差别或无差别	相当程度	比较困难	钢铁、汽车
垄断	一个	唯一的产品,没有接近的替代产品	很大程度,但经常受到管制	很困难,几乎不可能	公用事业,如水、电

与市场概念相对应的是行业的概念。从市场的供给方来看,同一种商品的生产以及提供同一类产品的所有厂商的总体构成一个行业,同一种商品的市场类型与行业类型一致。

2. 完全竞争市场的假设条件

经济学中的完全竞争(perfect competition)也称纯粹竞争(pure competition),需要满足十分严格的假定。一种商品市场若被确定为具有完全竞争性质,必须具备以下四个基本假设条件或特征:

(1)市场上存在着大量的买者和卖者。由于市场上有近乎无数的买者和卖者,单个厂商的供给量以及单个消费者的需求量对整个市场交易量的影响是微不足道的。不论个别厂商供给量增加或减少,个别消费者需求量增加或减少,都不会对市场的价格水平产生任何影响。这意味着在完全竞争市场上,每一个消费者或每一个厂商对市场价格没有任何控制力量,他们都是市场价格的接受者(price takers),而不是价格的决定者(price setters)。在交易者众多的市场上,如果某顾客压价太低,厂商可以拒绝出售给该顾客而不怕没有别的顾客光临;同样地,若某厂商要价过高,顾客可以从别的厂商处购买相同的商品和劳务。这也就引出了下一个假定条件,产品的同质性。

(2)市场上厂商出售的同一种产品具有同质性(homogeneous),相互间没有差别。这里的产品同质不仅指商品之间的质量、规格、商标等无差别,还包括购物环境、装潢、售后服务等方面也完全相同。由于产品是同质的,对消费者来说,购买任何一家厂商生产的产品都是一样的,他们没有理由偏爱某一厂商的产品,也不会为得到某一厂商的产品而愿意支付更高的价格。在这种情况下,如果一个厂商单独提价,那么他的产品就会完全卖不出去。当然,单个厂商也没有必要单独降价,因为他总是可以按照既定的市场价格实现属于自己的那份相对很小的市场份额。所以,厂商既不会单独提价,也不会单独降价。

在美国经济学家张伯伦看来,这个条件对纯粹竞争市场尤为重要。他认为,在纯粹竞争市场上的产品必须完全标准化,否则售卖者就能在某种程度内控制那种产品的价格。不仅如此,严格地说售卖者也必须标准化。也就是说,一切售卖者对消费者所贡献的效用必须完全一样,不然个别售卖者就能在某种程度上控制销售产品的价格。这意味着完全竞争市场上商品间具有完全替代性,消费者随机购买任何一家厂商的产品都是无差别的。

(3)资源在各个行业之间,可以充分自由转移。厂商可以在行业之间自由转入或转出,而没有任何障碍。所有资源可以在各厂商之间和各行业之间完全自由地流动,也不存在任何障碍。劳动者可以随时从一个岗位转移到另一个岗位,或从一个地区转移到另一个地区;资本可以自由地进入或撤出某一行业。同时,在产品的价格和产量上无人为的限制,政府、工会或其他组织都不能影响价格和产量。在完全竞争市场上,生产要素可以随着需求的变化而流动。厂商总是能够及时地向获利的行业进军,快速退出亏损的行业。在这个过程中,效率较高的企业可以吸引大量的投入,而缺乏效率的企业将会被市场淘汰。资源的流动是促使市场实现均衡的重要条件。

(4)完全信息假定。市场中的每一个买者和卖者都掌握与自己决策、与市场交易相关的全部信息,这样,每一个经济行为主体都可以根据自己所掌握的完全信息,作出对自己而言最优的经济决策,从而获得最大的经济利益。而且,由于每一个买者和卖者都知道既定的市场价格,都按照这一既定的市场价格进行交易,这也就排除了由于信息不通畅而可能导致的一个市场同时按照不同的价格进行交易的情况。

符合上述四个假定条件的市场被称为完全竞争市场,缺少其中任何一个,都不能称作完全竞争市场。很显然,即便是在理想化的市场经济中,也不存在这种完全竞争市场模式。但是完全竞争市场作为一个完美的市场结构,是西方经济学中市场分析的基本出发点,是解释其他更复杂、更接近于现实的市场结构的重要工具。通过对完全竞争市场模型的分析,可以得到关于市场机制及其配置资源的一些基本原理。

二、完全竞争厂商的需求曲线与收益曲线

由上一章我们知道,厂商实现利润最大化的均衡条件是边际收益等于边际成本,即 $MR=MC$。那么,完全竞争厂商在作出自己的最优决策时,是否存在独有的特点,我们需要从它的性质入手。

1. 市场的需求曲线和厂商面临的需求曲线

市场理论的核心在于说明商品市场价格的形成。在深入讨论完全竞争市场上不同时期市场价格形成前,首先区分对市场的需求和对单个厂商的需求。

在任一商品市场中,市场需求是针对市场上所有厂商组成的行业而言的,

所有消费者对整个行业所生产的商品的需求被称为行业所面临的需求，相应的需求曲线称为行业所面临的需求曲线，即是市场的需求曲线，它一般是一条从左上方向右下方倾斜的曲线。图5-1（a）中所示的就是完全竞争市场的需求曲线 D，它向右下方倾斜。

消费者对行业中的单个厂商所生产的商品的需求被称为厂商所面临的需求，相应的需求曲线称为厂商所面临的需求曲线，简称为厂商的需求曲线。

在完全竞争市场中，单个厂商只能按照既定的市场价格销售商品。若某厂商把价格定得高于市场价格，由于在完全竞争市场中，产品具有同质性，消费者拥有完全信息，因此，没有消费者会购买该厂商的产品。即厂商一旦涨价，他所面临的需求量会迅速下降为零。若厂商把价格定的等于市场价格，由于厂商数目众多，一个厂商的供应无关大局，不论他多卖或少卖商品都不会对市场价格产生影响。即在现行的市场价格下他可以卖出他所愿意出售的任意数量的商品，自然地，厂商也不会降价。单个厂商商品卖价与其销售量之间的这种关系，从市场对该厂商商品的需求角度看，意味着市场对该厂商商品的需求具有完全价格弹性。因此，完全竞争市场上单个厂商所面临的需求曲线是一条由既定市场价格水平出发的水平线。图5-1（b）所显示的就是完全竞争厂商的需求曲线 d，它与横轴平行。❶厂商面临的具有完全价格弹性的需求曲线，其经济意义就在于：厂商只能被动地接受市场形成的均衡价格，且厂商既不能也没有必要去改变这一价格水平。

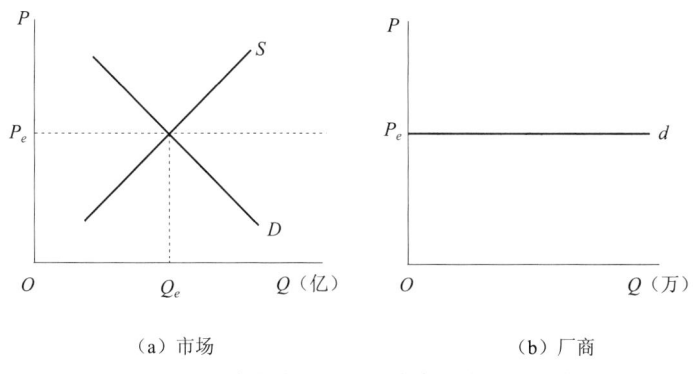

（a）市场　　　　　　　　　　（b）厂商

图5-1　完全竞争市场和完全竞争厂商的需求曲线

需要注意的是，在完全竞争市场中，单个消费者和单个厂商都是市场价格

---

❶ 由于图5-1（a）表示市场的供求状况，图5-1（b）表示一个厂商所面临的需求状况，而一个厂商所面临的需求量仅占市场总需求量的极小份额，所以，图5-1（a）中的数量横轴的单位刻度（以亿表示）远远大于图5-1（b）的数量横轴的单位刻度（以万表示）。

的接受者，单个买者和单个卖者都无力影响市场价格，但这并不意味着完全竞争市场的价格不会改变。当市场条件发生变化，如经济中先进技术的推广，消费者收入水平的提高，就会使供求曲线发生移动，从而形成新的市场均衡价格。此时，我们会得到一条由新的均衡价格出发的水平线，如图5-2所示。在图中，开始时的需求曲线为 D_1，供给曲线为 S_1，市场的均衡价格为 P_1，相应地，厂商的需求曲线是价格水平 P_1 出发的一条水平线 d_1；当下，假定消费者的收入水平提高，需求增加，需求曲线右移至 D_2，新技术开发成功，供给增加，供给曲线右移至 S_2，此时，市场的均衡价格上升为 P_2，相应地，厂商的需求曲线变为由新的价格水平 P_2 出发的另一条水平线 d_2。

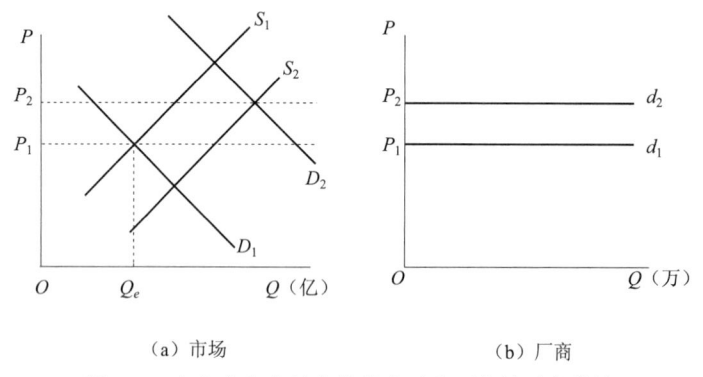

(a) 市场 (b) 厂商

图 5-2 完全竞争市场价格的变动和厂商的需求曲线

2. 收益曲线

厂商的收益就是厂商的销售收入。厂商的收益可以分为总收益、平均收益和边际收益。根据上一章的内容，我们可以把三种收益函数写成下列公式：

$$TR(Q) = P \cdot Q$$

$$AR(Q) = \frac{TR(Q)}{Q} = P$$

$$MR(Q) = \lim_{\Delta Q \to 0} \frac{\Delta TR(Q)}{\Delta Q} = \frac{\mathrm{d}TR(Q)}{\mathrm{d}Q}$$

由于完全竞争市场的一个基本特征是单个厂商无法通过改变其销售量来影响市场价格，即厂商销售的每一单位的商品的价格都相同，因此，总收益与销售量成正比，总收益曲线是一条从原点出发的斜率不变的直线，且斜率等于既定的价格水平。

在完全竞争市场中，由于单个厂商是市场价格的被动接受者，他所面临的需求曲线是平行于横轴的一条直线，因此，平均收益曲线为从既定的市场价格出发的一条水平线。

由上式可知，每一销售量水平上的边际收益值就是相应的总收益曲线的斜率，在完全竞争市场中，厂商任意销售量上的销售价格是固定不变的，因此，每增加一单位产品销售所获得的收入增量与平均每一单位产品销售所获得的收入相等，即边际收益等于平均收益，且等于既定的市场价格，即 $AR=MR=P$。

相应地，可以绘出完全竞争厂商的收益曲线，如图 5-3 所示。

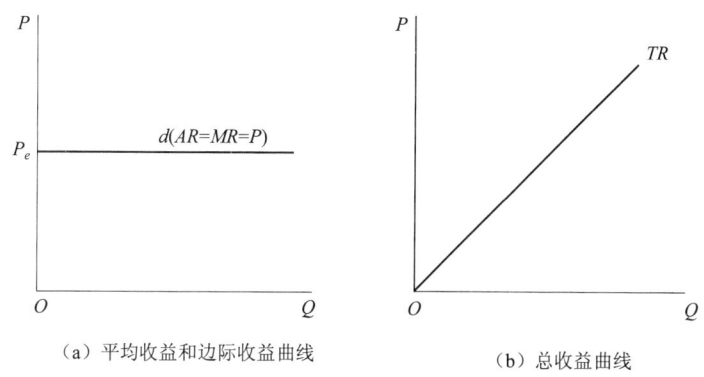

（a）平均收益和边际收益曲线　　　　（b）总收益曲线

图 5-3　完全竞争厂商的收益曲线

由图 5-3 可见，完全竞争厂商的平均收益 AR 曲线、边际收益 MR 曲线和需求曲线 d 三条线重叠，它们都是用同一条由既定价格水平出发的水平线来表示。同时，由于每一销售量上的边际收益值是相应的总收益曲线的斜率，且边际收益是不变的，等于既定的市场价格，所以决定了总收益曲线是斜率不变的直线。

第二节　完全竞争厂商的短期均衡

在完全竞争厂商的短期生产中，市场价格既定；况且生产所用的厂房设备规模是无法调整的，厂商只能通过改变可变要素的投入量以调整产量，通过产量决策进而实现利润最大化。那么，在短期内，在完全竞争市场条件下，厂商应该生产并销售多少商品才能达到其利润最大化目标？本节主要回答此问题。

一、完全竞争厂商短期均衡的前提

1. 基本假设

为使市场均衡以致厂商均衡分析更加严谨，需要在完全竞争市场四个基本假定基础上，再增加两项假定，这两项假定同样适用于其他类型市场的均衡分析：

(1) 每个厂商都以追求利润最大化为目标,即厂商是以利己为动机从事经济活动的经济人。

(2) 厂商销售和消费者购买过程不存在交易成本。这项假定对分析市场均衡十分重要。因为不论卖方或买方在实际交易过程中为达成交易而发生的任何成本支出,都将影响均衡价格。

在满足上述所有假定条件下,完全竞争市场在自由竞争的市场机制作用下,市场需求与供给共同决定市场均衡价格,单个厂商只是市场价格的接受者。

2. 厂商短期均衡的前提

厂商利润的大小取决于两个方面:一是收益水平,二是成本状况。在完全竞争市场上,厂商能够按照既定的市场价格销售其愿意出售的任意数量产品,总收益函数随销售量增加而正比例增加。然而,这并不表明生产且销售越多越有利。因为产量越大会带来总成本随之增加。因此,厂商可通过比较不同产出量水平下收益和成本之间的差额决定生产量。在两者差额最大时,便是厂商可能获得的最高经济利润,相对应的产量就是厂商的短期均衡产量。由于这时厂商将不再调整改变其产销量,从而达到经济分析中所说的均衡状态。

二、完全竞争厂商短期均衡产量的决定

完全竞争厂商的短期均衡可以归结为调整可变要素的投入量来选择一个产量水平,以使利润达到最大化。在完全竞争市场中,市场供给和需求相互作用形成的市场价格,有时高于平均成本,有时等于平均成本,有时低于平均成本。因此,在短时期内,厂商销售产品有可能盈利,有可能盈亏平衡,甚至也有可能亏损。以下我们对完全竞争厂商的短期均衡的各种情形逐一地分析。

1. 获取经济利润时的均衡产量

这种情形的价格或平均收益大于平均总成本,即 $P_1=AR_1=MR_1>SAC$,厂商能够获取经济利润(或称超额利润)。如图 5-4 所示,此种情形的市场价格较高为 P_1,厂商面临的需求曲线为 d_1,为了获得最大利润,根据 $MR_1=SMC$ 的利润最大化原则,厂商利润最大化的均衡点为 SMC 曲线与 MR_1 曲线的交点 E_1,相应的均衡产量为 Q_1。在 Q_1 产量水平上,平均收益为 OP_1,平均总成本为 OG,单位产品获得的利润为 P_1G,总收益为 $OP_1 \cdot OQ_1$,总成本为 $OG \cdot OQ_1$,总利

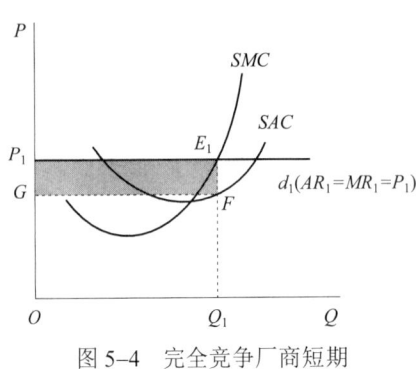

图 5-4 完全竞争厂商短期均衡:存在经济利润

润为 $P_1G \cdot OQ_1$，即图 5-4 中矩形 P_1E_1FG 的面积。如果产量超过 OQ_1 以后，$SMC>P_1=MR_1$，增加产量反而会降低总利润；如果产量小于 OQ_1，$MR_1>SMC$，增加产量能增加利润；只有使产量确定在 OQ_1，$MR_1=SMC=P_1$，经济利润达到最大化。

2. 经济利润为零时的均衡产量

这种情形的价格或平均收益等于平均总成本，即 $P_2=AR_2=SAC$，厂商的经济利润恰好为零，处于盈亏平衡状态。如图 5-5 所示，此种

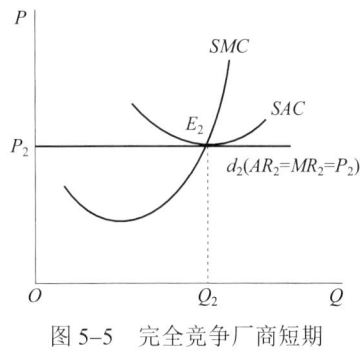

图 5-5　完全竞争厂商短期均衡：经济利润为零

情形的市场价格为 P_2，厂商面临的需求曲线为 d_2，这条需求曲线刚好切于短期平均总成本 SAC 的最低点，同时短期边际成本 SMC 曲线也通过此点，SMC 曲线与 MR_2 曲线的交点 E_2 就是均衡点，相应的均衡产量为 Q_2。在 Q_2 的产量上，平均收益等于平均成本，都为 OP_2，总收益也等于总成本，都为 $OP_2 \cdot OQ_2$，厂商的经济利润为零，但厂商的正常利润已计入成本，故可以实现正常利润。由于在点 E_2 上，厂商既无经济利润，也无亏损，所以也把 SMC 和 SAC 的交点称为"盈亏平衡点"或"收支相抵点"。

3. 亏损存在时的均衡产量

这种情形的价格或平均收益小于平均总成本，但仍大于平均可变成本，即 $AVC<AR_3<SAC$，厂商提供任何产量都会发生亏损。如图 5-6 所示，市场价格为 P_3，厂商面临的需求曲线为 d_3，此时，厂商的平均总成本已经高于产品的市场价格，平均总成本曲线 SAC 位于价格线 P_3 之上，厂商处于亏损状态。为使亏损达到最小，按照 $MR_3=SMC$ 的亏损最小化原则，厂商选择曲线 SMC 与 MR_3 曲线交点所对应的均衡产量 Q_3，交点 E_3 即为均衡点。在 Q_3 的产量上，平均收益为 OP_3，平均总成本为 OI，单位产品的亏损为 IP_3，总收益为 $OP_3 \cdot OQ_3$，总成本为 $OI \cdot OQ_3$，总亏损为 $IP_3 \cdot OQ_3$，即图 5-6 中矩形 IHE_3P_3 的面积。虽然此时的平均收益 AR_3 低于平均总成本 SAC，但它超过了平均可变成本 AVC。如果厂商不生产，它会损失全部不变成本；厂商继续生产，它才能用获得的全部收益弥补全部可变成本之后的剩余来部分地弥补短期内总是存在的不变成本，即它可以通过继续生产来收回一部分不变成本。显然，此种情形下厂商短期还不能停产。

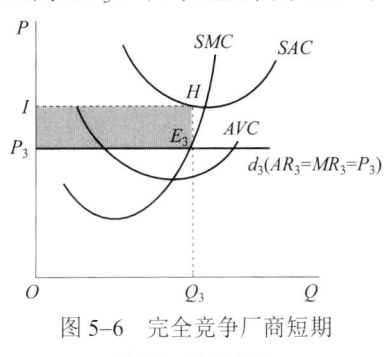

图 5-6　完全竞争厂商短期均衡：亏损最小

4. 停止营业点的均衡产量

这种情形的价格或平均收益等于平均可变成本，即 $P_4=AR_4=AVC$，厂商处于亏损状态，且处于生产与停产的临界点。如图 5-7 所示，市场价格为 P_4，厂商面临的需求曲线为 d_4，这条需求曲线刚好切于平均可变成本 AVC 的最低点，同时短期边际成本 SMC 曲线也通过此点，SMC 曲线与 MR_4 曲线的交点 E_4 就是均衡点，相应的均衡产量为 Q_4。在 Q_4 的产量上，平均收益为 OP_4，平均总成本为 OK，单位产品的亏损为 KP_4，总收益为 $OP_4 \cdot OQ_4$，总成本为 $OK \cdot OQ_4$，总亏损为 $KP_4 \cdot OQ_4$，即图 5-7 中矩形 KJE_4P_4 的面积。此时平均收益 AR_4 仅等于平均可变成本 AVC，这意味着厂商生产所获得的收益仅能弥补全部的可变成本，不变成本得不到任何弥补，对厂商而言，生产与不生产的结果是一样的，都会损失全部不变成本。因此，可以将 SMC 曲线和与 AVC 曲线的交点 E_4，也即 AVC 曲线的最低点，称为"停止营业点"或"关闭点"。此种情形的价格是厂商利用现有的厂房设备开工生产的最低价格。

5. 厂商的停产决策

这种情形的价格或平均收益小于平均可变成本，$P_5=AR_5<AVC$，厂商处于深度亏损状态。如图 5-8 所示，当市场价格下降到 P_5 时，厂商面临的需求曲线为 d_5，为了使亏损最小化，厂商的均衡点为 SMC 曲线与 MR_5 曲线的交点 E_5，相应的均衡产量为 Q_5。在这一产量上，平均收益 AR_5 已经小于平均可变成本 AVC，若厂商继续生产，所获得的收益连平均可变成本都无法收回，更谈不上弥补不变成本了，所以厂商应该停止生产。

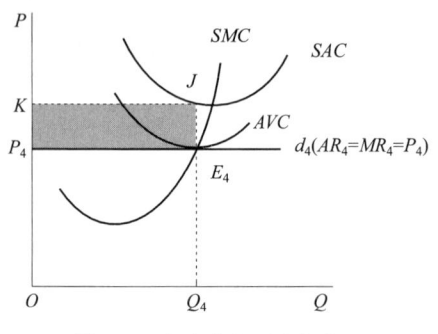

图 5-7　完全竞争厂商短期
均衡：停止营业点

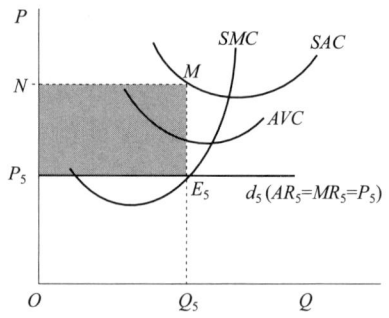

图 5-8　完全竞争厂商的停产决策

综上，完全竞争厂商短期均衡的条件是：

$$P(\text{或 } AR)=MR=SMC \tag{5.1}$$

在完全竞争市场下厂商实现短期均衡时，可能获得最大经济利润，或者经济利润为零（仅仅获得正常利润），也可能蒙受最小损失。

第三节　完全竞争厂商和市场的短期供给曲线

如第二章所述，供给是指在一定时期内，其他条件不变时，厂商在每一可能的价格下愿意并且能够提供出售的某种商品或服务的数量。那么，在完全竞争厂商实现其短期均衡的条件下，厂商和市场的供给曲线如何，它们与厂商的成本曲线有何关系？本节将讨论完全竞争厂商及行业的供给问题。

一、完全竞争厂商的短期供给曲线

根据上一节的分析，我们可以将表示完全竞争厂商短期均衡条件的（5.1）式写成下面简明的形式：

$$P=SMC$$

上式可以理解为，在一个既定的价格水平 P 上，完全竞争厂商为了获得短期最大利润，应该把最优产量确定在使得商品的价格等于边际成本的水平上。如果市场价格有多种可能性，这就意味着在每一个价格水平上，都有与之相对应的均衡产量，厂商的最优产量与商品的价格之间就存在着一一对应的关系，而厂商的 SMC 曲线恰好准确地展示了某种商品的价格与厂商的短期供给量之间的关系。具体情况如图 5–9 所示。

在图 5–9（a）中，我们可以看到，根据 $P=SMC(Q)$ 的短期均衡条件，当市场价格分别为 P_1、P_2、P_3、P_4 时，厂商所选择的最优产量分别为 Q_1、Q_2、Q_3、Q_4。这些商品的价格与厂商的最优产量的组合点即均衡点 E_1、E_2、E_3、E_4，均处于厂商的短期边际成本 SMC 曲线上。当然，并不是短期边际成本 SMC 曲线上的所有部分均可以表示商品价格与厂商愿意提供的产量的组合（如图 5–9（a）中的 E_5）。由于短期内厂商存在不变成本，除非产品的市场价格足以弥补平均可变成本，否则厂商将不会从事生产。我们知道，短期边际成本 SMC 曲线穿过平均可变成本 AVC 曲线的最低点 d，此点的平均可变成本用 AVC_{min} 表示。因此，只有当 $P>AVC_{min}$ 时，厂商才会进行生产；而当 $P<AVC_{min}$ 时，厂商会停止生产；当 $P=AVC_{min}$，即生产位于"关闭点"时，厂商生产与否的结果都一样，此时的产量即供给量为零到均衡产量中的任意值。由于我们可以通过短期边际成本 SMC 曲线来确定厂商在该价格下的产量，因此，完全竞争厂商的 SMC 曲线可以表示不同价格水平与相应的不同的最优产量之间的对应关系。

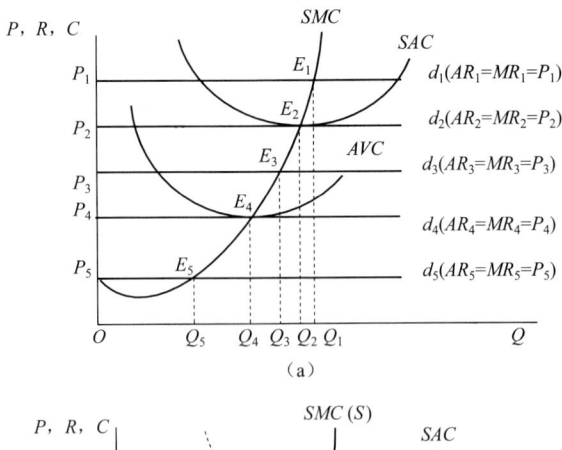

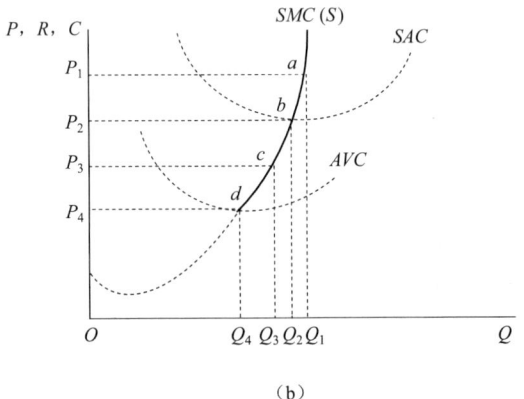

图 5-9 完全竞争厂商的短期供给曲线

由上述分析我们得知,完全竞争厂商的短期供给曲线,可以用完全竞争厂商的短期边际成本 SMC 曲线上大于和等于 AVC 曲线最低点的部分来表示,即用 SMC 曲线大于和等于"停止营业点"的部分表示。如图 5-9(b)所示,图中 SMC 曲线上的实线部分即为完全竞争厂商的短期供给曲线 $Q_S=S(P)$,该曲线上的 a、b、c、d 四点分别与图 5-9(a)中的 E_1、E_2、E_3、E_4 点相对应。

在图 5-9(b)中我们可以看到,完全竞争厂商的短期供给曲线有两个独立的部分:(1)价格高于最低平均可变成本时,供给曲线与停业点 E_4 以上的边际成本曲线一样。(2)价格低于最低平均可变成本时,完全竞争厂商将不再生产。

完全竞争厂商的短期供给曲线向右上方倾斜,这表示商品的价格和供给量之间同方向变化。由于该短期供给曲线是在完全竞争厂商追求利润最大化的原则下推导出来的,因此,完全竞争厂商的短期供给曲线不仅表示在其他条件不变的情况下,生产者在每一价格水平上愿意并且能够提供的产品数量,而且生产者所提供的这个产品数量,还是在既定价格水平下能够给厂商带来最大利润或最小亏损的最优产量。

二、生产者剩余

在第二章，我们通过个人的需求曲线，得到了消费者剩余，同样，由厂商的短期供给曲线，可以引申出生产者剩余的概念。与消费者剩余类似，生产者剩余指厂商在提供一定数量的某种商品时实际接受的总支付和愿意接受的最小总支付之间的差额。经济学中经常用消费者剩余与生产者剩余之和来衡量社会福利水平。

由于厂商总是追求利润最大化，而使利润最大化得以实现的条件便是 $MR=MC$，只要 $MR>MC$，厂商便会有扩大盈利的空间，亦即其生产的边际利润大于零。在完全竞争市场中，$MR=P$，因此，只要 $P>MC$，厂商就会进行生产，并获得生产者剩余。此时，厂商实际接受的总支付由价格线以下的矩形面积 P_0EQ_0O 来表示，而厂商愿意接受的最小总支付由边际成本线以下的面积 HEQ_0O 来表示。如图 5-10（a）所示，生产者剩余为价格线和边际成本曲线所围成的面积。

生产者剩余也可用数学公式来表示，由供给函数 $Q_S=S(P)$ 可以写出反供给函数 $P=P(Q)$，且价格为 P_0 时的厂商供给量为 Q_0，则生产者剩余为：

$$PS=P_0Q_0-\int_0^{Q_0} P(Q)dQ \qquad (5.2)$$

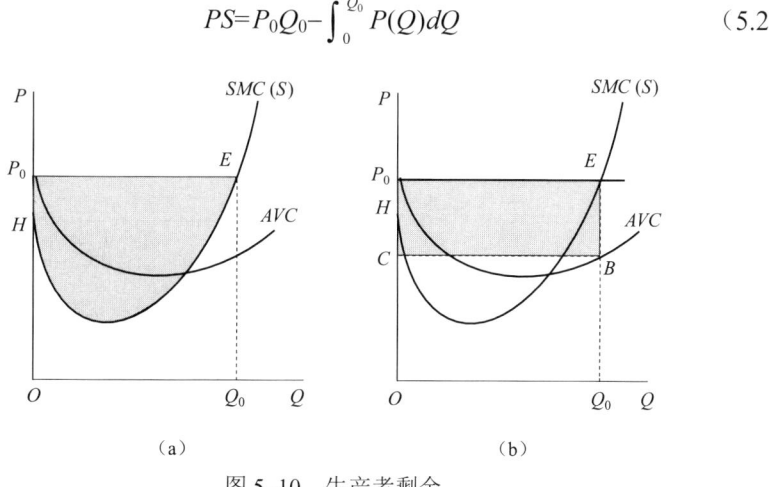

图 5-10 生产者剩余

在短期中，生产者剩余还可以用厂商的总收益与总可变成本的差额来衡量。这是因为，在短期内，由于不变成本不随产量的变化而变化，所有产量的边际成本累积之和必然等于总可变成本。因此，如图 5-10（b）中所示，生产者剩余也可以由矩形 P_0EBC 的面积来表示，它等于总收益 P_0EQ_0O 减去总可变成本

CBQ_0O。生产者剩余与经济利润密切相关,但两者并不相等,在短期生产者剩余大于经济利润。

三、完全竞争行业的短期供给曲线

在任何价格水平上,一个行业的供给量等于行业内所有厂商的供给量的总和。因此,若假定生产要素的价格不变,则完全竞争行业的短期供给曲线由该行业内所有厂商的短期供给曲线水平加总得到,或者说,由行业内所有厂商的等于和高于 AVC 曲线最低点以上的那部分 SMC 曲线水平相加得到。

在图 5-11 中,假定某完全竞争行业中有 1000 个相同的厂商,每个厂商都具有相同的短期成本曲线和相应的短期供给曲线,用图 5-11(a)中的实线 S 表示。将这 1000 个相同的厂商的短期成本曲线水平相加,便得到图 5-11(b)中的行业短期供给曲线 S。在每个价格水平下,行业的供给量等于这 1000 个厂商的供给量之和。当价格为 P_1 时,此时厂商处于停止营业点,生产与不生产对自己无差别,每个厂商的供给量为 0~20,则行业的供给量为 0~20 000;当价格为 P_2 时,每个厂商的供给量为 25,则行业的供给量为 25 000。

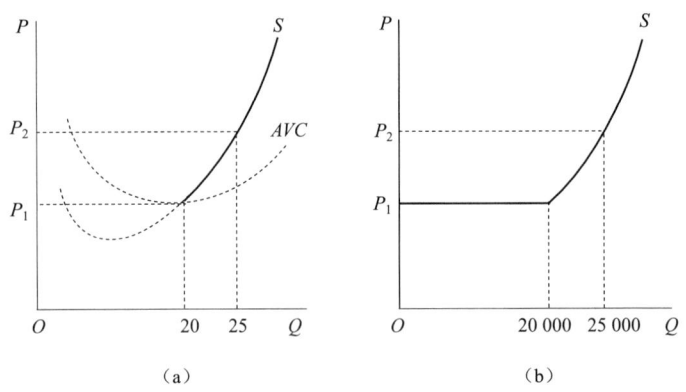

图 5-11 完全竞争行业的短期供给曲线

用数学公式表示,则有:

$$S(P)=\sum_{i=1}^{n}S_i(P) \tag{5.3}$$

(5.3)式中,$S_i(P)$ 为第 i 个厂商的短期供给函数,$S(P)$ 为行业的短期供给函数。若行业内的 n 个厂商具有相同的短期供给函数,则上式可写为:

$$S(P)=nS_i(P)$$

由于行业的短期供给曲线是单个厂商短期供给曲线水平相加,所以行业的短期供给曲线也向右上方倾斜,它表示,市场的产品价格和市场的短期供给量同方向变动,并且,该曲线上每一点所对应的行业的总供给量,都是在既定价格水平下能够给所有厂商带来最大利润或最小亏损的最优产量。

第四节 完全竞争厂商的长期均衡

在长期中,完全竞争厂商的所有要素都是可变的,厂商通过对全部生产要素的调整,来实现 $MR=LMC$ 的利润最大化原则。在完全竞争市场价格给定的情况下,厂商在长期中对全部生产要素的调整可以表现为两个方面:一是出于成本方面考虑的调整,使生产规模与产出量水平一致;二是进入退出调整,因为完全竞争市场上生产要素可充分自由流动,行业间的竞争使各行业内的厂商数目动态调整,促使行业供给量与市场需求量相一致。本节我们对完全竞争市场条件下厂商的长期均衡进行分析。

一、厂商对最优生产规模的选择

如果在短期中厂商能够获得经济利润,长期它会进一步调整产量,以获得更多的利润。具体调整过程如图 5-12 所示。

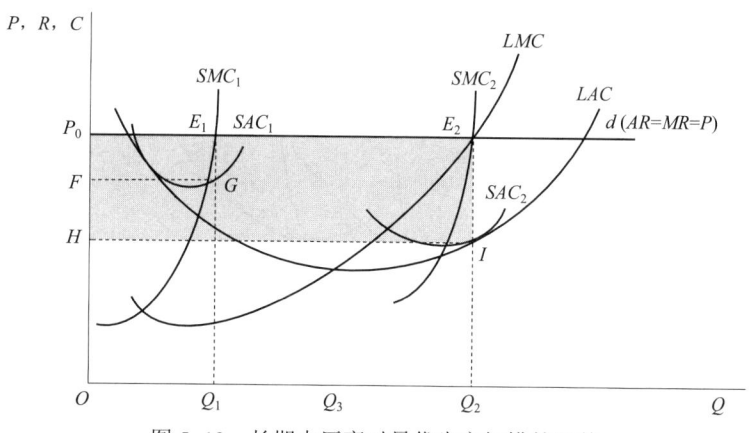

图 5-12 长期中厂商对最优生产规模的调整

在图 5-12 中,假定产品的市场价格为 P_0,且既定不变。在短期内,假定厂商已拥有的生产规模由 SAC_1 曲线和 SMC_1 曲线表示。由于短期内生产规模是给定的,厂商只能在既定的生产规模下进行生产,根据 $MR=SMC$ 的短期利润最大化的均衡条件,厂商选择的最优产量为 Q_1,所获得的利润为 P_0E_1GF 所示的面积。在长期中,厂商可以调整生产规模,假设厂商将生产规模调整到 SAC_2

曲线和 SMC_2 曲线所代表的最优生产规模，根据 $MR=LMC$ 的长期利润最大化的均衡条件，厂商会选择最优产量 Q_2，此时到达长期均衡点 E_2，所获得的利润为 P_0E_2IH 所示的面积。很明显，从长期考虑，厂商通过对生产规模的调整，可以达到最优生产规模，从而获得更大的利润。

以上分析假定产品的市场价格始终不变，实际情况则不然。即使市场需求不变，在各个厂商都调整自身生产规模的条件下，厂商数量虽然没有变化，整个行业的产量却会发生相应的变化，厂商都扩大生产规模导致整个市场供给的增加，往往会引起市场价格的下降。

二、厂商进出一个行业的选择

我们知道，完全竞争市场中，厂商进出某一行业不存在任何进入障碍，要素可以在不同行业之间自由流动，即厂商可以自由进入或退出一个行业。下面我们将分析厂商在长期生产中如何作出进入或退出一个行业的决策，以及这样的决策会如何影响单个厂商利润的。

在生产要素的实际流动中，生产要素总是会流向能获得最大利润的行业，也总是会从亏损的行业退出。正是由于行业之间生产要素的自由流动或厂商的自由进出，使完全竞争厂商长期均衡时的利润为零。具体情况如图 5-13 所示。

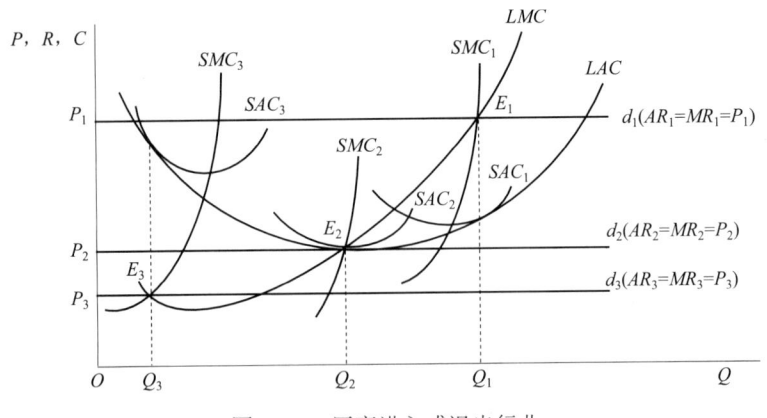

图 5-13　厂商进入或退出行业

假定某一行业开始时产品的市场价格较高为 P_1，高于厂商平均成本。根据 $MR=LMC$ 的利润最大化原则，厂商选择的最优产量为 Q_1，相应的最优生产规模由 SAC_1 曲线和 SMC_1 曲线来表示。由于总收益大于总成本，这种价格水平可使厂商获得经济利润，这样就会吸引一部分厂商进入到该行业中来。随着行业内厂商数量的增加，市场上的产品供给就会增加，在市场需求相对稳定的情况下，市场价格就会不断下降，相应地，单个厂商的利润会逐渐减少，厂商也会根据不断变化的价格随时调整生产规模并确定最优产量。只有当市场价格水平下降到使单个厂商的利润减少为零时，新厂商的进入才会停止。

相反，若产品的市场价格较低为 P_3，低于厂商的平均成本。根据 $MR=LMC$ 的利润最大化原则，厂商选择的最优产量为 Q_3，相应的最优生产规模由 SAC_3 曲线和 SMC_3 曲线来表示。由于不能收回全部总成本，此时厂商处于亏损状态。这种情况迫使一部分厂商退出该行业的生产。随着行业内厂商数量的减少，市场上的产品供给就会减少，在市场需求相对稳定的情况下，市场价格就会不断上升，相应地，单个厂商的亏损会逐渐减少，厂商也会根据不断变化的价格随时调整生产规模并确定最优产量。只有当市场价格水平上升到使单个厂商的亏损消失即利润为零时，原有厂商的退出才会停止。

总之，不论是新厂商的进入，还是原有厂商的退出，最终这种调整一定会使市场价格达到等于长期平均成本的最低点的水平，即图 5–13 中的价格水平 P_2。在这一价格水平上，厂商的最优产量为 Q_2，行业内的每个厂商既无利润，也无亏损，但都实现了正常利润，此时，行业内原有厂商由于不会亏损，不打算退出行业；行业外的厂商鉴于得不到经济利润，也不会进入该行业，这意味着在市场需求和行业中厂商成本既定条件下，行业内的每个厂商都实现了长期均衡。

图 5–13 中的 E_2 点为完全竞争厂商的长期均衡点。在该长期均衡点上，LAC 曲线达到最低点，代表最优生产规模的 SAC_2 曲线相切于该点，相应的 SMC_2 曲线和 LMC 曲线都从该点通过，厂商面对的需求曲线与 LAC 曲线也相切于这一点。简言之，完全竞争厂商的长期均衡出现在 LAC 曲线的最低点。此时不仅生产的平均成本降到长期平均成本的最低点，而且商品的价格也等于最低的长期平均成本水平。

因此，我们得到完全竞争厂商的长期均衡条件：

$$P(\text{或 } AR)=MR=LMC=SMC=LAC=SAC \tag{5.4}$$

这表明，长期中单个厂商的经济利润为零，它们只可能获得正常利润，并且在长期平均成本最低的最适度规模上进行生产。

三、完全竞争厂商长期均衡的意义

完全竞争条件下的长期均衡具有重要的理论意义。因为它表明，在完全竞争假定前提下，市场机制能够使社会的生产资源得到最有效的利用，实现资源最优配置。具体地说，完全竞争下的长期均衡具有以下意义：

（1）完全竞争使生存下来的厂商都具有最大经济效率，且只能获得正常利润。在完全竞争市场上，同质的产品只能按照相同的价格出售。因此，市场内的厂商除非将自己的效率提高到同行业中效率最高的厂商水平，否则将因亏损而被迫退出市场。这一优胜劣汰的竞争规律迫使整个行业调整直至市场上生存下来的厂商都达到最高效率为止。同时，这一过程也使得市场上没有一家厂商可以获得经济利润（超额利润），所有厂商都只能在正常利润下生产。

（2）完全竞争使厂商把生产规模调整到长期平均成本的最低点，在最适度规模及最低成本下生产。完全竞争市场条件下的厂商达到长期均衡时，所选择的生产规模必定为最优的生产规模，使其长期平均成本达到最低水平。同时对于这一生产规模，其生产量亦是最佳生产量，短期平均成本亦为最低点。简言之，完全竞争将使生产厂商在最低生产成本下向消费者有效率地提供商品。

（3）完全竞争使市场上厂商数量得到调整，行业供给量与市场需求量相一致。在完全竞争市场上，由于激烈的竞争作用，使行业的总供给量与市场需求量相等，把厂商数量调整到行业总供给量所需水平，这样就实现了生产资源的有效配置。

第五节 完全竞争市场的长期供给曲线

在假定生产要素的价格不变的条件下，行业的短期供给曲线可由厂商的短期供给曲线水平加总得到。在短期内，这个假设显然是合理的，那么在长期中，当厂商可以自由进入或退出某个行业，行业产量的变化可能影响到要素市场的需求，从而影响到生产要素的价格水平。本节我们将分析完全竞争行业的长期供给曲线。

一、成本不变行业的长期供给曲线

成本不变行业是这样一种行业，该行业的产量变化所引起的生产要素需求的变化，不会对生产要素的价格产生影响。

当成本不变时，完全竞争行业达到长期均衡的供给曲线是一条水平线。这说明成本不变的行业是在不变的均衡价格水平上提供产量，该均衡价格水平等于厂商不变的长期平均成本的最低水平。进一步地，市场需求的变化虽然会引起行业长期均衡产量的同方向变动，但长期均衡价格不会发生变化。

在图 5-14 中，最初该行业及其中的厂商都处于均衡状态，由市场需求曲线 D_1 和市场短期供给曲线 SS_1 的交点 A 所决定的市场均衡价格为 P_1，行业的生产量是厂商生产量的总和。在价格水平 P_1，完全竞争厂商在 LMC 曲线交于 LAC 曲线的最低点 E 上实现长期均衡，每个厂商的经济利润均为零；同时点 E

又是厂商的短期均衡点。由于行业内不再有厂商进入或退出，因此点 A 为行业的一个长期均衡点，它与厂商的长期均衡点 E 相对应。此时厂商的均衡产量为 Q_{i1}，行业的均衡产量为 Q_1，并且有 $Q_1 = \sum_{i=1}^{n} Q_{i1}$。

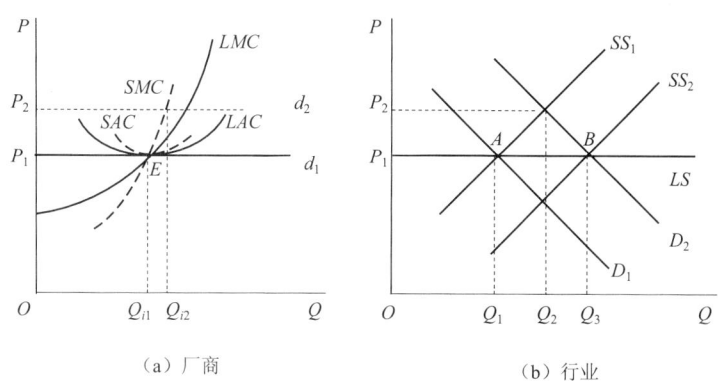

图 5-14　成本不变行业的长期供给曲线

现在假定由于某种因素引起市场需求的增加，需求曲线由 D_1 右移到 D_2，与原来是 SS_1 曲线相交，相应的市场价格提高到 P_2，在新的价格水平下，厂商可以获得超额利润。可以肯定，厂商会沿着短期供给曲线即短期边际成本曲线增加产量，根据 $P_2 = SMC$ 的短期利润最大化均衡条件，厂商将产量由 Q_{i1} 提高到 Q_{i2}，这样会获得更多的超额利润。厂商产量的增加会推进整个行业沿着原来的短期供给曲线 SS_1 增加供给量至 Q_2。

从长期看，由于单个厂商获得利润，新厂商会不断加入该行业，导致行业供给增加，这会产生两方面的影响。一方面，它会增加对生产要素的需求。由于是成本不变行业，生产要素的价格不会发生变化，厂商的成本曲线位置不变。另一方面，行业供给增加会使行业的短期供给曲线 SS_1 曲线不断右移，供给的增加使市场价格下降，单个厂商的利润也随之下降，原有厂商会沿着它们的边际成本 SMC 曲线削减生产。这个过程会一直持续到单个厂商的超额利润消失为止，即 SS_1 曲线一直右移到 SS_2 曲线的位置，使得市场价格重新回到原来的长期均衡的价格水平 P_1，单个厂商又在原来的 LAC 曲线的最低点 E 实现长期均衡。所以，点 B 也成为行业的一个长期均衡点。此时有 $Q_3 = \sum_{i=1}^{n} Q_{i1}$。新的市场均衡量达到 Q_3，与初始状态相比其增加量为 Q_1Q_3，它是由新加入的厂商提供的，虽然行业内每个厂商的均衡产量仍为 Q_{i1}，但是厂商数目 n 有了增加。

连结长期均衡点 A、B 的直线 LS 就是行业的长期供给曲线，它是一条水平线。如果需求增加，产品价格将提高，随着新厂商加入该行业，行业的短期供给曲线向右移动，最终迫使价格恢复到原有水平。厂商之所以能维持长期成本不变，主要是由于生产要素的供给具有完全弹性，亦即要素价格不随需求变动而变动所致。

二、成本递增行业的长期供给曲线

成本递增行业是指该行业的产量增加所引起的生产要素需求的增加，会导致生产要素价格的上升。

当成本递增时，完全竞争行业达到长期均衡的供给曲线是一条向右上方倾斜的曲线。这意味着当行业实现长期均衡时，虽然产量增加，但是其价格也上涨了。究其原因，是由于外部不经济提高了投入要素的价格或降低了投入要素的生产效率。如行业扩大生产后，对工人的需求增加，在熟练工人被雇佣完之后，不得不雇佣非熟练工人，这将使得行业中厂商的长期平均成本 LAC 曲线上移。

在图 5–15 中，最初该行业及其中的厂商都处于均衡状态，由市场需求曲线 D_1 和市场短期供给曲线 SS_1 的交点 A 所决定的市场均衡价格为 P_1，行业的生产量是厂商生产量的总和。在价格水平 P_1，完全竞争厂商在 LAC_1 曲线的最低点 E_1 实现长期均衡，每个厂商的利润均为零；同时点 E_1 又是厂商的短期均衡点。由于行业内不再有厂商进入和退出，因此点 A 为行业的一个长期均衡点，它与厂商的长期均衡点 E_1 相对应。此时厂商的均衡产量为 Q_{i1}，行业的均衡产量为 Q_1，并且有 $Q_1 = \sum_{i=1}^{n} Q_{i1}$。

现在假定由于某种因素引起市场需求的增加，需求曲线由 D_1 右移到 D_2，与原来是 SS_1 曲线相交，相应的市场价格提高到 P'。在新的价格水平下，厂商沿着 SMC_1 曲线扩大生产，并由此获得超额利润。

从长期看，由于单个厂商获得利润，新厂商会不断加入该行业，并导致行业供给增加，这会造成两方面的影响。一方面，它会增加对生产要素的需求。在成本递增行业，生产要素需求的增加促使生产要素的市场价格上涨，从而使得厂商的成本上升，在图中表现为 LAC_1 曲线和 SMC_1 曲线向上移动。另一方面，行业供给增加会使行业的短期供给曲线 SS_1 曲线不断右移。这个过程会一直持续到单个厂商的利润消失为止，即 LAC_1 曲线一直上移到 LAC_2 曲线的位置，SMC_1 曲线上移到 SMC_2 曲线的位置，行业供给曲线 SS_1 右移到 SS_2 曲线的位置，这时，完全竞争厂商和行业均实现了长期均衡，由市场需求曲线 D_2 和市场短期供给曲线 SS_2 的交点 B 决定了新的市场均衡价格为 P_2。在价格水平 P_2 下，厂商

在 LAC_2 曲线的最低点 E_2 实现新的长期均衡,每个厂商的利润又回到零。由于行业内不再有厂商进入和退出,因此点 B 也成为行业的长期均衡点。此时厂商的均衡产量为 Q_{i2},行业的均衡产量为 Q_2,并且有 $Q_2 = \sum_{i=1}^{n} Q_{i2}$。

连结长期均衡点 A、B 的直线 LS 就是行业的长期供给曲线,它向右上方倾斜。根据以上分析得知,在长期中,对于成本递增行业来说,行业的产品价格和供给量呈同方向变动关系。市场需求的变动不仅会引起行业长期均衡价格的同方向变动,还会引起行业长期均衡产量的同方向变动。

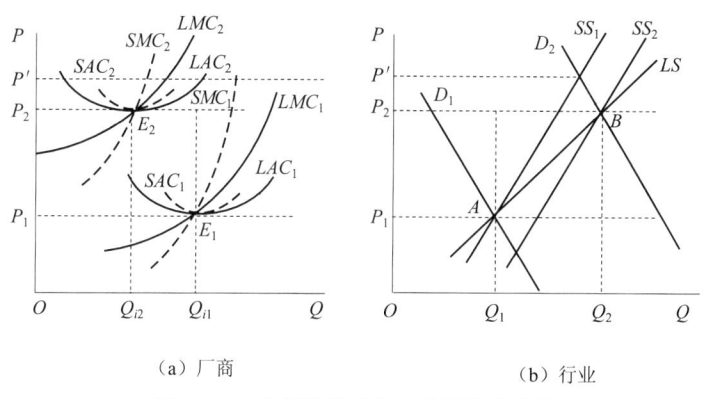

(a)厂商　　　　　　　　(b)行业

图 5-15　成本递增行业的长期供给曲线

三、成本递减行业的长期供给曲线

成本递减行业是指行业的产量增加所引起的生产要素需求的增加,会导致生产要素的价格下降。

当成本递减时,完全竞争行业达到长期均衡的供给曲线是一条向右下方倾斜的曲线。这意味着当行业实现长期均衡时,不但产量增加,而且其价格也下降了。究其原因,是由于外部经济降低了投入品的价格或提高了投入品的生产效率。如行业扩大生产后,有条件地从供应商处大批量采购原材料和半成品,它们的价格将会降低,质量也会提高,从而有效地降低了采购成本。可见,外部经济能大幅度降低厂商的长期平均成本,这将使得行业中厂商的长期平均成本 LAC 曲线下移。

在图 5-16 中,最初该行业及其中的厂商都处于均衡状态,由市场需求曲线 D_1 和市场短期供给曲线 SS_1 的交点 A 所决定的市场均衡价格为 P_1,行业的生产量是厂商生产量的总和。在价格水平 P_1,完全竞争厂商在 LAC_1 曲线的最低点 E_1 实现长期均衡,每个厂商的利润均为零;同时点 E_1 又是厂商的短期均衡点。由于行业内不再有厂商进入和退出，因此点 A 为行业的一个长期均衡点，它与厂商的长期均衡点 E_1 相对应。此时厂商的均衡产量为 Q_{i1}，行业的均衡产量为 Q_1，且有 $Q_1 = \sum_{i=1}^{n} Q_{i1}$。

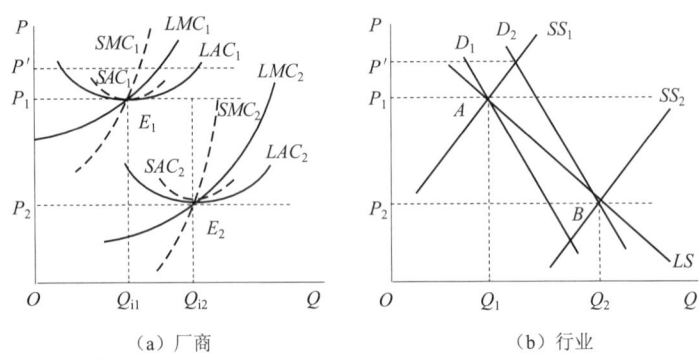

图 5-16 成本递减行业的长期供给曲线

现在假定由于某种因素引起市场需求的增加，需求曲线由 D_1 右移到 D_2，与行业原来的短期供给曲线 SS_1 相交，相应的市场价格提高到 P'。在新的价格水平下，厂商沿着 SMC_1 曲线扩大生产，并由此获得超额利润。

从长期看，由于单个厂商获得利润，新厂商会不断加入该行业，并导致行业供给增加，这会造成两方面的影响。一方面，它会增加对生产要素的需求。在成本递减行业，生产要素需求的增加使得生产要素的市场价格下降，从而使得厂商的成本下降，在图中表现为 LAC_1 曲线和 SMC_1 曲线的向下移动。另一方面，行业供给增加会使行业的短期供给曲线 SS_1 不断右移。这个过程会一直持续到单个厂商的利润消失为止，即 LAC_1 曲线一直下移到 LAC_2 曲线的位置，SMC_1 曲线下移到 SMC_2 曲线的位置，行业供给曲线 SS_1 曲线右移到 SS_2 曲线的位置，这时，完全竞争厂商和行业均实现了长期均衡，由市场需求曲线 D_2 和市场短期供给曲线 SS_2 的交点 B 决定了新的市场均衡价格为 P_2。在价格水平 P_2 下，厂商在 LAC_2 曲线的最低点 E_2 实现新的长期均衡，每个厂商的利润又回到零。由于行业内不再有厂商进入和退出，因此点 B 也为行业的长期均衡点。此时厂商的均衡产量为 Q_{i2}，行业的均衡产量为 Q_2，且有 $Q_2 = \sum_{i=1}^{n} Q_{i2}$。

连结长期均衡点 A、B 的直线 LS 就是行业的长期供给曲线，它向右下方倾斜。根据以上分析得知，在长期中，对于成本递减行业来说，行业的产品价格和供给量成反方向变动。市场需求的变动不仅会引起行业长期均衡价格的反方向变动,还会引起行业长期均衡产量的同方向变动。

本章小结

1. 按照竞争程度从强到弱,我们可以把市场结构依次划分为:完全竞争市场、垄断竞争市场、寡头垄断市场、垄断市场,其中,完全竞争市场作为一个完美的市场结构,是西方经济学中市场分析的基本出发点,是解释其他更复杂、更接近于现实的市场结构的重要工具。

2. 完全竞争市场有以下假设条件:存在着大量的买者和卖者;市场上厂商出售的同一种产品具有同质性,相互间没有差别;生产要素在各个行业之间,可以充分自由转移;买卖双方都具有完全信息。在这些条件下,完全竞争市场上的买者和卖者都是既定市场价格的被动接受者。因此,厂商所面临的需求曲线,是从既定的市场价格出发的一条水平线。

3. 在短期内,完全竞争厂商通过在既定生产规模下调整产量来实现利润最大化目标。完全竞争厂商的短期均衡条件为:P(或AR)$=MR=SMC$,短期内,厂商销售产品有可能存在经济利润,或者经济利润为零,也可能出现亏损。当厂商亏损时,$P=AR=AVC$时的交点称为"停止营业点",此点之上的短期边际成本曲线即为厂商的短期供给曲线。将完全竞争厂商的短期供给曲线水平加总,可得到完全竞争行业的短期供给曲线。

4. 在长期中,完全竞争厂商通过对全部生产要素的调整——包括选择最优生产规模和选择进入或退出某一行业——来实现利润最大化目标。完全竞争厂商的长期均衡条件为:

P(或AR)$=MR=LMC=SMC=LAC=SAC$,即完全竞争厂商在长期均衡状态下其经济利润为零,且在长期平均成本LAC曲线的最低点所代表的最适度规模上进行生产。

5. 在长期中,由于完全竞争厂商可以自由进入或退出某一市场,由此导致的对要素市场需求的变化会影响要素市场的价格水平。当厂商扩张或新进入某行业从而增加对生产要素的需求时,生产要素市场的价格可能保持不变、上升或下降,由此可以导出成本不变行业、成本递增行业和成本递减行业相对应的长期供给曲线,它们分别是水平的、向右上方倾斜的及向右下方倾斜的线。

复习思考题

1. 已知完全竞争市场上，某一成本不变行业中的单个厂商的长期总成本函数 $LTC=Q^3-12Q^2+40Q$。试求：

（1）当市场商品价格为 $P=100$ 时，厂商实现 $MR=LMC$ 时的产量、平均成本和利润；

（2）该行业长期均衡时的价格和单个厂商的产量；

（3）当市场的需求函数为 $Q=660-15P$ 时，行业长期均衡时的厂商数量。

2. 已知某完全竞争市场的需求函数为 $D=6300-400P$，短期市场供给函数为 $SS=3000+150P$；单个企业在 LAC 曲线最低点的价格为 6，产量为 50；单个企业的成本规模不变。

（1）求市场的短期均衡价格和均衡产量。

（2）判断（1）中的市场是否同时处于长期均衡，求行业内的厂商数量。

（3）如果市场的需求函数变为 $D'=8000-400P$，短期供给函数变为 $SS'=4700+150P$，求市场的短期均衡价格和均衡产量。

（4）判断（3）中的市场是否同时处于长期均衡，求行业内的厂商数量。

（5）判断该行业属于什么类型。

（6）需要新加入多少企业，才能提供由（1）到（3）所增加的行业总产量？

3. 已知某完全竞争行业中单个厂商的短期成本函数为 $STC=0.1Q^3-2Q^2+15Q+10$，求市场价格降为多少时，厂商必须停产？

4. 说明完全竞争条件下行业的短期供给曲线和厂商的短期供给曲线相互之间的关系。

第六章 垄断市场

本章概要

所谓垄断，简单地说，就是市场处于完全由一家企业所控制的状态。在现代社会中，垄断企业已占据了大部分的市场。如全球最大的饮料商可口可乐公司，拥有全球48%市场占有率以及全球前三大饮料中的两项。那么，垄断市场的是如何形成的？垄断厂商的产量与价格是如何确定的？本章试图回答这些问题，对垄断的条件、决定因素及其经济效率进行分析。

学习目标

1. 理解垄断的概念、假设条件和收益曲线。
2. 掌握垄断厂商均衡情况下产量和价格的形成规则。
3. 了解价格歧视、政府管制等现象，学会分析垄断市场的经济效率。

第一节　垄断市场的假设条件与收益曲线

在垄断市场中，独家垄断厂商控制了整个行业的生产和市场的销售，因此厂商可以操纵市场价格。垄断属于不完全竞争市场的一种特殊情况。本节将介绍垄断的假设条件、需求和收益曲线等。

一、垄断市场的条件

1. 垄断的定义

垄断是指市场处于完全由一家企业所控制的状态，垄断市场就是整个行业中只有唯一的一个厂商的市场组织。通常人们会把由政府控制的铁路运输、邮政业务、自来水公司、煤气公司等看成垄断企业。

垄断的定义很容易理解，比如一家电影院正在首次独家放映《建国大业》，这是一部完全由明星阵容组成的爱国题材电影，在它的首次独家放映期间，没有其他的竞争者，在档期高峰时段，任何想看这部电影的人只能面对唯一的卖方。

区分垄断厂商和完全竞争厂商的关键就在于它们面临不同特征的需求曲线。完全竞争厂商面临的需求曲线具有完全价格弹性，一个厂商只要把价格稍微提高，就将失去它全部的市场份额。而垄断厂商则对产品价格具有很强的控制力，它面临的需求曲线就是一条向右下方倾斜的市场需求曲线，其价格弹性绝不会趋向无穷大。判断垄断厂商对市场的控制力主要看其产品有无相近的替代品以及替代程度强弱。如果厂商所生产的产品的需求交叉弹性大，说明其他商品对其产品的替代程度强，消费者完全可以选择其他商品，垄断厂商的市场控制力相对较弱；反之，若需求交叉弹性小，说明其他商品的替代程度弱，消费者不能完全通过选择其他商品来满足其需求，垄断厂商的控制力较强；还有一种需求交叉弹性为零的极端情形，表明该厂商提供的产品独一无二，这便是完全垄断市场。

2. 垄断的形成

造成垄断市场上只有一家企业的原因主要有：

（1）垄断厂商控制了生产某种产品的资源。这种对生产要素的独占性，排除了其他厂家进入该垄断市场的可能性。例如戴比尔公司控制着全世界未切割钻石80%的产量，这就是典型的控制自然资源所形成的垄断。钻石是一种相对稀有的矿物质，钻石行业没有自然进入壁垒，它的供给源泉来自于该资源的拥有者。戴比尔公司参与全球拍卖市场的竞争，能够通过一些手段成为优势选手，从而阻碍来自于其他厂商的竞争并有效控制其他厂商的进入。

（2）垄断厂商拥有生产某种商品的专利权。世界上多数国家都通过专利制度来保护发明创新，一项专利赋予其拥有者独占所有相关交易收益的权利。专利权的获得在付出代价的同时也带来了收益。一方面，由于长期研发的巨额投入带来了过高的成本，厂商需要制定高价出售产品以弥补开支；另一方面，专利制度又促进新产品和新方法的发明创造，这使得厂商可以在一定时期内垄断生产。专利权提供的保护可以使企业收回创新过程中付出的成本，如美国的专利有效期是 20 年。

（3）政府特许。政府出台对某些垄断行业有利的政策，使得垄断厂商控制垄断市场，特许权赋予了某企业供给某种产品或服务的排他性权利。在许多市场上，一个国家的法律只允许一家企业从事经营活动，这种情况在铁路运输、供电供水、电信等领域较为常见。政府的特许经营有时会伴随着对经营者行为的严格监管，比如一些飞机场的经营场地被政府收取高昂的费用。

（4）自然垄断。自然垄断是指有些行业的规模经济需要在一个很大的产量范围和资本设备的水平上才能实现，整个行业只有在一个企业生产时才能达到这种生产规模，于是就形成了自然垄断。并且，往往只要发挥一个企业在这个生产规模上的生产能力，就可以满足整个市场的需求。这类行业中总会有一个企业运用自身的优势，率先达到这一生产规模，垄断该市场的生产和销售，比如电力、水和天然气往往会形成自然垄断。

图 6-1 描述了电力配送的自然垄断。❶图中 D 表示电力需求曲线，LAC 表示长期平均成本曲线。因为该平均成本曲线一直向下倾斜，所以在整条 LAC 曲线上都存在着规模经济。一家企业可以以 5 美分/度的价格生产 400 万度电，而在这个价格上，需求量就是 400 万度。那么，如果价格是 5 美分，一家企业就能供应整个市场。如果两家企业分享这个市场，生产 400 万度电就会使得每家企业耗费 10 美分/度的平均成本。如果有四家企业分享这个市场，生产 400 万度电就会让每家企业耗费 15 美分/度的成本。因此图 6-1 显示，一家企业可以以低于两家或者更多企业所耗费的成本供给整个市场，这样便形成了自然垄断。

3. 垄断的假设条件

垄断市场是一家厂商控制整个商品市场供给的市场结构。从垄断的定义和形成过程可以看出，垄断市场的假设条件主要有以下三点：

---

❶ 罗宾·巴德，迈克尔·帕金. 微观经济学（第 2 版）[M]. 王秋石，李胜兰，等译. 北京：中国人民大学出版社，2004：310.

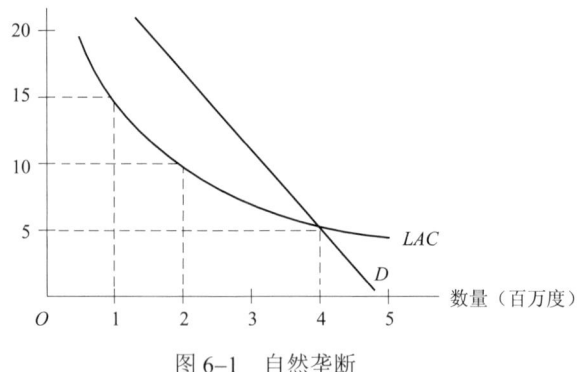

图 6-1 自然垄断

（1）市场上只有唯一的生产者，不存在其他竞争对手。企业和行业是合为一体的，企业就是行业，行业就是企业，垄断厂商是整个市场上价格的制定者。由于市场上存在着进入障碍，任何其他企业都难以进入市场。

（2）垄断厂商生产和销售的商品没有相近的替代品。因为如果存在着其他替代品，该企业就面临来自其他企业的竞争，从而难以控制整个市场。然而，多数商品之间都存在着一定的替代性，在一家厂商垄断一个行业的情况下，完全没有替代品的垄断也是极其罕见的。如果一家企业可以独家控制产品在市场上的产量和价格，即使具有一定的替代性，也可以认为它是垄断企业。

开拓一种新产品或服务通常会削弱原来市场的垄断势力，例如联邦快递、UPS 的出现就削弱了美国邮政总局的垄断。还有因新产品的出现而形成垄断的情况，例如 20 世纪 80 年代，IBM 公司把个人电脑操作系统的垄断地位让给了微软公司的 DOS 操作系统。

（3）市场进入壁垒高筑。其他任何厂商进入市场都极为困难甚至是不可能的，更谈不上与其竞争。这使得一家企业垄断市场成为可能。

然而，上述垄断市场的假设条件是非常严格的，在现实中很难实现，因此纯粹的垄断市场几乎是不存在的。在经济生活当中，只可能存在近似于垄断市场的情形。而垄断市场在经济学中通常被认为是所有市场类型中经济效率最低的市场结构。

二、垄断厂商的收益曲线

1. 垄断厂商的需求曲线

与完全竞争市场不同，在垄断行业中，厂商面临的需求曲线就是市场的需求曲线，从另一角度看，整个市场的需求完全由一个厂商的生产来满足。在坐标图上表示为一条向右下方倾斜的曲线。需求曲线所表示的意义就在于，垄断厂商可以通过改变生产和销售量来控制市场价格，销售量与价格呈反向变动关系。需求曲线同时也是平均收益曲线。

2. 垄断厂商的两条收益曲线的关系

由于垄断厂商的价格随着销售量的增加而下降，因此垄断企业的平均收益曲线和边际收益曲线，是具有不同斜率的两条曲线，且边际收益曲线位于平均收益曲线下方。因为销量增加后，不仅增加的那个单位产品的价格比原先降低，而且所有数量产品的价格都会比之前降低。当垄断厂商平均收益下降时，边际收益比平均收益下降更快，在图形上表示的边际收益曲线位于下方，如图6-2所示。垄断厂商的平均收益曲线就是它所面临的市场需求曲线，可以认为边际收益总是低于销售价格。

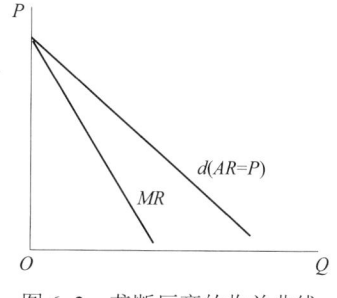

图 6-2　垄断厂商的收益曲线

具体地说，在厂商面临向右下方倾斜的需求曲线时，厂商的平均收益曲线仍然是价格曲线。因为当产量增加时，厂商的销售价格要沿着需求曲线下降，当厂商降价时，不仅是新增产量的价格要下降，而且全部产量都要降价，显然全部产量降价导致的总收益减少量要大于价格下降的幅度。例如，厂商上个月的产量是 50 单位，单价为 1000 元，总收益为 50 000 元。这个月由于技术进步，产量上升为 51 单位，价格为 990 元，总收益为 50 490 元。边际收益为 $MR=TR(51)-TR(50)=50\ 490-50\ 000=490$ 元。490 元是厂商在产量在 50 单位时增加一单位产量所增加的收益，很显然，边际收益小于此时的市场价格。

上述平均收益曲线与边际收益曲线的关系，也可以用数学公式证明：

假设反需求函数为：

$$P=a-bQ, \ a, \ b>0 \text{ 且为常数}$$

根据第四章（4.49）和（4.50）式，我们直接写出平均收益函数和边际收益函数：

$$AR(Q)=P=a-bQ$$
$$MR(Q)=a-2bQ$$

由此可以得到平均收益曲线和边际收益曲线的斜率分别为：

$$dAR/dQ=dP/dQ=-b \tag{6.1}$$
$$dMR/dQ=-2b \tag{6.2}$$

从（6.1）和（6.2）式可见，当垄断厂商的需求曲线为直线时，平均收益曲线（即需求曲线）和边际收益曲线的截距相等，且边际收益曲线斜率的绝对值是平均收益曲线斜率绝对值的两倍,所以边际收益曲线一定位于平均收益曲线下方。

专栏 6-1　杜邦公司是垄断者吗? ❶

判断一个厂商是否形成垄断的方法之一就是测算厂商面临的需求交叉价格弹性。在反垄断历史上,一个经典案例就是美国政府诉杜邦公司垄断玻璃纸案。由于玻璃纸是杜邦公司独家发明,政府认定杜邦占有百分之百的市场份额,构成垄断。然而,美国最高法院却判决垄断不成立。理由是,玻璃纸只是一种包装材料,把杜邦放在包装材料这一市场中,杜邦生产的玻璃纸仅占 18% 的市场份额,不构成垄断。从这一市场份额上看出,杜邦公司生产的玻璃纸与它的替代品之间的需求交叉价格弹性很高,18%的市场份额并没有什么不对的地方,消费者可以选择购买其他厂家的产品,因此法庭最终裁定杜邦公司没有形成垄断。

100%可以变成 18%,不同的计算方法带来了相反的命运。寻找到合适的替代品,就能增大分母,这样一来,企业所占比例大大缩小。在反垄断领域,各个细节都有不同的算法。因此,反垄断法不只是法律问题,更是牵涉到需求交叉价格弹性的经济问题。

第二节　垄断厂商的产量决策与定价法则

市场中的任何企业要生存与发展,都必然追求利润最大化,垄断厂商也不例外。垄断者可以控制整个垄断市场的价格,也必须遵循利润最大化原则。本节将分析垄断厂商是如何确定产量和价格的,并学习垄断厂商的定价法则。

一、垄断厂商的短期均衡

1. 垄断厂商短期均衡产量和价格的决定

在短期内,垄断厂商的厂房设备既定不变,厂商只能通过调整可变要素的投入量来变动产量和价格,以实现其最大利润。垄断厂商的产量决策依据仍然是边际收益等于边际成本的利润最大化原则。与完全竞争厂商不同的是,垄断厂商既可以调整产量,又可以调整价格。垄断厂商的短期均衡状态,如图 6-3 所示。

---

❶ 资料来源:根据以下相关内容改编,专栏题目是作者加的。http://www.antimonopolylaw.org/article/default.asp?id=1373.

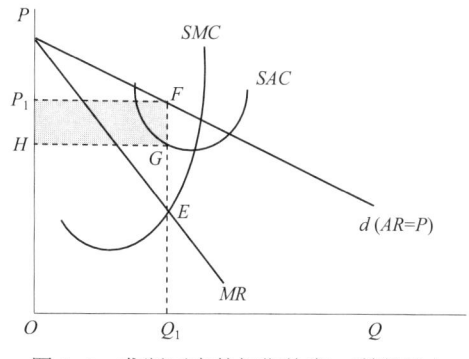

图 6-3 垄断厂商的短期均衡：利润最大

图 6-3 中 SMC 曲线和 SAC 曲线表示垄断厂商既定生产规模下的短期边际成本和短期平均成本，需求曲线、边际收益曲线分别以 d 及 MR 表示。根据利润最大化均衡条件 MR=SMC，垄断厂商将产量和价格调整到 Q_1 和 P_1 水平上，得到短期均衡点 E。此时垄断厂商的平均收益为 OP_1，平均成本为 OH，平均收益大于平均成本，垄断厂商获得的短期超额利润，用图中阴影部分矩形 P_1FGH 的面积表示。

MR=SMC 是垄断厂商达到短期均衡水平的条件，下面我们将讨论非均衡状况下的变化趋向。当产量小于均衡产量 Q_1 时，MR>SMC，此时每增加一单位产量带来的收益大于多支出的成本，厂商生产是有利可图的，总利润未达到最大值，垄断厂商会继续增加产量以获得更多的利润。随着产量的增加，MR 会下降，SMC 会上升，两者差额逐渐缩小直至达到 MR=SMC 的均衡水平，产量达到 Q_1，厂商获得了全部的最大利润。反之，当产量大于均衡产量 Q_1 时，MR<SMC，情况则相反，厂商会减少产量至 Q_1 获取最大的利润。

然而，利润最大化并不意味着企业总是能在短期获利。垄断厂商在满足 MR=SMC 的短期均衡点上，有可能盈利，也有可能是亏损。原因之一是既定生产规模的成本过高，即相应的成本曲线位置过高；原因之二是市场需求较低，即相应的需求曲线位置在平均总成本曲线之下。

图 6-4 列举了垄断厂商在满足 MR=SMC 均衡条件下亏损最小的情况。如图所示，产量和价格分别定在 Q_1 和 P_1，由于该生产规模下生产成本过高，平均总成本曲线位于一个相对较高的位置，均衡价

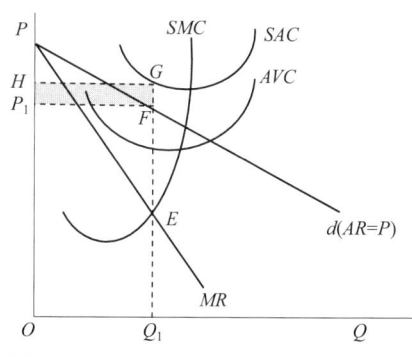

图 6-4 垄断厂商的短期均衡：亏损最小

格水平 P_1 低于平均成本。单位产品的平均亏损额为 HP_1，总亏损额为阴影部分矩形 $HGFP_1$ 的面积。

归结起来，垄断厂商在 $MR=SMC$ 短期均衡水平下的盈亏情况有五种：$AR>SAC$，垄断厂商能获得短期垄断利润；$AR=SAC$，垄断厂商只能获得正常利润；$AVC<AR<SAC$，虽然出现亏损，但垄断厂商取得的收益可以弥补一部分不变成本，此时仍可以生产经营；$AR=AVC$，收益刚好能弥补变动成本，是生产和停产的分界点；$AR<AVC$，不仅不能收回不变成本，而且不能弥补变动成本，垄断厂商将停止生产。

由此可以将垄断厂商的短期均衡条件写成：
$$MR=SMC \tag{6.3}$$
垄断厂商的短期均衡也就是垄断市场的短期均衡。

2. 垄断厂商（市场）不存在供给曲线

垄断市场不同于完全竞争市场，不存在具有规律性的厂商和市场供给曲线。原因就在于垄断厂商的均衡产量决定不仅取决于边际成本，而且取决于需求曲线的形状，所以，垄断厂商和市场不存在价格和产量之间的一一对应关系。

如前所述，垄断厂商是通过对产量 Q 和价格 P 的调整来实现 $MR=SMC$ 利润最大化原则的。当市场需求曲线固定时，垄断厂商的供给量仅仅是对应于均衡状态 $MR=SMC$ 上的一个点。随着需求曲线的移动，垄断厂商的价格和产量之间不再存在完全竞争条件下的那种一一对应的关系。有可能会出现一个价格对应几个不同产量的情况，也可能出现一个产量对应几个不同价格的情况。如图 6-5 所示。

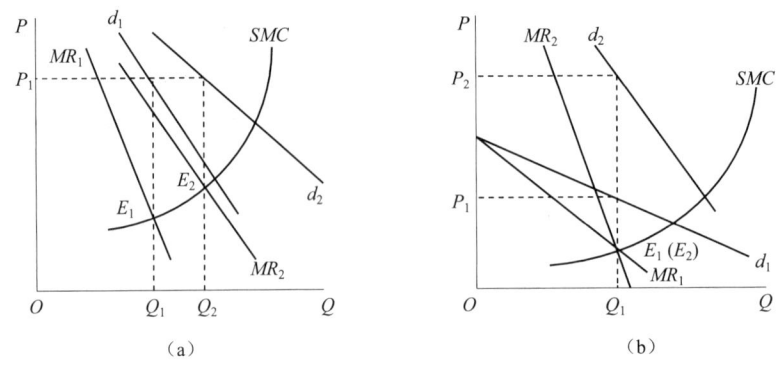

图 6-5 垄断厂商的供给曲线

在图 6-5（a）中，SMC 曲线固定，垄断厂商的需求曲线为 d_1，边际收益

曲线为 MR_1，均衡点 E_1 决定产量 Q_1 和价格 P_1。当需求曲线移动到 d_2，边际收益曲线移动到 MR_2，均衡点 E_2 决定产量 Q_2，价格仍为 P_1。同一个价格 P_1 对应两个产量 Q_1 和 Q_2。而在图 6-5（b）中，同一个产量 Q_1 对应着两个价格 P_1 和 P_2。

由此可以得到结论：垄断厂商的 SMC 曲线不能等同于其供给曲线，垄断厂商（市场）不存在具有规律性的供给曲线。

二、垄断厂商的长期均衡

垄断厂商在长期中的生产不同于短期的既定规模下的生产，它可以根据市场需求情况和自身的生产成本情况，通过调整全部生产要素的投入量、扩大生产规模、更换效率更高的生产设备、培训员工等多种方式，来获取更多的利润。如果一个垄断厂商在短期内能够获利，长期中又能调整生产规模使自己获得更大利润，那么它将继续留在这一行业运营下去；如果短期内亏损，但长期来说是一个盈利的状态，那么也将通过各种途径改善企业的生产和经营；如果短期内亏损，长期内怎样调整规模也不能使其从亏损的境地中走出，该厂商将退出生产。

在长期中，企业生产规模是可以调整的，垄断厂商通过调整生产规模获得更大的垄断利润。由于市场没有新厂商的进入，市场完全由垄断企业所控制。如图 6-6 所示，垄断厂商面临的市场需求曲线为 d，边际收益曲线为 MR，LAC 曲线和 LMC 曲线分别代表垄断厂商的长期平均成本曲线和长期边际成本曲线，SAC 曲线和 SMC 曲线分别代表垄断厂商的短期平均成本曲线和短期边际成本曲线。以下我们分析垄断厂商的长期均衡状况。

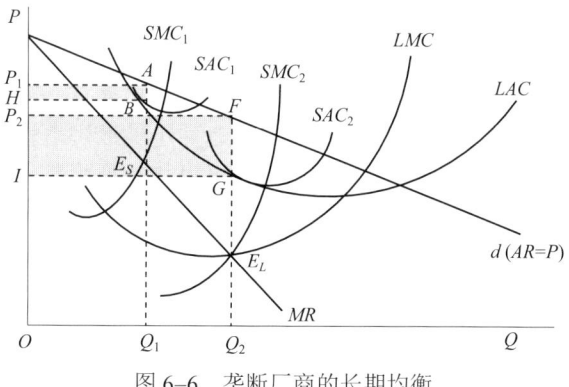

图 6-6 垄断厂商的长期均衡

在短期内，垄断厂商是在 SMC_1 曲线和 SAC_1 曲线所代表的生产规模上生产。短期内按照 $MR=SMC$ 原则，在点 E_S 上达到均衡，垄断厂商将生产产量确定为

Q_1，并把价格定为 P_1。由于短期平均成本为 OH，所以企业的短期利润将是图中较小的阴影部分矩形 P_1ABH 的面积。

在长期中，随着垄断厂商对生产规模的调整，它将获得大于矩形 P_1ABH 面积的利润。假定长期需求没有发生变化，按照 $MR=LMC$ 的长期均衡原则，显然它将选择长期边际成本等于长期边际收益的产量水平，在点 E_L 上达到均衡，在 SMC_2 曲线和 SAC_2 曲线所代表的生产规模上进行生产，垄断厂商把产量定在 Q_2，价格定为 P_2，与此对应的长期平均成本为 OI，价格显然更加高于平均成本，垄断厂商将获得图中较大阴影部分矩形 P_2FGI 面积的超额利润。

在垄断厂商的长期均衡水平 $MR=LMC$ 上，短期成本曲线 SAC 和长期成本曲线 LAC 代表的最优生产规模且相切于点 G。短期边际成本曲线 SMC、长期成本曲线 LMC 和边际收益曲线 MR 相交于点 E_L，此时的产量和定价保证垄断厂商取得最大的利润。

由此可以得到垄断厂商的长期均衡条件为：
$$MR=LMC=SMC \qquad (6.4)$$

由（6.4）式可知，只有当边际收益等于长期边际成本且等于短期边际成本时，垄断厂商才能实现长期均衡。当此条件得以满足时，短期平均总成本与长期平均总成本必定相等，即两条成本曲线相切。所以，MR、LMC 和 SMC 三条曲线的交点所对应的产量恰好对应于 LAC 与 SAC 的切点的产量。一般来说，如果没有政府管制，垄断厂商可以选择产量、制定价格并长期保持其垄断利润。

三、垄断厂商的定价法则

从理论上讲，垄断厂商应该根据边际收益等于边际成本的利润最大化条件进行产量和价格决策，但是在具体的实践中，厂商可能对其需求曲线（平均收益曲线）乃至边际收益曲线因没有足够的信息而不能准确地把握，如果只能确定在一定产出范围内的边际成本。我们是否可以将边际收益等于边际成本转化成为在定价实践中易于应用的简单法则呢？以下进行公式的推导。

我们把边际收益函数稍作变形，可得：

$$MR=\frac{dTR}{dQ}=\frac{d(P\cdot Q)}{dQ}=P+Q\left(\frac{dP}{dQ}\right)=P+P\cdot\left(\frac{Q}{P}\right)\left(\frac{dP}{dQ}\right)=P\left(1-\frac{1}{E_P}\right) \qquad (6.5)$$

上式中，$E_P=-\dfrac{dQ}{dP}\cdot\dfrac{P}{Q}$ 为需求的价格弹性。

垄断厂商为了实现利润最大化，需要满足 $MR=MC$，即：

$$P\left(1-\frac{1}{E_P}\right) = MC$$

它又可以写成以下形式：

$$P = \frac{MC}{1-1/E_P} \tag{6.6}$$

（6.6）式为定价提供了一个简单的法则，在边际成本基础上有一个加价即可得到产品的定价。比如，一种产品的需求弹性为 4，边际成本为 12 元，则此产品单位价格可定为 16 元，其成本加成比例大约在 33.3%。可见，垄断厂商的产品定价高于边际成本。但如果需求弹性非常大，厂商的定价接近于边际成本，垄断厂商没有捞到多大的好处。

还需注意，此公式仅适用于 $E_P>1$ 的需求富有弹性的情形。如果垄断厂商的生产经营在 $E_P<1$ 的需求缺乏弹性区域，由于 MC 一定大于零，而 P 不可能为负值，所以（6.6）式不适用❶；根据第二章我们讨论的价格弹性大小与总收益的关系可知，理性的厂商会通过提高价格减少产量而增加总收益，而减少生产一定会降低总成本，利润自然会增加。所以，垄断厂商不会选择在缺乏弹性的区域生产，假设厂商不慎落入此区域，它会不断减少产量提高价格沿着需求曲线上移到弹性大于 1 的某一点进行生产，以获取最大的经济利润。

第三节　垄断势力及其决定因素

一般意义上的垄断是指一个或几个生产厂商，很多个需求者竞争的情况，即卖方垄断❷。假设某种款式的牛仔裤的市场需求为 2000 条，分别由四个厂商生产，那么某个厂商面临的需求取决于它的产品与其竞争厂商的产品的差异度，以及四个厂商相互之间竞争的激烈程度。如果存在一个牛仔裤的批发商，它作为需求者处于具有相对优势的地位，整个市场有多个生产厂商和单一的购买者，这就是买方垄断。本节我们将讨论垄断势力的测度，卖方垄断势力与买方垄断势力的决定因素及其社会成本。

一、垄断势力的测度

垄断势力是指厂商将价格定得高于边际成本的能力。垄断势力的测度方法是由经济学家勒纳（Abba Lerner）于 1934 年首先提出使用的，经济学上被称

---

❶ 对于 $E_P=1$ 的情形，（6.6）式也不适用于定价。
❷ 在经济学中所表述的垄断通常就是指卖方垄断。

为勒纳的垄断势力度（Lerner's degree of monopoly power）或勒纳指数。

勒纳指数公式：$\qquad L=(P-MC)/P \qquad$ (6.7)

勒纳指数的值总是在 0~1 之间。对一个完全竞争厂商来说，由于价格等于边际成本，即 $P=MC$，从而 $L=0$。对于一个纯粹垄断厂商来说，P 的值可能会定到远远高于边际成本的水平之上，因此 L 趋近于 1。由此可见，厂商能够把价格定得高于其边际成本的程度越强，L 就越大，勒纳指数所表示的垄断势力越大，说明某市场被垄断者控制的程度越强。

由（6.6）式，我们可以得到勒纳指数的另外一种表达方法：

$$P = \frac{MC}{1 - 1/E_P}$$

$$L = \frac{P - MC}{P} = \frac{1}{E_P} \qquad (6.8)$$

根据（6.8）式，厂商的需求价格弹性越小，其垄断势力越强，比如 $E_P=1.2$，则勒纳指数 $L=0.83$；反之则反。需要强调的是，E_P 是厂商需求曲线的弹性而不是市场需求曲线的弹性，当然，如果市场上只有一个独占者，厂商的需求曲线就是市场的需求曲线。

二、卖方垄断势力的决定因素与社会成本

卖方垄断指在一个市场中只有一个或几个生产者，但是有多个购买者的情况。垄断厂商是市场的垄断者，购买者是市场上的竞争者。此时垄断厂商处于优势，购买者处于劣势。如前所述，市场上只有一个垄断者，这个垄断厂商的需求曲线就是市场需求曲线。对于存在几个生产者的情况，垄断厂商面临一条比市场需求曲线弹性更大的需求曲线，市场需求弹性为厂商的需求弹性设置了一个下限。综合以上两种情况，厂商的需求弹性不可能比市场的需求弹性低，前者最低等于后者，一般会大于后者。当然，垄断厂商也不会像完全竞争厂商那样面临弹性趋向无穷大的水平形状的需求曲线。

卖方垄断势力取决于三个因素：(1) 市场需求弹性。市场的需求弹性越大，厂商的需求弹性会更大，厂商的垄断势力就会较弱。(2) 市场中卖方的数目。厂商的数目增大，各个厂商的垄断势力都会下降。正因为如此，垄断厂商会想方设法地构筑壁垒以阻止新厂商进入。(3) 卖方之间如何相互作用。厂商之间是合作还是斗争，将直接影响其垄断势力的大小。

从全社会的角度分析，卖方垄断势力会使其付出什么代价呢？以下我们进行简单的分析，如图 6-7 所示。

垄断者在边际收益等于边际成本的利润最大化条件下，确定的均衡产量水平为 Q_m，此时其平均收益超过边际成本，即 $P_m > MR = MC$，显见，垄断厂商具有垄断势力。

我们通过消费者剩余和生产者剩余来分析垄断势力的社会成本。如果在完全竞争市场条件下，竞争性价格和竞争性产量分别为图 6-7 中的 P_c 和 Q_c，而垄断的价格和产量分别为 P_m 和 Q_m，两种情况比较，垄断厂

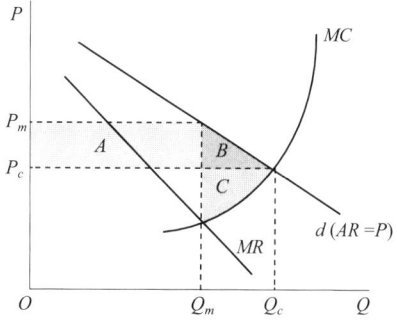

图 6-7 卖方垄断势力造成的损失

商能够制定高于竞争性市场的价格，与之相对应，垄断厂商的产量较竞争性市场有所减少。垄断与竞争相比较，消费者剩余和生产者剩余发生了变化，消费者剩余的损失为图中 A 和 B 的面积之和，生产者剩余的增加量为图中 A 和 C 的面积之差，两方面剩余之和的净损失为图中 B 和 C 的面积之和，这就是垄断势力所造成的无谓损失，它是社会福利的减少。

由此可见，由于垄断厂商垄断了产品的生产和销售，单位产品的价格上升导致需求量减少，垄断势力带来的无谓损失是低效率的体现，也是垄断势力的社会成本。考虑到垄断厂商可能出现的寻租行为，社会成本会更大。

三、买方垄断势力的决定因素与社会成本

买方垄断是指在一个市场中只有单一的购买者，但是有多个生产者的情况。此时各垄断厂商在市场上是竞争者，与卖方垄断的情况相反，购买者处于优势，而垄断厂商处于劣势。买方垄断势力是指买方能够以低于完全竞争市场的价格水平买到所需要的商品或服务的能力。

边际价值（MV）是指购买一个单位商品或服务带来的额外收益，边际支出（ME）是指购买一个单位商品或服务带来的成本增加额，平均支出（AE）是指购买每个单位商品或服务平均支付的价格。

在一个竞争性的市场，价格和边际价值相等。但是，一个具有买方垄断势力的购买者可以以低于边际价值的价格购买商品，价格低于边际价值的程度取决于买方面临的供给弹性。如果供给的弹性 E_S 很大，则价格降低的幅度将较小，而买方只有较小的买方垄断势力。如果供给弹性 E_S 非常小，价格降低的幅度会很大，而买方就具有相当大的买方垄断势力。

买方垄断势力取决于三个因素：（1）市场供给弹性；（2）市场中买方的数目；（3）买方之间的相互作用。

买方垄断势力的社会成本分析如图 6-8 所示。

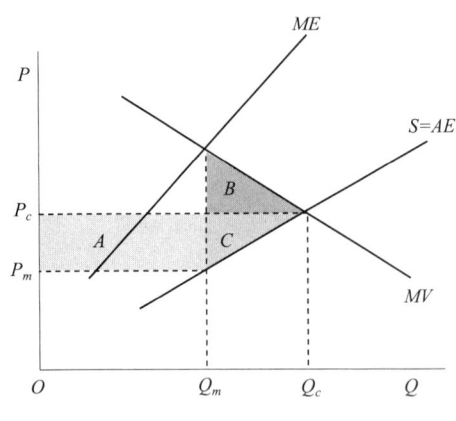

图 6-8　买方垄断势力造成的损失

买方垄断者以边际支出 $ME=$ 边际价值 MV 为条件确定购买量为 Q_m，此时其边际支出超过平均支出，因此边际价值超过价格，即 $ME=MV>P_m$。

买方垄断势力同样会带来社会成本。当从竞争价格 P_c 和产量 Q_c，变化到买方垄断价格 P_m 和产量 Q_m 时，消费者剩余的增加为图中 A 和 B 面积之差，生产者剩余的损失为图中 A 和 C 面积之和。两方剩余之和的净损失为图中 B 和 C 的面积之和，这就是买方垄断势力所造成的无谓损失。

因此，买方垄断也会带来社会福利的减少。买方垄断势力使买方能够以低于完全竞争市场价格的价格买到所需要的商品或服务，但由于价格和产量都降低，导致了生产者剩余的减少。买方垄断势力带来的无谓损失是低效率的体现，也是社会为买方垄断势力承担的成本。

第四节　垄断厂商的价格歧视

在有些情况下，垄断厂商会对同一种商品收取不同的价格，以获得更多的垄断利润。价格歧视的实施取决于很多因素，诸如买者的偏好、性别、年龄、收入水平、受教育程度，产品本身的性质、地理位置、售后服务水平、以及被其他产品所替代的难易程度等。垄断者所推行的价格歧视，可以分为一级、二级和三级价格歧视。本节将对不同类型的价格歧视一一介绍。

一、价格歧视的定义

价格歧视又称为价格差别，是指垄断厂商以不同的价格销售同一种产品。垄断厂商之所以实行有差别的价格，是因为不同价格比单一价格能获取更多的利润。要实行这种有差别的定价，必须满足一定的条件。垄断厂商自身就具备了实行差别价格的条件，面临向下倾斜的需求曲线表明它是一个价格搜索者，使其可以独立定价，较高价格对应着较低生产量。垄断厂商可以控制市场上的产品价格。为了使价格歧视操作可行，市场还必须具备以下条件：

（1）市场是分割而封闭的，不同的生产厂商和消费者是相互隔离的。如果一个市场分割成好几个部分，消费者将会在价格最低的市场上购买产品，再在价格最高的市场上出售该产品,即存在套利的可能性。封闭的市场将排除同种商品在低价市场上购买又在高价市场上转手的情况出现。相互隔离的生产群体和消费群体,可以通过两种方法实现,一是垄断者通过某种控制手段来实现,如电力公司通过安装不同的计价装置来区别工业建筑和住宅以及在用电高峰期和低谷时段的不同电价。另一种是利用市场信息的不对称来实现,如交通不便利的某地区无法知道商品在城市地区的价格。

(2) 各个市场的消费者对于同一种产品具有不同的偏好,即各个市场的需求价格弹性不同。垄断厂商将同一产品投放在不同市场上时,对不同的消费群体制定不同的价格,客观上就要求不同市场的需求弹性不同,垄断厂商才能根据需求偏好的不同向消费者索取不同的价格。

(3) 生产厂商能够以很小的成本识别各类消费者并对他们索要不同的价格。

在现实经济生活中,价格歧视随处可见。如厂商对购买量少的买主的要价较高,而对购买大量商品的买主予以相对优惠的价格;繁华地区或商业网点较多的地区,比经济落后或商业网点较少的地区的定价要高;旅游景点的票价在旺季较高,而在淡季则价格会有回落。

二、价格歧视的类型

1. 一级价格歧视

一级价格歧视是指垄断厂商对每一单位的产品都按消费者愿意支付的最高价格出售,亦即垄断厂商按照每个消费者的需求价格制定差别价格,攫取全部的消费者剩余。一级价格歧视又称为完全价格歧视。

如图6-9(a)表示,垄断者可以对每一单位产品向消费者索取最高的价格。当垄断厂商销售第一单位产品 Q_1 时,消费者愿意支付 P_1 的价格,于是厂商将以 P_1 向消费者出售第一单位产品。当垄断厂商销售第二单位产品 Q_2 时,消费者愿意支付 P_2 的价格,于是厂商将以 P_2 向消费者出售第二单位产品。依次类推,厂商将以价格 P_m 销售第 m 单位的产品。这样,如果购买总量为 Q_m,垄断厂商的总收益相当于图中阴影部分的面积,由于每一单位产品的定价都是消费者愿意支付的最高价格,所以消费者从购买总量为 Q_m 的产品中本应得到的消费者剩余❶都被垄断厂商掠夺去了。如果垄断厂商不采取一级价格歧视,对于产量 $0\sim Q_m$ 的单位定价都为 P_m,那么它将只获得如图6-9(a)中矩形 P_mBQ_mO 面积的总收益。

---

❶ 如果横轴数量连续变化,消费者剩余可用需求曲线与市场价格线 P_m 及纵轴围成的面积表示。

以下我们进一步分析一级价格歧视的效率问题。如图 6-9（b）表示，因为垄断厂商能对其销售的每单位产品索要不同的价格，所以它每多销售一个单位产品获得的边际收益就等于这个单位的产品价格。就是说，在实行完全价格歧视之后，原有的需求曲线即平均收益曲线就成为边际收益曲线，垄断厂商的均衡点从原先的点 E（垄断产量与价格组合点）向右上方移动到点 C。在产量小于 Q_m 的范围内，消费者对每一单位产品愿意支付的价格均大于 P_m，垄断厂商继续增加产量还可以获得利润。当产量达到 Q_m 之后，消费者愿意支付的最高价格（即边际收益）仍大于 MC，所以继续增加产量直至达到 Q_c 水平，最后这个单位产品的价格为 P_c。由于垄断厂商对每个消费者制定不同的价格，故图中三角形 P_cAC 面积所代表的消费者剩余全部转换为垄断厂商的收益，厂商因此获得了更多的经济利润。

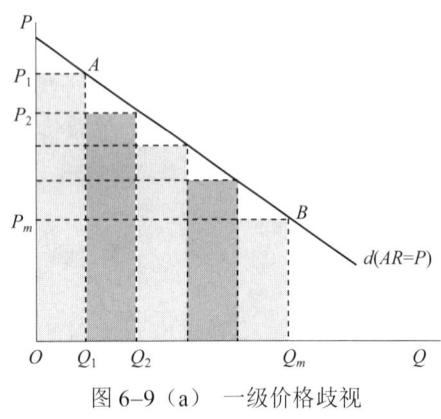

图 6-9（a） 一级价格歧视

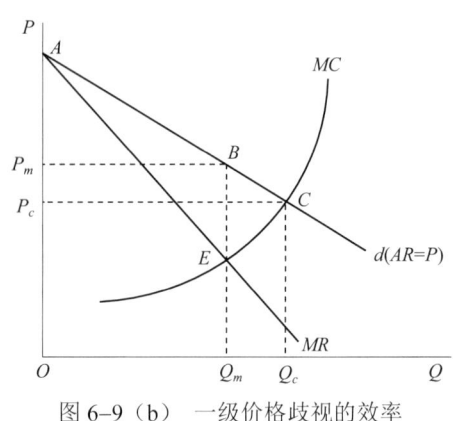

图 6-9（b） 一级价格歧视的效率

更进一步地，在 Q_c 产量水平上，价格 P_c 等于边际成本 MC，说明此时垄断厂商的价格 P_c 和产量 Q_c 等于完全竞争条件下的价格和产量。由于垄断厂商不限制产量，所以并不存在无谓的损失，社会福利反而有所增加，这表明一级价格歧视的市场是有效率的，尽管垄断厂商剥夺了全部的消费者剩余，但总的消费者剩余与生产者剩余之和有了增加。

2. 二级价格歧视

二级价格歧视是指垄断厂商将消费者分组，对不同的组收取不同的价格。它与一级价格歧视的区别仅仅在于二级价格歧视是针对不同组，而不是不同个人。例如购买 2 条牛仔裤时，单价为 70 元，但购买数量为 2 条以上时，厂商会制定较低的价格，单价下降到 60 元，10 条以上批发的情况会是价格继续下降到 50 元。

如图 6-10 所示，垄断厂商制定了三种不同的价格。在第一阶段的购买数

量 Q_1 上，消费者需支付最高价格 P_1；在第二阶段购买数量 $Q_1 \sim Q_2$ 上，消费者可以支付更低的价格 P_2；在第三个阶段的购买量 $Q_2 \sim Q_3$ 上，只需支付最低价格 P_3。

当垄断厂商不实行价格歧视时，它的总收益相当于图中较大矩形阴影部分的面积 P_3DQ_3O，消费者剩余为大三角形 AP_3D 的面积。当实行二级价格歧视后，消费者剩余变少，由大三角形 AP_3D 减少为小三角形 AP_1B、BGC 和 CFD 的面积，垄断厂商的收益增加，增加了图中较小的三个矩形 P_1BGP_2、P_2GEP_3 和 $GCFE$ 面积。于是垄断厂商收益的增加额就是消费者剩余的减少量，二级价格歧视后垄断厂商将攫取消费者的部分剩余。如果对于消费者的分组越细，垄断厂商所获利润将越接近于一级价格歧视情形。

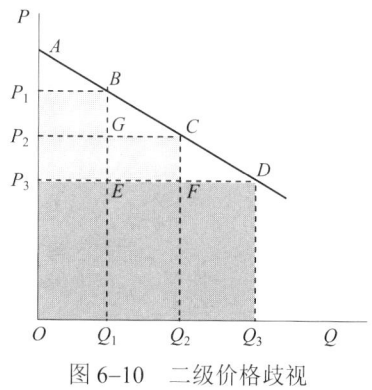

图 6-10 二级价格歧视

一级价格歧视和二级价格歧视都属于在不同购买群体之间的歧视，区别只是一级价格歧视比二级价格歧视的划分更细一些。这种价格歧视往往根据年龄、职业、地位或其他一些容易辨认的特征在不同的消费群体之间实行歧视。当每个群体对产品或服务有着不同的支付意愿时，这种类型的价格歧视就有可能实施。

3. 三级价格歧视

垄断厂商对同一种产品在不同市场索取不同的价格，这种行为被称作三级价格歧视。垄断厂商有时具备在两个独立的市场上出售相同产品的条件。垄断厂商为了获取更多的利润，必须使在所有市场的产品的边际收益等于其边际成本。例如垄断厂商在两个市场上同时销售一种产品，每个市场的销售量应该调整到使两个市场的边际收益相等的水平。如果第 1 个市场的 $MR_1>MC$，就可以通过扩大在此市场的销售量来增加利润；如果第 2 个市场的 $MR_2<MC$，通过削减在该市场的销售量来增加利润。

在第 1 个市场和第 2 个市场上，厂商根据 $MR_1=MR_2=MC$ 的原则确定在两个市场上的价格和相应的销售量。MR_1 和 MR_2 分别表示两个市场的边际收益，MC 表示边际成本。只有当边际成本 MC 等于两个市场上相同的边际收益 MR 时，垄断厂商才能获得最大的利润。厂商不仅遵循边际收益等于边际成本的利润最大化原则，并且会通过调节在第 1 个市场和第 2 个市场上的产量 Q_1 和 Q_2 来实现利润的最大化。

下面给出三级价格歧视定价的数学证明。

根据（6.5）式，我们可以将两个市场的边际收益函数写成：

$$MR_1 = P_1(1 - 1/E_{p1})$$
$$MR_2 = P_2(1 - 1/E_{p2})$$

根据 $MR_1 = MR_2 = MC$ 的原则，得：$P_1(1-1/E_{p1}) = P_2(1-1/E_{p2})$

整理后，可得：

$$\frac{P_1}{P_2} = \frac{1 - \dfrac{1}{E_{p2}}}{1 - \dfrac{1}{E_{p1}}} \tag{6.9}$$

由（6.9）式，实行三级价格歧视的垄断厂商在需求价格弹性较小的市场上制定较高的产品价格，在需求价格弹性较大的市场上制定较低的产品价格。因为需求价格弹性较小，说明消费者对价格变化反应的敏感度较低，即使提高价格，需求量也不会太大的变化，垄断厂商可以借此赚取更多的利润。举例来说，一些大型的游乐场，根据需求弹性的不同可将游客分成当地居民和旅游者。很显然，外地游客对门票的价格的反应不像当地居民那么敏感，其价格弹性相对较小，游乐场管理者会向旅游者收取价格较高的门票；同时发行一些优惠券放在当地居民经常光顾的干洗店以达到收取他们低价门票的目的。

专栏 6-2 歧视价格——机票定价的另一种思路

近年来，关于民航机票打折的争论始终没有平息。以民航公司为代表的一方迫于运力过剩，客源不足，要求并实行过机票打折，有一阵打折之风甚强；以民航管理局为代表的一方担心民航业自相残杀的恶性竞争，三令五申反对机票打折。对机票除了打折，有没有其他更加合理的定价方法呢？

国外民航业常用的一种定价方法是歧视价格。例如，有的民航公司对两城市间的往返机票收取两种价格：全价与折扣价。对周六在所到达城市住一晚的乘客收折扣价，对周六不在所到达城市住的乘客收全价。这种对同一次航班（服务完全相同）收取两种不同价格的做法就是运用了歧视价格的定价方法。

以民航服务而言，消费者大体可分为两个集团：公务出差者和私人旅游者。前者需求缺乏弹性，因为公务有时间性，且由公费支出，出差者只考虑时间的合适性，很少考虑价格变动，价格变动对这部分人坐飞机的需求量影响很小。后者需求富有弹性，旅游者时间要求不严格，但由私人支出，要更多考虑价格因素，价格变动对这部分人坐飞机的需求量影响很大。如果民航公司不实行打折，私人旅游者难以增加，但如果实行打折，本来不打折需求量也不会减少的公务出差也沾了光，民航公司又是一种损失。于是就对这两类乘客实行歧视价格。

但如果民航公司简单地列出两种价格，恐怕没有一个公务出差者愿意出高价，公司以这两种价格售票时，乘客都会以旅游者自称。所以，实行歧视价格的关键是要能用一种客观标准区分这两类乘客。民航公司用的方法就是周六是否在所到达的城市住一个晚上。对公务出差者来说，周六与周日无法办理公务，为省几个钱而在所去的城市呆两天，放弃了周末与亲人团聚，实在不合适，何况省的又不是自己的钱。对私人旅游者来说，反正是去玩，呆多长时间，什么时候去关系不大，而买便宜机票省自己的钱还是重要的。这样就可以方便地对两类乘客实行歧视价格。

实行歧视价格增加了民航公司的收益。这就是说，公务出差者仍以原价购买机票，乘客不会减少（需求缺乏弹性），来自这部分乘客的收益不会减少。私人旅游者以折扣价格购买机票，由于需求富有弹性，乘客增加的百分比大于降价的百分比，来自这部分乘客的收益增加。这样，总收益增加了。而且，这种方法还使客源在时间分布上趋于稳定：公务出差者在工作日外出者多，而私人旅游者为了省钱会选择休息日外出。这样就不会出现乘客过多或过少的现象，也有利于民航业的正常运行。

歧视价格的形式也很多。例如，美州航空公司1992年将纽约至伦敦间的经济舱分为五种价格：2084美元、918美元、599美元、439美元、379美元。各种价格的限制条件不同，2084美元无任何限制，而379美元有三个限制条件：提前21天购买，不适用于周末，不退票。这两者之间的价格限制条件又不同。这种方法把乘客分为不同收入的集团，高收入者购买方便的高价票，低收入者也可买低价票到伦敦一游。

其他行业中也实行不同歧视价格，如电力部门对工业用电和民用电收不同价格，电影院对老人和儿童实行优惠，许多公司在报纸杂志上向公众提供的折扣券，对购买不同数量的顾客实行不同价格等。这些歧视价格的做法相当普遍、灵活，也颇有效。

也许是我们许多人在计划经济下生活得太久了，对价格总不外乎两种做法。或者削价竞争，或者用行政力量限制降价（也有时限制提价）。这就形成"一收就死，一放就乱"的结果。市场经济中的定价权应该在企业，政府以行政力量干预定价不符合市场经济原则。但企业也不应该滥用定价权，或一味降低价格，不惜血本地竞争，或勾结起来定价。价格由供求决定，随供求而变动。企业必须适应市场调整自己的价格，并采用包括歧视价格在内的多种定价方式，灵活地经营。❶

第五节 垄断和竞争的比较

假设在完全竞争市场上有许多家小企业在生产和销售某种商品，有一家公司进入该市场，并吞并了所有小企业，形成了一家垄断市场的局面。那么该市场的产量、价格和效率将会发生什么样的变化呢，本节将对垄断和竞争进行比较分析。

一、产量和价格的比较

如图 6-11 所示，假设原先市场中有许多小企业，市场供给曲线 S 就是由所有单个企业的供给曲线加总而得，此时单个企业的供给曲线也就是其边际成本曲线。当市场供需达到平衡时，厂商以 P_c 的价格和 Q_c 的产量进行生产和销售。每家企业的定价均为 P_c，生产使其边际成本等于该价格时的产量，从而达到利润最大化。

当一家企业将所有小企业吞并，并且垄断了该市场，由于消费群体并没有改变，因此需求曲线未发生变化。垄断厂商可以得知边际收益曲线是 MR。

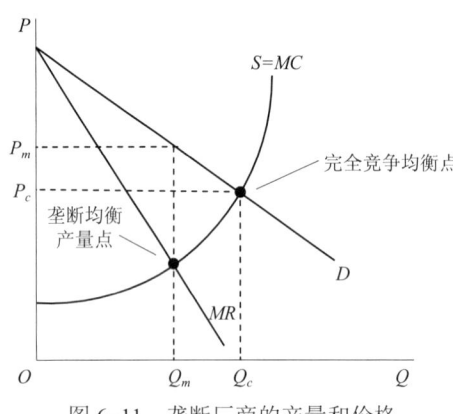

图 6-11 垄断厂商的产量和价格

完全竞争市场的供给曲线是该行业中所有企业的边际成本曲线之和。因此垄断厂商的边际成本曲线就是完全竞争市场的供给曲线，$S=MC$。在边际收益等于边际成本的条件下，垄断厂商根据利润最大化原则，确定以 Q_m 的产量和 P_m 的价格进行生产和销售。从图 6-11 中可见，产量 Q_m 比竞争市场的均衡产量 Q_c 小，但价格 P_m 却比 P_c 高。

因此，与完全竞争相比，单一垄断者会减少其产出而提高价格。

---

❶ 资源来源：http://finance.sina.com.cn/view/market/2000-03-10/22880.html。

二、垄断的效率问题

1. 垄断市场的低效率

经济学假设市场上存在着一只"看不见的手",各个经济主体在追逐利益的驱使下自发地寻找效率最大化的那一点。这其实是指完全竞争情况下的市场机制,在"看不见的手"的引导下,市场达到了均衡,这种竞争的市场可以被认为是有效率的。完全竞争行业在价格等于边际成本的产量上生产经营,而垄断行业是在价格高于边际成本的位置上经营。在讨论了垄断情况下的价格决定之后,我们不禁要问:垄断市场的效率如何呢?

一般来说,垄断行业与完全竞争行业相比,产量较小,价格较高。具体地说,就是垄断企业在价格超过边际成本的条件下经营,实际上就是在商品的边际社会价值超过商品的边际社会成本之上经营。为什么会出现这样的情况呢?这是因为垄断厂商为了巩固和维持它的地位,会将一些资金、精力用于宣传、扩张和寻租等方面,但是若将这些资源更多地用于该商品的生产,且合理地定价使得边际社会价值等于边际社会成本,那么情况就会接近于完全竞争市场,社会的整体福利水平会得到提升。

假定市场上存在着某一行业的厂商,原先是在完全竞争的条件下经营,而后由于某种原因形成了垄断规模,在垄断的条件下经营。或者是它原先就是一个垄断厂商,但政府为了达到某种政策目标迫使其像完全竞争厂商那样经营,随着政策目标的实现和时间的推移,政府放松了对它的限制,厂商最后又回到垄断状态上去。假定该行业面临的产品需求曲线和成本曲线在两种情况下是相同的。我们将厂商的行为选择表示在图6–12中。

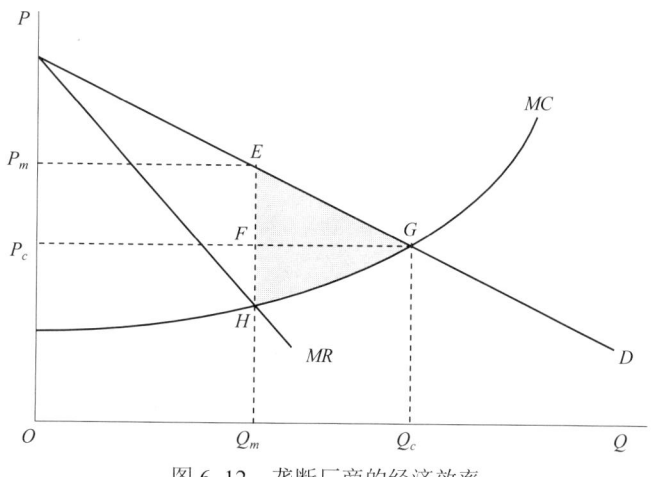

图6–12　垄断厂商的经济效率

当厂商处在完全竞争的状态时，被动地接受市场上的价格，对市场价格没有影响力。需求曲线 D 和边际成本曲线 MC 的相交于点 G，这点上厂商把产量确定为 Q_c，价格 P_c 是由市场所决定。可以看出，此时 $P_c=MC$，显然符合完全竞争的最优产量原则。当厂商走向垄断时，它按照边际收益曲线 MR 和边际成本曲线 MC 来决定产量 Q_m，接着再按照整个市场的需求来确定垄断产量对应的垄断价格 P_m。它不是直接根据市场需求和边际成本的关系来达到均衡的，因此垄断厂商的价格要高于竞争性的价格，产量低于竞争性的产量。例如移动电话的服务和供应目前是由几个垄断大型企业控制的，在占尽了资源优势之后，它们可以征收高额的服务费用。但如果有自由竞争厂商进入的话，那么移动话费将会大幅下降，消费者也可以享受到种类更齐全数量更丰富的服务。

所以我们说垄断厂商是低效率的，它不能够给社会带来最大的福利水平。关于垄断引起的低效率问题，我们在第三节的垄断势力的社会成本内容中已经分析过，它会带来无谓的损失，即消费者剩余与生产者剩余之和的损失，在图 6-12 中表示为 EHG 的面积。

如果从垄断状态下的均衡点开始增加一单位产量，那么生产这一额外单位产量的边际社会价值就是市场价格，而生产这一额外单位产量的成本就是边际成本。在均衡产量 Q_m 上，增加一单位产量的边际社会价值大于边际成本，即 P_m 大于 MC，中间这部分差值被垄断厂商作为超额利润占为己有。当继续增加产量时，两者之间的差额会越来越小，当价格为 P_c 时，商品的边际社会价值等于边际成本，但是垄断厂商却并不生产（OQ_c-OQ_m）这部分的产量。在图形上表示出来就是需求曲线和边际成本曲线在此区间围成的面积之差，等于垄断低效率带来的无谓损失。

2. 完全竞争和垄断的经济效率比较

经济效率是指对资源利用的有效程度。如果一个企业能够最大程度地利用资源、调动员工的积极性、以最有效的方式进行生产，那么它就是高效率的；相反地，如果一个企业不能够合理地利用资源、不能用最有效的方式进行生产，那么它就是低效率的。

前面我们已经分析过了完全竞争市场和垄断市场的具体情形，对于这两类市场结构下厂商的均衡状态的决定进行了深入的讨论。从结论来看，完全竞争市场的经济效率比垄断市场的经济效率要高。利用边际收益和边际成本曲线，可以进一步地分析垄断的低效率问题。

（1）需求曲线和供给曲线

我们知道，厂商是根据需求曲线和供给曲线来决定生产的。完全竞争市场厂商只能够被动地接受市场价格，它面临着一条具有完全弹性的需求曲线。与

短期成本曲线 SMC 重合的供给曲线与需求曲线相结合，共同决定了生产均衡点。但是垄断市场则不同，厂商能够在一定程度上影响和操纵市场价格，所以需求曲线都是向右下方倾斜的曲线。垄断程度越高，倾斜的程度也就越大。又因为垄断厂商不仅可以通过调节产量来追求利润最大化，也可以通过制定价格来达到利润最大化，所以通常垄断厂商的供给曲线无法推导出来，进而垄断厂商的均衡点不容易找到。

（2）经济效率的比较

小摊贩总是希望用 100 元的成本获得最多的收益；公司在实现 100 万元销售收入的同时，希望花费的成本最低。一个经济社会，它的资源是不是得到了优化配置就是要看它能否在有限的资源约束下以最小的成本实现最大的收益。那么判断经济效率的指标是什么呢？

① LAC 的高低

完全竞争厂商在达到长期均衡的那一点上，价格曲线 P 与平均成本曲线 LAC 相切于最低点，这时经济利润为零，均衡价格最低，均衡产量最高，资源得到了充分利用。而垄断厂商达到长期均衡时，经济利润一般大于零，均衡点位于 LAC 曲线最低点的左边，因而平均总成本较高，均衡产量较低。这充分说明了垄断厂商的生产是低效率的，它带来了社会福利的损失，消费者为此要支付更高的代价。从全社会的角度来看，垄断程度越高，经济效率就越低。

② P 与 LMC 的关系

前面已提及，商品的价格 P 可以看成是商品的边际社会价值，LMC 可以看成是商品的边际社会成本。在完全竞争的长期均衡条件下 $P=LMC$，价格达到了与边际成本相同的水平，说明资源得到了有效配置，社会福利是最高的。但在垄断的长期均衡条件下 $P>LMC$，这时如果再增加产量则净社会价值将增加，社会福利依然有增加的可能性，但是，垄断厂商不会扩张产量，说明资源没有得到有效配置，所以垄断是低效率的。

以上只是理论上的分析，实际当中是不是垄断一定出现低效率呢？如果是，我们如何解释市场上普遍存在的垄断甚至超级垄断行为？对此，经济学家争论不休。

3. 关于垄断的相关争议问题

（1）垄断与技术进步

一般认为，垄断厂商依赖其拥有的先天优势，控制大部分市场份额并操纵市场价格，最终实现其稳定的高额利润。一种观点是，它们没有改进技术的动力，并且会千方百计地阻止新技术和新工艺的进入，压制新企业进入该行业，以确定和巩固其垄断地位。例如一些大厂商会使用设置行业准入门槛、兼并重组等公开或非公开的手段，威胁和排挤新厂商和新技术。另一种观点则截然相反。例证如下：像微软公司这样已经垄断了市场 80%份额的企业仍然在不断地开发新产品。微软曾经开发的 vista 系统市场反响并不强烈，它便紧接着开发了 windows7 来满足客户的需求。经济学家认为，超额利润、来自竞争对手的压力以及制度上的障碍使得垄断厂商有能力并且也不得不进行技术创新。

（2）垄断与规模经济

垄断厂商往往是资本雄厚、人才济济、原料供应充足的大型企业，因此它们的生产销售存在着规模效应。这种规模经济可以大幅度降低生产成本和价格，特别是在一些自然资源垄断的行业，例如水电、邮政、交通等，如果在完全竞争机制下运行，则会造成基础设施重复建设、资源浪费、环境污染等一系列严重问题。所以这些行业通常都是由国家所有的，或者国家授权某个企业进行生产，其他企业不能轻易进入。

（3）垄断与产品差异

完全竞争厂商提供同质的无差异商品，这并不能满足消费者的不同偏好。尽管它们提供了较低价格的产品，但这显然是不够的。垄断厂商依靠它们建立起来的品牌优势，以及多年来形成的独特的产品质量和风格，以多样化的产品满足了消费者的不同偏好，提高了福利水平。换言之，垄断所造成的效率上的损失是社会为了获得产品多样性付出的必然代价。

（4）广告支出

垄断厂商越来越多地采用非价格竞争的形式来占有市场，其中广告竞争就是最常见的一种方式。当我们走在大街小巷，都会发现广告无处不在。有些是建设性的广告，它们可以传播有用的信息，将产品的属性和特质传达给消费者，帮助他们更好地鉴别和挑选产品，以扩大市场占有份额。有些则是竞争性的广告，仅仅是为了加深消费者对产品有意无意的印象，如果一个行业都在打广告做宣传而某个企业不做，那么它就会在竞争中处于不利地位。例如，奶制品广告，基本上都是大规模的企业在不断地宣传。垄断厂商对这种广告支付的成本是多余的，会损害整个社会的经济效率。

三、垄断的公平性问题

垄断市场条件下，厂商从消费者攫取了消费者剩余，有观点认为，这部分消费者剩余的损失不是整个社会的损失，只不过是从消费者那里获得并经过再分配给了垄断厂商。那么，垄断厂商的受益与消费者的受损是否是公平的呢？

公平的两种标准：结果公平和规则公平。垄断再分配的公平与否取决于生产者和消费者哪一方更富裕。规则是否公平取决于垄断厂商是否受益于某种保护，而这种保护是不向他人提供的。如果每个人都能自由的获取垄断，那么规则就是公平的。因此，虽然垄断是缺乏效率的，但不总是不公平的，它也许是公平的。

对垄断利润的追求导致了另外一项代价巨大的活动，即寻租。寻租是为获取政府的特殊待遇，从而赚取经济利润，或者从他人那里转移消费者剩余或生产者剩余的非生产性行为。寻租不一定导致垄断，但它总是会限制竞争，并且往往会引起垄断。寻租对于寻租者来说是有潜在利益的，但是对于全社会来说代价是昂贵的，因为寻租是利用了稀缺性资源将某一个人或某一集团的财富转移给其他个人或其他集团的行为，而没有去生产人们认为有价值的物品。

第六节 政府对垄断市场的限制

既然垄断是低效率的，那么任其发展是不是会损害整个社会的福利？需不需要一种有效的手段来对其施加限制呢？任何事物都具有两面性，一般来说，只要市场结构不对市场公平性造成太大的威胁，还是能够对整个社会起到比较积极的作用的。正如前所说，像一些自然资源垄断的企业，就可以减少浪费、利国利民。但是，如果垄断妨碍了市场机制的正常运行，损害了大多数人的利益，就必须采取一些措施进行管制。政府在管制中将扮演重要的角色，通常的做法有最高限价政策和反垄断法。

一、最高限价政策

既然垄断厂商的特点是使用降低产量、提高价格的手段进行经营，那么就可以通过直接限制最高价格遏制厂商的任意提价行为来提高经济效率。但前提是，政府必须清楚地知道垄断厂商的生产成本情况，将不同行业不同规模的成本情况进行划分，然后制定政策。因此，政府必须设立专门机构，对厂商的生产、销售和服务进行监督，以确定垄断企业的成本和价格管制。一般来说，可以将垄断厂商的成本类型分为递增成本和递减成本两个类别。

1. 成本递增时的限价政策

成本递增行业（increasing-cost industry）是指具有向上倾斜的长期供给曲线的行业，它的扩大会引起投入品价格的上升，例如机械行业、物流行业，等等。厂商按照 $MR=MC$ 的利润最大化原则确定均衡点 E，该点所对应的产量为 Q_m；进而价格为 P_m，平均成本水平为 P_0，厂商将获得超额垄断利润$(P_m-P_0) \cdot Q_m$。但这时边际成本要低于产品的价格，因此违背了交换与生产的帕累托条件。如果在点 B 上制定价格，产品的价格低于边际成本，厂商会不同意继而阻挠这种政策的实施。于是政府在 MC 曲线和市场需求线的交点 E' 上限定了厂商的最高价格 P^*，均衡产量增加到 Q^*。这时厂商仍然可以获得一部分超额利润 $(P^*-P_1)\cdot Q^*$。

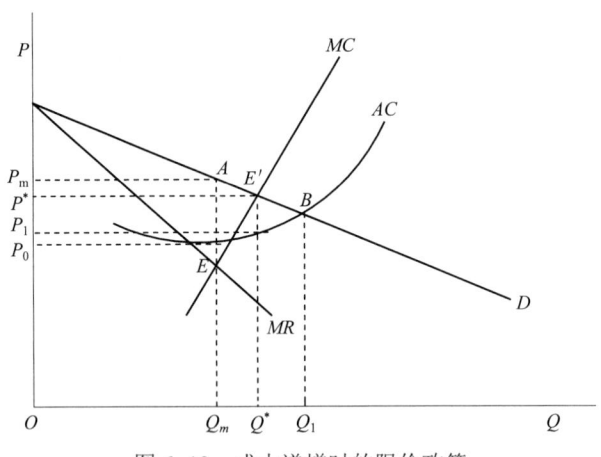

图 6-13　成本递增时的限价政策

2. 成本递减时的限价政策

成本递减行业（decreasing-cost industry）是指具有向下倾斜的长期供给曲线的行业，生产的扩大会引起平均成本下降。也就是说，这种行业产量增加所引起的生产要素需求的增加，反而使生产要素的价格下降了，厂商的长期平均成本随着整个行业产量的增加而减少。成本递减行业的形成原因就是规模经济中的外在经济。一般存在于自然资源垄断行业，例如通信行业、供水供电行业等。因为市场上的垄断企业已经占有了基础设施，市场份额以及人力、物力、优惠政策等一系列资源，形成了成本优势和规模经济优势，因此外来企业很难进入这个行业，产品的需求价格缺乏弹性，厂商可以任意调整价格增加收入，而消费者无论面对多高的价格都得消费，他们别无选择。

对于自然资源垄断企业，因为边际成本随着规模增加而递减，无论是按个别边际收益等于边际成本的点 E 相应地定价，还是按社会最优的边际成本的点 B 相应地定价，甚至其他任何按边际成本定价的方式都不可能达到社会福利最大化，反而会引起供给短缺。日本经济学家植草益等人已经证明："成本递减产业发生于存在规模经济的自然垄断部门，对这一部门如果按照边际成本定价将威胁到企业财务的稳定，以致企业不愿供给或退出该行业，最终影响到社会福利的改善；而如果采用以税收补助企业的方式，则可能由于税收保障困难、企业经营散漫和政治分肥（pork barreling），使成本递减产业的边际成本定价（收费）方式在实际操作中变得十分困难"。所以，为了限制这些行业的垄断厂商谋取超额利润，政府唯有通过平均成本定价法进行限价。具体原理如图 6-14 所示。

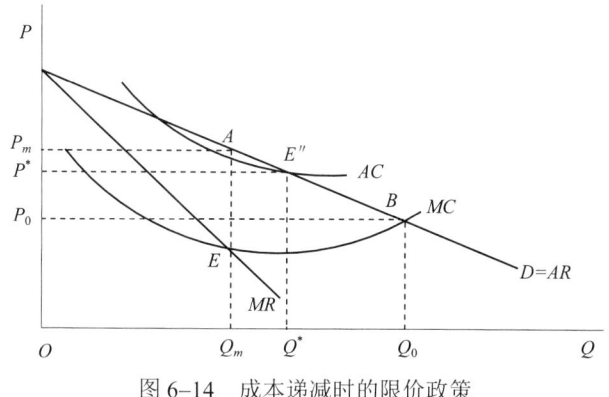

图 6-14　成本递减时的限价政策

处于成本递减的企业，其边际成本一直小于平均成本，MC 曲线处于 AC 曲线下方。若厂商仍然按照 $MR=MC$ 的原则确定均衡点 E，此处相对应的产品价格 P_m 要大于平均成本 AC，厂商获得超额利润。然而，在这一点上边际成本要低于产品的价格，违背了生产和交换的帕累托条件。而在 B 点，虽然产品价格等于边际成本，符合帕累托最优条件，是有经济效率的，但是这样一来，价格低于平均成本，厂商不愿亏损进而会反对这种政策规定，P_0 仅仅是一个理想的价格。怎样实现既有效率又能盈利呢？只能把价格定在 E'' 点，即 $P^*=AC$ 点。虽然价格高于边际成本，但是更接近于理想的价格 P_0，厂商仅仅获得正常利润。

平均成本法是最高限价政策的传统方法。例如，在城市供电系统中，将包括发电厂、电线电缆、其他供电设施等所有在内的全部成本分摊到销售的用电总量上，然后根据每家每户的用电量收费。类似的平均成本限价法还应用到供水、天然气等垄断行业中。进一步地，像通信行业，企业征收一部分月租费作为固定成本，来弥补建立通信网络和通信设施的巨大成本，然后每月收取可变费用作为平均成本，进而使得最终价格更接近于边际成本定价法得到的价格水平。

举例来说，观看体育比赛的直播牵涉到两个经济行为主体，一个是电视公司，还有一个则是观众。某家电视公司向足球俱乐部支付资金获取比赛转播权，然后再以提供有偿转播服务的方式对观众征收费用。体育爱好者观看比赛支付的费用包括两个部分：直接方式，即观看每场比赛需要支付的费用；间接方式，即平时缴纳税款向电视台支付的有线电视或卫星电视的费用。政府能不能通过限制转播公司向观众收取的费用来限制电视公司的垄断呢？

事实上，观众主要支付间接费用来观看球赛，这个费用是很难计算的。它不像直接费用那样可以根据每个观众选择切换的电视节目来判断究竟应该收取多少费用，价格制定过高会损害球迷的利益，过低会引起球星的不满。

德国的有关部门是这样限制垄断的：要求各个球队单独向电视公司销售转播权，而非作为一个垄断方进行销售。在这种球队之间的竞争压力下，转播权费用降低，观看比赛的成本也就得到了降低。

二、反垄断法

除了最高限价法，政府对于垄断更加严格的管制是制定反垄断法。反垄断法是指反对垄断（即托拉斯）和保护竞争的法律制度，以法律的形式阻止垄断并对已存在的垄断企业进行拆分重组，削弱垄断力量。它是市场经济国家基本的法律制度，又称反托拉斯法。

西方国家大多出台了反垄断法，其中美国早在一百多年前就已经颁布了这种法律。美国自 1865 年南北战争以后，全国性的统一市场逐渐建立起来，在促进了经济迅速发展的同时，也推动了垄断组织的产生和发展。19 世纪 80 年代托拉斯的势力过于庞大，最终爆发了抵制托拉斯的反垄断法大规模群众运动，随后 1890 年《谢尔曼法》诞生。这是世界上最早的反垄断法，紧接着美国出台的一系列反垄断法限制共谋、垄断或企图垄断、兼并、价格歧视、不正当竞争等行为。日本在 1947 年颁布了《禁止私人垄断和确保公正交易法》，德国在 1957 年颁布了《反对限制竞争法》，欧共体也在 1989 年颁布了《欧共体企业合并控制条例》，把控制企业合并作为欧共体竞争法的重要内容。现在，经济合作与发展组织（OECD）的所有成员国都有反垄断法。

发展中国家的反垄断立法进程相对缓慢，直到 20 世纪 80 年代后期，颁布了反垄断法的发展中国家还不足 12 个。这是因为发展中国家的主要产业部门都是国有的，国家会在这些行业排除竞争维护利益。另外，计划经济体制的实施也是一个重要原因。随着市场经济体制的建立，我国有必要适当地采取一些反垄断的措施，来保证市场机制的有效运行。2007 年 8 月 30 日，第 10 届全国人大常委会第 29 次会议审议通过了《中华人民共和国反垄断法》，该法已于 2008 年 8 月 1 日起实施。

反垄断法主要有以下任务：（1）禁止成立垄断组织（即卡特尔）。由于在合伙制定了垄断价格后，参加卡特尔的企业在各自的市场占有垄断地位，一方面使消费者失去了选择商品的权利，另一方面使市场失去优胜劣汰的竞争机制，这会严重干扰资源的优化配置。（2）控制企业合并。大多数并购对经济是有利的。但是对于严重损害竞争的合并，国家要加强管制。（3）限制滥用市场支配地位。反垄断法虽然不反对合法的垄断，但合法的垄断者非常有可能滥用其市场支配地位，损害社会的利益。因此，国家必须对已经取得了市场支配地位的垄断企业加强监督。

1. 垄断是指市场处于完全由一家企业所控制的状态，垄断市场就是整个行业中只有一个厂商的市场组织。因为垄断厂商是唯一的生产者，所以它面临的需求曲线也就是市场的需求曲线。

2. 垄断市场的均衡有其一般性和特殊性。短期内，垄断厂商像完全竞争厂商一样，能够获得经济利润，而只有当价格小于平均可变成本时才会停止生产，其短期均衡条件为：$MR=SMC$。长期中，只要新厂商的进入受到阻止，垄断厂商就能够持续获得经济利润，垄断厂商的长期均衡条件为：$MR=LMC=SMC$。而且，垄断市场不同于完全竞争市场，不存在具有规律性的厂商（市场）供给曲线。

3. 垄断势力是卖方或买方控制商品价格的一种能力，决定卖方垄断势力和买方垄断势力的因素有所不同，我们测度垄断势力程度时，一般采用勒纳指数。

4. 价格歧视又称为价格差别，是指垄断企业以不同的价格销售同一种产品。垄断者对同一种产品制定不同价格，可以分为一级价格歧视、二级价格歧视和三级价格歧视。

5. 垄断条件下的资源配置不像完全竞争条件下那样有效率。如果成本条件相似，那么垄断厂商索要的价格将比完全竞争行业高，生产的产量将比完全竞争行业少。与完全竞争相比，垄断通常会导致净社会福利损失。

6. 由于垄断是低效率的，因而管制十分必要。政府在管制中扮演重要的角色，通常的做法有最高限价政策和反垄断法。

1. 垄断厂商是价格的制定者，这是否意味着该厂商对于给定的产量，可以任意索取一个价格？

2. 试分析为什么在完全竞争条件下，厂商的价格等于边际收益，而垄断厂商的价格大于其边际收益。

3. 试分析为什么垄断厂商的供给曲线无法定义。

4. 假设某垄断市场的需求函数由 $Q=(20-P)$ 给定。垄断厂商的成本函数为 $TC=10Q+15$。求利润最大化时的价格—数量组合及厂商相应的垄断利润水平。

5. 假设某完全竞争市场厂商拥有不变的边际成本，即 $MC=10$；如果该市场由一家厂商占有，其不变的边际成本为 $MC=12$，其中 2 个单位成本系由该厂商为保持其垄断地位而对政府进行游说所致。该市场的需求函数为 $Q=1000-50P$。求：完全竞争和垄断条件下的价格—数量组合。

第七章 垄断竞争市场

本章概要

本章主要学习现实经济生活中常见的垄断竞争市场结构。首先说明垄断竞争市场的假设条件以及形成的原因,然后着重分析在垄断竞争市场条件下的厂商的短期和长期均衡,最后给出该市场结构的经济效率评价。

学习目标

1. 了解垄断竞争市场的基本假设以及形成原因。
2. 掌握垄断竞争厂商的短期和长期均衡,并掌握该市场的经济效率。

第一节　垄断竞争市场的假设条件

在前面两章我们学习了两种极端情况下的市场类型——完全竞争市场和垄断市场，但是在现实经济生活中，与这两种模型所描述的并不完全一致，通常大量存在的是垄断竞争市场和寡头市场。本章主要研究垄断竞争市场，关于寡头垄断市场的知识将在下一章学习。

一、垄断竞争市场的定义

垄断竞争市场是指这样一种市场类型：在该市场上，存在有大量厂商生产和销售同种有差别的产品。在完全竞争市场上，厂商生产的产品之间无差别，是同质的，因此生产同种产品的集合被称为行业。相应地，在垄断竞争市场上，生产和销售同种有差别的产品的厂商的集合被称为生产集团。❶一个垄断竞争的市场，从存在许多厂商和新厂商进入不受限制的意义上讲与一个完全竞争市场是相似的，它与完全竞争的不同就在于产品是有差别的——各厂商销售在质量、外观或名声方面有差异的品牌或版本，且各厂商是自己品牌的唯一生产者。在现实经济生活中，存在有大量的生产集团，如餐饮业集团、香烟集团、汽车加油站集团等。以餐饮业集团为例，每年都有相当数量的餐馆进入和退出餐饮行业，任一家餐馆的营业额在全国餐饮业总营业额中所占比例都微乎其微，但是每一家餐馆在食品味道、餐馆装修风格、服务等诸多方面都各有特点。再以服装集团为例，它们由于大小、颜色、版型、耐磨性、款式等与品牌相关的情况而有差别，现代人绝不愿意穿着一模一样的衣服，而要穿出品味、张扬个性，就同类服装而言，品牌繁多，它是典型的垄断竞争市场。

垄断竞争市场是一种介于完全竞争和垄断之间的市场类型。它既不同于市场上所有厂商生产同种无差别的产品、接受既定市场价格的完全竞争市场，也不同于一家厂商拥有完全市场势力、可以自由制定产品价格的垄断市场。在这种市场上，既存在激烈的竞争，又有垄断的因素。由于产品差别的存在，垄断竞争市场上的厂商具有一定的、对自己的产品进行定价的能力。

垄断竞争市场在现实生活中随处可见，在零售业和服务业中是普遍的，如修理、零售业等。垄断竞争是以产品的差异性为基础而形成的市场结构，在实际经济运行中具有较为普遍的意义。

---

❶ 注意：这里的生产集团并非人们通俗概念上的大企业集团的概念，而是生产同类相近产品的很多厂商的集合。如果不作严格区分，也可称之为行业。

二、垄断竞争市场的假设条件

垄断竞争市场是一种既有垄断性又有竞争性的市场结构。它的竞争程度比较强,垄断程度比较弱,比较接近于完全竞争,是普遍存在的市场类型。同完全竞争市场及垄断市场一样,垄断竞争市场也存在一些假设条件。

1. 市场上厂商数量较多

垄断竞争市场上有大量厂商生产同种有差别的产品。垄断竞争市场上的厂商数量虽然不如完全竞争市场上厂商的数量多,但也不在少数。由于市场上厂商数量较多,而且规模相对而言不是很大,因此每个厂商都认为自己的产量只在市场上占有很小的比例,自己的决策行为不会引起生产集团内其他厂商的注意和反应;同时也忽视其他厂商的行为对自己产生的影响。

2. 厂商生产同种有差别的产品

各个厂商的产品不是同质的,但相互之间是非常接近的替代品。垄断竞争市场上的产品首先是"同类"产品,其次才是"有差别"的产品。由于是同类产品,因此生产集团内各厂商之间的产品是非常接近的替代品,彼此之间可以进行相互替代,厂商不可能凭借有限的差别来制定较高的价格。例如,康师傅方便面和统一方便面是有差别的同种速食产品,二者具有较强的替代性。

与此同时,这种替代又不是完全的替代,有差别的存在又使得产品成为具有自身特点的唯一产品,厂商可以在一定的范围内制定产品的价格,具有一定的市场势力。在这里,产品差别不仅指同一种产品在质量、外观、售后服务等方面的差别,还包括地理位置、广告等的差别及以消费者想象为基础的差别。市场势力的大小取决于产品区别于其他厂商的程度。差别越大,则厂商的垄断势力越强,对价格的控制也就越自如。产品差别是垄断竞争市场的主要条件。

3. 厂商自由进入和退出市场

垄断竞争市场上的厂商一般规模较小,对资本的要求相对而言也不高,因此进入比较容易。同样地,企业退出所产生的沉淀成本也不是不能承受,因此退出也不存在障碍。厂商可以自由进入和退出垄断竞争市场。

例如,牙膏市场是垄断竞争型的市场,新厂商要推出和佳洁士、高露洁、中华等品牌的牙膏进行竞争的牙膏品牌可能会相对容易,这就限制了佳洁士等品牌牙膏的盈利性,因为如果利润很大,其他厂商就会通过开发、营销、广告推广等举措推出自己的品牌,进入牙膏市场,这就会降低行业内每家厂商的利润。

4. 厂商对产品有一定程度的价格控制能力

垄断竞争市场上各厂商产品之间的差别是存在的,当一家企业提高其价格时，它的顾客只有部分转向其他同类产品的购买。产品差别导致了厂商存在一定的价格控制能力。

5. 市场上所有厂商均具有相同的需求曲线和成本曲线

在现实中，生产集团内任意厂商的成本曲线和需求曲线一般不会相同，但是在理论模型中，我们假设所有厂商均具有相同的需求曲线和成本曲线，取其中任一家厂商为代表性厂商，这可以简化我们的分析，同时又不会对结论产生太大的影响。

第二节 产品差别和垄断竞争

产品差别是垄断竞争理论的关键概念。西方经济学者认为，产品差别是垄断竞争市场产生和存在的原因。因此，在对垄断竞争市场均衡进行分析之前，我们首先简要了解一下产品差别及其与垄断竞争的关系。

一、产品差别的涵义与策略

产品差别这个概念是爱德华·张伯伦于 1933 年在其《垄断竞争理论》一书中提出的，他写道："一般说来，不同售卖者的商品都是有差别的。这种差别可能是具体的，也可能是想象的，只要它对购买者具有重要性，使消费者偏好这种商品而不喜欢那种商品，都可以构成产品的差别。"在这里，差别不仅仅指产品在质量、外观、式样、价格、售后服务等客观方面存在的不同，还包括消费者偏好程度、品牌、广告等主观方面的差别。例如，不同品牌的洗发水，在颜色、香味、功效、浓度、泡沫多少、瓶子形状等方面都存在不同，这都造成了显著而客观的产品差异。即使两个品牌的产品在客观性方面完全相同（这当然是假设），但如果由于广告等的原因使得消费者偏好于其中一个品牌，消费者就认为两种品牌之间存在差别。通常，产品差别化用需求交叉价格弹性来衡量。

具体分析，真实或客观的产品差别主要包括：产品的物理性差异，即在用途上相同的商品在性能、结构、设计等方面的异质化；地理位置差异，即企业存在的位置不同给消费者带来的购买时间、方便程度、运输成本的差异。人为或主观的产品差异主要包括：卖方主观差异，消费者由卖方的广告促销活动影响或对于具体商标信任所形成的差异；买方的知识差异，即由于消费者受知识水平、消息渠道、测量手段等方面限制，对产品缺乏了解所造成的差异性；卖方推销行为造成的差异，如赠送礼品、有奖销售等造成的差异。

在现实经济生活当中，可以用许多特征来描述产品间的差别化。一般来说，主要存在两类产品差别：纵向差别和横向差别。纵向差别主要存在于不同产品具有不同质量的情况下，而且这种质量能够明确的列出次序，消费者的偏好次序具有一致性。横向差别主要是在给定价格相同的条件下，与特定消费者偏好的不同相联系的差别。这样，每种产品在产品空间中都具有自己的特定位置，从而赋予了厂商相应的市场力量。

产品差别使得厂商具有一定的制定自己产品价格的能力，从而在短期内获得经济利润。因此，产品差别是厂商首先追求的目标。一般而言，厂商为使产品同竞争对手的产品之间存在差异，可以采取以下策略：

（1）促销策略。降低产品价格或者实行买送活动等促销手段可以说是最迅速的造成产品差异的措施。对于某些产品来说，比如，两种口味相差不大的面包，价格是决定消费者是否购买的主要因素。针对这些产品实施降价促销策略可以在短时间内显著地增加营业额，提高利润。

（2）研发（R&D）策略。研究与开发是一种从根本上造成产品差别的策略。企业将大笔资金投入到研发新产品或新功能上，就是为了使自己的产品与竞争对手的产品产生差别，从而在市场上抢占新领域，扩大市场份额。

（3）广告宣传策略。在现代市场竞争中，广告是形成产品差别化的主要手段。广告通常具有两方面功能：一是传递信息，二是诱导购买。广告不仅传递信息，而且在诱导购买的过程中促进了产品差别化的形成和强化。在信息迅速传播的今天，各种各样的媒体充斥着各式各样的广告。不可否认，广告对消费者的日常消费行为所产生的影响越来越显著。尤其对于一些耐用品，如电脑、电冰箱等，消费者对不同品牌产品之间的差异可能不是那么了解，所以，厂商应通过广告、宣传、包装、明星代言等方式，主动造成消费者对自己产品的偏好与好感度，引导消费者的消费行为。

（4）服务策略。产品相关服务已成为产品销售的重要环节。良好的售前售后服务能显著地增加消费者的好感度，同时，还可以增加厂商美誉度。

除了以上策略，厂商还可以通过选择厂址、销售位置等其他行为策略来影响消费者的偏好，造成产品差别。

二、产品差别和垄断竞争格局

产品差别是形成垄断竞争格局的主要原因。由于产品差别化，即产品之间的不完全替代性，使厂商可以将价格提高到高于竞争对手的水平而不致失去它所有的顾客。

一方面，产品差别的前提条件是"同种"产品，因此，各厂商的产品之间可以相互替代。产品间差别越小，可替代程度就越强，进而厂商间竞争激烈，这种竞争格局也促使厂商主动寻求造成差别化的手段。

另一方面，垄断竞争市场上的产品之间客观存在差别，产品差别的存在使得厂商存在一定的市场力量，对价格有一定程度的控制能力，因此会造成垄断。垄断程度取决于产品差别程度。产品差别越大，垄断程度越强，产品略有差别，竞争程度较强；当完全不存在差别时，没有垄断性，对应的市场就是完全竞争市场；当产品之间存在完全的差别时，即产品之间截然不同而不能相互替代，就演变成垄断市场结构。

因此，产品差别既会导致垄断也会引起竞争，从而使市场形成一种垄断竞争的格局。

产品差别对消费者、生产者乃至整个社会都会产生影响。产品差别不仅直接影响消费者的利益，而且作为市场结构的一个重要影响因素，决定了厂商之间的竞争方式及状态，从而间接地对社会福利产生影响。

首先，产品差别是形成市场进入壁垒的途径之一。市场中已有企业的产品差别化使顾客对其产品产生偏好甚至培养起一定的忠诚度，无疑给新厂商进入设置了壁垒。由于产品差别致使厂商具有控制价格的能力。产品差别也给价格协调带来困难，加剧企业间的非价格竞争。

其次，产品差别化最主要的利益是大大拓展了消费者的选择空间，消费者愿意支付更高的价格来获得更大的选择的福利。不过也有观点认为，垄断竞争导致过多的厂商进入并人为地制造产品差别，这可能加大平均成本的上升速度。

再次，产品差别化对市场集中度有影响。市场中规模较大的企业强化产品差别，将提高自身的市场占有率，从而提高市场集中度水平；市场中数量众多的中小企业存在，产品差别化可以减弱现有厂商的竞争，为许多企业生存提供了空间，这将降低市场集中度水平。

第三节 垄断竞争厂商的短期和长期均衡

在学习了产品差别和垄断竞争格局的关系之后，我们进一步研究垄断竞争市场的短期均衡和长期均衡。

一、垄断竞争厂商的需求曲线

首先必须介绍一下垄断竞争厂商的需求曲线。同垄断厂商一样，垄断竞争市场上的厂商具有一定的垄断势力，可以在一定程度上控制自己产品的价格，也就是具有能通过改变产量来反向影响价格的能力，因此，该类型厂商的需求曲线也是向右下方倾斜的。但是，市场中的竞争因素又使得垄断竞争厂商面对的需求曲线具有较大的弹性，垄断势力的有限性使得需求曲线的斜率的绝对值相对较小，相对于垄断厂商的需求曲线而言它较为平坦。生产类似产品的竞争厂商越多，产品的差别越小，垄断竞争厂商面临的需求曲线弹性越大。但它也不能像完全竞争厂商那样面临水平的需求曲线。

与其他市场结构类型的厂商显著不同的是，垄断竞争厂商有两条需求曲线，实际的需求曲线 D 和预期的需求曲线 d。

预期的需求曲线 d 是指当生产集团内某厂商改变产品价格，而其他厂商价格保持不变时，该厂商的价格与销售量之间的关系。如图 7-1 中的 d_1，最初代表性厂商处于点 A，假设价格为 P_1，销售量为 Q_1，假设代表性厂商为提高自己的销售量而降低产品价格至 P_2，根据需求曲线 d 的定义，代表性厂商认为当自己改变自己产品价格时，生产集团内其他厂商价格不会改变，因此，代表性厂商的销售量上升至 Q_2。在只有一家厂商改变价格时，对销售量的影响主要有两方面：一是产品价格下降会引起原有顾客群消费量的增加，另一方面，价格下降还会吸引其他厂商的顾客转而购买自己的产品。代表性厂商预期自己的生产将会沿着 d_1 线由点 A 运动到点 B。

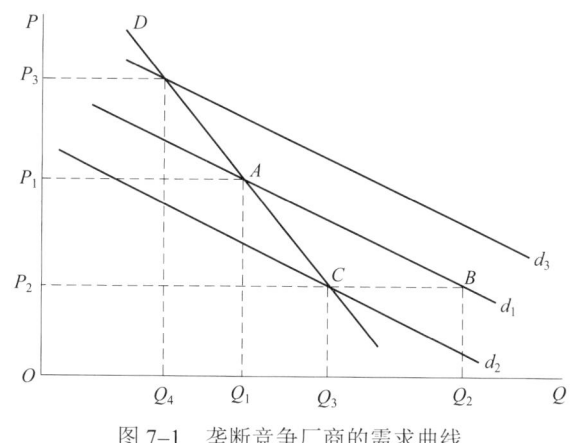

图 7-1 垄断竞争厂商的需求曲线

实际的需求曲线 D 是指当生产集团内某厂商改变产品价格，同时其他厂商的价格发生相同变化时，该厂商的产品价格与销售量之间的关系。如图 7-1 所示，厂商最初处于点 A 上，代表性厂商将价格由 P_1 下降至 P_2 时，根据需求曲线 D 的定义，此时生产集团内所有厂商都会将产品价格由 P_1 下降至 P_2。在所有厂商产品价格均发生相同改变时，销售量的增加只是由于价格整体下降所致。因此，在这种情况下，销售量的增加要小于单一厂商降价情况下的数量，代表性厂商的销售量会由 Q_1 上升至 Q_3 而不是 Q_2。所以，降价的结果是使自己的销售量沿着需求曲线 D 由点 A 运动到点 C。需要注意的是，此时，代表性厂商的需求曲线 d 会由 d_1 移动到 d_2 的位置。同理，当价格上升至 P_3 时，销售量会相应下降至 Q_4，而 d 曲线也会移动到 d_3 的位置。

关于实际的需求曲线 D，可以说它是垄断竞争生产集团中的单个厂商在每一市场价格水平下的实际销售份额。若生产集团内有 n 个垄断竞争厂商，不管 n 个厂商将市场价格调整到何种水平，需求曲线 D 总是表示每个厂商的实际销售份额为市场总销售量的 $1/n$。

从上面对实际的需求曲线 D 和预期的需求曲线 d 的分析可知，二者之间存在如下关系：

（1）需求曲线 d 斜率的绝对值要小于需求曲线 D 斜率的绝对值，即前者较之后者更为平坦一些，前者的需求弹性较大。这主要是由于，厂商单独降低价格引起的销售量的增加要大于整体降价时销售量的增加。

（2）需求曲线 D 和需求曲线 d 的交点代表垄断竞争市场上供求相等，处于均衡状态。这是因为，需求曲线 d 代表厂商单独改变价格时销售量的改变，需求曲线 D 代表每个垄断竞争厂商在每一价格水平下所面对的市场需求量，两条线相交，意味着销售量增加或减少等于市场需求量的变动量，此时市场处于均衡状态。

（3）当垄断竞争市场上所有厂商均以相同幅度改变产品价格时，市场的整体变化会使得单个厂商的需求曲线 d 沿着需求曲线 D 发生平移。如果市场价格下跌，则需求曲线 d 沿着需求曲线 D 向下平移；如果市场价格上升，则需求曲线 d 沿着需求曲线 D 向上平移。

二、垄断竞争厂商的短期均衡

西方经济学中通常以垄断竞争生产集团中的代表性厂商来分析垄断竞争市场的短期和长期均衡。以下均从代表性厂商的角度加以分析。

在短期内，由于生产规模无法及时改变，因此垄断竞争生产集团内的代表性厂商是在既定规模条件下，通过调整产量和价格来达到 $MR=SMC$ 的利润最大化的条件。

首先分析垄断竞争厂商短期均衡的形成过程。如下图 7-2 所示，需求曲线 D 和需求曲线 d 代表厂商的两种需求曲线，同时，d 也是厂商的平均收益曲线，MR_1 和 MR_2 分别是对应于 d_1、d_2 的边际收益曲线，SMC 和 SAC 表示短期内代表性厂商既定的生产规模。

假设代表性厂商最初在 D 和 d_1 的交点 A 处达到均衡。此时，根据 $MR_1=SMC$

的利润最大化的原则,厂商应在点 E_1 所决定的产量 Q_1 处生产,为实现利润目标,代表性厂商决定将价格下降到 P_1,并认为在价格调整过程中,其他厂商的价格不会发生任何变化,因此预期自己的销售量将沿着 d_1 上升到 Q_1。

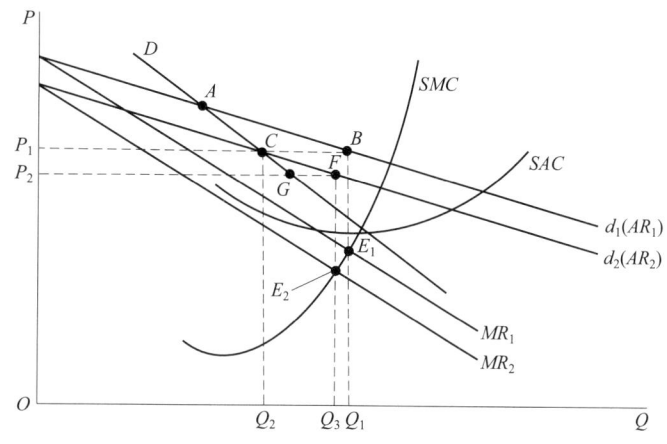

图 7–2　垄断竞争厂商短期均衡的移动过程

但是,垄断竞争生产集团中所有厂商均面临着和代表性厂商相同的情况,而且,每个企业都是在假设自己改变价格而其他厂商保持价格不变的条件下采取相同的行动,为达到利润最大化,所有厂商都决定将价格下降至 P_1,计划生产 Q_1 的产量。因此,在所有厂商同等幅度降价的情况下,代表性厂商的销售量会沿着需求曲线 D 移动到点 C 决定的 Q_2。同时,代表性厂商的预期需求曲线 d_1 会移动到 d_2 的位置。因此,第一次降价的实际结果就是代表性厂商的位置由点 A 移动到点 C,产品价格为 P_1,销售量为 Q_2。

点 C 在新的预期需求曲线 d_2 上,而边际收益曲线 MR_2 和 SMC 相交于 E_2,所决定的价格和产量分别为 P_2 和 Q_3,点 C 仍达不到利润最大化的要求。因此,处于该点的代表性厂商会再次降价,由 P_1 下降到 P_2。同上面分析相似,代表性厂商的位置不会达到点 F,而是点 G。依次类推,只要均衡时的价格和产量不能达到 $MR=SMC$ 的利润最大化的条件,厂商就会一直降价,厂商好像一个价格搜寻者,不断地调整价格,预期需求曲线 d 也会一直向下平移,在新的位置与需求曲线 D 相交。

这种不断移动的趋势过程会一直持续到满足利润最大化条件为止,如图 7–3 所示。

最终达到稳定均衡的条件是,MR 和 SMC 相交所确定的价格 P^* 和产量 Q^* 恰好与 D、d 需求曲线相交点 E 处的价格和产量相等。此时,厂商达到了短期均衡及利润最大化,所获得的利润是图 7-3 中矩形 P^*HGF 所表示的面积。

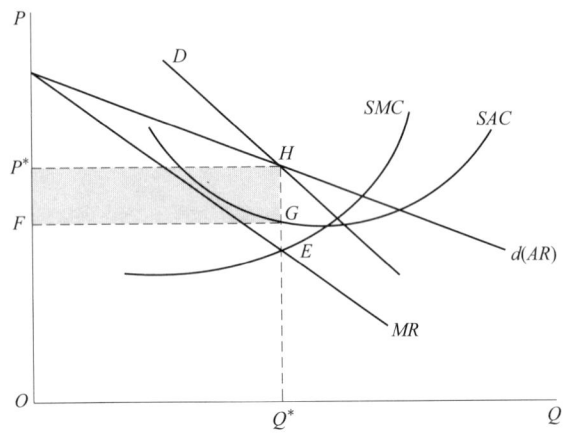

图 7-3 垄断竞争厂商的短期均衡:利润最大化

需要注意的是,垄断厂商在达到短期均衡时,不一定保证获得最大化的利润,还有可能是最小的亏损,或者零经济利润。在最小亏损时,只要均衡价格大于平均可变成本,那么短期内厂商会选择继续生产,如果均衡价格小于平均可变成本,那么厂商会选择停产。最大化利润时的情况如 7-3 所示,后两种情况见图 7-4,(a)图是亏损最小化的情况,最小亏损额为矩形 $FHGP^*$ 所代表的面积,(b)图是零经济利润的情况。

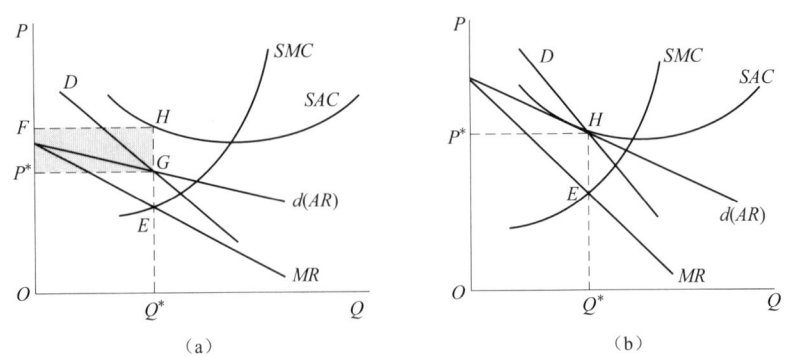

图 7-4 垄断竞争厂商短期均衡:亏损最小化和零经济利润

根据以上分析可得出,垄断竞争厂商短期均衡的条件是:

$$MR = SMC \tag{7.1}$$

并且此均衡点与实际需求曲线 D 和预期需求曲线 d 的交点相对应,这意味着市场上的供求是平衡的。此时,厂商可能得到最大利润,或者是最小亏损,也有可能是零利润。

三、垄断竞争厂商的长期均衡

在短期均衡的基础上,我们进一步研究垄断竞争厂商的长期均衡。

在短期内,厂商是在既定生产规模条件下选择价格和产量。垄断竞争厂商的长期决策同短期决策的一个重大差异就是:在长时期内,垄断竞争厂商可以调整自己的生产规模,可以自由地进入或退出某行业。因此可以推知,在长期均衡时,垄断竞争厂商的经济利润必为零。这是因为,如果长期均衡时利润为正,那么厂商必定会有扩大规模的冲动,也会吸引新的厂商进入到该行业,共同瓜分市场利润,从而导致利润下降;现有厂商的扩张和新厂商的进入会一直持续到零经济利润为止。同样地,如果长期均衡时利润为负,那么一定会有厂商率先收缩生产规模甚至退出该行业,从而生产量减少、价格上升,亏损趋小直至利润为零。因此,长期均衡时,预期需求曲线 d 一定与长期平均成本曲线 LAC 相切。大体看来,这些情况与完全竞争厂商的长期均衡是相似的,但是由于垄断竞争厂商有两条向右下方倾斜的需求曲线,因此,垄断竞争厂商的长期均衡的实现过程及其最终均衡状态具有自身的特点。

垄断竞争厂商的长期均衡的形成过程如图 7–5 所示。

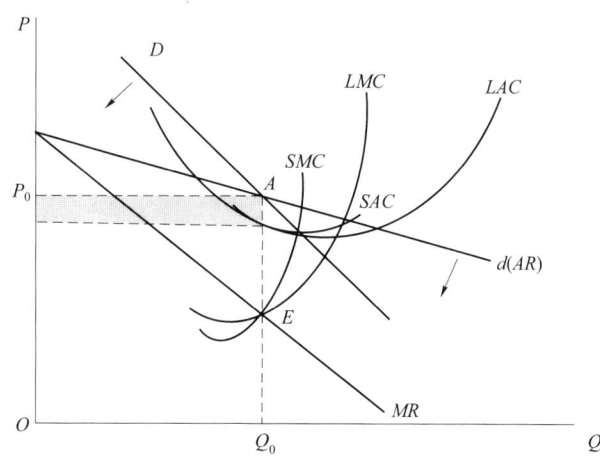

图 7–5 垄断竞争厂商长期均衡的形成过程:存在经济利润

如图 7–5 所示,假设初始状态处于两条需求曲线 D 和 d 相交点 A 上,市场供求相等,代表性厂商在此点经营。SAC 和 SMC 代表此时的短期最优生产规模。厂商的边际收益曲线 MR 与长期边际成本 LMC、短期边际成本曲线 SMC 相交于 E 点,根据 $MR=SMC$ 的利润最大化的原则,厂商会将价格定为 P_0,从

而生产 Q_0 的产量。显然，此时价格高于短期平均成本，厂商获取经济利润，这会吸引新厂商的进入。而新厂商的进入会增加生产集团厂商的数目，在市场需求不变的条件下，会降低现有单个厂商的市场份额及需求，从而使得代表其实际市场需求份额的需求曲线 D 向左下方移动，如图7-5中左方箭头所示，这使得厂商原有均衡点的位置受到扰动。当垄断竞争厂商为适应市场需求而建立新的均衡时，它会降低自己的产品价格，预期需求曲线 d 便沿着实际需求曲线 D 向左下方平移，如图7-5中右方箭头所示。这两条需求曲线向左下方的移动过程会一直会持续到市场上不存在经济利润为止，如图7-6所示，厂商在图中 E 点达到均衡，此时不会有新厂商的进入，厂商仅仅获得正常利润。

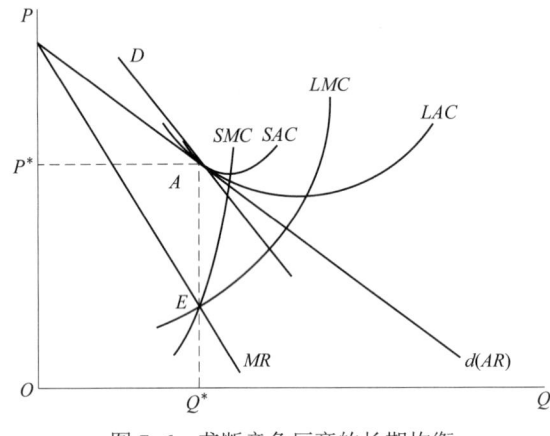

图7-6 垄断竞争厂商的长期均衡

当垄断竞争厂商处于长期均衡时，由于市场上不存在超额利润，因此长期成本曲线 LAC 与需求曲线预期 d 相切。在代表性厂商的长期均衡点 E 上，均衡产量为 Q^*，均衡价格为 P^*，SAC 和 SMC 代表长期均衡时的最优生产规模。厂商的边际收益曲线 MR 与长期边际成本 LMC、短期边际成本曲线 SMC 相交于 E 点，即有 $MR=SMC=LMC$，SAC 和 LAC 相切于点 A，需求曲线 d 和 LAC 也相切于点 A，即有 $AR=SAC=LAC$，此时，厂商的经济利润为零，实际需求曲线 D 和预期需求曲线 d 相交于点 A，这意味着市场上供求相等。

以上是代表性厂商由盈利转为利润为零的过程，同理，也可分析代表性厂商由亏损转为利润为零的情况。如图7-7所示。

如图7-7所示，假设初始状态处于两条需求曲线 D 和 d 相交点 A 上，市场供求相等，SAC 和 SMC 代表此时的短期最优生产规模。厂商的边际收益曲线 MR 与短期边际成本曲线 SMC、长期边际成本 LMC 相交于 E 点，根据 $MR=SMC$ 的利润最大化的原则，厂商会将价格定为 P_0，从而生产 Q_0 的产量。显然，此时价格低于短期平均成本，市场存在有负的经济利润，厂商生产会亏损，这会导致一些现有厂商的退出。而现有部分厂商的退出会减少生产集团厂商的数目，在市场需求不变的条件下，会提高现有单个厂商的市场份额及市场需求，从而使得代表实际市场需求份额的需求曲线 D 向右上方移动，如图 7-7 中左方箭头所示，这使得企业原有均衡点的位置受到扰动。当企业为适应市场需求而建立新的均衡时，会提高自己的产品价格，预期需求曲线 d 便沿着实际需求曲线 D 向右上方平移，如图 7-7 中右方箭头所示。这两条需求曲线向右上方的移动过程会一直会持续到市场上不存在亏损为止，此时不会有厂商退出，厂商仅仅获得正常利润，如图 7-6 所示。

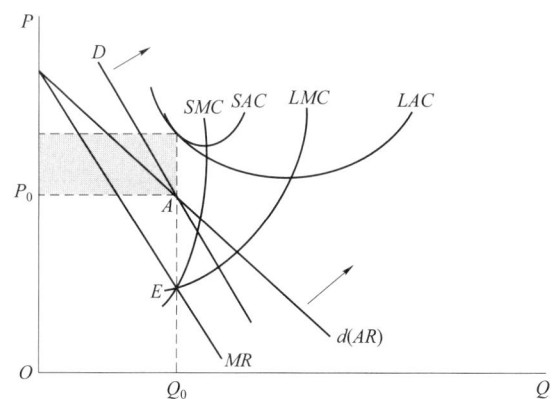

图 7-7　垄断竞争厂商长期均衡的形成过程：存在亏损

综上所述，在长期均衡点上，有以下关系成立：

$$MR=SMC=LMC$$
$$AR=SAC=LAC \qquad (7.2)$$

在长期均衡点上，垄断竞争厂商的经济利润为零，并且此均衡点与实际需求曲线 D 和预期需求曲线 d 的交点相对应。

四、垄断竞争厂商的供给曲线

虽然存在垄断竞争的短期均衡和长期均衡，但由于不存在一一对应的价格产量关系，因此垄断竞争市场上不存在供给曲线。

垄断竞争厂商的需求曲线向右下方倾斜，厂商的产量和价格之间不存在一一对应的关系，原因同垄断市场不存在供给曲线类似，因为找不到垄断竞争厂商和生产集团的规律性的曲线，这也是一个具有一般意义的结论：凡是在或多或少带有垄断因素的不完全竞争市场上，或者说在单个厂商对市场价格具有一定程度控制力从而其需求曲线向右下方倾斜的市场上,无论短期还是长期,都不存在具有规律性的厂商和市场的供给曲线。

五、垄断竞争与理想的产量

我们借助图 7-8 来说明理想的产量和垄断竞争厂商的多余生产能力这两个概念。

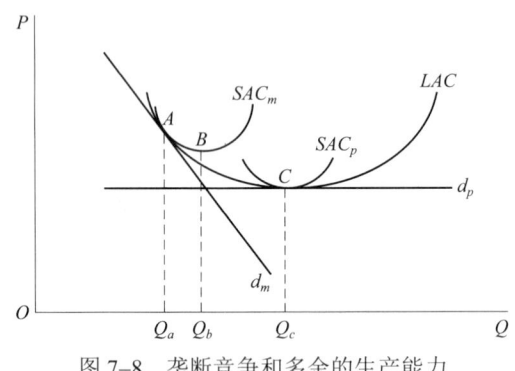

图 7-8　垄断竞争和多余的生产能力

如图 7-8 所示,d_m 曲线表示垄断竞争厂商的预期需求曲线,d_p 代表完全竞争厂商的预期需求曲线。由于垄断竞争厂商的需求曲线是向右下方倾斜的,因此,在达到长期均衡时,d_m 曲线必与长期平均成本曲线相切于最低点的左方,即图 7-8 的点 A。假如,厂商处于完全竞争市场,那么,达到长期均衡时,完全竞争厂商所面临的水平的 d_p 曲线必定相切于长期平均成本曲线的最低点处,即为图中的点 C。

比较点 A 与点 C,可以发现,点 A 所对应的产量 Q_a 小于点 C 所对应的 Q_c。西方经济学家一般把完全竞争厂商在长期平均成本 LAC 最低点上的产量称为理想的产量,把实际产量与理想产量之间的差额称为多余的生产能力。在图 7-8 中,Q_c 即为理想的产量,(OQ_c-OQ_a)则为多余的生产能力。

另外,还可以发现,垄断竞争厂商的多余的生产能力 Q_aQ_c 可以分为两个部分,(OQ_b-OQ_a)和(OQ_c-OQ_b)。其中,(OQ_b-OQ_a)表示垄断竞争厂商在长期均衡点上没有在已经建立的由 SAC_m 曲线表示的生产规模的最低平均总成本点 B 上生产,或者说,没能充分利用现有的生产设备。(OQ_c-OQ_b)表示垄断竞争厂商在长期均衡点上没有建立一个由 SAC_p 曲线所代表的能够产生最低平均总成本的生产规模上进行生产,或者说,垄断竞争厂商没有更多的使用社会资源,以扩大生产规模,将生产的平均总成本降到最低水平即 LAC 曲线的最低点 C。

垄断竞争理论的创始人之一张伯伦认为：如果经济中存在着以产品差别为基础的价格竞争，企业可以在一定程度上通过改变自己产品的产量来影响产品的价格，即厂商的需求曲线是向右下方倾斜的，那么，垄断竞争厂商在长期均衡点上必然存在相对于 LAC 曲线的最低点的产量而言的多余的生产能力。如上图中的 (OQ_c-OQ_a)，这种多余的生产能力可以代表为获得产品多样化而付出的代价。也有经济学家认为，垄断竞争模型中的厂商的实际产量小于理想的产量，反映在现实经济生活中就是生产某些相似产品的小规模的企业过于拥挤。多余的生产能力表明垄断竞争生产集团内的厂商数量过多，因此，厂商数量应当减少，单个厂商的生产规模应该扩大，生产的平均总成本也会由此而下降。

六、非价格竞争

1. 非价格竞争的定义

在垄断竞争市场上，厂商之间既存在价格竞争，也存在非价格竞争。价格竞争是通过降价来使顾客花更少的钱却得到同样满足的一种竞争，它是指厂商在综合考虑产品成本和市场情况的基础上，为自己的产品确定一个相对于竞争者而言具有竞争力的价格，从而以产品的价格优势吸引消费者，实现厂商的经营目标和盈利的目的。就价格竞争而言，它虽然能使一部分厂商得到好处，但从长期来看，价格竞争存在种种弊端：价格竞争是竞争者易于模仿的一种竞争方式，很容易招致竞争者的恶意报复，以至于最终两败俱伤，都不能获取更多的利益；同时以削价为促销手段，虽然可以吸引顾客于一时，可一旦恢复正常价格，销售额也将大大减少，消费群体不固定，也不利于培养客户的忠诚度；定价太低，往往迫使产品或服务质量下降，反而可能失去消费者，品牌声誉下降有损企业形象，甚至危机一个行业的健康发展。因此，在现代市场经济条件下，厂商之间的竞争方式逐渐由价格竞争转向非价格竞争，这也是企业发展的必然选择。

非价格竞争是针对价格竞争而言的，顾名思义，非价格竞争是指除了价格竞争以外的竞争方式。在垄断竞争市场上，由于每一个厂商生产的产品都是有差别的，所以，垄断竞争厂商往往通过改进产品品质，精心设计包装和商标，改善售后服务及广告等非价格方式，来扩大自己产品的市场份额，这就是非价格竞争。

在完全竞争市场，由于每一个厂商生产的产品都是完全同质的，所以，厂商之间不可能存在非价格竞争。在垄断竞争市场上，厂商为了获得最大的利润，要进行非价格竞争，而进行非价格竞争是需要花费成本的。例如，改进产品性能会增加生产成本，增设售后服务网点需要增加投入，广告宣传的费用也是相当可观的。厂商进行非价格竞争所花费的总成本必须小于由此所增加的总收益，很显然，边际收益等于边际成本的利润最大化的原则，对于非价格竞争仍然适用。

2. 非价格竞争的策略

一般而言，非价格竞争策略包括以下几个方面内容：

（1）产品创新策略

随着经济社会发展水平的提高，消费者对产品的要求越来越高，标准化产品和单一的产品品种已经远远不能满足他们的需要，消费者十分关注产品的差异化还有其更新换代的速度。不断进行产品的更新换代是生产者获得利润的前提，产品创新是企业参与市场竞争最基本的竞争策略。

（2）商标品牌竞争策略

产品的外表、商标等都是产品在市场上的物质实体外在特征。这些特征虽然不涉及产品的实质，但当它与产品的实质内容协调地统一起来时，将给消费者带来欢快、享受、安全等心理上的满足。产品形象有利于竞争能力的提升。企业根据产品环境及企业本身等因素选择适当的商标策略，就是对产品形象的塑造。商标策略具体包括：在批发和零售环节上采用著名商标来带动新产品的销售；在统一商标下推出一系列商品，以显示企业的实力，如企业集中各种广告媒体力量宣传商标形象，即家族品牌，以扩大产品的影响力和取得竞争优势地位；面向不同的消费者或性质不同的商品分别采用不同的个别商标，以利于消费者购买等。

（3）广告策略

随着经济的不断发展进步，买方市场格局逐渐稳定，广告越来越显示出其不可替代的价值与作用。广告是以促进销售为目的，付出一定的费用，通过特定的媒体传播商品或服务等有关经济信息的大众传播活动。广告宣传的基本功能在于向消费者传递商品的信息，沟通生产者与消费者之间的联系，以此促进商品销售。广告的功能特点是高度普及公开，渗透性强，富于表现力，广告促销既能用于树立企业形象，也能促进快速销售。当前，广告促销不再是仅以某种优惠或变相优惠来吸引消费者购买，而是以妥善处理公共关系，树立产品和企业的良好形象，增强消费者和社会的信任为其主流的一种商业方式。比如，有的企业通过强调其产品包装材料的循环使用来增强人们的环保意识，就很好地突出了企业的社会责任感。

（4）售后服务竞争策略

消费者在购买商品时越来越注重售后服务的好坏。有良好售后服务的厂家自然而然的会吸引更多的消费者前去购买，并会树立良好的信誉。因此，在非价格竞争策略中,应充分重视售后服务所发挥的重大作用,具体举措有:加大售后服务相关部门投资,树立服务理念,提供在线支持和免费咨询电话,提供退货保证等。

当然,在实际生产经营过程中,价格竞争和非价格竞争这两种方式要配合使用,既不能将它们完全割裂开来,也不可能让它们互相替代,二者不能顾此失彼。

3. 对非价格竞争的评价

经济学家对于非价格竞争的评价是不尽相同的。有的经济学家认为,非价格竞争作为厂商之间相互竞争的一种方式,强化了市场的竞争程度;非价格竞争的一些做法,客观上也满足了消费者的某些需要。也有一部分经济学家认为,非价格竞争增加了消费者对某些产品的依赖程度,从而使厂商加强了自己产品的垄断程度。

第四节 垄断竞争市场的经济效率

本节我们主要从两个方面分析垄断竞争市场的经济效率。

一、完全竞争和垄断竞争的经济效率比较

经济效率是指利用经济资源的有效性。高的经济效率表示对资源的充分利用或能以最有效的方式进行生产,反之,低的经济效率表示未能充分利用资源或没能以最有效的方式进行生产。不同市场结构下的经济效率是不同的,市场组织的类型直接影响经济效率的高低。从第六章的分析可知,市场竞争程度越高,经济效率就越高;垄断程度越强,经济效率就越低。

完全竞争市场之所以引人注目,是因为它的经济效率最高。完全竞争市场在没有外在性和市场失灵条件下,市场机制可以充分发挥作用,消费者和生产者的总剩余之和达到最大。垄断竞争市场与完全竞争市场在某些方面是相似的,那么,它是否也是一种有效率的市场结构呢?为了回答这个问题,让我们来比较垄断竞争市场的长期均衡与一个完全竞争市场的长期均衡。

图 7-9 显示了垄断竞争市场中有两种原因会造成其经济效率较低。

在完全竞争市场条件下,如图 7-9(a)所示,厂商所接受的价格等于边际成本。但是在垄断竞争市场条件之下,厂商所搜寻到的价格大于边际成本,这意味着额外增加单位产量对于消费者的边际价值大于生产这个单位产品的边际成本,存在垄断势力,因而会产生图 7-9(b)中 AEB 所示面积的无谓损失。如果垄断竞争厂商的产量扩大到需求曲线与边际成本曲线相交之点,则消费者

剩余与生产者剩余之和可以增加图（b）中 AEB 面积的数量，经济效率才得以提高，社会净福利增大。

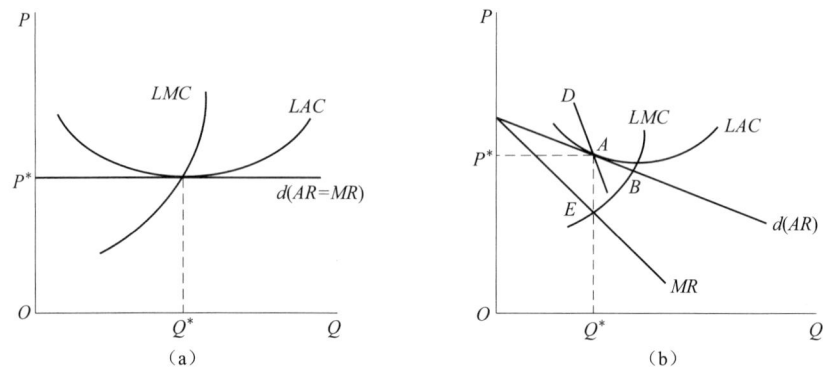

图 7-9 完全竞争均衡和垄断竞争长期均衡的比较

完全竞争市场和垄断竞争市场有相同点，直到利润降为零之前都会有新厂商进入，长期均衡的利润都为零。然而，在完全竞争条件下厂商面临的需求曲线是水平的，所以零利润点出现在平均成本曲线的最低点。而在垄断竞争市场上，厂商面临的需求曲线则是向右下方倾斜的，所以零利润点出现在平均成本曲线最低点的左边，比较而言，垄断竞争企业存在多余的生产能力，资源没有达到充分利用。如果厂商产量增大，厂商数目就会越少，长期平均成本就会自然降低，因此这种过剩生产能力是非效率的。

从微观企业扩展到整个行业或市场，经济学家认为，长期均衡是否实现了价格等于边际成本即 $P=LMC$，也是判断该行业是否实现资源有效配置的一个条件。此时，产品的市场价格 P 代表产品的边际社会价值，产品的长期边际成本 LMC 被看作是产品的边际社会成本。当 $P=LMC$ 时，产品的边际社会价值等于产品的边际社会成本，这表示资源在该行业得到了最有效的配置；当 $P>LMC$ 时，产品的边际社会价值大于产品的边际社会成本，这表示人们愿意支付更多的钱来获得此产品，产品供不应求，应当有更多的资源转移到该产品的制造上，以使得产品数量增加，价格下降，最终使得产品的边际社会价值等于边际社会成本，达到资源的最优配置。在所有垄断竞争厂商的长期均衡点上，均有 $P>LMC$，这表示资源在该生产集团或行业中并没达到最佳配置。随着垄断势力的增强，经济效率愈发低下。

二、垄断竞争市场的利弊权衡

我们从市场参与者——消费者和生产者的角度，来权衡垄断竞争市场的利与弊。

对于消费者来说，垄断竞争市场有利有弊。一方面，由于市场上产品差别的存在，使得消费者可以充分按照自己的喜好选择产品，在一大堆各有差异的竞争性产品和品牌中挑选，充分体现消费者的个性，满足多样化的市场需求。同时，产品差别也包括品牌及售后服务等，竞争迫使厂商不断提高产品质量，改善售后服务，这将有利于消费者。可见，消费者从产品多样化得到的利益是很大的。另一方面，垄断竞争市场的价格较高，高于边际成本；虽然价格等于长期平均成本，因为形成产品差别的各类花费、厂商数目增大带来的产量减少等因素，都导致代表性厂商的平均成本增加，所以，消费者被迫支付较高的价格。垄断竞争造成的这种非效率使得消费者受损。

从生产者角度考虑，也存在利弊两方面。有利的一面是，垄断竞争市场被认为是最有利于技术进步的市场结构，垄断竞争的格局会促使厂商不断进行技术创新。弊端则体现在长期内不可能在长期平均成本的最低点进行生产，因而资源利用效率比完全竞争市场要低，存在一定的资源浪费。同时，垄断竞争厂商长期只能获得正常利润。

本章小结

1. 垄断竞争市场是指存在有大量厂商生产和销售同种有差别的产品的市场。

2. 产品差别是形成垄断竞争格局的主要原因。由于产品差别化，即产品之间的不完全替代性，使厂商可以将价格提高到高于竞争对手的水平而不致失去它所有的顾客。产品差别使得市场上既有竞争的因素，也有垄断的因素，最终形成了垄断竞争格局。

3. 垄断竞争厂商存在两条需求曲线：实际需求曲线 D 及预期需求曲线 d。在短期内，垄断竞争厂商是在既定的生产规模下进行生产。根据 $MR=SMC$ 的利润最大化的原则选择产量，制定相应的价格。当达到均衡时，厂商获得的利润可以大于零，可以小于零，也可以等于零。在垄断竞争厂商的短期均衡产量上，一定与 D 和 d 的相交点相对应，表示市场供求相等。

4. 长期内，垄断竞争厂商可以调整自己的生产规模，甚至进入或者退出某行业。因此，长期均衡时的经济利润必为零，即垄断竞争厂商的预期需求曲线 d 与平均成本曲线 LAC 曲线相切。此外，在垄断竞争厂商的长期均衡产量上，同样对应于需求曲线 D 和需求曲线 d 的一个相交点，表示市场供求相等。

5. 垄断竞争厂商不存在规律性的价格和产量的一一对应关系，即不存在供

6. 垄断竞争市场存在低经济效率问题，但它可以满足消费者多样化的需求。

复习思考题

1. 结合图形试述垄断竞争厂商两条需求曲线的含义及相互关系。
2. 用图形表述垄断竞争厂商短期均衡、长期均衡的形成过程及均衡条件。
3. 为什么说垄断竞争兼有竞争和垄断的因素？
4. 考虑一个垄断竞争市场，其中有 101 家企业。每家企业所面临的市场需求与各自的成本函数都是相同的：

$$p_k = 150 - q_k - 0.02 \sum_{i=1, i \neq k}^{101} q_i,$$

$$c_k = 0.5 q_k^3 - 20 q_k^2 + 270 q_k, \quad k = 1, 2, 3 \cdots 101$$

请确定该市场中有代表性的企业（每一家企业的行为都是相同的）的最大利润，相应的价格和产量水平，（假设行业中的企业个数不发生变化）。

5. 某垄断竞争市场中一厂商的长期总成本函数为：$LTC = 0.001Q^3 - 0.425Q^2 + 85Q$。假设该市场中不存在进入障碍，产量由该市场的整个产品集团调整。如果产品集团中所有厂商按同样比例调整他们的价格，出售产品的实际需求曲线为 $Q = 300 - 2.5P$。

（1）计算厂商长期均衡产量和价格。

（2）计算厂商预期需求曲线上长期均衡点的弹性。

6. 比较完全竞争市场和垄断竞争市场的经济效率。

第八章 寡头垄断市场

本章概要

垄断、垄断竞争和寡头垄断是三种不完全竞争的市场结构。前面的章节已经学习了垄断和垄断竞争市场，本章主要研究寡头垄断市场下的厂商行为。一般认为，寡头垄断和垄断比较接近，二者的垄断性比较强。寡头垄断市场的最终格局受到厂商数目和规模大小、信息结构和合作倾向等诸多因素的影响。寡头垄断的分析没有统一的框架，本章将提供几个基本的理论模型，包括古诺模型、伯特兰模型、斯威齐模型、卡特尔模型等，并分析寡头垄断市场的经济效率。

学习目标

1. 了解寡头垄断市场的含义和特征。
2. 掌握寡头市场的以下理论模型：古诺模型、伯特兰模型和斯威齐模型。
3. 掌握寡头厂商共谋的原因以及卡特尔组织的内在不稳定性。
4. 了解寡头市场的经济效率状况。

第一节　寡头垄断市场的主要特征

从上一章我们得知，垄断竞争是兼有竞争性和垄断性且以"竞争"为主要特征的市场结构，主要表现在厂商的独立性和行业的自由进入。这一节我们介绍的市场结构也是竞争和垄断的某种混合，然而是以"垄断"为主要特征的市场结构，主要表现是厂商的相互依赖性和存在行业进入障碍。这种市场是由少数几个厂商瓜分市场全部份额或绝大部分份额的市场。本节将重点介绍寡头市场的含义及主要特征。

一、寡头垄断的含义

经济学将寡头定义为少数厂商完全控制整个市场中的生产和销售的市场结构，这几个厂商被称为寡头厂商，其中的每一个厂商在市场中都具有举足轻重的作用，任何一个厂商销售的数量取决于该厂商的价格和其他厂商的价格和销售量。举例来说，假设你经营一个小城镇中三家加油站中的一家，如果你降低了价格，而你的两个竞争对手并不降低其成品油的价格，你的销售量会增加，而其他两家企业的销售量会减少。在销售量走低时，其他企业很可能也会降价销售。如果它们降低价格，你的销售量和利润都会随之下降。因此，在你决定降价之前，必须预测其他企业会如何反应并测算这些反应对自己利润的影响。

寡头垄断市场介于完全垄断市场和垄断竞争市场之间，寡头市场被认为是一种普遍存在的市场，现实经济中的许多行业都被少数几家厂商所控制，例如汽车制造行业、家电行业、石油行业、钢铁行业、航空行业、通讯行业等。因此，寡头市场是经济社会中十分重要的市场结构。

寡头垄断市场应该满足下列条件：

首先，行业中厂商数量较少。寡头垄断市场上，生产者的数量较少，因而每一个厂商在市场中都占有相当大的份额，当它改变自己的产量和价格时，会对市场的均衡价格和销售量产生影响，并且会影响竞争对手的利润。

其次，寡头厂商可能存在产品差别，也可能不存在产品差别。经济学按照是否存在产品差别将寡头分为差别寡头和纯粹寡头。差别寡头是指产品不同质即存在产品差别的寡头，如汽车、家电行业等；纯粹寡头指产品同质即不存在产品差别的寡头，如钢铁、制铝等行业。

再次，进入寡头垄断市场存在比较大的进入障碍。像垄断行业一样，寡头市场一般存在着行业进入障碍，这种障碍主要表现在现有厂商比试图进入该市场的厂商在规模经济、技术装备、获得政府特许、对投入要素的控制等方面所占据的优势。

二、寡头垄断市场的主要特征

与前几种市场结构相比，寡头垄断市场具有明显的特征：

（1）厂商生产规模缺乏一致性。在完全竞争市场和垄断竞争市场中，厂商数量虽多，但它们在规模上基本是相同的，而寡头垄断市场上，少数几家厂商规模巨大，同时也存在许多小型厂商，它们或独自生产，在市场上占有很小份额，或为大厂商提供零部件等。

（2）厂商之间具有相互依赖性。在前面几种市场结构中，厂商之间是相互独立的，厂商可以独立作出产量或价格决策，一般不会对市场或其他厂商产生影响。但寡头垄断市场则不同，由于只有少数几个厂商，每个厂商的产量在市场中占有相当大的份额，而且它们所生产的又是十分接近的替代品，一个厂商的行为会直接影响到竞争对手的行为。因此，每一个寡头厂商在采取某项行动之前，必须首先预测这一决策对其他厂商所产生的影响以及这些厂商针对这一决策可能作出的各种反应，然后分析自己对于这些反应所要采取的对策，这样，才能保证这项决策对自己真正有利。

（3）厂商之间竞争方式的多样性。由于厂商之间相互依赖，依靠传统的价格竞争方式，往往会遭到竞争对手的报复，反而对自己不利。因此，寡头厂商更多地采用非价格竞争方式，如产品质量竞争、广告等，这就使得寡头垄断市场厂商的行为更加难以预测。

（4）需求曲线的不确定性。在前几种市场结构中，需求曲线都是确定的，厂商可以根据确定的需求曲线及自己的成本曲线，来确定均衡价格和产量。但在寡头垄断市场上，由于厂商之间的相互依赖性和竞争方式的多样性，使得厂商产品的需求曲线难以确定，因为竞争对手对某项决策的反应方式不同，需求曲线的形状和位置就会不同，厂商只有在确定竞争对手对自己决策的反应方式之后，才能确定产品的需求曲线，而反应方式千变万化，竞争对手也常对此进行封锁，所以寡头垄断厂商无法精确、肯定地得出自己产品的需求曲线，这就导致了寡头垄断厂商的均衡产量和价格难以确定。

（5）信息不完备性。信息的不完全性和厂商行为的不确定性，导致市场竞争状态的不确定性。

> **专栏 8-1　雷克航空公司的搏斗**❶
>
> 　　1977 年，一个冒失的英国人弗雷迪·雷克闯进航空运输市场，开办了一家名为"雷克"的航空公司。他经营的是从伦敦飞往纽约的航班，票价是 135 美元，远远低于当时的最低票价 382 美元。毫无疑问，雷克公司一成立便生意不断，1978 年雷克荣获大英帝国的爵士头衔。到 1981 年，"弗雷迪爵士"的年营业额达到 5 亿美元，简直让他的对手们（包括一些世界知名的老牌公司）气急败坏。但是好景不长，雷克公司于 1982 年破产，从此消失。
>
> 　　出了什么事？原因很简单，包括泛美、环球、英航和其他公司在内的竞争对手们采取联合行动，一致大幅降低票价，甚至低于雷克。一旦雷克消失，他们的票价马上回升到原来的高水平。更绝的是这些公司还达成协议，运用各自的影响力量阻止各大金融机构向雷克公司贷款，使其难以筹措借以抗争的资金，进一步加速雷克的破产。
>
> 　　但"弗雷迪爵士"并不甘心，他依照美国反垄断法提出起诉，指责上述公司联手实施价格垄断，为了驱逐一个不愿接受其"游戏规则"的公司，竟然不惜采用毁灭性价格来达到目的。1985 年 8 月，被告各公司以 800 万美元的代价同雷克达成庭外和解，雷克随即撤回起诉。1986 年 3 月，泛美、环球和英航三大公司一致同意设立一项总值 3000 万美元的基金，用于补偿在雷克公司消失后的几年中，以较高票价搭乘这几家公司的航班飞越大西洋的 20 万名旅客的损失。
>
> 　　赔款达成和解不等于认罪。从技术上讲，没有官方的说法来认定"弗雷迪爵士"是被垄断价格驱逐出航空市场的。但是这个案例已经明显地透露出威胁信号，那就是如果其他任何人企图加入跨越大西洋的航空市场分一杯羹，必须认真考虑到其中可能面临的破产危险。从来没有其他公司尝试提供低廉的越洋机票，至少没有做到雷克公司做到的地步。

第二节　寡头垄断市场的均衡

　　当我们研究一个市场时，通常想确定市场均衡时的价格和产量。例如在前几种市场结构中，在完全竞争市场，均衡价格应使得供给量和需求量相等；在垄断市场，当边际收益等于边际成本时，出现均衡的价格和产量；在垄断竞争

---

❶ 资料来源：[美] 斯蒂格利茨.《经济学》小品和案例 [M]. 北京：中国人民大学出版社，1998：79.

市场，长期均衡是通过新厂商的加入将利润压低至零而实现的。

在这些市场中，各厂商都能将价格和市场需求当作是给定的，并且不必考虑竞争者的行为。但是，在一个寡头垄断市场中，厂商在决定其价格和产量时必须要考虑它的竞争者可能对此作出的反应。与此同时，竞争者的决策也取决于该厂商的决策。那么，怎样才能得出垄断市场均衡时的市场价格和产量是多少？究竟是存在一个均衡还是多个均衡？基于这些问题，我们将考察在双寡头垄断中，厂商是如何相互作用并决定市场均衡的。

1951年数学家约翰·纳什（John Nash）提出，给定对方的行动，自己的行动是最优的策略组合，他所描述的这一均衡被称为纳什均衡（Nash equilibrium）。运用在寡头垄断市场中，也就是在给定它的竞争者的决策以后，各厂商采取它能采取的最优的行为。纳什均衡成为我们在寡头垄断市场中确定均衡的基础。第九章我们将更详细地讨论纳什均衡，它能够应用于范围很广的策略问题分析。本节我们将把这一均衡概念用于寡头垄断的分析。

一、古诺模型

为简便起见，本节我们将首先考虑在一个双寡头市场中均衡的情形。所谓双寡头（duopoly），就是有两个厂商互相竞争的市场。这样每个厂商在作出决策时只需考虑另外一个厂商采取的相应行动就可以了。双寡头垄断市场的均衡结果也可以应用到超过两家厂商的寡头垄断市场中。

法国经济学家奥古斯特·古诺（Augustin Cournot）于1838年在其《财富理论的数学原理研究》中对寡头市场的极端形式——双头市场作了分析。古诺模型是早期的寡头模型，通常被作为寡头理论分析的出发点。

古诺模型分析的是两个出售矿泉水的寡头厂商的情况。古诺模型假设，寡头市场只有两个卖矿泉水的厂商，且产品同质；每个厂商的产量都是独立变量，两个厂商的产量的总和影响市场价格；两个厂商的生产成本均为零，并且面临着共同的线性市场需求曲线；两个厂商都不是通过价格而是通过调整产量来使利润最大化；两个厂商都独立行动，彼此之间不存在任何形式的勾结。

1. 古诺模型的代数解析

如图8-1所示，线性市场需求曲线D决定的全部市场容量为OM，边际收益曲线MR位于D下方且其斜率绝对值是需求曲线

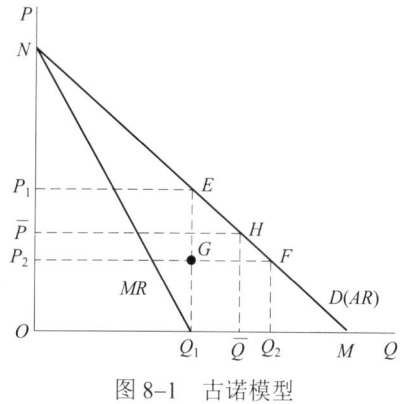

图8-1 古诺模型

的 2 倍。由于假定成本为零，因此两个厂商按照总收益最大的原则来安排产量。

开始时，假定第一家厂商先进入市场，根据 $MR=MC$ 的利润最大化的原则，它将按市场容量的半数提供产量，即 $OQ_1 = \frac{1}{2}OM$，市场价格为 OP_1。由于成本为零，所以此时获得的最大利润等于价格乘以产量，即 P_1EQ_1O。然后，第二家厂商进入市场，它认为第一家厂商不会改变产量，因此从需求曲线 D 上的 EM 段得出自己的市场容量为 Q_1M，是全部市场容量的一半。同理，为获得最大利润，第二家厂商按照 Q_1M 的半数提供产量，即 $Q_1Q_2 = \frac{1}{2}Q_1M$。这个产量占全部市场容量的 1/4。这时，价格为 OP_2，利润为 GFQ_2Q_1。按照这一价格，第一家厂商的利润减少为 P_2GQ_1O。

第二轮，第一家厂商认为第二家厂商不会改变产量，会在 $\frac{1}{4}OM$ 的产量水平继续生产，此时它所面临的市场容量变为 $\frac{3}{4}OM$，即 OQ_2，并将按照剩余产量 OQ_2 的半数安排生产，即 $\frac{3}{8}OM$。这样第一家厂商的产量与上一轮相比减少了 $\frac{1}{8}OM$，价格也会有所回升。然后，第二家厂商再次进入市场，在本轮第一家厂商留给第二家厂商的市场容量由 $\frac{1}{2}OM$ 增加到 $\frac{5}{8}OM$，第二家厂商根据变化了的市场容量调整其产量，在认为第一家厂商不会改变产量的情况下，为了利润最大化，把产量由 $\frac{1}{4}OM$ 增加到 $\frac{1}{2}□\frac{5}{8}OM$，即 $\frac{5}{16}OM$。

如此循环往复之后，第一家厂商的产量逐渐减少，第二家厂商的产量逐渐增加，直到达到各自的产量都相等的均衡状态为止，此时两家厂商平分总利润 $\overline{PHQO}$。

在均衡状态下，第一家厂商的产量为：
$$\left(\frac{1}{2} - \frac{1}{8} - \frac{1}{32} - \cdots\right)OM = \frac{1}{3}OM$$

第二家厂商的产量为：
$$\left(\frac{1}{4} + \frac{1}{16} + \frac{1}{64} + \cdots\right)OM = \frac{1}{3}OM$$

市场的总产量为：
$$\frac{1}{3}OM + \frac{1}{3}OM = \frac{2}{3}OM$$

图 8-1 中开始时第一家厂商的产量为 OQ_1, 价格为 OP_1, 总利润为 P_1EQ_1O, 实际上就是垄断厂商的情况。最后两家厂商的总产量为 $O\bar{Q}$, 价格为 $O\bar{P}$, 是双寡头市场的情况。二者相比, 双寡头市场价格比垄断价格低, 产量比垄断市场产量高, 利润比垄断市场利润低。

古诺模型的结论也可以推广到市场上有 n 个寡头的情况。此时, 每个寡头厂商的均衡产量为市场总容量的 $1/(n+1)$, 市场的均衡产量为市场总容量的 $n/(n+1)$。

2. 古诺模型的反应函数求解

反应函数表明在另一个厂商产量水平给定的条件下一个厂商的产量水平。换句话说, 反应函数描述了一个厂商对另一个厂商行为的反应。图 8-2 描述了两个寡头厂商的反应函数。

如图 8-2, 在古诺模型的假设条件下, 假设寡头市场的线性反需求函数为:

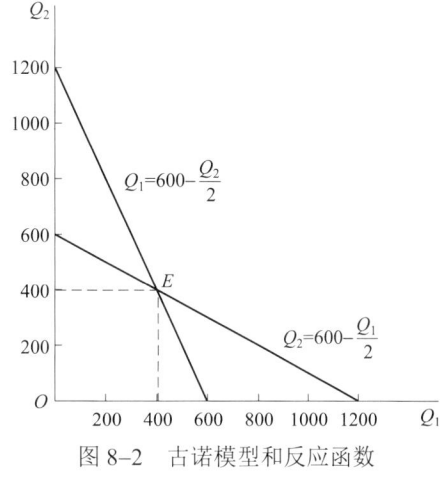

图 8-2 古诺模型和反应函数

$$P = 1200 - Q = 1200 - (Q_1 + Q_2) \qquad (8.1)$$

上式中, P 为市场价格, Q 为市场总需求量, Q_1 和 Q_2 分别为市场对两家生产矿泉水的寡头厂商的需求量（即产量）。

对于第一家寡头厂商, 其利润函数为:

$$\pi_1 = TR_1 - TC_1 = TR_1 - 0$$
$$= P \cdot Q_1 = [1200 - (Q_1 + Q_2)]Q_1 = 1200Q_1 - Q_1^2 - Q_2Q_1$$

第一家厂商利润最大化的一阶条件为: ❶

$$\frac{\partial \pi_1}{\partial Q_1} = 1200 - 2Q_1 - Q_2 = 0$$

可得:
$$Q_1 = 600 - \frac{Q_2}{2} \qquad (8.2)$$

（8.2）式就是第一家厂商对第二家厂商的反应函数, 它表示第一家厂商的最优产量是第二家厂商产量的函数, 即对于第二家厂商的每一个产量 Q_2, 第一家厂商都会作出反应, 确定能够给自己带来最大利润的产量 Q_1。

同理, 可得:
$$Q_2 = 600 - \frac{Q_1}{2} \qquad (8.3)$$

---

❶ 在此略去二阶条件。对第二家厂商的分析也同样如此。

(8.3)式是第二家厂商对第一家厂商的反应函数，它表示第二家厂商的最优产量是第一家厂商产量的函数。

联立两家厂商的反应函数，即

$$\begin{cases} Q_1 = 600 - \dfrac{Q_2}{2} \\ Q_2 = 600 - \dfrac{Q_1}{2} \end{cases}$$

解方程组得到两家厂商的均衡产量为：$Q_1=400$，$Q_2=400$。

可以验证，每个厂商的均衡产量是市场总容量的 1/3

$$Q_1 = Q_2 = \frac{1200}{3} = 400$$

市场的均衡总产量是市场总容量的 2/3

$$Q_1 + Q_2 = \frac{2}{3} \square 1200 = 800$$

将 $Q_1=Q_2=400$ 代入反需求函数，得到均衡时的市场价格为 $P=400$。

从图 8-2 中看出，函数在均衡时，各厂商根据它自己的反应函数曲线定产量，均衡产量水平为两条反应函数曲线的交点。交点处的这组产量水平为古诺均衡。在这一均衡中，各厂商都正确假定了它的竞争者将生产的产量，并由此相应地最大化自己的利润。

二、伯特兰模型

在古诺模型中，每一家厂商决定的是产量，即选择使其利润最大化的产量安排生产。在进行这种计算时，每一厂商假定对手的产量水平是固定的。然而，在许多寡头垄断行业，竞争出现在价格方面。这些行业中的厂商可以被认为首先选择售价，并且将其产量调整到在该价格下的需求量的水平。本节中我们将研究在生产相同产品的行业中的价格竞争。

伯特兰模型是由法国经济学家约瑟夫·伯特兰（Joseph Bertrand）于 1883 年建立的。如同古诺模型的假定一样，各厂商生产同质产品，但是它们选择的是价格而不是产量，即在假定对手价格固定不变的情况下，每一个厂商通过选取价格来使其利润最大化。为了说明伯特兰模型，我们假定：两个厂商生产同样的产品，这些产品不能储存；市场需求曲线为 $P=1200-Q$；边际成本不变，即 $MC=240$ 元，固定成本为零，厂商有无限的生产能力，有足够的产品来满足全部的市场需求。

假定第二家厂商确定的价格为 P_2，大于 240 元的边际成本。如果它能出售其产品，就能得到经济利润。但是，由于两家厂商生产同样的产品，如果第一家厂商的价格 P_1 低于 P_2，所有的消费者都会从第一家厂商那里购买产品；如果 P_1 高于 P_2，则没有消费者会从第一家厂商那里购买产品。这里，$Q_1=Q-Q_2$ 是第一家厂商所面对的剩余需求曲线，即市场需求曲线减去第二家厂商的预期产量 Q_2。

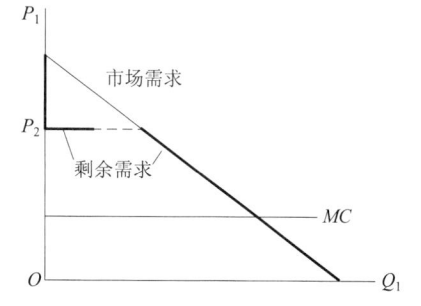

图 8-3　伯特兰模型中厂商的剩余需求曲线

如图 8-3 所示，如果 P_1 高于 P_2，那么第一家厂商所面对的剩余需求曲线为零；如果 P_1 低于 P_2，则第一家厂商所面对的剩余需求曲线等于全部的市场需求；如果 P_1 等于 P_2，则厂商面对的剩余需求曲线为图中的水平线。如果两个厂商收取相同的价格，它们将瓜分全部的市场需求。图 8-3 中，第二家厂商面对的是水平的需求曲线（$P_1=P_2$），曲线的一半为虚线，表示第二家厂商的产品占据市场需求总量的一半。

如果两家厂商都收取 240 元的价格，谁都不会获得利润；如果有一家厂商收取低于 240 元的价格，它就会面临亏损；如果有一家厂商提高价格，它就会卖不出去产品。因此，$P=MC$ 是唯一的伯特兰均衡条件。因此，伯特兰模型证明，即使只有两家厂商，在均衡情况下，价格等于边际成本，企业的经济利润为零，与完全竞争市场均衡一样。这便是所谓的"伯特兰悖论"。❶

三、折弯的需求曲线模型

美国经济学家斯威齐于 1939 年在《寡头条件下的竞争》一文中提出折弯的需求曲线模型，该模型也被称为斯威齐模型。折弯的需求曲线是一种特殊形式的需求曲线。它所依据的假设是：每个厂商都相信如果它提高自己的价格，其他厂商为了增加销售量，不提高价格；如果它降低自己的价格，其他厂商为了不减少销售量，也会降低价格。这一模型用来解释一些寡头市场上的价格刚性现象。折弯的需求曲线如图 8-4 所示。

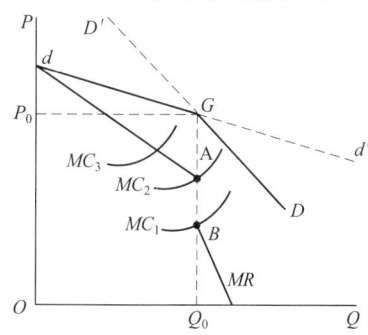

图 8-4　折弯的需求曲线模型

图 8-4 中有一家寡头厂商的需求曲线 $D'D$

---

❶ 豪泰林模型通过考虑产品的差异性解释了这一悖论，这里不再对其详述。

和需求曲线 dd'。需求曲线 $D'D$ 表示该寡头厂商变动价格，其他厂商都以相同方式改变价格时该厂商的需求状况，需求曲线 dd' 表示该寡头厂商变动价格而其他厂商价格保持不变时该厂商的需求状况。假定某寡头厂商最初以价格 P_0 销售 Q_0 单位的产品，即处于图中点 G 的位置。根据该模型的假设条件，该厂商从 G 点出发，提价面临的需求曲线是 dG，降价面临的需求曲线是 GD。因此，它所面临的实际上是一条折弯的需求曲线 dGD，即该厂商在 G 点之上的需求曲线 dG 的价格弹性大于在 G 点之下的需求曲线 GD 的价格弹性。

与折弯的需求曲线对应的边际收益曲线也就成为间断的两段，如图 8-4 所示，间断的边际收益曲线 MR 分别对应需求曲线的 dG 段和 GD 段，间断部分由垂直虚线 AB 连结。

该寡头厂商按照 $MR=MC$ 的原则安排产量，那么当边际成本曲线位于垂直虚线 AB 之间的任何一点时，均衡价格和产量都不会改变，正如图 8-4 中，当边际成本曲线位于 MC_1 和 MC_2 的位置时，该寡头厂商面临的均衡价格始终为 P_0，均衡产量始终为 Q_0。因此，MR 曲线间断点上的那段垂直虚线表明，寡头厂商的产量和价格具有稳定性。除非边际成本曲线上升到 AB 虚线之上的位置，如 MC_3，才会引起均衡价格和产量的变动。因此，折弯的需求曲线模型预言价格和产量对微小的成本变动不敏感。说明寡头垄断市场的价格具有稳定性。

折弯的需求曲线模型的问题是，厂商关于需求曲线的信念是主观的，而且厂商可以发现这种信念可能不正确。如果边际成本增加足以引起厂商提高自己的价格，而且，如果所有厂商都经历了同样的边际成本增加，它们就都会同时提高自己的价格。厂商关于其他企业不会参与提高价格的观念是不正确的。把自己的行为建立在错误观念上的企业没有使利润最大化，甚至会引起经济亏损。

关于寡头垄断厂商之间的竞争前提，我们列表 8-1 予以说明。

表 8-1　寡头厂商间的竞争

古诺竞争：每一厂商都认为当自己的产量改变时，其对手不会以改变产量来作出反应
伯特兰竞争：每一厂商在确定价格时都认为当自己产品的价格变化时，其对手不会以改变价格来作出反应
折弯的需求曲线：每一厂商都认为，对手会响应降价但不响应提价

第三节　共谋的寡头市场模型

既然竞争总是让厂商流失大量的利润，那么追逐利润最大化的厂商就会千方百计地寻找可能的途径以避免相互间的激烈竞争。在寡头垄断行业中，厂商间的合谋是寡头厂商经常采用的避免竞争的方式。厂商可以在价格、市场份额等方面达成一致，从而形成共谋（串谋）。但是同时，必须清醒地认识到，厂商间的这种共谋具有很大的不稳定性。当寡头厂商们之间为了利益而达成共谋协议后，这种合作协议随时都有可能被破坏。因此，经常是不需要政府的管制，这一共谋协议便不攻自破。寡头厂商为什么选择共谋？为什么共谋的协议又经常会被破坏？本节将试图回答这些问题。

一、公开的串谋：卡特尔

1. 寡头厂商的共谋

在寡头市场上只有很少的几家厂商，因此，每个厂商的行为对市场的影响都至关重要。厂商为了获得更大的市场份额，通常会采取降价的竞争手段。但是，当一家厂商率先采取降价的策略以后，其他厂商为了维持自己的市场份额，便会紧随其后，采取相应的降价策略作为回应或报复。于是，经过厂商们轮番降价的过程后，市场价格会降到一个很低的水平，从而每个厂商的损失都会很惨重，形成一个"两败俱伤"的局面。面对这种由于相继降价的恶性竞争而造成的损失，寡头厂商们便意识到与其相互激烈地进行价格竞争，还不如相互间达成一致协议把价格维持在一个较高的水平，这样，每个厂商都可以在一个较高的价格水平上获得各自的经济利益，而避免了由于价格竞争造成的损失。这便是在寡头市场上出现共谋现象的原因。

卡特尔是西方经济社会中最主要的共谋组织。以正式协议的形式共同限制产量从而提高价格的厂商联盟被称为卡特尔（cartel）。如果卡特尔组织的所有成员的行动能够使得它们就像一个厂商一样，卡特尔就可以通过采取垄断厂商那样的行动来获得最大的行业利润。例如，20世纪70年代后期石油输出国组织欧佩克（OPEC）就联合采取限制石油产量的行动，以此来抬高石油的价格，从而提高其成员国的利润。

我们用图8-5来说明卡特尔的均衡产量和价格的决定问题。

如图 8-5 所示，根据市场的边际收益等于市场的边际成本（$MR=MC$）的原则，确定的市场价格为 P_0，使得市场利润最大的产量为 Q_0。这个产量是卡特尔的全部产量。卡特尔的所有成员相互达成协议瓜分这个产量，每个成员得到自己的份额。所有成员的份额加起来等于 Q_0。如果卡特尔成员的产量突破了自己的份额，要么市场价格会下降（低于

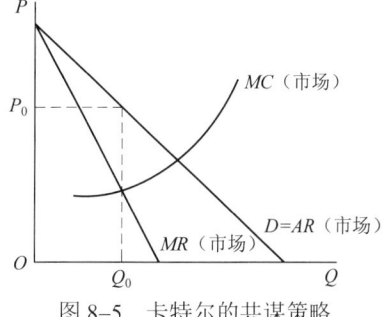

图 8-5　卡特尔的共谋策略

P_0),要么有一部分产品卖不出去。

卡特尔要求所有成员把产量限制在自己的份额以内,做到这一点是很困难的。通常,卡特尔成员为了追逐自身的利益,私下违背卡特尔的产量和价格协议。这种行为导致了卡特尔组织的破产。下面就来介绍这一组织的不稳定性。

2. 共谋的不稳定性

卡特尔的每一成员都存在着"欺骗"卡特尔的动机。亦即每家厂商都希望自己的产量超出卡特尔规定的份额,从而增加自己的利润。例如,石油输出国组织欧佩克在20世纪80年代就出现过这种情况:生产国(除沙特阿拉伯)故意地将各自的产量增加到原来分配的配额之上。下面通过图8-6来分析卡特尔组织的这种天生的不稳定性。

图8-6(a)表示一个典型的寡头厂商的边际成本曲线,由各厂商边际成本曲线 MC_i 的横向加总得到寡头市场的边际成本曲线,如8-6(b)中的 MC 曲线,它与市场需求曲线相交于点 G。在点 G,竞争性产出为 Q^C,市场价格为 P^C,从而每个厂商生产 q^c 单位的产量。

为什么产量低于竞争水平对卡特尔有利呢?为什么寡头厂商有合作的意图?首先来分析一下这个问题。如前所述,因为在竞争产量水平 Q^C 上,卡特尔的边际收益低于边际成本,这使得卡特尔将从削减产量中获益。卡特尔通过将总产量减至 MR 等于 MC 的 Q^m 而增加利润,此时价格由 P^C 上升到 P^m。由于卡特尔是由几个相同的寡头厂商共同组成的,这就要求每个厂商都需把产量降至 $q^m=Q^m/n$。而在竞争性均衡中,每一厂商的 $P=MC$,没有进一步降低产量的动力。但通过合作,卡特尔将从每个成员的产量削减中获益。当所有厂商均属于一个卡特尔时,所有从削减产量中提高价格中获得的收益都归卡特尔组织所有。这样每家厂商在削减自身产量时所产生的外部经济就被卡特尔内部化了。

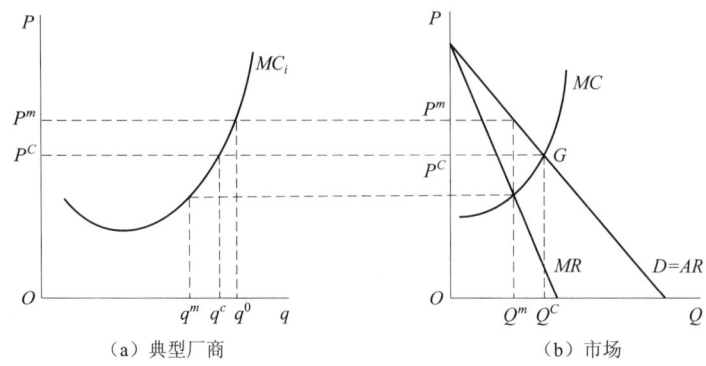

图 8-6　欺骗卡特尔的诱因

但卡特尔成员有欺骗卡特尔的动机，这将破坏卡特尔的执行。如图 8-6，虽然对于卡特尔来说，利润最大化是在 P^m 的价格下生产 Q^m 的产量，即要求卡特尔的每个成员按 q^m 组织生产。但是对于单个厂商而言，在 P^m 的价格下，它可以通过生产 q^0（此时其边际成本 MC_i 等于 P^m）实现自身利润最大化。这样，虽然对卡特尔最有利的是每一厂商都限制产量，但对某一厂商最有利的是除它以外每一厂商都限制产量。因此，为了追逐更多的利益，卡特尔的每一个成员都有强烈的动机将产量扩大至 q^0，使得卡特尔的产量最终超过 Q^m，卡特尔协议不攻自破。所以，卡特尔协议是否有约束力对卡特尔协议的执行至关重要。

3. 防止欺骗的方法

为了解决寡头市场上合作的不稳定性，卡特尔成员制定了许多机制来帮助卡特尔维持其协议：

（1）分割市场。通过分配给每一厂商一定的购买者或地理区域而防止欺骗。

（2）固定市场份额。只要市场份额易观察，市场份额固定会防止削价动机。

（3）使用最惠国待遇条款。卖方向买方保证，卖方不会以更低的价格将产品出售给其他消费者，如果降价，则卖方也必须向此前所有的消费者降价，并部分退款。

（4）建立触发价格。在这一机制下，如果没有厂商降价，则所有厂商都将合作并执行协议；一旦出现有厂商降价，就会触发其他厂商在其后所有阶段的不合作（其他厂商纷纷降价作为对其首先降价的回应或报复），卡特尔协议被摒弃。在这种情况下，削价的厂商可以在极短的时间内有所收益，但如果这种预设的其后各阶段的损失大于短期收益，那么理性的厂商会自动执行协议，卡特尔也就得以维持。

4. 限制卡特尔的措施

从现实来看，尽管为了维持卡特尔协议有一些机制的保证，但真正能够长期维持的卡特尔是不多见的。由于卡特尔提价使消费者受到伤害，并造成社会福利净损失，美国的州政府和联邦政府都已通过了禁止勾结行为的反托拉斯法，任何的勾结行为都会被判处重罪，包括巨额的罚款甚至是负责人的监禁，对以组建卡特尔的厂商进行惩罚。在我国的相关法律中对此也作了明确的规定。

专栏 8-2 乳业卡特尔[1]

从大萧条开始至今，美国政府一直扶持牛奶价格。但是在 20 世纪 90 年代，政府取消了价格扶持，结果是牛奶批发价格的波动更为剧烈。毫不奇怪，农场主的抱怨从未中断。

作为对这些抱怨的回应，1996 年，联邦政府允许 6 个新英格兰州的牛奶生产商形成卡特尔。这个被称作东北洲际乳业协定（Northeast Interstate Dairy Compact）的卡特尔设定最低牛奶批发价格，并且得到反托拉斯法的豁免。结果是新英格兰州的消费者比国内其他地方的消费者为每加仑牛奶支出更多。

1999 年，国会在其他州农场主的游说下，作出了扩大乳业卡特尔的回应。援引法律，将允许纽约、新泽西、特拉华和宾夕法尼亚州乳业农场主加入新英格兰州协定，从而形成了基本覆盖美国东北部的卡特尔。为了不被边缘化，南方的乳业农场主也为更高的牛奶价格游说国会。结果，1999 年法律也授权南部 16 个州，包括田纳西、佛罗里达、佐治亚等，建立它们自己区域的卡特尔。

研究显示最初的卡特尔（仅包含新英格兰州）造成牛奶的零售价格每加仑仅上升了几美分。为什么上升这么少呢？原因是新英格兰卡特尔被非卡特尔生产者所包围，即纽约、新泽西和其他州的乳业农场主。但是，扩张这个卡特尔将减少外来竞争，从而使得卡特尔能对牛奶价格施加更大的影响。

意识到卡特尔化企图造成的政治难题和区域矛盾，国会于 2001 年 10 月终止了东北州际乳业协定。虽然协定的支持者将很可能力图恢复卡特尔，但国会的反对力量强大。即使这样，牛奶生产仍然得到了联邦的价格扶持。

二、隐蔽的串谋：价格领导制

由于在一些市场经济国家，公开的串谋是非法的，因此寡头厂商便经常采用无形的隐蔽的价格协议方式，其中最常见的是价格领导制，即由市场中的一个厂商率先确定或领导价格，其他厂商在价格上跟随这一厂商。这个厂商也许是市场中的最大的、占统治地位的厂商，如美国通用汽车公司是公认的该行业的价格领导。

---

[1] [美] 罗伯特·S. 平狄克，丹尼尔·L. 鲁宾费尔德. 微观经济学（第 6 版）[M]. 王世磊，朱海洋，译. 北京：中国人民大学出版社，2006：458-459.

在价格领导制模型中,价格领导的决策类似于一个垄断厂商,它行使垄断权力,以利润最大化为目标制定价格,由于它起着支配作用,而其他厂商的决策则类似于一个完全竞争厂商,只能在既定的价格下生产各自的最优产量。

为了说明价格领导寡头厂商如何运行,假设在一个城市有 10 家钢铁厂商,A 厂商是价格领导厂商,其他 9 家厂商则是 A 厂商制定价格的接受者。图 8-7(a)的需求曲线 D 表示该城市的钢铁需求情况,供给曲线 S_9 表示 9 家厂商共同的供给,图 8-7(b)的需求曲线 D',由市场需求减去其他 9 家厂商的供给来决定,它表示 9 家厂商没有满足的超额需求。例如,在钢铁价格是 200 美元时,需求量是 36 万吨,9 家厂商的供给量是 18 万吨,超额需求量是用图中 MN 距离衡量的 18 万吨。边际成本曲线用 MC 表示。

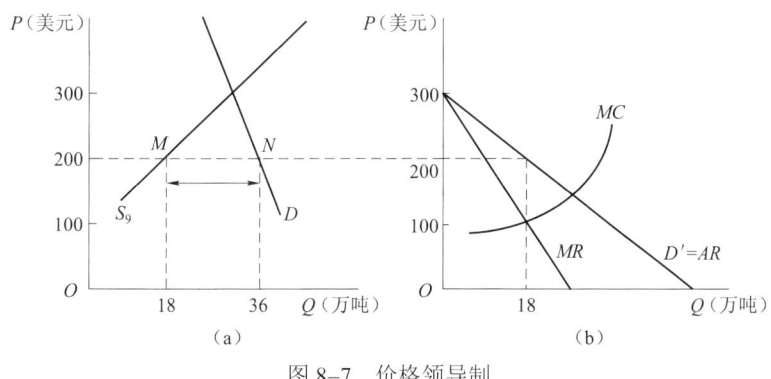

图 8-7 价格领导制

为了使利润最大化,A 厂商像垄断者一样经营。它通过边际成本 MC 和边际收益 MR 相等决定使利润最大化的产量,即 18 万吨,此时的价格是 200 美元。其他 9 家厂商接受这一价格,它们像完全竞争厂商一样行事。由于整个城市在价格 200 美元时如图 8-7(a)的需求量为 36 万吨,因此,在这种数量水平上,A 厂商出售 18 万吨钢铁,其他 9 家厂商各自出售 2 万吨。

第四节 寡头市场的经济效率

前面我们学习了完全竞争、垄断、垄断竞争三种市场结构。本章所讲的寡头垄断厂商在其竞争策略和竞争程度也与其他三种市场结构不一样,因而经济效率也就不同。本节我们将研究寡头市场的经济效率。

一、经济效率的含义

经济学是研究资源有效配置的科学。一个经济社会,其资源是否实现了有效配置则要看它在现有资源条件的约束下能否以最小的成本实现自身最大的收益，这实际上就是经济效率的问题。所谓经济效率，是指利用资源的有效性。经济效率高，表示对资源进行了充分利用，或者能以最有效的生产方式进行生产；经济效率低，表示对资源的利用不够充分，或者没有以最有效的方式进行生产。

二、寡头市场的特点与经济效率

下面我们从四个方面具体分析寡头市场的经济效率。

1. 寡头市场结构形成的条件及其直接影响

决定市场结构最主要的因素是市场中厂商数量的多少，其次才是产品是否同质。如果厂商数量很多，同时产品为同质，则该市场为完全竞争市场或接近完全竞争市场；如果只有一家厂商，则该市场为垄断市场。完全竞争市场和垄断市场属于两个极端，寡头市场居于这两者之间，即寡头市场的厂商数量不多，产品可能为同质，也可能异质。正因为寡头市场厂商的数量比较少，因此它们相互依赖，每个厂商都对市场具有举足轻重的作用。

对价格影响力的大小直接影响到厂商面对的需求曲线的形状。如前面学习的斯威齐模型，由于寡头厂商互相牵制，使价格产生刚性现象，因此其所面对的需求曲线为一条折弯的需求曲线，折点前后具有不同的斜率。

2. 寡头厂商的均衡

不论是何种市场结构，厂商实现最大利润的均衡条件均为 $MR=MC$。因为除了完全竞争市场厂商的边际收益曲线 MR 是一条水平线，其他的市场结构下厂商的 MR 曲线都是递减的，而厂商一定会在合理的生产阶段即 MC 曲线递增的阶段进行生产，所以厂商获取最大利润的均衡条件为 $MR=MC$。

在短期，假定厂商的成本曲线位于最低成本曲线位置，此时厂商的盈亏完全取决于它所面对的需求曲线。在均衡点，如果 $AR>AC$，则厂商有超额利润；如果 $AR=AC$，则厂商经济利润为零；如果 $AC>AR>AVC$，则厂商有短期亏损；如果 $AR<AVC$，则厂商会暂时停业。由于寡头厂商所面对的需求曲线向右下方倾斜，厂商的平均收益曲线 AR 和 MR 曲线不为同一条线，此时决定产量的均衡点与决定价格的交点虽在同一个产量水平上，但不是同一点，因此产量与价格不是一一对应的关系，故寡头厂商无短期供给曲线。

影响厂商长期盈亏最主要的因素是厂商是否能自由进出行业。由于在寡头市场，厂商进出都不容易，因此长期内厂商会面临三种盈亏情况，即超额利润、零利润以及亏损。同时，由于寡头厂商之间的相互依赖性，造成价格具有刚性特点，因而长期中寡头垄断厂商亦无供给曲线。

3. 进入障碍

寡头市场的厂商除了以广告的方式阻止别人参与竞争外，还可以勾结的方式组成垄断组织（如卡特尔）来阻止别人参与竞争。这样，其他厂商进入寡头市场就会相当困难。因为不仅在规模、信誉、筹资、市场、原料等方面，其他厂商难以与现存厂商匹敌，而且由于现存厂商相互依存，其他厂商难以进入，造成市场竞争性较低。

4. 寡头垄断市场经济效率

经济效率包括生产效率与配置效率两部分。就生产效率而言，我们知道完全竞争厂商因其需求曲线为水平线，同时可自由进出市场，因此长期均在其平均成本曲线 LAC 的最低点处进行生产，生产效率很高。而寡头厂商的价格具有刚性，同时其产量亦比较固定，通常不在其 LAC 曲线最低点处进行生产，所以其生产效率较低。

至于资源的配置效率，在一个经济社会中，如果所有行业均为完全竞争，则资源的配置效率最高。如果有部分行业不是完全竞争，比如是寡头垄断市场，那么厂商为获取更大的利润会限制自身的产量，其价格远高于边际成本，垄断势力很强，其均衡产量没有达到社会资源的最优配置水平。

三、对寡头市场的几点评价

由于在寡头市场上，没有统一的寡头厂商均衡模型，因而对寡头市场与其他市场结构的比较方面并没有一致的意见。一般来说，以下几方面得到了大多数学者的认同：

第一，在价格方面，一般认为寡头市场的价格高于完全竞争市场。两种市场价格的差别依据寡头市场厂商数量的多少和进入该市场的难易程度而有所不同。如果寡头市场内厂商数目越多，新厂商进入越容易，那么两种市场价格就越接近；如果垄断因素在寡头市场中越占据重要地位，那么该市场中的价格与完全竞争市场的价格相比就越高。

第二，在产量方面，如果两个市场的需求相同，一般认为寡头市场的产量要低于完全竞争产量。但是，由于寡头厂商大量的广告开支和产品多样化开支，刺激需求增加，市场需求量因此而扩大，所以实际上寡头市场的价格比完全竞争市场高，而产量往往也较大。

第三，对于寡头厂商大量做广告和产品多样化的支出是否增进社会福利问题，学界对此看法不一。部分学者认为，在许多寡头垄断行业中，这类开支已经超过了社会福利增加量，造成经济资源的浪费。但也有不少学者认为，寡头厂商的这些行为使消费者拥有更多的选择机会，增进了社会福利。

第四,对于寡头厂商是否具有效率问题,经济学界也存在不一致的看法。有的观点认为,由于在寡头市场价格高于边际成本,同时价格又高于最低平均成本,因此寡头厂商在生产量和技术使用方面是缺乏效率的。还有观点认为,由于寡头厂商规模均较大,便于大量使用先进的生产技术,而激烈的竞争又使厂商加速产品和技术革新,因此其效率较高。

第五,在利润方面,各种模型的结论以及一些实际调查结果都表明,在寡头垄断条件下可以得到的平均利润水平较高,并且具有较长的持续性。

本章小结

1. 寡头市场是指少数几个厂商控制一个行业。在一些寡头行业如钢铁或制铝行业中,各厂商的产品是同质的,被称为纯粹寡头;在另一些寡头行业如汽车、家电行业中,各厂商的产品是有差别的,被称为差别寡头。寡头市场的形成主要是由于存在进入障碍所致。寡头市场的主要特征有厂商的生产规模缺乏一致性、厂商之间具有相互依赖性、厂商之间竞争方式的多样性、需求曲线的不确定性以及信息不完备性。

2. 在寡头市场上,寡头厂商之间的行为是相互影响的,因此还没有一个理论模型可以对其作出一般性的结论。古诺模型描述了厂商通过独立决策达到均衡,厂商间的竞争是产量竞争,厂商在预期对手产量固定的条件下决定自己的最优产量。伯特兰模型不同于古诺模型,厂商选择的是价格而不是产量,即在假定对手价格固定的条件下,厂商通过选取价格来使其利润最大化。斯威齐模型是利用折弯的需求曲线和间断的边际收益曲线来解释寡头市场上的价格刚性现象。

3. 卡特尔作为一种公开的共谋组织,是一种厂商为了追求利润最大化形成的限定成员产量、提高价格的寡头联盟。由于卡特尔内部的成员各自追逐自身利益最大化,每个成员都有扩大自身产量的冲动,卡特尔最终会不攻自破,因而卡特尔组织具有很大的不稳定性。同时,由于卡特尔提价使消费者受到伤害,并造成社会福利净损失,许多西方发达国家都制定了反托拉斯法,对以组建卡特尔的厂商进行惩罚。价格领导是一种隐蔽的串谋形式,一个厂商确定价格以后,其他厂商跟着制定同样或相应的价格,利用串谋协议,各厂商都能获得较高的利润。

4. 经济效率是指利用资源的有效性。一般在寡头市场上,没有统一的寡头厂商均衡模型,因而对寡头市场的经济效率评价并没有一致的意见。关于寡头市场的社会福利和效率问题,有学者认为,由于其市场价格高于边际成本,产品的均衡数量低于完全竞争时的数量,因此给消费者和社会福利带来损失,同时在生产量和技术使用方面缺乏效率;也有学者认为,寡头市场往往存在着产品差异,从而能够满足消费者的不同偏好,增进了社会福利,此外由于寡头厂商规模较大,便于使用先进的生产技术,因而其效率较高。

复习思考题

1. 一个城市有两家生产钢铁的企业,两个企业生产的边际成本固定为5单位,即 $MC=5$。两家钢铁企业面临的共同市场需求函数为 $P=53-Q$,$Q=Q_1+Q_2$。
(1) 写出每个厂商最优的反应函数;
(2) 计算每个厂商在古诺均衡时的产量水平;
(3) 市场的均衡价格是多少?计算此时每个厂商获得的利润。

2. 某厂商的需求函数如下:

$$P=\begin{cases}30-0.1Q & 0\leqslant Q\leqslant 50\\ 40-0.3Q & Q>50\end{cases}$$

厂商的总成本函数为 $C=50+4Q+0.1Q^2$。
(1) 该厂商所在市场属于哪一种市场结构?
(2) 试求出该厂商的最优价格和最优产量及相应的利润;
(3) 如果厂商的成本函数为 $C=50+4Q+0.3Q^2$,试求利润最大化的价格和产量;
(4) 如果厂商的成本函数为 $C=100+Q+0.05Q^2$,其利润最大化的价格和产量又是多少?

3. 假定一个石油卡特尔组织由两家企业组成,这两家企业的成本函数分别为:

$$C_1=0.1Q_1^2+20Q_1+100\,000$$

$$C_2=0.4Q_2^2+32Q_2+20\,000$$

设市场需求函数为 $Q=4000-10P$。
(1) 假设该卡特尔追求总的利润最大化,分别求出卡特尔的总产量、价格及两家企业的产量;
(2) 该卡特尔的最大利润是多少?

4. 斯威齐模型是如何解释寡头市场上的价格刚性现象的？

5. 为什么欧佩克石油卡特尔成功地将价格抬高了许多，而西佩克铜卡特尔却无法做到这一点？什么条件是成功的卡特尔所必须的？一个卡特尔必须克服什么组织上的问题？

第九章 博弈论和竞争策略

本章概要

本章我们将学习当前微观经济学领域最受瞩目的研究领域——博弈论的相关知识内容，主要包括博弈论的基本概念和分类，占优策略均衡、纳什均衡等相关概念，均衡的求解，以及一些简单的应用，并涉及重复剔除占优策略均衡和混合策略纳什均衡的相关内容。

学习目标

1. 理解博弈论的含义，掌握博弈论的要素。
2. 掌握占优策略均衡和纳什均衡的含义，会求简单的博弈均衡解。
3. 掌握占优策略均衡、纳什均衡在实际问题中的简单应用。
4. 了解重复剔除占优策略均衡和混合策略纳什均衡的含义与应用。

第一节　博弈论及其基本概念

博弈论作为微观经济学的最新理论发展，自20世纪40年代，冯·诺依曼和奥斯卡·摩根斯顿论证了博弈论的存在性，之后经纳什、泽尔腾、海萨尼等人的深入研究，博弈论获得了迅速发展和广泛运用。正是由于这三位数学家在非合作博弈均衡分析理论方面作出的开创性贡献，他们同获1994年的诺贝尔经济学奖。从此之后，博弈论频繁受到青睐，斯宾塞、谢林和奥曼、马斯金等研究博弈论的经济学家先后获2001年、2005年和2007年度诺贝尔经济学奖。这足以说明博弈论在现代经济学中所占的地位，本节将介绍博弈论的基本概念。

一、博弈与博弈论

要了解什么是博弈论，就需要先明白什么是博弈。博弈，词语解释为局戏、围棋、赌博。下棋、打牌类游戏的一个共同特征是所有游戏的参与者都试图"智胜"对手，要智胜对手就需要随机应变，最为重要的是能够预见到对手可能采取的行动，事先有所准备。

我们先来看一个"价格大战"的例子。

假设有两个厂商几乎垄断了某种商品的市场，经济学将这种情形称为双寡头（duopoly）垄断市场。双寡头属于寡头垄断的一种，一般两个企业均拥有较强的市场势力。但两个企业都想打垮对手，争取更大的利润。可口可乐公司和百事可乐公司几乎垄断了美国的碳酸饮料市场，它们之间的争斗就属于此种情形。

争斗的目的，最后当然是增加自己企业的利润。可能有的人会想，要增加利润，提高商品的价格就可以了。东西卖得贵了，钱不就赚得多了吗？的确，如果只有你一家企业垄断了整个市场，提高价格可能会增加你的利润。现在存在两家相互竞争的企业，消费者可以在两家之间选择。这时候，提价的结果不仅不能增加利润，反而可能会使自己企业的销售量和利润下降。这里，重要的因素是市场份额。如果你提价，对方没有提价，你的东西贵了，消费者就不买你的东西而买你对手的东西。这样，你的市场份额会下降很多，利润也会随之下降。这是历经市场经济洗礼的人都明白的道理。对方的价格没有提高，生意比原来好得多，利润就可能大幅度上升。但是如果两个企业都采取比较高的价格，消费者没有别的选择，贵也只好买，两个企业的利润都会上升（此处不考虑存在近似替代品的情形）。

假定两个企业现在都采取比较高的价格，各取得5亿元利润，若两个企同时降价，都采取比较低的价格，则可以各得利润 3 亿元。而如果一家采取较高的价格而另一家采取较低的价格，那定价高的企业的利润变成 1 亿元，价格低的企业因为客户增加，产品多销，利润将上升到 6 亿元。

究竟是否应该提高价格？

很明显，对于两个竞争企业，单方面提价都是它们的劣势策略，所以双方价格大战的结果是双方都采取低价策略、各赚 3 亿元利润。而如果不进行价格战，则二者可以各自获得 5 亿元的利润，它高于价格战所带来的结果。

那么，为什么企业那么愚蠢要进行价格大战呢？这是因为每个企业都以对方为敌手，只关心自己一方的利益。在价格博弈中，只要以对方为敌手，那么不管对方的决策怎样，自己总是采取低价策略会占便宜。这就促使双方都采取低价策略。如果清楚这种前景，双方合作起来，都实行比较高的价格，那么双方都可以因为避免价格大战而获得较高的利润。有人把这种合作叫做"双赢对局"。在上述企业价格大战博弈中，如果双方联手都不降价，则将是双赢，都是对局中的赢家。而如果企业只考虑自己的因素，单方面采取降价策略，则会造成不利的结果，这就是一个失败的博弈。

在上述价格战的例子中，两个厂商所面对的就是一个博弈，双方都要以自身利益最大化为目标。采取价格策略的结果都会受到其他竞争对手所采取策略的影响，因此二者都要考虑自己采取某种策略时竞争对手的反应，以制定最优策略。

据此，我们给出如下定义：博弈是指在多个参与者（players）之间行为具有相互影响时，各参与者考虑到其他参与者的行动和反应后所作出的有利于自己的策略性决策。

理解博弈的含义时需注意：

（1）博弈中的参与者各自追求的利益具有冲突性。因为如果决策主体之间的利益是一致的，就不是博弈。即使一个博弈包含无穷多个参与者，因利益一致，也可以认为是一个人，而一个人是不会和自己博弈的。

（2）博弈是一个过程集合。博弈不是一个孤立的事件，而是人们在对抗过程所有因素的集合。它包含参与者、策略、行动、信息等。

（3）博弈的本质特征就是策略的相互依赖。如果博弈参与者之间的策略不存在依存性，就不能称其为博弈。不过在包含严格占优策略的特殊境况下，博弈则不存在策略的相互依存性。

明白了博弈的定义，则博弈论也就好定义了。

所谓博弈论（game theory），是研究相互影响的经济行为主体如何根据环境和竞争对手的行为选择采取最优策略的理论。

二、博弈论的基本要素

我们以经典的"囚徒困境"为例,来说明博弈论中的基本要素。

"囚徒困境"是由美国数学家塔克提出的,至今在哲学、伦理学、社会学、政治学、经济学乃至生物学等学科中,都得到了极为广泛的应用。

囚徒困境的博弈模型假设条件为:甲、乙两人被怀疑为合谋偷窃的嫌疑犯,被警方抓获,但警方对他们的偷窃行为缺乏证据。因而需要犯罪嫌疑人的口供。警方将两人分别关在不同的房间,但告诉两个囚徒相同的信息,即如果一方沉默而另一方招供,那么坦白方立即释放,沉默方将遭到重罚,被判入狱 10 个月;如果双方都沉默,那么两个人在 1 个月后因证据不足而释放;如果双方都坦白,那么两人都将被判入狱 6 个月。

根据以上假设条件,甲、乙两人均有两个策略,即坦白和沉默,他们需要为自己的利益,在两种决策中做出选择。

我们可以用一个支付矩阵来描述博弈的基本要素,支付矩阵也是博弈分析的基本工具。如表 9-1 就是上述"囚徒困境"的支付矩阵。

表 9-1 囚徒困境

		乙	
		坦白	沉默
甲	坦白	(−6, −6)	(0, −10)
	沉默	(−10, 0)	(−1, −1)

在这种情景下,对于任何一个囚徒而言,无论对方选择什么策略,他的最优策略都是坦白,因而出现了甲不"依赖"乙的策略来选取自己最优策略的情况,乙的最优策略也一样。坦白就是甲乙两个囚徒的严格占优策略。这也反映了基于个人理性的选择违反集体理性的情况。

我们依次指出以上囚徒困境的博弈中的相关要素:

1. 参与者

囚徒困境的甲、乙就是两个参与者。一般地,在每个博弈中,都至少有两个参与者,他们都是理性人,其目的是通过选择某种策略使自己获得最大利益(支付)。在日常生活中,每时每刻都有多个参与者同时参与到多个博弈之中。

2. 策略

囚徒困境中,甲、乙均可选择坦白或者沉默两种行动中的某一种。在博弈论中,我们把参与者对怎样选择行动的计划和方法称为参与者的"策略"。

3. 参与者的收益（支付）

表 9-1 中给出了甲、乙在各自不同行动之后每个人将被判罚的监禁时间，这就是囚徒困境博弈参与者获得的收益（支付）。左边的数字表示甲的收益（支付），右边是乙的收益（支付）。

三、博弈的分类

在经济领域，参与者之间进行的博弈既可以是合作的，也可以是非合作的。如果博弈方可以确定能使它们设计联合策略的有约束力的合同，博弈就是合作的。如果不可能谈判并执行有约束力的合同，博弈就是非合作的。合作和非合作博弈之间的基本差别就在于签订合同的可能性，在合作博弈中有约束力的合同是可能存在的，而在非合作博弈中它们是不可能的。在本章的内容中，我们所讨论的是非合作博弈的情形。

博弈的划分可以从两个维度进行。第一个维度是参与者行动的先后顺序。据此，可以将博弈划分为静态博弈和动态博弈。静态博弈是指博弈中参与者同时选择行动，或者尽管不是同时，但后行动者并不知道先行动者采取了什么行动；动态博弈是参与者的行动存在先后顺序，而且后行动者能够观察到先行动者的行动，并以此确定对自己最优的行动。第二个维度是参与人所拥有的对于其他参与者（对手）的特征、行动空间、支付函数等方面的知识和信息。从这个角度，博弈可以划分为完全信息博弈和不完全信息博弈。完全信息是指每一个参与者对于其他所有参与者的特征、行动空间、支付函数都有准确的认识；否则，此博弈就是不完全信息博弈。

将上述两个角度的划分结合起来，我们就得到四种不同类型的博弈：完全信息静态博弈，完全信息动态博弈，不完全信息静态博弈，不完全信息动态博弈。

第二节　占　优　策　略

在第一节介绍博弈的定义时，我们曾经提到，一般在一个博弈中，参与者的收益（支付）是博弈中所有参与者的策略的函数，即每个参与者的最优策略选择依赖于其他参与人的选择。但是有一些特殊的博弈，其中的每一个参与者的最优策略并不依赖于其他人的选择，而他的最优策略也是唯一的。本节我们将对这种特殊的博弈进行讨论。

一、占优策略均衡

我们考虑第一节中提出的囚徒困境的例子。根据表 9-1 所示，从甲的角度出发，假定乙选择坦白的行动，则甲也选择坦白，将获得–6 的收益（即被判 6 个月的监禁），而甲若选择沉默，则因为乙已经坦白，甲会被处以重罚——监禁 10 个月。因此，假定乙选择坦白的条件下，甲肯定会选择坦白（–6>–10）。假定乙选择沉默，甲若坦白，则甲将被释放，甲若也沉默，则甲、乙会因为证据不足而仅被判罚 1 个月监禁。因此，假定乙选择沉默的情况下，甲肯定会选择坦白（0>–1）。因此，无论乙选择坦白还是沉默，甲都会选择坦白，因为无论乙如何选择，坦白这一行动都会给甲带来更大的收益。同样，无论甲如何选择，乙都选择坦白。

以上因徒困境博弈中，"坦白"便是甲和乙的占优策略。由此，我们给出占优策略的定义：无论博弈中其他的参与者采取何种策略，某参与者的最优策略是唯一的，这唯一的最优策略就是他的占优策略。

在一个博弈中，如果存在一个策略组合，其中的每一个策略都是对应的参与者的最优策略，那么这个策略组合就实现了博弈均衡。换言之，博弈均衡就是博弈中的各个参与者都不想改变自己的策略的相对稳定的状态。在这个状态下，参与者所选择的行动组成的策略组合是稳定的。在因徒困境中，（坦白，坦白）这一策略组合，括号中前者为甲的策略，后者为乙的策略，就是实现了博弈均衡状态。

我们再来看一个占优策略均衡的例子。

在计算机中央处理器（CPU）的产品市场上，AMD 公司和英特尔公司凭借雄厚的研发、资本实力，占据了全球绝大部分电脑制造商的订单。两家公司基本上形成了双寡头垄断的市场格局。现在，两家公司企图扩展自己的市场空间，挤压竞争对手，因此面临两个选择：维持现有技术状态，或是加强研发。

假定这个博弈是一个完全信息静态博弈，AMD 公司和英特尔公司将面临以下的支付矩阵（括号中的数字分别代表 AMD 和英特尔的利润）：

表 9–2　双寡头垄断博弈之一

		英特尔	
		维持现状	加强研发
AMD	维持现状	(5, 10)	(1, 15)
	加强研发	(6, 8)	(4, 9)

如表 9–2 所示，假定英特尔选择维持现状，则 AMD 将选择加强研发（6>5），英特尔若要加强研发，则 AMD 公司也必将加强研发（4>1）。因此，无论英特尔公司作出何种决策，AMD 公司都将采取加强研发的策略，加强研发是 AMD 公司的占优策略。同理，可以推断，英特尔公司的占优策略也是加强研发。因而，（加强研发，加强研发）这一策略组合则是这个双寡头垄断博弈的占优策略均衡解。

然而，并不是每个博弈都存在占优策略均衡，一般来说，大部分博弈都不存在占优策略均衡。为了说明这个问题，我们把上述双寡头垄断博弈模型稍作调整。

假设，AMD 公司和英特尔公司加强自身的研发需要投入大笔资金，而现有市场空间已经基本固定，在销售价格上升空间很小的情况下，高额的成本使得两家公司在加强研发后的利润变为：AMD 公司 2，英特尔公司 7。此时这个博弈的支付矩阵就变成了以下的形式。

如表 9-3 支付矩阵所示，如果 AMD 公司选择维持现状，则英特尔公司将选择加强研发（15>10），但是若 AMD 公司决定加强研发，此时英特尔公司则不会像表 9-2 所示的博弈中那样，选择加强研发了，因为此时它选择维持现状将给公司带来更高的利润（8>7）。

此时对于英特尔公司来说，不存在占优策略，它的最优决策取决于 AMD 的决策。AMD 维持现状，它则加强研发；AMD 加强研发，它则维持现状。那么，英特尔应该怎么做？

表 9-3 双寡头垄断博弈之二

		英特尔	
		维持现状	加强研发
AMD	维持现状	(5, 10)	(1, 15)
	加强研发	(6, 8)	(2, 7)

为了回答这个问题，英特尔应该站在 AMD 公司的角度进行考虑——AMD 选择何种策略是最好的？从图 9-3 的支付矩阵我们可以看出，AMD 是存在占优策略的，无论英特尔如何选择，对于 AMD 来说，加强研发的结果都会好于维持现状（6>5，2>1）。因而英特尔可以推断 AMD 将加强研发，这就意味着英特尔必将维持现状，因为取得 8 的利润总比取得 7 好一些。因此，（加强研发，维持现状）这一策略组合是这个博弈的均衡解。实际上，此种求解均衡的方法仍然是使用了占优的分析逻辑，就此问题，我们将在下面深入分析。

二、重复剔除的占优均衡

在每个参与者都有占优策略的情况下，占优策略均衡是一个非常合理的预测。但是在绝大多数的博弈中，占优策略均衡是不存在的。尽管如此，在很多博弈中，我们仍可以应用占优的逻辑进行分析，找出均衡。

在上述内容中，我们在第二个双寡头垄断博弈模型的求解过程中，就应用到了此种方法。在此，我们再考虑一个例子，这就是博弈论中著名的"智猪博弈"。

"智猪博弈"讲的是，猪圈里有两头猪，一头大猪，一头小猪，猪圈的一头有一个猪食槽，另一头安装有按钮，控制着猪食的供应。按一下按钮，将有 8 个单位的猪食进入槽内，但需要支付 2 个单位的成本。若大猪先到，大猪可吃到 6 个单位，小猪只能吃到 2 个单位；如果是小猪先到，大猪和小猪各吃到 4 个单位；若两猪同时到，大猪可以吃到 5 个单位，小猪可以吃到 3 个单位。若是两猪都不按按钮，则食槽不会有猪食注入，两猪都只能从饲养人员处各获得 1 单位猪食。显见，两猪都有两种策略：按按钮或者等待。

表 9-4 根据以上条件，列出了对应不同策略组合的支付矩阵，如第一格所示，表示两头猪同时按按钮，因而同时走到猪食槽，大猪可以吃到 5 个单位，小猪可以吃到 3 个单位，扣除 2 个单位成本，两猪的收益分别为 3 个单位和 1 个单位。

表 9-4 智猪博弈

		小猪	
		按	等待
大猪	按	(3, 1)	(2, 4)
	等待	(6, 0)	(1, 1)

从以上支付矩阵，我们很快就能发现，这个博弈不存在占优策略均衡。因为，尽管小猪无论如何都会选择"等待"，但是另一个参与者——大猪并没有占优策略。大猪的最优策略依赖于小猪的策略：小猪选择"等待"，则大猪将选择"按"；小猪选择"按"，则大猪将选择"等待"。那"智猪博弈"的均衡解是什么呢？根据以上分析，我们发现小猪存在占优策略——"等待"，也就是说，对于理性的小猪来说，"等待"是严格优于"按"的，假定大猪知道小猪是理性的，则大猪就能准确预测到小猪无论如何都会选择"等待"，给定这个预测的条件下，大猪的最优选择只能是"按"，而（按，等待）这一策略组合也是这个博弈唯一的均衡解，即大猪选择按按钮，而小猪选择等待。

在上述智猪博弈均衡的求解过程中，实际上我们应用了"重复剔除严格劣策略"的方法。这种方法的要点是：首先找出博弈中某个参与者的劣策略，把这个劣策略剔除，形成一个新的博弈，然后再剔除这个新的博弈中某个参与者的劣策略，重复这个过程，直到只剩下唯一的一个策略组合为止。这个剩下的策略组合就是这个博弈的均衡解，我们称之为"重复剔除的占优均衡"。

在智猪博弈的例子中，经过比较，我们首先剔除了小猪的劣策略"按"，在此基础上形成的新的博弈中，小猪只会选择策略"等待"，而大猪仍有两个策略。此时，"等待"是大猪的劣策略，剔除之后，剩下的唯一策略组合（按，等待）就是这个博弈的均衡解。

智猪博弈经常被用来解释生活中的搭便车现象。例如，现实中，小的商家一般都不会花大量成本去做广告，而宣传攻势凶猛的总是大商家，因为小商家如果做广告，则大商家也会趁机加强宣传，巩固和加强自己的影响力，而小厂商较小的市场份额带来的收入可能难以弥补其广告的支出。最终结果总是大厂商大张旗鼓的宣传，耗去大量成本，而小厂商不花费一分钱的广告支出，却能扩大利润。又例如，我国山西很多农村地区都有丰富的煤炭资源，在这些地区，水井、公路等公共设施经常是由煤老板出钱修建的，其中的原因与智猪博弈也是大同小异的。

专栏 9-1　证券市场中的"智猪博弈"❶

金融证券市场是一个群体博弈的场所，其真实情况非常复杂。在证券交易中，其结果不仅依赖于单个参与者自身的策略和市场条件，也依赖其他人的选择及策略。

在"智猪博弈"的情景中，大猪是占据比较优势的，但是，由于小猪别无选择，使得大猪为了自己能吃到食物，不得不辛勤忙碌，反而让小猪搭了便车，而且比大猪还得意。这个博弈中的关键要素是猪圈的设计，即踩踏板的成本。

证券投资中也是有这种情形的。例如，当庄家在底位买入大量股票后，已经付出了相当多的资金和时间成本，如果不等价格上升就撤退，就只有接受亏损。

所以，基于和大猪一样的贪吃本能，只要大势不是太糟糕，庄家一般都会抬高股价，以求实现手中股票的增值。这时的中小散户，就可以对该股追加资金，当一只聪明的"小猪"，而让"大猪"庄家力抬股价。当然，这种股票的发觉并不容易，所以当"小猪"所需要的条件，就是发现有这种情况存在的猪圈，并冲进去。这样，你就成为一只聪明的"小猪"。

从散户与庄家的策略选择上看，这种博弈结果是有参考价值的。例如，

---

❶ 资料来源：余治国. 大博弈的思维观：生活中的博弈论 [M]. 北京：世界图书出版公司，2006：47-48.

对股票的操作是需要成本的，事先、事中和事后的信息处理，都需要金钱与时间成本的投入，如行业分析、企业调研、财务分析等。

一旦已经付出，机构投资者是不太甘心就此放弃的。而中小散户，不太可能事先支付这些高额成本，更没有资金控盘操作，因此只能采取小猪的等待策略。等到庄家动手为自己觅食而主动出击时，散户就可以坐享其成了。

股市中，散户投资者与小猪的命运有相似之处，没有能力承担炒作成本，所以就应该充分利用资金灵活、成本低和不怕被套的优势，发现并选择那些机构投资者已经或可能坐庄的股票，等着大猪们为自己服务。

由此看到，散户和机构的博弈中，散户并不是总没有优势的，关键是找到有大猪的那个食槽，并等到对自己有利的游戏规则形成时再进入。

遗憾的是，在股市中，很多作为"小猪"的散户不知道要采取等待策略。更不知道让"大猪"们去表现，在"大猪"们拉动股票价格后从中获取利润，才是"小猪"们的最佳选择。

作为"小猪"，还要学会特立独行。行动前，不用也不需要从其他"小猪"那里得到肯定；行动时，认同且跟随你的"小猪"越多，则你出错的可能也就越大。简单地说，就是不要从众，而是跟随"大猪"。

当然股市中的金融机构要比模型中的大猪聪明的多，并且不守游戏规则，他们不会甘心为小猪们踩踏板。事实上，他们往往会选择破坏这个博弈的规矩，甚至重新建立新规则。

比如他们可以把踏板放在食槽旁边，或者可以遥控，这样小猪们就失去了搭便车的机会。例如，金融机构和上市公司串通，散布虚假的利空消息，这就类似于踩踏板前骗小猪离开食槽，好让自己饱餐一顿。

当然金融市场中的很多"大猪"也并不聪明，他们的表现欲过强，太喜欢主动地创造市场反应，而不只是对市场作出反应。短期来看，他们可以很容易地左右市场，操纵价格，做胆大妄为的造市者。

这些"大猪"们并不知道自己要小心谨慎、如履薄冰，他们不知道自己的力量不如想象的那样强大到可以无敌于天下。自然而然地，每一年都会有一些高估自己的"大猪"倒下，幸存的"大猪"在经过优胜劣汰之后会变得更加强壮。

不过，无论是多么强壮的"大猪"，只要过于自信、高估自己控制市场的能力，总会倒下。俗话说"家家有本难念的经"，在股市中，"大猪"有"大猪"的难处，"小猪"有"小猪"的难处。尽管"大猪""小猪"只要了解自身处境，采取相应的策略就会成功，然而理性是有限的，确定的成功总是很难获得。

第三节 纳什均衡

为了实现博弈的均衡,我们需要找出"自我坚持",或者说"稳定"的策略。在第二节中,我们介绍了占优策略均衡,占优策略组合无疑是稳定的。但是,很多博弈是没有占优策略的,因此我们需要一个更一般的均衡概念。本节我们将介绍博弈论中经常使用的一个均衡概念——纳什均衡。

一、纳什均衡

我们先来看这样一个抽象的博弈,参与者 A 和 B,其中 A 有两个策略:S_1 和 S_2,B 也有两个策略:S_3 和 S_4。不同的策略组合会带来不同的收益。其支付矩阵如表 9-5 所示。

表 9-5 纳什均衡

		B	
		S_3	S_4
A	S_1	(7, 10)	(2, 5)
	S_2	(5, 8)	(8, 9)

对于 A 而言,当 B 选择 S_3 策略时,他会选择 S_1(7>5),当 B 选择 S_4 策略时,他会选择 S_2(8>2);再看 B,如果 A 选择 S_1,则 B 会选择 S_3(10>5),如果 A 选择 S_2,那么理性的 B 会选择 S_4(9>8)。显然,A、B 两个参与者都没有占优策略,他们的最优策略都是随着对方的策略的变化而变化的。尽管如此,我们发现,在以上博弈中,只要 A 选择了 S_1,B 就不会改变 S_3 策略的选择,同理,A 选择了 S_2,B 也必然会选择 S_4。反之,B 相应选择时,A 的选择也是固定的。在这个意义上,(S_1, S_3)和(S_2, S_4)这两个策略组合都达到了一种均衡情况,但它们都不是占优策略均衡或者重复剔除的占优均衡。

依据以上的博弈均衡结果,我们给出纳什均衡的定义:

纳什均衡是指这样的一种策略组合,在给定其他参与者策略选择的情况下,所有参与者的最优策略组合。换句话说,纳什均衡中,如果其他参与者均不改变各自的最优策略,任何一个参与者都不会改变自己的最优策略。

一个纳什均衡,实际上就是一组最优策略组合,是每个追求自身最大利益的参与者能够作出的最好选择。尽管由于其他参与者的行动的影响,有的参与者无法获取更多的利益,例如在表 9-5 所展现的博弈中,如果 B 选择了 S_3,则

A 选择 S_1，博弈均衡结果是（7，10），参与者 A 获得了 7 的收益，而没有获得右下角的 8。但是纳什均衡中的每个参与者都不后悔自己的选择，也没有任何积极性来改变这种选择。

纳什均衡是在完全信息且参与者同时做决策的条件下，博弈均衡解的一般概念，亦即是完全信息静态博弈的均衡，构成纳什均衡的策略一定是重复剔除严格劣策略过程中不能被剔除的策略。或者可以说，没有任何一个策略是严格地优于纳什均衡策略的。许多不存在占优策略均衡或不存在重复剔除的占优策略均衡的博弈，却存在纳什均衡。

纳什均衡与占优均衡的关系是怎样的呢？回顾一下，我们在本章第一节中提到的占优策略均衡，其实质是，不管其他的参与者如何行动，每个参与者都有一个对自己来说所能做的最好的策略；而在纳什均衡中，需给定其他参与者的行动，每个参与者才可以选择一个对自己来说是最好的策略。

由此可以辨析二者的区别：占优策略均衡是我所能做的是不管你做什么我能做的最好的，你所做的是不管我做什么你所能做的最好的；而纳什均衡是我所做的是给定你所做的我能做的最好的，你所做的是给定我所做的你所能做的最好的。简言之，占优策略均衡中，最后的均衡结果不存在策略的相互依存性。从二者的关系，我们可以发现，占优策略均衡是纳什均衡的一个特例，一个纳什均衡不一定是占优策略均衡，但一个占优策略均衡，它首先肯定是一个纳什均衡。

二、纳什均衡的求解

当我们知道一个博弈的支付矩阵时，应该如何求解有限策略博弈纳什均衡？我们可以根据纳什均衡的定义来检查每个策略组合是否满足纳什均衡的条件。具体方法是：首先考虑参与者甲的策略，对于每一个参与者的给定策略，找出参与者甲的最优策略，在其对应的支付下画一条横线，然后，再用同样的方法找出参与者乙的最优策略。最后，在检查过所有的策略组合之后，如果一个策略组合对应的支付组合上都画上了横线，则这个策略组合就是纳什均衡。

我们以表 9-6 所示的博弈为例，求解其纳什均衡。在这个博弈中，参与者甲和乙各自拥有三种策略选择，我们在每一个参与者针对对方的策略所作出的最优反应的支付下画一条横线。例如，如果参与者乙选择了 D，那么对应地，参与者甲将选择 B，因为这样参与者甲得到的收益将大于选择另两个策略所得的收益（6>4，6>1）。

表 9-6 纳什均衡的确定

		乙		
		D	E	F
	A	(1, <u>9</u>)	(<u>6</u>, 1)	(5, 4)
甲	B	(<u>6</u>, 1)	(1, <u>9</u>)	(5, 4)
	C	(4, 5)	(4, 5)	(<u>7</u>, <u>6</u>)

一个策略组合所对应的支付组合中的两个数字都画了横线，则可以认定这个策略组合满足纳什均衡的条件，每个参与者的策略是针对对方策略的最优反应。因此，在上述的博弈中，(C, F) 是唯一一对满足纳什均衡条件的策略组合。值得一提的是，在很多的博弈中，纳什均衡并不是唯一的，一个博弈可以存在多个纳什均衡，如表 9-5 所示的博弈就存在两个纳什均衡解。

三、极大化极小策略

纳什均衡的概念是非常依赖个人理性的。各博弈方的策略选择不仅取决于自己的理性，而且也取决于其他对手的理性。对手是否理性，是参与者进行博弈和选择策略时需要重点考虑的一个问题。我们来看表 9-7 所示的一个博弈例子。

表 9-7 极大化极小策略

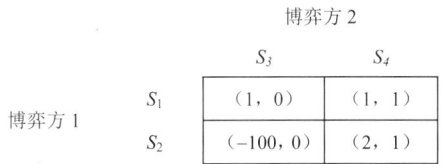

		博弈方 2	
		S_3	S_4
博弈方 1	S_1	(1, 0)	(1, 1)
	S_2	(-100, 0)	(2, 1)

在这个博弈中，采取 S_4 对于博弈方 2 来说是一个占优策略，在采用这个策略时，不管博弈方 1 采取何种策略，博弈方 2 都能获得更多的收益（1>0）。因此，理性的博弈方 1 应该预测到博弈方 2 将采用 S_4 策略，在这种情况下，博弈方 1 应该采用 S_2 策略。很明显，策略组合（S_2, S_4）是这个博弈的一个纳什均衡，而且是唯一的纳什均衡。但要注意，博弈方 1 最好能肯定博弈方 2 是理性的，因为万一博弈方 2 碰巧选择了 S_3，那么对博弈方 1 来说，将要付出巨大的代价。

如果你是博弈方 1，你会如何选择？如果你比较谨慎，且你了解这个博弈的情况，考虑到博弈方 2 可能不完全清楚该博弈，或者不一定理性，那你可能

会选择 S_1，因为这样可以保证你能获得 1 的收益，而不会有损失 100 的可能性。

这种策略是最大化可能得到的最小收益，我们称之为极大化极小策略。极大化极小策略是保守的，而不是收益最大化的。在上述博弈中，如果博弈双方都采用极大化极小策略，则该博弈的均衡策略组合就不是（S_2，S_4），而是（S_1，S_4）。

我们再重新考虑表 9-1 所示的囚徒困境博弈的例子。

在囚徒困境中，对两个囚徒来说，理想的结果是两者都不坦白，从而各被判 1 个月监禁。但是，坦白对于两个囚徒来说都是占优策略——不管对方选择什么策略，这都给选择这一策略的囚徒产生较好的收益。占优策略也是极大化极小策略。因而，（坦白，坦白）既是一个纳什均衡，又是一个极大化极小策略解。

事实上，选择极大化极小策略的参与者，是在假设其他博弈者都将采取最有害于自己的策略的条件下，来最大化自己的收益。有些经济学家提出，博弈的参与者没有必要如此谨小慎微地选择极大化极小策略，因为这种选择会导致参与者放弃相当可观的超额收益。但是，现实生活中还是有不少的博弈参与者会选择这一策略。

四、重复博弈

到目前为止，我们所讨论的都是一次性博弈，即每个参与者都只有一次策略选择——囚徒困境说的是两个囚徒唯一的一次共同犯罪，而且他们不打算再次合作，所以它是一个不可重复的博弈。但是，在现实生活中，大多数的时候，参与者进行的都是重复博弈，例如寡头厂商，他们确定产量和制定价格的行为都是不断重复进行的。

在一次性博弈的情况下，寡头市场上有意合谋的寡头厂商都面临着囚徒困境：每个寡头出自个人的理性，选择占优策略，达到均衡，却导致了整体上最坏的结局，即在占优策略均衡中，整体利益和个人利益都是下降的。

之所以出现上述情况，原因有二：

其一，即使达成了合作协议，每个寡头厂商出于自己利益的考虑，都有采取机会主义行为的冲动，即单方面采取不合作的策略，以获得自身更大的收益。每个参与者都是如此，寡头们最终得到了最差的结局。我们看表 9-8 的寡头博弈情形，一次性寡头博弈中，在合作时，每个厂商的收益是 10，总共的收益是 20；但是，理性的厂商都会有采取投机策略的冲动，因为在对方采取合作策略时，投机能带来 15 的收益，这就引发了参与者对合作协议的背叛。而最终的博弈结果将是每个厂商获得 5 的收益。

表 9-8　寡头的重复博弈

		寡头乙	
		投机	合作
寡头甲	投机	(5，5)	(15，3)
	合作	(3，15)	(10，10)

其二，一次性博弈中，寡头厂商的违约和欺骗行为都不会受到惩罚。因为，在一次性的策略选择以后，博弈就永远地结束了，没有后续的博弈对已经发生的违约和欺骗行为进行惩罚。正因为如此，寡头厂商之间的合作协议的不稳定性是难以避免的，其合谋的意图最后总要落入囚徒困境之中。

但是在重复博弈中，以上情况将会发生改变。在重复博弈中，我们假设寡头厂商都会采取"以牙还牙"的策略：一开始是合作的，每一个成员，如果对方继续合作，它也会继续合作下去；但只要有一个成员一旦背弃了合作协议，采取不合作的策略，则其他成员便会从下一轮博弈开始，采取"以牙还牙"的惩罚和报复策略，即其他成员也都采取相同的不合作策略。

下面我们具体分析实施"以牙还牙"策略情况下，寡头厂商之间进行重复博弈的过程及结果。

我们首先分析无限重复博弈的情形，即相同结构的博弈可以无限次地重复进行下去。无限次重复博弈中，任何一个参与者在某一轮的博弈中，实施违约和欺骗行为，采取了不合作的策略，它在下一轮的博弈中就会受到其他参与者"以牙还牙"策略的惩罚和报复，即其他参与者将采取相同的不合作策略，并会在以后的无限次重复博弈中永远进行下去。这样一来，违约的一方参与者就永远丧失与他人合作的机会，由此遭受长期的损失。由于该博弈是无限重复的，所导致的累计损失必然要超过采取不合作策略那一轮博弈的时间内得到的任何更大的短期收益。因此，每一个参与者为了避免"以牙还牙"的策略给自己带来的长期损失，就会放弃率先采取不合作的策略的做法，这样，寡头厂商的合作就得以长期维持。

我们以表 9-8 所示的寡头博弈为例，假设此博弈将无限次的重复发生，那么，在"以牙还牙"策略的前提下，厂商甲如果一直遵守合作协议，那么它所获得的收益每一轮都是 10；如果它采取了投机的行为，首先破坏合作协议，那么他在这一轮中将得到 15 的收益，而在以后的所有各期重复博弈中，由于受到对方采取不合作的策略的报复，它以后每轮只能获得 5 的收益。换言之，它获得一次性的好处（15）的违约行为导致它以后的长期收益由合作时的 10 变成了不合作的 5。这样，通过短期和长期收益的比较，任何一个理性的寡头厂商都不会因为短期的一次性利益而丢弃长期的经济利益。因此，在采取"以牙还牙"策略的无限次重复博弈中，所有的寡头厂商都会一直遵守合作协议，而不会产生违约和欺骗的行为。

我们再考虑另一种情况，即假设该博弈重复的次数是有限的，即不管次数有多少，最终都有一个结束。还是考虑表 9-8 的情形，这种情况下，如果厂商甲是理性的，并且它相信乙也是理性的，它肯定会这样推理：因为乙采用"以牙还牙"的策略，那么我在最后一期之前要保持合作，等到最后一期再投机，这样在最后一期获得 15 的收益，大赚一笔，而乙也就无法报复了。因此，厂商甲的策略就是一直保持合作，在最后一期进行投机。但由于乙也是理性的，它也会进行同样的推理，采取同样的策略，而理性的甲应该能估计到这一点，那么，它将会提前一期，即在倒数第二期就采取投机行为。当然，乙也会做同样的推测，安排同样的策略，这就迫使投机行为提前至倒数第三期。如此类推，理性的结果只能是博弈双方每一期都不合作。这样，在有限次重复博弈中，理性的博弈者不会等待到下一轮采取"以牙还牙"的策略了，而一开始就使博弈进入囚徒困境，即有限次重复博弈的占优策略均衡解是（投机，投机）。

根据以上的分析，我们可以得出结论：在"以牙还牙"的策略前提下，无限次重复博弈中，博弈的均衡解是（合作，合作），而对于有限次重复博弈而言，博弈的均衡解是（投机，投机）。

此外，我们还需考虑一个问题，生活中绝大部分的博弈都是有限次的，那么这是否意味着寡头们的长期合作总是不可能的？其实并不必然。无限次重复博弈的关键在于没有哪个参与者知道博弈是否会结束，或者博弈会在哪一期结束，所以不合作会受到"以牙还牙"的报复这一威胁使得每个参与者都会把合作策略维持下去。同样地，如果对于一个有限次重复博弈，而任何一个参与者都不能准确知道哪一期是最后一期，那么，每一个参与者都不敢轻举妄动，这就和无限次重复博弈没什么本质区别了。所以，在不能确定终止期的有限次重复博弈的寡头厂商模型中，存在合作解，使得博弈达到纳什均衡。

五、威胁与承诺

寡头垄断的市场中，寡头厂商基于自身利益，会采取多样的竞争策略，威胁或承诺的策略是其中常用的策略。不过无论厂商采取何种策略，它的威胁或承诺必须是可信的，否则，理性的竞争者不会受当期策略的影响，而厂商所期望的目标也就无法实现。

我们考虑一个进入威慑的例子。进入的障碍是垄断势力和垄断利润的重要根源，有时是自然形成的，而更多的是厂商自己采取一定的策略，阻止潜在的竞争者的进入。阻止潜在竞争者进入的关键是，市场中现有厂商必须使潜在竞争者确信进入是无法赚取利润的。

现有厂商是市场中的垄断者，它已经付出了一定的沉淀成本，当然不希望有新的进入者来瓜分它可观的利润。那么，为了阻止潜在竞争者的进入，现有厂商该怎么做呢？

我们来看表 9–9 所示的博弈。假设现有厂商对潜在的竞争者发出威慑：如果潜在竞争者进入，那么它将发动商战；这个威慑是完全可信的，它是现有厂商过剩投资能力的体现。因为现有厂商拥有该过剩投资能力，所以当进入发生时，它将发动商战，进行低价竞争。对于现有厂商来说，低价竞争比接纳进入者，继续维持高价更为有利。

表 9–9　可信的进入威慑

		潜在进入者	
		进入	不进入
现有厂商	高价（接纳）	（4，2）	（8，0）
	低价（商战）	（5，-1）	（6，0）

基于以上的分析，潜在的进入者相信已有厂商的威慑，知道进入的结果是面临低价竞争的商战，所以它会理性的选择不进入。那么，现有厂商就可以成功阻止进入，继续保持高价，获得 8 的收益。

如果上述博弈是无限次重复进行的，那么现有厂商可能在任何时候都会存在对潜在进入者发出商战威胁的冲动，因为商战的短期损失可能远不如防止进入的长期利益。而潜在的竞争者通过同样的理性判断，发现商战的威胁是可信的，所以决定不进入该市场。

然而，威慑并不总是可信的，我们看表 9–10 这个支付矩阵。

表 9–10　不可信的进入威慑

		潜在进入者	
		进入	不进入
现有厂商	高价（接纳）	（4，2）	（8，0）
	低价（商战）	（2，-1）	（6，0）

从表 9–10 的支付矩阵中，我们可以看出，在潜在竞争者选择进入的时候，现有厂商选择接纳，并维持高价的收益会高于它发动商战的收益（4>2）。这种情况下，现有厂商发动商战，进行低价竞争的威慑明显是不可信的，这种威慑

只是一种摆设,不可能被真正实施。而潜在进入者根本不会相信现有厂商的威胁,潜在进入者将采取进入的策略,最终博弈得到纳什均衡解。

第四节　混 合 策 略

在前面我们所研究的所有博弈中,我们考虑的都是博弈方做出一确定的选择或者采取一特定的行动的策略:坦白或沉默,合作或投机,等等。这种策略,我们称之为纯策略。而本节我们将介绍与之相对应的另一个概念——混合策略。

一、社会福利博弈

我们考虑一个有关社会福利博弈的例子。这个博弈里,参与者是政府和流浪汉,流浪汉有两个策略选择:游荡或者寻找工作。政府也有两个策略:救济或不救济。政府想帮助流浪汉,但前提是流浪汉必须努力寻找工作,否则,政府就放弃救济;而假设流浪汉只有在得不到政府救济的时候才会努力寻找工作。表 9-11 给出了这个博弈的支付矩阵。

表 9-11　社会福利博弈[1]

		流浪汉	
		找工作	游荡
政府	救济	(3, 2)	(-1, 3)
	不救济	(-1, 1)	(0, 0)

简单分析一下,我们可以发现,这个博弈不存在纳什均衡。给定政府救济,流浪汉的最优策略是游荡,给定流浪汉游荡,政府的最优策略是不救济,如此等等,没有一个策略组合构成纳什均衡。

上述这个博弈的特征在于:参与者都想猜透对方的策略,而又都不能让对方猜透自己的策略。这样的问题在诸如棋牌类比赛,橄榄球赛,战争等情况下都会出现。在这一类的博弈中,都不存在纳什均衡。

尽管上述的博弈不存在纳什均衡,但是却存在我们下面所要介绍的混合策略纳什均衡。

所谓混合策略,是指参与者以一定的概率选择某种策略,比如说,一个参与者有三种策略,他以 0.3 的概率选择第一种策略,以 0.4 的概率选择第二种策

---

[1] 张维迎. 博弈论与信息经济学 [M]. 上海:上海人民出版社, 2004:58-59.

略，以 0.3 的概率选择第三种策略。如果一个参与者采取混合策略，其他参与者就不能准确猜出他实际会选择的策略。

回到表 9–11 所示的社会福利博弈的例子。我们假设政府以 1/2 的概率选择救济，以 1/2 的概率选择不救济。那么，从流浪汉的角度出发，选择找工作所带来的期望收益是（1/2）×2+（1/2）×1=1.5，选择游荡的期望收益为（1/2）×3+（1/2）×0=1.5，选择混合策略带来的期望收益都是 1.5。所以，流浪汉的任何一种策略都是对政府所选择的混合策略的最优反应。其中的一种最优混合策略是以 0.2 的概率选择找工作，0.8 的概率选择游荡，给定流浪汉选择这个混合策略，政府的任何策略所实现的收益是–0.2。当然，政府分别以 1/2 的概率选择救济与不救济的混合策略是对于流浪汉所选择的混合策略最优反应。这样，我们就得到了这样一个混合策略组合——政府以 1/2 的概率选择救济和不救济，流浪汉以 0.2 的概率选择找工作，0.8 的概率选择游荡，每个参与者的混合策略组合都是给定对方混合策略组合时的最优选择。这个混合策略组合是一个纳什均衡。

由此，我们可以给出混合策略的定义：混合策略就是博弈方根据一组选定的概率，在两种或两种以上可能的行为中随机选择的策略。

考虑混合策略的一个理由是有些博弈没有任何纯策略纳什均衡。而只要我们使用混合策略，就可以证明每一个博弈至少有一个纳什均衡。因此，当纯策略均衡求解失败时，可以使用混合策略，给出博弈的均衡解。

二、性别之战

有一些博弈是既有纯策略纳什均衡，也有混合策略纳什均衡的。一个著名的例子是"性别之战"博弈。其条件是：一男一女约会，他们很想在一起，但他们对娱乐有不同的偏好，男方喜欢看足球比赛，而女方偏爱于文艺演出。由此，得出表 9–12 所示的支付矩阵，女方最希望能和男方一起看文艺演出，但相对于单独看，还是愿意和男方一起看足球比赛。男方的情况类似。

表 9–12 性别之战

		女方	
		足球比赛	文艺演出
男方	足球比赛	(2，1)	(0，0)
	文艺演出	(0，0)	(1，2)

首先，我们可以分析出这个博弈中有两个纯策略纳什均衡——男方同女方一起看文艺演出，或者他们一起去看足球比赛。女方当然喜欢第一种结果，而

男方偏爱第二种。但是在给定一方的决策后，另一方都会改变他或她的决策。

这个博弈同时存在一个混合策略均衡——男方以 2/3 的概率选择足球比赛，1/3 的概率选择文艺演出，而女方以 1/3 的概率选择看足球比赛，以 2/3 的概率选择看文艺演出。可以证明，如果女方选择了这个混合策略，则男方不可能采用其他的策略以得到更多的好处。反过来，女方也是一样的。在这个混合策略纳什均衡中，男女方的期望收益都是 2/3。在 1971 年，经济学家威尔逊证明了，几乎所有有限博弈都有有限奇数个纳什均衡（被称为奇数定理）。这一结论表明，如果一个博弈有两个纯策略纳什均衡，那么，一定存在第三个混合策略纳什均衡。

1. 博弈论是研究相互影响的经济行为主体如何根据环境和竞争对手的行为选择采取最优策略的理论。一个完整的博弈是由参与者，策略和参与者的收益（支付）三个要素组成的，一般用支付矩阵加以表示。

2. 无论博弈中其他的参与者采取何种策略，某参与者的最优策略是唯一的，这唯一的策略就是占优策略，而占优策略组合则会使博弈实现占优策略均衡。很多博弈中，虽然不存在占优策略均衡，但我们可以采用其方法找出博弈的均衡解，这就是重复剔除的占优均衡。

3. 纳什均衡是指这样的一种策略组合，在给定其他参与者策略选择的情况下，所有参与者的最优策略组合。换句话说，纳什均衡中，如果其他参与者均不改变各自的最优策略，任何一个参与者都不会改变自己的最优策略。一个纳什均衡，实际上就是一组最优策略组合，是每个追求自身最大利益的参与者能够做的最好选择。谨慎的博弈参与者有可能采用极大化极小策略来规避风险，而重复博弈则使博弈者摆脱囚徒困境成为可能。

4. 混合策略就是博弈方根据一组选定的概率，在两种或两种以上可能的行为中随机选择的策略。

1. 什么是占优策略均衡？什么是纳什均衡？简述占优策略均衡与纳什均衡的关系。

2. 两家竞争厂商各自计划推出一种新产品。每家厂商将决定是否生产产品 A，产品 B 或产品 C。它们将同时作出选择。支付矩阵如下：

厂商 2

		A	B	C
	A	(−10, −10)	(0, 10)	(10, 20)
厂商 1	B	(10, 0)	(−20, −20)	(−5, 15)
	C	(20, 10)	(15, −5)	(−30, −30)

（1）是否存在纯策略纳什均衡？如果存在，请指出。
（2）如果两厂商都采用极大化极小策略，结果会怎样？
（3）如果厂商 1 采用极大化极小策略，厂商 2 得知后，它会怎么做？

3. 巧克力市场上有两个厂商，各自都可以选择生产高端（高质量）的产品或者低端（低质量）的产品。相应的利润收益如下面支付矩阵所示：

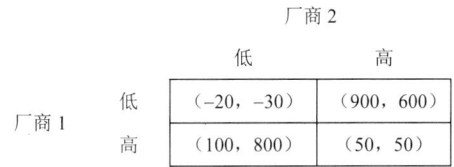

（1）如果有的话，哪些结果是纳什均衡？
（2）如果各厂商的经营者都是保守的，并都采用极大化极小策略，结果是什么？
（3）合作的结果是什么？
（4）哪个厂商从合作的结果中得到的好处最多？那个厂商要说服另一个厂商串通时，需要给另一个厂商多少好处？

第十章　要素市场的价格决定

本章概要

本章以劳动作为典型的生产要素,讨论完全竞争市场和非完全竞争市场条件下要素的价格和数量的决定,针对不同的市场结构分析生产厂商的需求行为。最后一节将讨论消费者的供给行为,并结合需求和供给讨论劳动市场的价格决定情况。

学习目标

1. 能够区分不同市场条件下,要素均衡价格以及数量的决定机制。
2. 掌握劳动供给曲线的形状及原因。

第一节　完全竞争条件下要素价格的决定

产品市场上需求方是消费者，供给方是厂商。那么，要素市场的供求关系是怎样的呢？

生产要素市场上的需求方是厂商。对生产要素的需求和对产品的需求具有不同的性质。消费者购买消费品是为了满足自己的生理或心理需要，而厂商购买生产要素是为了投入到生产当中去，最终出售产成品以获得收益。所以，厂商的这种需求是间接需求而不是直接需求。也就是说，厂商对生产要素的需求是从消费者对产品的需求中派生出来的，这种需求可以称作"引致需求"或者派生需求。

生产要素市场上的供给方是消费者。例如劳动、土地、资本等，它们是由个人或家庭供给的最初生产要素。与产品的供给不同，生产要素的供给只是提供其使用特性，而不是要素本身。因此我们要分析的要素价格和数量，是指要素使用价格和数量而非要素买卖价格和数量。例如劳动价格指的是工人提供了劳动服务之后得到的工资，而土地价格指的是使用土地所付的租金。

在明确了要素市场需求和供给的性质之后，我们便可以接着分析要素市场均衡。前面几章在假设生产要素价格不变的情况下，讨论了产品市场的均衡。我们把产品市场分为完全竞争市场和非完全竞争市场（垄断市场、垄断竞争市场和寡头市场）。同样地，生产要素市场也可以分为完全竞争市场和不完全竞争市场，在不同的市场条件下，要素均衡价格的形成过程也不尽相同。

一、要素使用原则——利润最大化

1. 利润最大化原则

厂商从事生产和出售商品的目的是为了赚取利润。没有追逐利益这种动机就没有商品市场上的生产、分配、交换和消费活动。如果总收益等于总成本，厂商没有亏损也没有净收益，只获得正常利润。如果总收益小于总成本，厂商便要发生亏损。如果总收益大于总成本，就会产生剩余，这个剩余就是经济利润或称超额利润。

经济学假设每个理性的经济人都希望以最小的代价获取最大的利益。厂商自然也是经济人，它从事生产和销售商品不仅要求获取利润，而且要求获取最大利润。厂商需要同时考虑边际收益和边际成本。边际收益是指增加一单位销售量所增加的收益，边际成本是指增加一单位产量所增加的成本。如果边际收益大于边际成本，就意味着增加产量可以增加总利润，于是厂商会继续扩大生产赚取利润。如果边际收益小于边际成本，就意味着增加产量不仅不能带来利润增加，反而会发生减少，这时厂商会缩减产量以维持盈利。只有在边际收益等于边际成本时，厂商的总利润才能达到极大值。一般认为，这一利润最大化原则适用于各种类型的市场结构。

2. 要素市场的利润最大化原则

在厂商在进行生产的时候，通常会遵循利润最大化原则，按照边际收益等于边际成本的原则来决定产量。现在把这个原理应用到要素市场中来，分析利润达到最大化时的最优要素使用量。

本节我们假设：（1）生产要素市场是完全竞争的；（2）劳动是唯一可变的生产要素。

厂商的总成本和所获得的总收益、利润都是产量的函数，利润等于总收益减去总成本，即：

$$\pi(Q)=TR(Q)-TC(Q) \tag{10.1}$$

（10.1）式中，π 为利润，TR 为总收益，TC 为总成本，Q 为产量。而产量 Q 又可以表示为劳动投入量 L 的函数，即生产函数 $Q=Q(L)$。根据利润最大化原则，等式两边对 L 求导后应满足：

$$\frac{d\pi[Q(L)]}{dL}=\frac{dTR(Q)}{dL}-\frac{dTC(Q)}{dL}=0$$

即：

$$\frac{dTR(Q)}{dL}=\frac{dTC(Q)}{dL} \tag{10.2}$$

因为总收益 TR 是产品价格 P 与数量 Q 相乘得到的，所以（10.2）式左边可以写为：

$$\frac{d[P(Q)\cdot Q(L)]}{dL}=Q\cdot\frac{dP}{dQ}\cdot\frac{dQ}{dL}+P\cdot\frac{dQ}{dL}=\left(Q\cdot\frac{dP}{dQ}+P\right)\cdot\frac{dQ}{dL}=MR\cdot MP_L$$

上式可以表示为：

$$MRP_L=MR\cdot MP_L$$

MRP_L 在经济学中被称为要素的边际收益产品（marginal revenue product），表示每增加一单位投入要素所增加的收益，在上式中特指劳动的边际收益产品。$MR=Q\cdot dP/dQ+P$ 为产品的边际收益，表示每增加一单位的产品所增加的收益。MP_L 是要素的边际产量，在技术给定和其他生产要素投入不变的情况下，连续增加一单位某种要素所带来的产量增加会呈现先上升后下降的趋势，这就是边际报酬递减规律。

要素的边际收益产品 MRP_L 等于要素的边际产量 MP_L 与产品的边际收益

MR 之乘积。而 MR 的变化又取决于产品的市场结构。在完全竞争的产品市场条件下,由于生产者和消费者都不能影响商品的价格,所以厂商是产品价格 P 的接受者,即 $MR=P$;在不完全竞争的产品市场条件下,MR 随着产量的增加而递减且总是小于产品价格 P。

(10.2)式的右边是边际要素成本(marginal factor cost),以 MFC_L 表示。边际要素成本表示每增加一单位生产要素投入所要增加的成本。

边际要素成本的变化取决于要素的市场结构。在完全竞争的要素市场条件下,单个厂商只是众多要素购买者之一,它对要素使用的多少无法影响要素的市场价格。所以,厂商多使用一单位的生产要素而要追加的成本等于单位要素价格,在劳动要素市场上也就是 $MFC_L=w$,w 表示单位工资。在不完全竞争的要素市场条件下,MFC_L 随着要素需求量的增加而递增且总是大于要素价格 w。

综上所述,(10.2)式可以写为:

$$MRP_L = MFC_L \tag{10.3}$$

厂商在决定生产要素的使用时需要同时兼顾收益和成本。要遵循利润最大化的原则,就是要通过要素使用量的选择,使要素的边际收益产品 MRP_L 等于边际要素成本 MFC_L。当 $MRP_L>MFC_L$ 时,说明厂商每增加一单位劳动投入而增加的收益大于每增加一单位劳动投入所增加的成本,这时厂商继续投入劳动可以增加利润。当 $MRP_L<MFC_L$ 时,说明厂商每增加一单位劳动投入而增加的收益小于每增加一单位劳动投入而增加的成本,这时继续使用劳动会使得利润减少,所以厂商会减少劳动投入。只有当 $MRP_L=MFC_L$ 时,这时满足了利润最大化原则,厂商能够从劳动的使用中获得最大利润。

二、完全竞争条件下厂商的要素需求曲线

这里是指产品市场和要素市场均为完全竞争的情况。依然假设只有劳动是可变要素,所有的生产活动都围绕着劳动投入量的变化而进行。在完全竞争市场条件下,要素的供求双方数量众多,市场上的要素是同质的,要素可以自由流动且供求双方均掌握完备的信息。首先讨论单一厂商对生产要素使用量的确定问题。

前面我们讨论了在完全竞争市场中,厂商是被动地接受产品价格即 $MR=P$,从而有边际收益产品 $MRP_L=MR \cdot MP_L=P \cdot MP_L$,这里 $P \cdot MP_L$ 在经济学中被称为要素的边际产品价值(value of marginal product),以 VMP_L 表示,它表示每增加一单位要素投入所增加的产品价值。在完全竞争市场条件下,边际收益

产品与边际产品价值相等。

例如，如果增加一单位劳动投入增加的产量 $MP_L=10$，每单位产品的市场价格 $P=15$ 元，那么劳动的边际产品价值为 $VMP_L=P\cdot MP_L=15\cdot 10=150$ 元。

又因为要素市场也是完全竞争的，边际要素成本 MFC_L 等于单位工资 w，厂商按照 $MRP_L=MFC_L$ 来决定要素使用量，这时 $MRP_L=VMP_L=P\cdot MP_L=MFC_L=w$。由于边际生产力递减，即劳动的边际产量递减，$MP_L$ 曲线是向下倾斜的。又由于 P 是既定的，边际产品价值 VMP_L 曲线也是向下倾斜的。我们用图 10-1 说明厂商的决策过程。

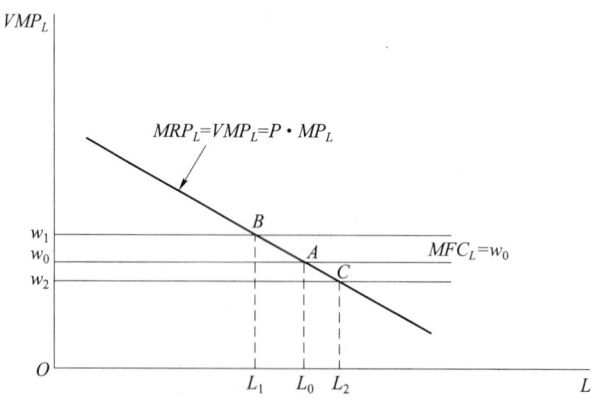

图 10-1 利润最大化的劳动雇佣量

在既定的要素价格水平上，劳动的边际成本 MFC_L 曲线是一条水平线，表示每一个厂商都是要素价格的接受者。当劳动的市场价格为 w_0 的时候，VMP_L 曲线与 MFC_L 曲线相交于点 A，对应的是利润最大化条件下最优的劳动雇佣量 L_0。如果小于这个雇佣量如 $L_1<L_0$，这时 $MRP_L>MFC_L$，就意味着增加劳动雇佣量还有增加利润的空间；如果大于这个雇佣量如 $L_2>L_0$，这时 $MRP_L<MFC_L$，则意味着厂商减少劳动的投入量反而能增大利润。

如果工资上升到 w_1 或下降到 w_2，MFC_L 曲线都会与 VMP_L 曲线相交形成新的均衡点，分别对应 L_1 和 L_2 这两个劳动雇佣量。因此对于每个工资水平，我们都可以找到对应的最优劳动雇佣量。VMP_L 就表示了劳动的最优雇佣量和劳动价格之间的关系，亦即厂商的（劳动）要素需求曲线。

假设某个厂商在产品市场和要素市场上都是完全竞争者，厂商的生产函数满足柯布-道格拉斯生产函数的性质，为 $Q=12L^{0.5}K^{0.5}$。Q 为在一定的生产技术水平下厂商每年能够生产产品的数量，L 为厂商雇佣工人的人数，K 为厂商投入的资本数量。假设资本总量固定为 100 个单位，并且假设厂商生产出来的产品市场价格为 5 元，工人的单位工资水平为 15 元。试计算：（1）该生产厂商的劳动需求曲线；（2）利润达到最大化时的工人雇佣量。

解：

（1）因为生产函数为 $Q=12L^{0.5}K^{0.5}$，对 L 求导得到边际产品：

$$MP_L = dQ/dL = 6L^{-0.5}K^{0.5}$$

将 $K=100$ 代入上式，得到：

$$MP_L = 6L^{-0.5} \cdot 100^{0.5} = 60L^{-0.5}$$

因为该厂商面临完全竞争的要素市场和产品市场，所以边际要素成本等于工资率，边际收益产品等于产品价格和边际产品的乘积，即：

$$w = VMP_L = P \cdot MP_L$$

将 $P=5$ 代入上式得到：

$$w = P \cdot MP_L = 5 \cdot 60L^{-0.5} = 300L^{-0.5}$$

整理得到厂商的劳动需求曲线：

$$L = 300^2 w^{-2} = 90\,000 w^{-2}$$

（2）根据 $w=VMP_L=P \cdot MP_L$ 的关系式，把工资率 $w=15$ 代入（1）已求出劳动需求曲线中，得：

$$L = 90\,000 w^{-2} = 90\,000 \times 15^{-2} = 400$$

即厂商达到利润最大化时的最优工人雇佣量为 400。

三、完全竞争条件下市场的要素需求曲线

1. 市场的要素需求曲线

在分析了单一厂商的生产要素需求曲线后，我们可以进一步讨论整个市场对生产要素的需求曲线。如前所述，在完全竞争市场条件下单个厂商无法影响要素的价格，但是当涉及整个行业或市场的时候，所有厂商对劳动这种要素使用量的变化，必然会引起某种产品市场供给的变化，进而带来产品价格的变化，从而引起边际产品价值线 VMP_L 即厂商对要素需求曲线的移动。我们用图 10-2 来说明要素市场需求曲线的推导过程。

如图 10-2（a）所示，d_1 是产品价格为 P_1 时的劳动需求曲线，它与工资水平线 w_1 相交于点 A，表示当工资为 w_1 时，单个厂商对劳动的需求量为 L_1。当工资下降到 w_2 时，更加便宜的劳动力使得行业内的厂商纷纷增加对劳动要素的需求，进而增加产品供给，这就使得产品的市场价格下降为 P_2，表现在图形上就是单个厂商需求曲线被拉至 d_2 的位置上。新的需求曲线与工资水平线相交于点 B，此时单个厂商对劳动的需求量为 L_2。

可以看出，在考虑了整个市场的价格调整机制之后，实际上厂商的要素需求曲线的形状要比没有考虑市场因素的时候陡峭。将所有厂商在均衡点上的劳动需求量加在一起，就得到对应的市场总需求量 L^*，如图 10-2（b）所示，D_L 曲线就是市场的要素需求曲线的最终形态。图中点 C 和点 D 分别对应单个厂商的均衡点 A 和点 B，L_1^* 就是工资水平为 w_1 时，所有厂商的劳动需求量加总，而 L_2^* 就是工资水平为 w_2 时，所有厂商的劳动需求量加总。

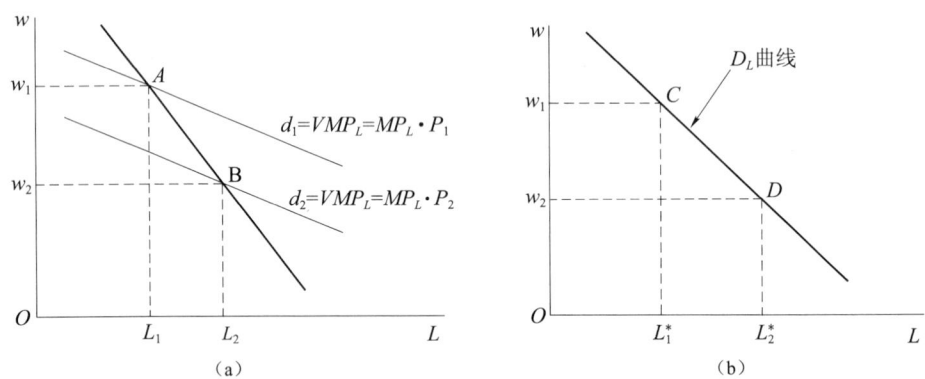

图 10-2　由厂商要素需求曲线到市场要素需求曲线

2. 要素需求曲线的扩展

以上我们讨论的都是只存在一种可变要素的情况，扩展到其他生产要素需求曲线的分析，其原理是同样适用的，只不过更为复杂一些。当仅仅只有劳动这一种可变要素时，要素价格变化时，相对廉价的劳动力吸引着厂商加大劳动力的雇佣和投入，生产出来的产品的数量也会随之增加。我们在第二章讨论市场均衡的时候说到，产品需求曲线与向右移动的产品供给曲线相交于新的均衡点，在这点上产品价格将会下降。产品市场和要素市场存在着紧密联系，产品价格的下降在要素市场上的反映就是厂商的边际产品价值曲线和要素需求曲线的向下移动。

然而，当我们在考虑其他要素的需求曲线时，要特别注意生产要素的特殊属性，不能将这个原理生搬硬套。例如像土地这种生产要素，由于资源稀缺性和两权分离等特殊属性，使得它的价格波动不一定会引起产品供给数量和市场价格的波动。政府出台的土地限价政策会使得土地使用价格下降，但是政府同时严格控制着土地的使用权。在这种情况下，人们会发现地租的下降并不必然地引起土地使用量的变化，所以市场上产品产量和价格也没有变化。同样地，我们也必须考虑整个市场的特殊情况。当宏观经济出现萧条时，人们对未来的预期是消极的，因此无论多么便宜的要素价格也不能刺激厂商增加生产。所以，当我们在解决实际问题时，一定要充分考虑生产要素的性质和规律，才能在这个基础之上合理地应用理论进行研究。

四、完全竞争条件下的要素价格决定

同产品市场一样，生产要素的价格也是由市场供求决定的。生产要素包括劳动资源、自然资源、资本资源、企业家资源等，由于拥有要素的供给方不同，要素也就具有总量固定的特性，短期内很少具有变动的可能性。其中最明显的当属自然资源，它包括土地、矿产、能源、环境等，其总量是大自然赋予的，可以说是"与生俱来"的，所以短期内的供给弹性很小。但是随着时间的推移和政策的变化，自然资源在各个领域的应用会发生改变。随着地球上的能源面临枯竭，人们增强了可持续发展的意识，赋予自然资源更为广泛的用途和更为宝贵的价值。原先作为建筑用的土地被改造成生态园林，以前只具有灌溉用途的水资源被用于水力发电。在长时期内，厂商面对的自然资源供给量会随着价格变化而变化的，换言之，要素具有一定的供给弹性。再比如，作为要素之一的企业家资源是由人力资本即企业家的心智决定的，他们的知识水平和人格素质决定了他们的生产决策，运用有限的资源生产更多的产品，从而达到利润最大化。这种主观方面的素质虽然在短时期内无法改变，但是只要有足够的时间，这些都可以通过学习和培养加以改变。原本不存在的企业管理理论正是在总结前人的经验和教训的基础上发展起来的，现代企业家的知识结构相对早期有了很大的改进和提升。所以在长期时间内，人力资本的流动性和供给弹性也是较大的。

综上所述，各种资源在短期中的供给总量是固定的，但在长期中完全受到相对价格的影响。这种影响机制类似于产品市场，要素价格上升，则供给量增加；反之，要素价格下降，则供给量减少，因此，要素供给曲线是向右上方倾斜的。在充分理解要素市场供给的基础上，我们结合前面所讨论要素市场的需求曲线来分析要素市场的均衡情况，据此决定要素的价格水平。

图 10-3 显示了生产要素市场的均衡情况。要素需求曲线 D_L 和要素供给曲线 S_L 相交于均衡点 E，市场（行业）

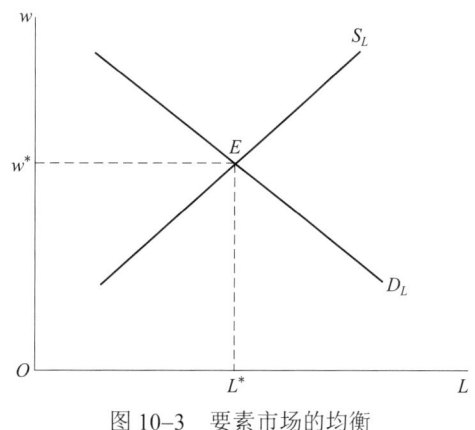

图 10-3　要素市场的均衡

的均衡要素价格为 w^*，市场（行业）对要素的均衡雇佣量为 L^*。

第二节　非完全竞争条件下要素价格的决定

非完全竞争是除完全竞争以外的市场结构总称。根据要素的供给和需求将非完全竞争条件下的要素市场归结为三种情况：（1）卖方垄断的产品市场，完全竞争的要素市场。即生产厂商在产品市场上是价格的决定者，但在要素市场上是价格接受者；（2）买方垄断的要素市场，完全竞争的产品市场。即生产厂商在产品市场上是价格接受者，而在要素市场上是价格决定者；（3）双边垄断市场。即要素市场的买方和卖方都是垄断者，双方具有决定价格的能力。

在本节中否定了生产要素市场完全竞争这条假设，但仍然认为劳动是唯一可变的生产要素。使用这种可变要素的厂商，仍然会按照 $MRP_L = MFC_L$ 的利润最大化原则确定劳动的使用量。只是在不同的市场结构下，边际收益产品 MRP_L 和边际要素成本 MFC_L 的形成已经有所不同。

一、卖方垄断产品市场下的要素市场均衡

1. 卖方垄断条件下厂商的要素需求曲线

在完全竞争条件下，产品价格是一个常数，价格曲线也就是一条水平的直线，厂商不能改变产品的市场价格。当厂商垄断了产品市场的时候，价格是销售量的函数，随着产品销售量变化，价格也会发生变化。假设存在一个化妆品市场，该市场被若干个知名品牌的生产厂商所垄断。当市场面临着另一个品牌的进入威胁时，原有厂商便会利用手中的垄断力量压低化妆品的市场价格，使得产品市场利润减少，新的品牌无法在激烈的竞争中盈利，于是只好不进入或从市场中退出。同理，当销售额出现下降时，厂商又会相应调整产品的价格以控制它的利润水平。根据前面的证明，我们将要素的边际收益产品表示为：

$$MRP_L = MR \cdot MP_L$$

因为不同于完全竞争市场，这里的边际收益 MR 不能用 P 来代替，而是一个随着产量增加而下降的函数。下表所示某厂商的边际收益产品表可以让我们更加清晰地理解各种变量的内在规律和联系。

表 10–1　某厂商的边际收益和边际收益产品

要素数量 L	边际产量 MP_L	边际收益 MR	边际收益产品 MRP_L
1	10	8	80
2	9	7	63

续表

要素数量 L	边际产量 MP_L	边际收益 MR	边际收益产品 MRP_L
3	8	6	48
4	7	5	35
5	6	4	24
6	5	3	15
7	4	2	8
8	3	1	3

卖方垄断的产品市场情况下 MRP_L 与完全竞争情况下 VMP_L 的关系如图 10-4 所示。

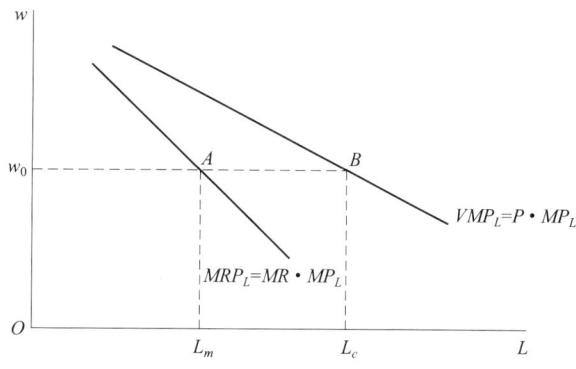

图 10-4 边际收益产品曲线

因为边际收益 MR 曲线是一条向右下方倾斜的曲线,所以边际收益产品曲线 MRP_L 也是一条向右下方倾斜的曲线,相对完全竞争条件下的边际产品价值曲线 VMP_L 要更加陡峭,并且位于 VMP_L 曲线的左下方(垄断厂商的边际收益 $MR<P$)。在完全竞争的要素市场上,厂商只能接受既定的要素价格,这时边际要素成本 MFC_L 仍然是生产要素价格即劳动价格 w_0。边际收益产品曲线与劳动价格线相交于均衡点 A,这点上确定的劳动雇佣量 L_m 要小于完全竞争条件下的达到均衡的劳动雇佣量 L_c。

相应地,边际收益产品曲线也就是单个厂商的要素需求曲线。在不完全竞争条件下,从单个厂商的要素需求曲线到整个市场的要素需求曲线的推导过程,同完全竞争市场的情形类似,不过市场的要素需求曲线较之完全竞争产品市场所对应的要素需求曲线更为陡峭一些。

2. 卖方垄断下的要素市场均衡

市场上生产要素的供给曲线是一条向右上方倾斜的曲线。以 MRP_L 为基础的要素市场需求曲线和要素市场供给曲线 S_L 共同决定了生产要素的均衡价格和均衡数量。同完全竞争产品市场以 VMP_L 为基础的要素需求曲线相比，卖方垄断产品市场下要素的均衡数量 L_m 要小于 L_c，要素的均衡价格 w_m 要低于 w_c。

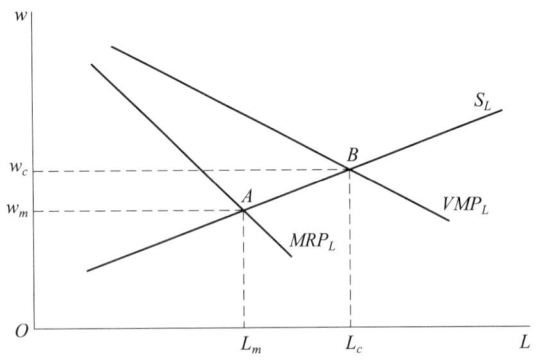

图 10-5　卖方垄断产品市场下的劳动市场均衡

二、买方垄断要素市场的均衡

1. 买方垄断要素市场的需求曲线

在完全竞争的要素市场上，厂商面临着一条水平的要素价格曲线。无论它增大还是减少劳动雇佣量，这种要素使用量的改变仅仅是要素市场上庞大的需求总量的一小部分，市场价格不会因此而改变。但是买方垄断要素市场则不同。假设市场上有许多闲置劳动力等待雇佣，并且只有一家厂商雇佣工人，即要素需求方是处于垄断地位，而要素供给方处于完全竞争地位。这时候，厂商雇佣劳动的行为决策，会影响到劳动要素的价格。换言之，雇佣劳动的厂商不再是价格接受者，它具有一定的要素市场垄断力量能够影响工资水平。

厂商若要增加要素使用量，那么它就必须提高支付的要素价格，以更高的工资水平来吸引劳动力；若厂商要减少要素使用量，那么它就可以减少支付的要素价格，因为这时候较少的需求量和市场上较多的剩余劳动力，使得厂商具有按照自身需求来适当控制要素的价格。假设原先劳动市场上的平均工资为 100 元/小时，由于新产品的开发或扩大生产的需要，生产者想要雇佣更多劳动力，那么它可以给出 120 元/小时的工资，抬高了的工资将刺激更多劳动力涌入；但若处在衰退的产品周期阶段或者遇上萧条的经济形势，厂商不需要那么多的劳动力，那么它可以将价格调整为 80 元/小时来维持企业生存。在这种买方垄断的条件下，厂商面临的劳动供给曲线不再是一条完全弹性的曲线，而是一条向右上方倾斜的劳动供给曲线。劳动价格随着劳动需求量变化而变化。

在讨论了劳动供给之后，进一步分析边际要素成本。仍然以劳动作为唯一的可变要素。在买方垄断的要素市场条件下，将单位劳动价格 w 表示为劳动雇佣数量 L 的函数，即 $w=w(L)$，厂商雇佣劳动的总成本就是 $w(L) \cdot L$。劳动的边际要素成本就是总成本对劳动数量求导，即：

$$MFC_L = \frac{d[w(L) \cdot L]}{dL} = w(L) + L \cdot \frac{dw(L)}{dL} \quad (10.4)$$

（10.4）式中，$w(L)$ 可以看作平均要素成本；$dw(L)/dL$ 是劳动雇佣量的变动引起的劳动价格的变动，乘以 L 则可以看作劳动雇佣量的变动引起价格变动而带来的总成本的变动。这样（10.4）式的右边可以看成由两部分组成，平均要素成本和增加劳动量引起的成本变动。由该关系式得出，$MFC_L > w$，换言之，增加劳动雇佣量时，厂商所花费的单位成本在原先的平均要素成本 w 的基础上，还增加了劳动雇佣量增加引起的工资变化。每当厂商多雇佣一个工人时，就会抬高工资，这是因为厂商是唯一的劳动需求方，它所需要支付的工资随着雇佣数量的增加而增加。要素的市场供给曲线 $w(L)$ 表现在图中就是一条向右上方倾斜的曲线。

我们还可以把（10.4）式写为：

$$MFC_L = w(L)\left[1 + \frac{dw(L)}{dL} \cdot \frac{L}{w}\right] = w(L)\left(1 + \frac{1}{E_L}\right) \quad (10.5)$$

在（10.5）式中，$E_L = (dL/L)/(dw/w)$，我们把它称作劳动的供给弹性，反映劳动的供给对工资变动的反应程度或敏感程度。因为供给曲线是向右上方倾斜的，因此劳动供给弹性 $E_L > 0$。实际生活中的经验也能够解释劳动供给弹性为正数的性质，如果劳动力市场的工资水平提高了，会带动劳动所有者的福利水平增加，那么工人当然愿意拿出更多的精力投入到生产当中，要素市场上劳动供应量会明显增加。

在完全竞争市场上，劳动的供给具有完全弹性，w 不会发生变化，这就使得 E_L 为无穷大，$1/E_L$ 接近于 0，这时的 MFC_L 等于 w，这和我们第一节讨论完全竞争市场的结论一致。在买方垄断市场上，供给曲线不具有完全弹性，这时 MFC_L 就严格大于 w。

2. 买方垄断要素市场的均衡形成

因为厂商垄断了要素购买时，它面临的供给曲线是不确定的，可以是线性也可以是非线性，可以是要素数量的一元函数也可以是二元函数。这里我们以一个简单的一元线性劳动函数为例来分析买方垄断的市场均衡。

假定买方垄断市场面临的劳动供给曲线为线性，且由供给曲线的性质：

$$w(L)=a+bL$$

厂商雇佣劳动的总成本：

$$C(L)=w(L) \cdot L=aL+bL^2$$

对上式求 L 的导数得到边际要素成本：

$$MFC_L=a+2bL$$

将上式在图 10-6 中表示出来，对比边际要素成本曲线 MFC_L 和以 $w(L)$ 为基础的劳动供给曲线 S_L，可以观察出前者位于后者之上，虽然它们与纵轴交于同一点上，要素的边际成本曲线和市场供给曲线起始水平相当，但是边际要素成本曲线的斜率 $2b$ 两倍于市场供给曲线的斜率 b，前者的斜率要显著高于后者。随着雇佣数量的增加，面对着不断抬高的边际要素成本，厂商需要在这种成本递增的情况下重新考虑生产的均衡问题。

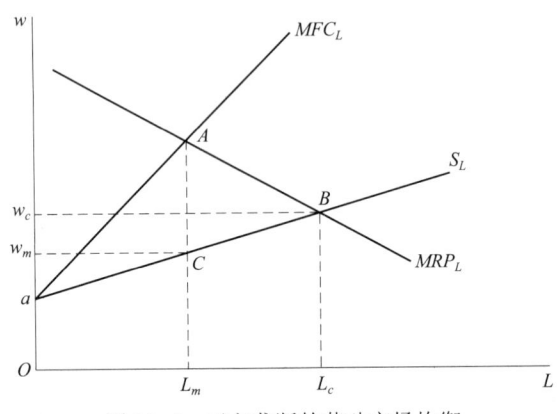

图 10-6　买方垄断的劳动市场均衡

同其他情况下的市场均衡一样，厂商确定最优要素使用量时仍然根据利润最大化原则，也要遵循边际收益产品等于边际要素成本的基本公式，在买方垄断的要素市场条件下也就是找到 MRP_L 和 MFC_L 两条曲线的交点。在图 10-6 中可以看出，MRP_L 曲线和 MFC_L 曲线相交于点 A，在这一点上确定了雇佣量 L_m，接着从该点垂直延伸出去的虚线与市场供给曲线 S_L 交于点 C，决定雇佣 L_m 单位的劳动所要支付的价格 w_m。相应地，S_L 和 MRP_L 的交点 B 则确定了完全竞争市场的 L_c 和 w_c。同完全竞争要素市场相比，买方垄断要素市场下的要素均衡数量 L_m 要小于 L_c，均衡价格 w_m 要低于 w_c。

三、双边垄断市场

前面讨论的都是产品市场的卖方垄断和要素市场的买方垄断，那么什么又是双边垄断呢？顾名思义，双边垄断即存在供给方和需求方两种垄断力量的市场结构。在劳动市场上，一方面存在着劳动力所有者对劳动的垄断，具体表现形式就是工会，工人依靠工会的力量垄断劳动的供给；另一方面存在着劳动力需求者对劳动购买的垄断，具体表现为厂商通过制定各种制度和措施来影响劳动力市场。这种市场就是双边垄断市场。例如，市场上所有的公司为了增加影响能力、提高利润水平，相互勾结形成一个大公司，而所有的工人都被组织在一个工会中，或者对特殊工种政府给予适当干预来鼓励这些劳动力供给。这样在劳动市场上就存在着两个垄断者：垄断劳动市场需求方面的大型公司，以及垄断劳动市场供给方面的大型组织工会。市场上劳动要素的价格和数量形成就是这两个垄断方不断地进行博弈的结果。

1. 工会对劳动价格的影响

工会最早诞生于 18 世纪中叶的英国，随后逐渐在其他国家建立，并取得了合法地位，成为世界性的普遍社会现象。工人按照产业系统组织起来，形成具有强大力量的组织，通过对内协调、对外谈判甚至罢工的形式同资本家对抗，争取和维护工人的利益，并在国家政治生活中发挥作用。在一些欧美国家，工会的力量往往十分强大，对劳动价格即工资水平的决定起到举足轻重的作用。工会对劳动价格的影响方式主要有以下几种：

（1）增加劳动需求

在劳动市场上，增加劳动需求的方法是最直接的影响价格的手段。它可以让劳动需求曲线向右移动，与劳动供给曲线形成新的均衡点，不但会使工资增加，而且可以增加就业。这适用于工人希望得到更多雇佣机会和更多劳动报酬的情况，具体方法主要有：扩大产品市场、刺激消费需求、增加出口、限制进口，实行贸易保护主义政策、设置关税壁垒等。在这一点上工会和厂商的目标相同，往往容易达成一致的协议。

（2）减少劳动供给

当工人感觉自身利益受到损害时，除了有提高工资的意愿之外，还希望减少工作时间和压力。这时候，需要借助工会的力量减少劳动市场上的供给。向左移动的劳动供给曲线与不变的劳动需求曲线形成新的均衡点，在这点上工资会得到提高，但是就业量会相应地减少。具体方法主要有：迫使企业减少工时、禁止使用童工以及外籍人口，提高对劳动力素质的要求，迫使政府通过强制退休的法律等。这时候厂商的劳动雇佣量受到压制，有可能会导致生产量的降低，因此达成协议需要工会与厂商双方的共同协商。

（3）实行最低工资法

在没有外力干涉的情况下，劳动市场达到供求均衡状态，当供给与需求不相等时，价格机制依然可以将它们拉回到均衡点。工会可以迫使国会通过立法规定最低工资，这样即使是在劳动的供给大于需求时，也能够使工资维持在一定水平上。这样虽然保证了较高的工资水平，但却给社会带来了一定数量的失业人口，影响了整个社会的稳定。这是由于实行劳动市场价格管制带来的弊端。如何解决这部分劳动人口的生存将会是实行最低工资法留给政府解决的难题。

产品的需求弹性是决定工会对工资影响力的重要因素。我们知道，增加工资会引起产品成本的上升，如果需求弹性较大，产品价格的轻微上升就会引起销售量的剧烈下跌，实行最低工资法的难度就会比较大。在现实中，出于对农民利益的保护，政府会采取一些措施：卖出 0.5 元的白菜补贴 0.3 元，相当于 0.8 元出售；卖出 1 元的土豆补贴 0.2 元，相当于 1.2 元出售。政府对农产品的补贴可以看作是对农民进行了最低工资限制，因为农产品是生活必需品，需求弹性比较小，所以需求量的变动影响不会太大。

2. 厂商对劳动价格的影响

当然，劳动市场上也会存在着垄断厂商，它们对劳动价格即工资的决定也具有一定的影响力。在工会形成之前资本家相互勾结形成大型垄断企业，共同压榨工人的剩余生产力。自从工会形成之后这种情况得到了一定改善，但在现实经济生活中还是存在的。厂商对劳动价格的影响方式主要有以下几种：

（1）就业准入制度

就业准入制度是指厂商在招聘某些特殊工种时，只从取得相应职业资格证书的人员里录用。实行就业准入制度的厂商和国家相关劳动法律制度相结合，往往具有比较强的社会控制力。如高校教师必须取得教师资格证才能就职，果园和园艺师等必须取得农民绿色证书才能就职。

（2）就业歧视性措施

就业歧视性措施在买方垄断市场上普遍存在，厂商提出各种特殊的用人条件，具有很强烈的主观色彩。最常见的就是教育歧视，规定只招收具有本科生或研究生以上学历的人员。再有就是地域性歧视，规定只招收持有相应城市户口的人员。其他还有性别歧视、年龄歧视、种族歧视等。

（3）压低工资或增加工时

这是垄断厂商最为直接的手段，这两种方式都会造成平均工资水平降低，使得需求曲线左移，劳动均衡价格降低。一般来说，垄断厂商能够采用这种方式的是劳动力供应相对充裕的行业，对于稀缺行业稀缺工种的工资压制，会相对轻微一些。

第三节　劳动市场的价格决定

前面两节我们所讨论的，无论是完全竞争市场下的要素价格决定，还是不完全竞争市场下的要素价格决定，都是着重从分析厂商的行为方面入手的。对于要素供给者同样需要进行一个系统的分析。下面我们将从要素所有者的最大化行为出发，来具体分析要素的供给量是如何随着要素的价格变化而变化的。消费者作为要素供给方，向市场提供原始生产要素，与要素的需求方追求利润最大化一样，要素的供给方也需要达到效用最大化。

一、要素供给原则—效用最大化

一旦从消费者的方面来考虑问题，要素供给问题便有一个明显的特点：消费者拥有的要素总量在一定时间内是固定不变的。依然以劳动作为典型的要素来讨论，我们知道一个人一天拥有 24 小时，谁也不会多，谁也不会少。他只能将这 24 小时中间的一部分拿出去投入到工作当中去，也就是作为生产要素投入到劳动市场。全部的时间资源在去除了供给市场的那部分之外，剩下的部分被消费者保留下来自己使用，又叫做"保留自用"的资源。这样，他一天的收获由两部分组成，工作得到的收益和闲暇放松带来的收益。所谓的要素供给问题就是消费者在一定的要素价格水平之下，将全部资源分配在"要素供给"和"保留自用"两种用途上以获得最大效用。

工作直接带来收入，而闲暇则带来舒适和满足。如果消费者工作所得的工资是 10 元/小时，而不工作时带来的满足感他觉得也可以折算成 10 元/小时，那么要素供给的边际效用等于保留自用的边际效用。因为边际效用递减，如果工作的时间投入较多，闲暇的时间投入较少，那么要素供给的边际效用小于保留自用的边际效用，他将会把用于工作的时间资源不断地转移到闲暇上去；反之，如果工作的时间投入较少，闲暇的时间投入较多，那么要素供给的边际效用大于保留自用的边际效用，他将会把用于闲暇的时间资源不断地转移到工作上去。这就是要素供给的原则。

二、要素供给曲线的推导

1. 效用最大化的数学表示

（1）闲暇与工作的效用度量方法

现在我们知道要素供给遵循要素供给和自用资源的效用相等原则，但是消费者要决定究竟提供多少生产要素，就需要一种能够度量这两种效用的方法。

要素供给的边际效用如何表示呢？我们知道，消费者之所以要提供生产要素是为了获得收入，而这种收入又能够带来效用，因此称为"间接效用"，要素供给通过收入与效用相联系。

假设劳动供给增量为ΔL，引起的收入增量为ΔI，而收入增加引起的效用增量为ΔU，则：

$$\frac{\Delta U}{\Delta L} = \frac{\Delta U}{\Delta I} \cdot \frac{\Delta I}{\Delta L}$$

当$\Delta L \to 0$时，对上式两边取极限得：

$$\frac{dU}{dL} = \frac{dU}{dI} \cdot \frac{dI}{dL} \tag{10.6}$$

（10.6）式中，dU/dI即收入的边际效用，dI/dL即要素供给的边际收入，它们相乘得到的dU/dL就是要素供给的边际效用。

一般来说，要素市场是完全竞争的，单个消费者只是市场上的价格接受者，他不能随意改变或影响要素的价格。在这种情况下，要素的边际收入就等于要素的价格，即市场上的工资率。

$$\frac{dI}{dL} = w$$

代入（10.6）式即有：

$$\frac{dU}{dL} = \frac{dU}{dI} \cdot w \tag{10.7}$$

这就是完全竞争条件下消费者供给的边际效用公式，在不完全竞争条件下，直接使用式（10.6）来表示。

下面我们讨论自用资源（保留自用的资源）的边际效用。闲暇本身可提供一种效用，这是它作为一种商品非常特殊的地方。消费者将一部分时间用于自己消费而不是投入到要素市场，例如用来做家务、看电视或者休息。自用时间的效用是通过不同途径产生的。一方面，消费者节省了本来需要雇佣别人做家务带来的开支，相当于节省费用增加收入从而间接增加了效用；另一方面，休息和娱乐给消费者带来身心的放松和愉悦，直接增加了他的效用。

假设闲暇带来的效用都是直接的，就可以将自用资源的效用简化表示。若自用资源的数量是H，每增加一单位的自用资源带来的效用增加即dU/dH，就是自用资源的边际效用。

（2）闲暇与工作的时间分配

根据之前讨论的效用最大化条件，我们可以将要素供给的间接效用和自用资源的边际效用的相等原则表示为：

$$\frac{dU}{dH} = \frac{dU}{dI} \cdot w \qquad (10.8)$$

（10.8）式左边是自用资源的边际效用，右边是要素供给的边际效用。

我们可以用效用无差异曲线和预算约束线来分析消费者效用最大时的闲暇和收入组合。假设消费者拥有的用于工作和休息的时间总量为 $\overline{H}$，工资率为 w，在该工资水平下，消费者的闲暇时间为 H，闲暇的价格就等于工资率 w，因为一小时闲暇的机会成本实际上就相当于失去一小时的工资收入。工作时间 $L = \overline{H} - H$，工作所得到的收入为 $I = w \cdot (\overline{H} - H)$。消费者的效用来自于工作和闲暇两个部分即要素供给的收入和自用资源的效用，因此效用函数写为：

$$U = U(I, H) \qquad (10.9)$$

消费者在既定的时间资源数量下进行工作和闲暇两种活动的分配，所以预算约束线写为：

$$(\overline{H} - H) + H = \overline{H}$$

上式两边同时乘以 w 得到：

$$I + w \cdot H = w \cdot \overline{H} \qquad (10.10)$$

（10.10）式表明消费者的工资收入加上闲暇的价值等于按工资率定价的全部时间资源的价值，有时被称为完全收入或隐含收入。

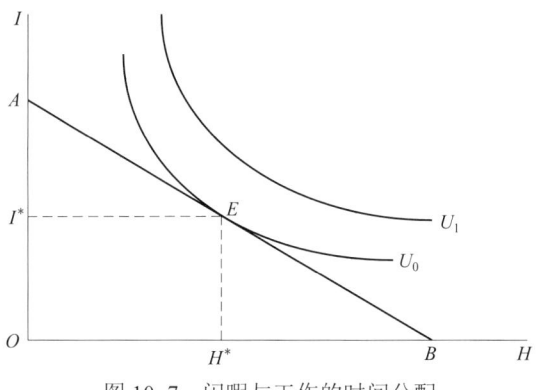

图 10-7　闲暇与工作的时间分配

在图 10-7 中，如果消费者把全部时间用于工作，那么他可以获得 $I = \overline{H} \cdot w$ 的收入，由纵轴上的点 A 来表示。如果消费者把全部时间用于闲暇，那么他可以获得的收入为零，由纵轴上的点 B 来表示。连结 AB 的直线就是预算线，斜率为工资率 w，也即闲暇的价格为 w。

收入越多，闲暇越多，消费者就越能够获得更多效用，且任何一种变量的边际效用递减，所以效用无差异曲线凸向原点，并且越是远离原点就越能够代表更高的效用水平，如图 10-7 所示。效用无差异曲线 U_0 与预算约束线 AB 相交于切点 E，在这一点上消费者达到了效用最大化。对应的最优闲暇量为 H^*，最优工作量为 $\overline{H}-H^*$，得到的最大收入 $I^*=w\cdot(\overline{H}-H^*)$。$E$ 点满足工资率等于收入对闲暇的边际替代率，即：

$$MRS=-\frac{dI}{dH}=\frac{MU_H}{MU_I}=w \qquad (10.11)$$

上式也就是（10.8）式的变形，再次证明了效用最大化的条件。MU_H 和 MU_I 分别表示闲暇和收入的边际效用。表明消费者增加一小时工作得到的收入的价值等于失去的闲暇的价值。

需要特别注意的是，当时间分为工作和闲暇两种用途，作出闲暇享受和消费其他商品的决策时是需要通过选择工作的时间来决定的。二者相互联系，此消彼长，在很大程度上可以看成是可以相互替代的消费品。享受闲暇是要付出一定代价的，这个代价就是它的机会成本，即不参加工作而主动放弃的收入。这就是前面所说的，闲暇的价值可以用每小时工资率来度量。

2. 劳动供给曲线的图形

根据上述分析，我们知道在一定的工资率 w 的水平上，消费者的效用曲线和约束线相切于一个点，在这个点上达到了效用最大化。那么随着工资 w 的变化，对闲暇的需求量是如何变化的呢？图 10-8 描述了这种变化过程。

假设消费者可以提供的最大劳动量为 $\overline{H}$，这在图 10-8（a）中由 $\overline{H}$ 位置上一条固定的纵向直线标示出来。当工资率为 w_0 时，切点为 E，对应的最优闲暇量为 H_0，劳动供给量为（$\overline{H}-H_0$）。现在工资率上升到 w_1，消费者的预算约束线斜率变大，以点 $\overline{H}$ 为轴心旋转到 $\overline{H}B_1$，切点为 F，对应的最优闲暇量为 H_1，劳动供给量为（$\overline{H}-H_1$）。同理，还能够得到其他情况下的切点，把这些点连接起来，就得到价格扩展线 PEP（与第三章的价格-消费线本质一样）。把不同工资率水平下的切点放到另一组坐标系中，使它表示工资率和劳动供给量的关系，这就是图 10-8（b）所示的劳动供给曲线 S_L，它呈现向后弯曲的形状，在下一小点内容中我们会用替代效应和收入效应予以解释。

我们知道，在切点上，劳动者以闲暇替代工作收入（或者叫其他商品消费）的边际替代率，等于他所能挣得的工资率。如果不是在上述这些切点上，那么将不能实现效用最大化。假设边际替代率 MRS 为 2，即表示他愿意放弃 2 个单位的商品消费来换取一小时的闲暇。这时如果实际工资率为 4，即表示每工作一小时得到的收入可以购买 4 个单位的其他商品，在这种情况下，工资率是边际替代率的两倍，违反了效用最大化的原则。这时消费者多工作一小时就可以额外获得2个单位的商品消费，他当然愿意将时间用来工作，以取得更大的效用。同理，当边际替代率为4，实际工资率为2，那么一小时的闲暇相当于消费了4个单位的商品，这大于工资收入能够带给他的效用，他会放弃工作增加闲暇，来获得更多的效用。消费者不断地调整时间在工作和闲暇上的分配，直到边际替代率等于工资率为止，这时他实现了最大的效用水平。

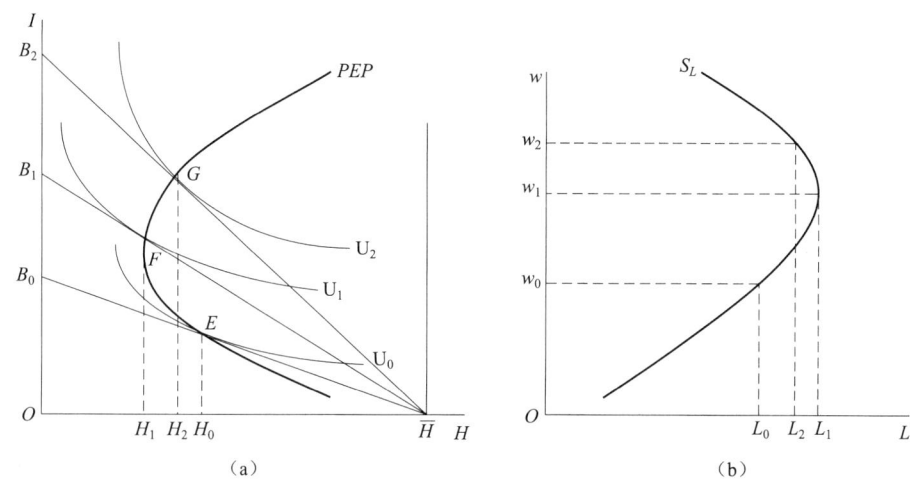

图 10-8　劳动供给曲线

3. 替代效应和收入效应

劳动供给曲线 S_L 为什么会呈现向后弯曲的形状呢？在消费者行为理论中我们已经知道，商品的价格变化会对需求量产生两个效应，替代效应和收入效应。把劳动也看成是一种商品，一方面，随着工资率上升，闲暇也就变得昂贵，人们不会将时间耗费在无所事事上，而是转而去工作，劳动供给量增加，这就是替代效应。另一方面，工资率的增加使人们获得更多收入，人们会用这些收入购买更多闲暇，劳动报酬增加的人们会花更多时间休息和娱乐，劳动供给量减少，这就是收入效应。例如，当工资率由10元/小时上涨到12元/小时的时候，劳动者会受到工资升高的激励而更加努力工作，但他同时又觉得不用这么疲于奔命地工作，他完全能够用这笔多出来的薪水做他自己想做的事情。他就需要在这两种决策中作出权衡。所以说闲暇的替代效应为负，收入效应为正，两者的作用方向是相反的。

一般来说，在工资率较低的情况下，替代效用大于收入效应，这是因为低工资带来的收入水平不会有太大变化，所以劳动供给随着工资率上升而增加。对于一些社会低层次劳动者来说，工资增加只会刺激他们继续干活。但当工资率达到一定水平之后，收入效应已经超过了替代效应，劳动者不会在乎多挣得一点收入，而是宁可把工作的时间用作闲暇。对于资产已经相当丰厚的富豪来说，他们更讲究能够享受到身心放松的高质量生活。

正如图 10-8 所示，消费者的闲暇需求量从 H_0 到 H_1 再到 H_2，是先减少后增加的过程，对应的劳动供给量 L_0、L_1 和 L_2，则是先增加后减少的过程。当工资在较低水平 w_0 到 w_1 时，较高的工资可以吸引消费者延长劳动时间、缩短闲暇时间。在这个阶段，劳动供给曲线向右上方倾斜，斜率为正。然而工资上涨对劳动者的吸引力是有限的，当工资上涨到 w_1，这时劳动供给量达到最大。如果再继续增加工资的话，如工资涨到 w_2，收入效应大于替代效应，消费者提供的劳动不但不会增加，反而会减少。在这个阶段，劳动供给曲线向后弯曲，斜率为负。劳动的替代效应和收入效应之间的相互关系，就解释了劳动供给曲线的特殊形状。

表 10-2 是某地劳动市场的供给表，它反映了工资和劳动供给量的对应关系，它恰好是劳动供给曲线向后弯曲形状的客观描述。

表 10-2 某地劳动市场供给表

工资（元/小时）	劳动供给量（小时）
4	2000
6	2500
8	3000
10	3500
12	3100
14	2700

三、劳动市场的均衡

1. 劳动市场的价格决定

一般来说，劳动市场的供给方是完全竞争的。所有单个消费者的劳动供给曲线水平相加，就得到整个市场的劳动供给曲线。虽然单个消费者的供给曲线会向后弯曲，但市场上的供给曲线却不一定会向后弯曲。因为随着工资上涨到一定高度，虽然个人不愿意再增加劳动的供给了，但是市场上要素的流动是自由的，充裕的劳动力资源会使得新的劳动者被吸引过来提供更多劳动，因此总的劳动供给还是会随着工资的上升而增加，整个市场的劳动供给曲线还是向右上方倾斜。

前面两节重点讨论了劳动需求曲线，无论是完全竞争市场，还是不完全竞争市场，需求曲线与供给曲线相反，是向右下方倾斜的。这在现实中很容易得到验证：工资水平高，雇佣劳动的一方利润下降，那么厂商将会不愿意支付过于昂贵的人力成本，而会转而通过增加投资或改进技术来代替对劳动力的依赖，工资和劳动需求量成反向变动关系。供给方面也很容易理解，工资上升会吸引单个消费者增加工作时间，整个市场上也会有更多劳动力的介入，工资和劳动供给量成正向变动关系。我们以工资率和劳动雇佣量分别作为纵轴和横轴，将劳动需求曲线与供给曲线绘制在图 10-9 中。

如图 10-9 所示，劳动需求曲线 D_L 和劳动供给曲线 S_L 交于点 E，在这点上对应的均衡工资是 w^*，均衡劳动雇佣量是 L^*。当工资率高于 w^* 时，劳动市场上的供给大于需求，厂商会压低工资以节省开支，工资水平逐渐下降。当工资率低于 w^* 时，劳动市场上的供给小于需求，工人有能力要求更多的工资，厂商也会提高工资以吸引劳动力，工资水平逐渐上升。在市场机制的调节作用下，

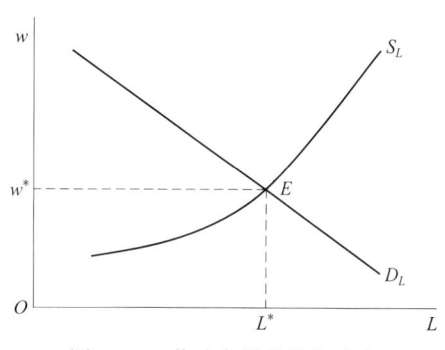

图 10-9　劳动市场的价格决定

工资率最终会回到均衡水平，直到劳动供求平衡为止。

工资率是劳动市场供求模型的内生变量，如果引入外生变量，那么引起的将会是整个供求曲线的运动。引起劳动需求曲线向右移动的主要因素有：扩张的财政政策，生产技术的进步，投资的增加，对外贸易条件的改善，经济形势的好转等；反之，劳动需求曲线则向左移动。引起劳动供给曲线向右移动的主要因素有：人口的总量增加以及人口结构的变化导致的劳动人口增加，教育水平的提高，国家鼓励就业的政策和法规，劳动意识的增强等；反之，劳动供给曲线向左移动。

2. 人力资本水平决定收入高低

产生工资率差别的原因有很多，例如学历、经验、外在条件等。其中一个最重要的原因就是劳动者素质的高低，劳动者的素质是由受教育程度决定的。据加拿大统计局的研究报告显示，具有较高教育程度、较高读写能力的人通常获得较优厚薪酬的工作。在国外，多接受一年的教育可使工资提高8.3%。中国的教育虽然不如发达国家那么完善，但多接受一年的教育也能够使得工资提高 3.3%～6.4%。报告还显示，受教育程度是家庭资产净值的重要因素之一。"如果家庭经济支柱只有中学毕业程度，资产净值的中位数字是62 500 加元，但如果他（她）拥有大学学士学位，资产净值中位数字差不多

倍增至 117 500 加元。但并非大学毕业生一定会获得较佳的收入。有关调查结果显示，文科生每年的平均收入为 30 500 加元。全部毕业生每年的平均收入为 39 150 加元。"❶

当一个人接受了一定年限的教育之后，他便会获得相应的素质和技能，这些让他能够获得高于未受教育者的工资。所以说，教育赋予了他某种价值。这种价值是体现在个人身上的，随着他参加工作、作出成绩、成就事业，会不断地发挥作用。这种价值被称为人力资本（human capital）。诚然，获得人力资本也需要付出一定的成本，分为显性成本和隐性成本。显性成本是最直接的投资，例如学费、生活费等教育必须的支出；隐性成本就是把接受教育的时间腾出来用于工作所能够取得的收入，这部分也应当算在成本之内。事实证明，接受教育的人们虽然在一开始不能够取得收入，但接受教育达到一定年限之后再去参加工作，获得的工资报酬远远高于未受教育者，而且随着工作年限增加，工资增长的速度也要高出许多。

本章小结

1. 与产品市场不同，生产要素市场上的需求方是厂商，供给方是消费者。于是生产要素市场的利润最大化原则为：$MRP_L = MFC_L$。完全竞争条件下，要素的需求曲线由要素的边际产量价值线 VMP_L 决定；不完全竞争条件下，则由边际收益产品线 MRP_L 决定。生产要素的价格由其市场供求关系决定。

2. 非完全竞争条件下要素市场主要有以下三种：卖方垄断的产品市场、买方垄断的要素市场和双边垄断市场。而且，同完全竞争要素市场相比，买方垄断要素市场下的均衡数量 L_m 要小于 L_c，均衡价格 w_m 要低于 w_c；同样卖方垄断产品市场下均衡数量 L_m 也小于 L_c，均衡价格 w_m 低于 w_c；而在双边垄断市场上，市场上劳动要素的价格和数量形成就是这垄断双方不断进行博弈的结果。

3. 要素市场的供给原则是效用最大化。我们把时间分作工作和闲暇两种用途，因此作出闲暇享受和消费其他商品的决策时需要通过选择工作的时间来决定。经过分析我们看到劳动的供给曲线呈现向后弯曲的形状，这是因为劳动作为一种商品，同样具有替代效应和收入效应。要素市场的供给曲线和需求曲线的相互作用，决定了均衡的工资率和劳动雇佣量。

---

❶ 张闻天. 哪些因素左右着你的薪酬？——受教育程度直接影响薪酬 [J]. 职业, 2003, (2): 14.

复习思考题

1. 简析完全竞争厂商使用要素的原则。
2. 为什么劳动供给曲线可能是向后弯曲的?
3. 试述生产要素价格决定理论。
4. 要素的市场需求曲线是如何形成的?
5. 一个厂商在劳动市场上处于完全竞争,而在产出市场上处于垄断。已知它所面临的市场需求曲线为 $P=200-Q$,当厂商产量为 60 时获得最大利润。若市场工资率为 1200 时,最后一位工人的边际产量是多少?

第十一章 一般均衡与经济效率

本章概要

　　以上各章我们讨论了单个产品市场和单个要素市场的局部均衡问题。本章将涉及一般均衡的学习，我们将探讨一般均衡的存在性，经济效率的判断标准，还将对福利经济学进行初步的了解。

学习目标

1. 理解一般均衡和局部均衡的之间的联系与区别。
2. 掌握经济效率的判断标准——帕累托最优的三个条件。
3. 了解福利经济学的基本思想。

第一节　瓦尔拉斯的一般均衡理论

在前面的章节中，我们已经独立地研究了包括产品市场和要素市场在内的单个市场的均衡问题。然而在现实经济生活中，任何一个经济主体和任何一个市场都不是孤立存在和运行的，正如"蝴蝶效应"所表述的一样，单个市场主体任何微小的变化都会引起整个市场系统的变动，市场中的任何一个经济主体的经济行为都与整个市场有着千丝万缕的联系。在本章中，我们尝试将"孤立"的市场主体和单个市场还原到整个市场体系中去，考虑它们之间的相互影响，以研究一般均衡问题。

一、局部均衡与一般均衡

在以上各章的学习中，经常会遇到类似的假设：在其他条件不变的情况下，商品的价格与消费者的需求量呈反方向变化。这是一种将经济主体或经济行为从一个大的经济背景中独立出来，使其处于一个"静止"的外部环境中，"孤立"地研究某一个因素变动会对这个特定的经济主体或经济行为产生何种影响的分析方法，也就是所谓的局部均衡分析方法（partial equilibrium analysis method），这种分析方法的特点是：假定在其他市场条件不变的情况下，孤立地考察单个市场或部分市场的供求与价格之间的关系或均衡状态，而不考虑它们之间的相互联系和影响。

然而，真实的经济社会运行是极其复杂多变的，局部均衡的分析方法往往"只见树木不见森林"，难免过于片面。实际上并不存在游离于经济体系之外的单个市场行为，单个的市场永远是整个经济体系的一部分，一个经济变量变动必然导致一系列连锁反应，直接或间接地影响到其他经济变量，最终影响到整个经济体系的均衡状态。本节我们将引入一般均衡的基本概念和分析方法。

一般均衡分析（general equilibrium analysis method）在1874年由法国经济学家瓦尔拉斯（L.Walras）❶正式提出。它假定一个社会任何一种商品（或生产要素）的需求和供给，不仅取决于该商品（或生产要素）的价格，而且也取决于其他所有商品和生产要素的供求和价格，则在生产要素的供给函数与消费者的需求函数，以及反映生产技术状况的生产函数为既定条件下，通过生产要素市场和商品市场以及这两种市场互相之间的供给与需求力量的相互作用，每种

---

❶ 法国经济学家瓦尔拉斯在经济学说史上最先充分地认识到一般均衡问题的重要性。他第一个提出一般均衡的数学模型并试图解决一般均衡的存在性问题，并对一般均衡的唯一性、稳定性等问题也作过探索。

商品和生产要素的供给量与需求量将在某一价格下同时趋于均衡,社会经济将达到全面均衡状态。一般均衡有以下的几个特点:

首先,各种产品之间存在替代关系或互补关系,且这种相互影响不断传递并得到相应的反馈,直至产品市场同时达到均衡。一种产品的供求变化不仅仅取决于该产品本身的价格;其他产品(如:替代品、互补品)的价格决定与该产品的供求也密切相关。假定存在 A、B、C 三种产品,其中 A 和 B 互为替代关系,A 和 C 互为互补关系,A 产品价格上升,会引起其替代产品 B 与互补产品 C 的需求发生变化,进而影响产品 B、C 的价格决定,而 B、C 的价格变化又会反过来影响市场主体对产品 A 的供求。

其次,各种生产要素之间也存在着替代或互补影响,且相互影响不断传递,直至要素市场同时达到均衡。假定存在 A_1、B_1、C_1 三种生产要素,A_1 要素价格上升会引起替代要素 B_1 与互补要素 C_1 的需求曲线及其价格发生变化;接下来 B_1 和 C_1 的需求变化又会通过市场的反馈影响到 A_1 要素的供求与价格。

再次,各产品市场与各要素市场又存在着相互影响的关系,一般均衡就是产品市场与要素市场同时达到均衡时的状态。一个现实生活中常见的例子是,食品价格的提高引起工人生活费用的提高,进而引起工人工资的提高,因工人工资提高而造成的商品生产成本的提高又会引起商品价格的提高,商品价格的提高会使工人进一步要求工资水平的提高,如此循环往复,调整会不断进行下去,直至达到新的均衡。

为了更好的理解在一般均衡的实现过程中,各个市场是如何发挥作用的,我们引入下面的例子。

我们假定存在一个简化的经济体系,它包括四个市场:原油、煤、汽油和汽车,刚开始的时候四个市场均处于均衡的状态,如图 11-1 所示,均衡状态下四个市场的需求和供给分别用 D_1、D_2、D_3、D_4 和 S_1、S_2、S_3、S_4 表示。

现假设由于外部条件的变化导致原油市场供给的减少(比如战争),如图 11-1(a) 所示,原油的供给曲线由 S_1 上升到 S_1',原油市场的均衡数量下降,原油价格上涨。在原油市场调整的过程当中,其他市场也发生了相应的"震荡",图(b)中的煤是原油在一定用途上的替代品,原油价格的走高挤出了部分消费者,使消费者去选择价格更加低廉的煤做原料,使得消费者对煤的消费增加,需求曲线由 D_2 上升到 D_2',并推高了煤的价格。图(c)中的汽油属于原油的下游产品,显而易见,汽油市场供给的减少使得汽油的供给相应的减少,供给曲线由 S_3 上移到 S_3',汽油的均衡数量减少,均衡价格上升。图(d)中的汽车是汽油的互补品,汽油价格的上升使得汽车的"使用"成本增加,汽车的需求降低,需求曲线由 D_4 移到 D_4',结果使得汽车市场上的汽车交易量降低,价格下降。

类似于作用力与反作用力,上述市场体系中原油市场的变化影响到其他的市场的同时,被影响到的其他市场也会通过自身的调整进行相应的"反馈",比如图 11–1(b)中需求曲线由 D_2 上升到 D_2',相对于原油的价格煤的价格也得到提高,其对原油的替代作用减弱,部分消费者转而消费原油,造成原油市场需求增加,使得原油市场的需求曲线由 D_1 移至 D_1'。汽油市场和汽车市场在"被影响"后的反馈与以上过程类似,此处不再讨论。

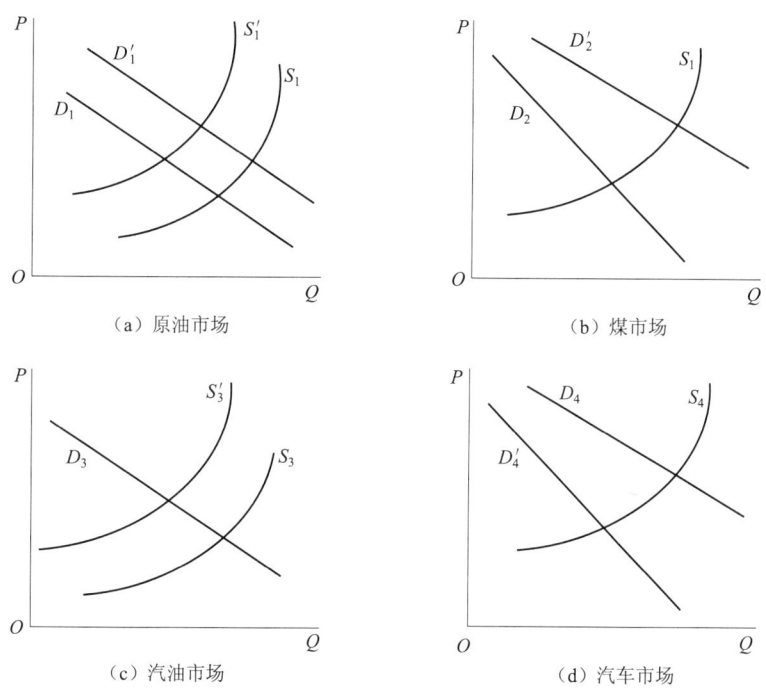

图 11-1　四个市场的相互关系

上述"影响"与"被影响"的过程将循环不断的持续下去,直至一组合理的价格使得原油市场、煤市场、汽油市场、汽车市场的供求都达到平衡,四个市场都出清,新的一般均衡状态得以实现。

二、一般均衡的存在性

根据一般均衡的定义,人们也许会不禁产生如下疑问:在社会上各种产品的交易市场是相互联系、相互影响的背景下,最后各种自发的经济活动能否真的趋向于供求平衡吗?是否存在着一组均衡价格,使得所有商品的供求都平衡？

瓦尔拉斯本人也意识到了上述问题，并在别人的帮助下，提出了一个数学模型来证明一般均衡的存在性。他所用的方法是联立方程组，从而把一般均衡的存在性问题转化为一个包含市场供给方程与市场需求方程的方程组在一定的假设限定条件下是否有解的问题。

1. 模型的基本假定

假定市场是完全竞争的，在完全竞争的经济体系中，对居民户和厂商来说，产品和要素的价格都是恒定的。在此条件下，进一步假定：（1）每个居民户既是产品的需求者又是要素的供给者，他会根据其效用函数和产品、要素的价格来决定其产品的需求量和要素的供给量，并且每个居民户都会把其提供要素的全部收入用于消费，没有储蓄或负储蓄；（2）在既定的技术水平下，厂商根据市场给定的产品价格和要素价格来决定其利润最大化的产品供给量和要素需求量。

假设经济中有 H 个居民户和 K 个厂商，每个居民户消费 r 种产品，并提供 $n-r$ 种要素，每个厂商生产 r 种产品，并使用 $n-r$ 种要素。各种产品的数量用 Q_1、Q_2、Q_3、$\cdots Q_r$ 表示，各种产品的价格用 P_1、P_2、P_3、$\cdots P_r$ 表示。各种要素的数量用 Q_{r+1}、Q_{r+2}、Q_{r+3}、$\cdots Q_n$ 表示，各种要素的价格用 P_{r+1}、P_{r+2}、P_{r+3}、$\cdots P_n$ 表示。

2. 居民户的行为：产品的需求和要素的供给

现在考察居民户的行为。假设一个典型的居民户 h，根据自己效用最大化的要求，消费的商品数量为 Q_{1h}、Q_{2h}、$\cdots Q_{rh}$，提供给市场的要素为 $Q_{(r+1)h}$、$Q_{(r+2)h}$、$\cdots Q_{nh}$，根据假定其提供要素的全部收入都用于消费，则必须满足：

$$P_1 Q_{1h} + P_2 Q_{2h} + \cdots + P_r Q_{rh} = P_{(r+1)} Q_{(r+1)h} + P_{(r+2)} Q_{(r+2)h} + \cdots + P_n Q_{nh} \qquad (11.1)$$

于是得到 h 对各商品的需求函数：

$$Q_{1h} = Q_{1h}(P_1, \cdots P_r; P_{r+1}, \cdots P_n)$$
$$\cdots\cdots$$
$$Q_{rh} = Q_{rh}(P_1, \cdots P_r; P_{r+1}, \cdots P_n) \qquad (11.2)$$

于是又有 h 对各个要素的供给函数：

$$Q_{(r+1)h} = Q_{(r+1)h}(P_1, \cdots P_r; P_{r+1}, \cdots P_n)$$
$$\cdots\cdots$$
$$Q_{nh} = Q_{nh}(P_1, \cdots P_r; P_{r+1}, \cdots P_n) \qquad (11.3)$$

式（11.2）和（11.3）说明居民户 h 对产品的需求和对要素的供给都是整个价格体系（$P_1, \cdots P_r; P_{r+1}, \cdots P_n$）的函数。对所有的居民户的需求加总将得到每一种产品的总需求，对所有居民户的供给加总将得到每一种要素的总供给。

对第 i 种产品的市场需求为：

$$Q_1^d = Q_1^d(P_1, \cdots P_r; P_{r+1}, \cdots P_n)$$

$$\cdots\cdots$$

$$Q_r^d = Q_r^d(P_1, \cdots P_r; P_{r+1}, \cdots P_n)$$

$$Q_i^d = \sum_{h=1}^H Q_{ih} \ (i=1, \cdots r) \tag{11.4}$$

（11.4）式中 Q_i^d 即为第 i 种商品的市场需求。

对第 j 种要素的市场供给为：

$$Q_{r+1}^s = Q_{r+1}^s(P_1, \cdots P_r; P_{r+1}, \cdots P_n)$$

$$\cdots\cdots$$

$$Q_n^s = Q_n^s(P_1, \cdots P_r; P_{r+1}, \cdots P_n)$$

$$Q_j^s = \sum_{h=1}^H Q_{jh} \ (j=r+1, \cdots n) \tag{11.5}$$

（11.5）式中 Q_j^s 即为第 j 种要素的市场供给。

3. 厂商的行为：商品供给和要素需求

厂商作为理性的经济人，将根据其利润最大化的原则，来决定投入多少要素，生产多少产品，接下来我们将从一个典型的厂商 k 来进行分析。

厂商投入的要素将构成厂商的成本，而生产的产品将成为厂商的收益。因此厂商 k 的产量和要素投入决定了市场利润的实现。

$$\pi_k = P_1 Q_{1k} + \cdots + P_r Q_{rk} - (P_{r+1} Q_{(r+1)k} + \cdots + P_n Q_{nk}) \tag{11.6}$$

于是，有 k 对各商品的供给函数：

$$Q_{1k} = Q_{1k}(P_1, \cdots P_r; P_{r+1}, \cdots P_n)$$

$$\cdots\cdots$$

$$Q_{rk} = Q_{rk}(P_1, \cdots P_r; P_{r+1}, \cdots P_n) \tag{11.7}$$

进而，又有 k 对每种要素的需求函数：

$$Q_{(r+1)k} = Q_{(r+1)k}(P_1, \cdots P_r; P_{r+1}, \cdots P_n)$$

$$\cdots\cdots$$

$$Q_{nk} = Q_{nk}(P_1, \cdots P_r; P_{r+1}, \cdots P_n) \tag{11.8}$$

对所有 K 个厂商的要素需求加总将得到市场需求，对所有厂商的产品供给加总将得到总供给。

对第 i 种产品的市场供给：

$$Q_1^s = Q_1^s(P_1, \cdots P_r; P_{r+1}, \cdots P_n)$$

$$\cdots\cdots$$
$$Q_r^s = Q_r^s(P_1, \cdots P_r; P_{r+1}, \cdots P_n)$$
$$Q_i^s = \sum_{k=1}^{K} Q_{ik} \ (i=1, \cdots r) \tag{11.9}$$

（11.9）式中 Q_i^s 为第 i 种产品的市场供给。

厂商对第 j 种要素的市场需求为：
$$Q_{r+1}^d = Q_{r+1}^d(P_1, \cdots P_r; P_{r+1}, \cdots P_n)$$
$$\cdots\cdots$$
$$Q_n^d = Q_n^d(P_1, \cdots P_r; P_{r+1}, \cdots P_n)$$
$$Q_j^d = \sum_{k=1}^{K} Q_{jk} \ (j=r+1, \cdots n) \tag{11.10}$$

（11.10）式中 Q_j^d 为第 j 种要素的市场需求。

4. 商品市场和要素市场的一般均衡

通过以上讨论，我们已经得到了所有产品的市场需求（11.4）式、所有要素的市场供给（11.5）式、所有产品的市场供给（11.9）式、所有要素的市场需求（11.10）式。因此，可以综合起来研究所有产品市场、要素市场的一般均衡。

在市场需求方面，如果将产品和要素不加区别地看成为商品，则整个经济就共有 n 种商品（r 种产品，$n-r$ 种要素），n 个商品价格。于是这 n 种商品的需求函数就可以更加简洁地表示成为 n 个商品价格的函数，即：

$$Q_1^d = Q_1^d(P_1, \cdots P_n)$$
$$\cdots\cdots$$
$$Q_n^d = Q_n^d(P_1, \cdots P_n) \tag{11.11}$$

同样在市场供给方面，将产品和要素统统看成商品后，整个经济体系的 n 个商品的市场供给函数可简洁地表示为：

$$Q_1^s = Q_1^s(P_1, \cdots P_n)$$
$$\cdots\cdots$$
$$Q_n^s = Q_n^s(P_1, \cdots P_n) \tag{11.12}$$

则市场体系的一般均衡条件为：所有的 n 个商品市场都同时达到均衡时，整个经济体系就处于一般均衡状态。

用公式表示就是：
$$Q_1^d(P_1, \cdots P_n) = Q_1^s(P_1, \cdots P_n)$$

……

$$Q_n^d(P_1,\cdots P_n)=Q_n^s(P_1,\cdots P_n) \qquad (11.13)$$

(11.13)式方程组即为一般均衡条件。

瓦尔拉斯根据上述的(11.13)式证明了存在一组均衡价格(P_1^*,P_2^*,$\cdots P_n^*$)使得所有市场的供给和需求相当,其所根据的假定为:当联立方程的个数与未知数的个数相等的时候,此方程组有唯一解。尽管瓦尔拉斯的一般均衡理论有重大的历史意义,但是他证明一般均衡存在性的方法在数学上是不能成立的。❶ 一般均衡存在性的严格证明是由法国经济学家德布鲁和美国经济学家阿罗给出的,他们利用集合论等数学方法证明了下述命题:在极为严格的假定条件下,一般均衡是存在的。不仅如此,当人类进入计算机时代时,哈伯特·斯卡夫还发展了第一个实际计算一般均衡的方法:可以计量的一般经济均衡模型。由于一般均衡的存在性的详细证明过程已超出本书的研究范围,我们将不再深入讨论。❷

一般均衡理论已经在理论上得到了严格的证明,余下的问题是,在现实生活中,一般均衡是如何实现的?其实现路径有何规律?瓦尔拉斯认为,均衡价格的实现是一个试探的过程。瓦尔拉斯假定,在市场上存在一位"拍卖人"。该拍卖人的任务是寻找并确定能使市场供求一致的均衡价格。他寻找均衡价格的方法如下:他随意报出一组价格,当某个市场的需求大于供给时,就提高该市场的价格,反之,则降低其价格。这就可以保证新的价格比原先的价格更加接近于均衡价格。如果新报出的价格仍然不是均衡价格,则重复上述过程,直到找到均衡价格为止。

第二节 帕累托最优

一般均衡理论描述了资源配置的理想状态,帕累托最优则为我们提供了衡量资源配置是否有效率的尺度。由于资源的稀缺性,所以在任何一个经济体中都存在着如何更有效的配置资源的问题。在微观经济学中,资源的配置效率一般通过帕累托标准来衡量,这一效率的概念最早是由意大利经济学家维弗雷多·帕累托提出的。如果实现了帕累托最优(Pareto optimum),那么在一个经济体系中就实现了对资源的最有效率的配置。

---

❶ 例如方程组 $\begin{cases} x+y=1 \\ x+y=2 \end{cases}$ 有两个方程两个未知数,然而此方程组不存在唯一解。

❷ HAL R. VARIAN. 微观经济学(高级教程)(第3版)[M]. 北京:经济科学出版社,2001:412-430.

一、帕累托最优与经济效率

1. 帕累托标准

（1）资源配置的个人标准

假定整个社会只包括两个人甲和乙，且只有两种可能的资源配置状态 A 和 B，则个人在两种资源配置状态之间只有三种选择，即：

甲有三种选择：$A>B$，$A=B$ 或 $A<B$；$A>B$ 表示甲认为 A 优于 B，依次类推。

乙有三种选择：$A>B$，$A=B$ 或 $A<B$。

（2）资源配置的社会标准

从社会的观点看，如果甲和乙有同样的观点，则社会的观点自然也如此，但这种情况并不总是出现，特别是当一个社会包括许多单个人时，要使所有人都一致几乎是不可能的。如果将甲和乙的情况综合来看，共有九种情况。从社会的角度把这九种情况可分为三大类：

第一类：A 优于 B。至少有一个人认为 A 优于 B，而没有人认为 A 劣于 B。

第二类：A 与 B 无差异。所有人都认为 A 与 B 无差异。

第三类：A 劣于 B。至少有一个人认为 A 劣于 B，而没有人认为 A 优于 B。

（3）帕累托最优状态标准

如果在一个经济社会里至少有一个人认为 A 优于 B，而没有人认为 A 劣于 B，那么就可以说，从全社会的角度来说，A 好于 B。这就是所谓的帕累托最优状态标准，简称帕累托标准。帕累托标准实际给我们提供了一个由个体的偏好推导出社会偏好的方法和手段。

2. 帕累托改进

利用帕累托最优状态标准，可对资源配置状态的任意变化作出"好"与"坏"的判断：如果既定的资源配置状态的改变可以使得至少有一个人的境况变好，而没有使任何其他人的境况变坏，则认为这种资源配置状态的变化是"好"的；否则该变化被认为是"坏"的。我们把这种以帕累托标准来衡量为"好"的状态改变称为帕累托改进。按照帕累托标准，如果既定的资源配置状态的改变，能够让一部分社会成员的境况改善，而其他人的境况并没有变坏，这就可以看作是一种资源配置状况的改善，称为帕累托改进。帕累托改进首先是不使任何人受损害。因此你追求快乐的同时，不要损害别人的快乐。也就是孔夫子所说的"己所不欲，勿施于人。"再比如，现在有 10 人要过河，但一只小船只能载 9 人，假如我们已经让 9 人上了船，船已满载，此时，我们就称之为达到了帕累托最优状态，因为如果再让一人上船，就会因超载而给另外 9 人带来危险，损害别人的福利。反之，如果本来可以载 9 人的船，我们只让上 8 人，也不符合帕累托标准,因为此时还可以增加一个人的福利,而不会损害到他人。

在市场经济中,交易是自愿的。从字面上讲,每天都有无数次帕累托改进发生。实际上,每一次购买都是一个帕累托改进。如果你用 100 元购买了一条牛仔裤,那么,牛仔裤对你的价值肯定不低于 100 元,否则你不会购买。另一方面,店主肯定认为 100 元的价值高于牛仔裤的价值,否则,他也不会卖给你。因此,交易使双方的状况都变得更好。

3. 帕累托最优

经济学家通常认为,一个经济社会应当寻求能够不损害任何人的利益,而又能使一部分人的状况得到改善的途径,即在促进社会进步的同时不能以牺牲社会中一部分人的利益为代价。如果帕累托改进进行到一定程度,不再有任何改进的余地,我们就说资源配置达到了帕累托最优。如果资源配置达到了帕累托最优状态就表明:在技术、消费者偏好、收入分配等条件给定时,资源配置的效率最高,从而社会福利达到最大。

用帕累托标准和帕累托改进就可以来定义所谓的帕累托最优:如果对于某种既定的资源配置状态,所有的帕累托改进均不存在,在该状态时,任何改变都不能使此状态中的任何一个人的境况变得更好而不使别人的境况变坏,或者说如果不使别人的境况变坏,就无法使任何一个人的境况变得更好,这种状态就称为帕累托最优。

在这里需要注意的是,帕累托改进并不一定是公平或平等的。比如,你在沙漠中用 200 元购买了一瓶水。你可能认为是卖主占了你的便宜,怎么会是帕累托改进?要明白这一点,记住帕累托改进的特征只是双方从行动中受益,并不表明总收益在双方之间的分配是否公平。

二、帕累托最优的实现条件

在一个经济体系中,帕累托最优状态的实现是需要一系列必要条件的。这些条件主要包括帕累托最优的交换条件、帕累托最优的生产条件、以及帕累托最优的生产和交换条件。只有具备了上述三个条件,一个经济体才能实现帕累托最优状态。

为了说明一般均衡理论和帕累托最优的实现,我们建立了一个最简单的两部门经济模型,模型有以下几个假设条件:

第一,整个社会只有两个消费者 A 和 B,他们只消费两种商品 X 和 Y;

第二,经济部门只有两个生产者 C 和 D,他们只用两种生产要素 L 和 K 进行生产;

第三,经济中劳动和资本的总量是固定的,但是每一种产品部门可投入的要素是可变的。因此，一个部门投入要素的增加必定伴随着另一个部门投入要素的减少；

第四，两种产品的相对要素密集度不同，而生产要素是同一可分的，生产技术是既定的。

1. 帕累托最优的交换条件

帕累托最优的交换条件（general equilibrium of exchange）也称交换的帕累托最优条件，是指当社会生产与人们偏好既定的条件下，通过产品在消费者之间进行交换，使得交换者达到效用最大化的均衡状态。那么，要达到交换的一般均衡，实现帕累托最优所必须满足的条件是什么呢？

根据以上假设，我们首先画出两个消费者 A 和 B 消费两种产品 X 和 Y 的无差异曲线。

如图 11-2 所示，消费者 A、B 所拥有 X 和 Y 的初始禀赋分别为：(X_A, Y_A)、(X_B, Y_B)，且 $X_A+X_B=X$，$Y_A+Y_B=Y$。按照效用最大化的原则，他们之间需要进行交换，现在需要考虑的问题是：他们应该怎样交换各自持有的物品，才能使效用最大化？这就需要引入埃奇沃思盒状图进行分析。

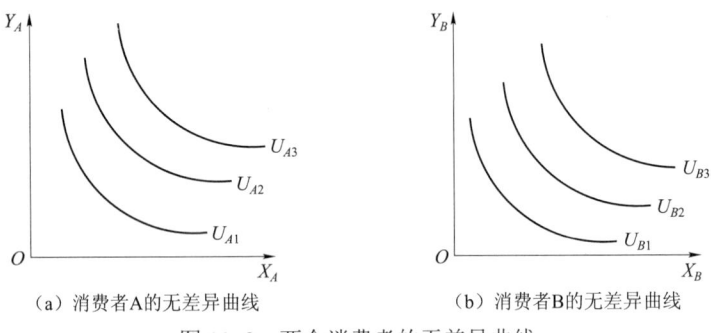

(a) 消费者A的无差异曲线　　　(b) 消费者B的无差异曲线

图 11-2　两个消费者的无差异曲线

埃奇沃思盒状图是英国统计学家埃奇沃思（Edgeworth）天才式的构想。他把图 11-2 中的消费者 B 的无差异曲线旋转 180°，再与消费者 A 的无差异曲线组合成一个盒子，如图 11-3 所示。那么，这个矩形的长宽分别代表整个社会产品 X 和 Y 的总产量，矩形内部的任何一点的坐标均满足：$X_A+X_B=X$，$Y_A+Y_B=Y$。

图 11-3 中的点 a 为消费者 A、B 的初始禀赋，两个消费者开始交换其产品。消费者 A 以一定数量的 Y 去交换消费者 B 一定数量的 X，交换的结果是：A 所拥有的 Y 减少，所拥有的 X 增加；消费者 B 所拥有的 X 减少，Y 增加，产品组合点将从 a 点移到 b 点，可以看出，相比交换以前，消费者 A 和 B 的无差异曲线外移，效用水平都提高了，这种交换行为就是一种帕累托改进。从初始配置

点 a 起,任何向其对应的阴影区域移动的交换行为,都是一种帕累托改进。同理,如果初始配置为点 f,从点 f 移动到其对应的阴影区域的交换行为也都存在着帕累托改进。

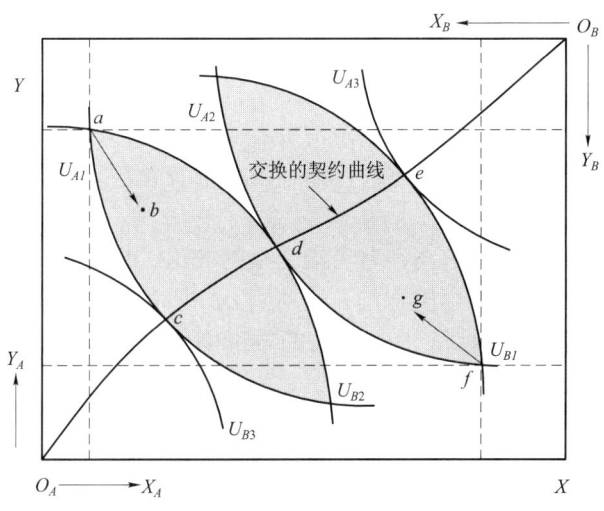

图 11-3 埃奇沃思盒状图

因此,只要通过交换能够使两个消费者的效用都提高,或者一个消费者的效用提高而另一个消费者的效用不变,就存在着一种激励使得消费者之间的交换行为不断进行下去。那么,什么时候两个消费者的交换就达到了均衡,或者说,什么情况下无法实现帕累托改进而已经达到帕累托最优了呢?

在埃奇沃思盒状图中标出消费者 A 和 B 的无差异曲线,我们知道两个消费者的无差异曲线都有无数条,所以对于每一条消费者 A 的无差异曲线,我们总能找到一条消费者 B 的无差异曲线与其相切。如图 11-3 中的点 c、d、e 就是两组无差异曲线的切点。若将所有的切点连起来,便得到了一条曲线,如图 11-3 中的 O_AO_B 所示,我们称该曲线为交换的契约曲线。

下面我们来详细地研究消费者 A 和 B 之间的交换过程。两个消费者的初始禀赋为点 a,如果通过交换他们的产品组合点从 a 沿着无差异曲线 U_{A1} 移到点 c,可以看出消费者 A 所占有的 Y 减少,所占有的 X 增加;消费者 B 所占有的 X 减少,所占有的 Y 增加,也即消费者 A 用 Y 换取消费者 B 的 X。由于交换的过程是沿着消费者 A 的无差异曲线 U_{A1} 进行,所以消费者 A 的效用并没有改变,但消费者 B 的效用曲线从 U_{B2} 移到 U_{B3},其效用水平得到提高,因此从 a 到 c 的过程是一个帕累托改进的过程。

再来研究消费者 A 和 B 的交换活动由产品组合点 a 沿着无差异曲线 U_{B2}

移到产品组合点 d，同样地，交换活动是通过 A 用 Y 交换 B 的 X 实现，在这个交换活动中产品组合点的移动沿着消费者 B 的无差异曲线 U_{B2}，所以消费者 B 的效用不变，同时消费者 A 的效用水平由 U_{A1} 提高到 U_{A2}，毫无疑问，这也是一种帕累托改进。

如上所述，两个消费者通过交换实现帕累托改进的路径并不是唯一的，交换的结果两个消费者效用的提高程度也不一样，但站在全社会的角度看，社会的总福利是增加了。可以证明当两个消费者的产品组合点不在交换的契约线上的时候，我们总能够找到数条路径，通过两个消费者之间的交换来实现帕累托改进。

下面我们再进一步研究当消费者沿交换的契约线来进行交易时候的情况。假设两个消费者通过交换由组合点 c 运动到 d，即消费者 B 拿出一定的 X 和 Y 给 A，我们可以清楚的看到，消费者 A 的效用提高的同时消费者 B 的效用却在下降，因而不符合帕累托改进的定义。

综上所述，可以知道，凡是产品组合点不位于交换的契约线上的情况，总是可以通过交换实现帕累托改进的，当产品的组合点运动到交换的契约线上的时候，则不存在帕累托改进的余地。因此，交换的契约曲线就是所有帕累托最优的产品组合点的集合，虽然契约线上的每一点代表不同的配置，但它们都是帕累托有效的。

由于交换的契约线是由两个消费者的无差异曲线的切点连结而成，在切点处，两个消费者的边际替代率必然是相等的，因此交换的帕累托最优条件可以用数学公式表示为：

$$MRS_{XY}^A = MRS_{XY}^B \tag{11.14}$$

（11.14）式的经济含义：要使两种商品 X 和 Y 在两个消费者 A 和 B 之间的分配达到帕累托最优状态，则必须满足对于这两个消费者来说，这两种商品的边际替代率必须相等。

下面我们来看一个例子。假设有甲、乙两地，甲地棉花产量丰富而小麦稀缺，1 斤小麦可换 5 斤棉花；与甲地相反，乙地小麦丰富而棉花稀缺，1 斤小麦可换 2 斤棉花。甲地的人会将棉花贩到乙地，以 2 斤棉花换 1 斤小麦；乙地的人会将小麦贩到甲地，以 1 斤小麦换 5 斤棉花。随着两地之间的贸易，甲地的小麦越来越多，乙地的棉花也越来越多，再继续交换的话，交换比例就会发生变化，只要交换能使两地的满足程度不断提高，交换就会进行下去，当两地的边际替代率变得相等的时候，进一步的交易就会停止。

由此可见，当两个消费者的边际替代率不相等时，总能够通过交换提高双方的满足程度，而一旦双方的边际替代率达到相等，则进一步的交换就会使至少一方的满足程度下降。所以可以说，交换双方的边际替代率相等就是交换的帕累托最优的条件。

2. 帕累托最优的生产条件和生产可能性边界

帕累托最优的生产条件（general equilibrium of production）也称生产的帕累托最优条件，是指在技术和社会生产资源总量既定的条件下，通过要素在生产之间的分配，使得生产量最大化的状态。

根据本节所假设的简化的两部门经济模型：两种既定数量的生产要素 L 和 K，在两个厂商 C 和 D 之间进行分配。

类似地，我们先从厂商 C 和 D 的等产量曲线引入。等产量曲线是指技术水平不变的条件下生产同一产量的两种生产要素投入量的所有不同组合的轨迹。

根据以上定义，生产者 C 和 D 的等产量曲线表示如下：

将图 11-4 中的生产者 D 的等产量曲线翻转 180°，我们得到下面关于生产的埃奇沃思盒状图（图 11-5）。图中每一点都有如下关系：$L_C+L_D=L$，$K_C+K_D=K$。

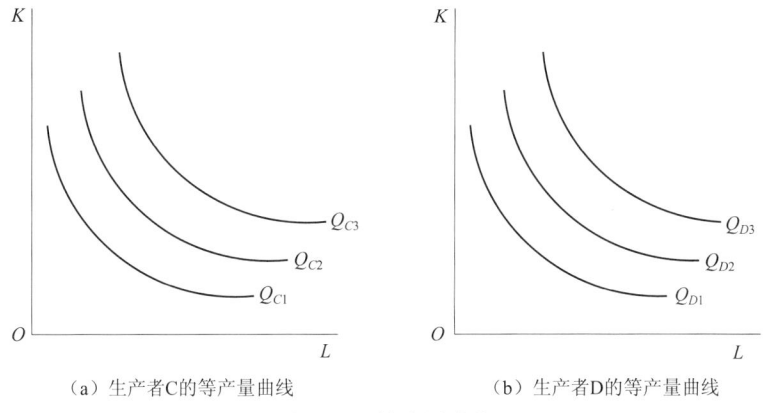

(a) 生产者C的等产量曲线　　　(b) 生产者D的等产量曲线

图 11-4　等产量曲线

当生产要素配置由点 a 向点 b 移动的时候，生产者 C 所用生产要素 L 的数量增多，所用生产要素 K 的数量减少，生产者 D 产品所用生产要素 K 的数量增多，所用生产要素 L 的数量减少。这时 C 和 D 厂商产量均有所增加，即存在帕累托改进。从初始配置点 a 起，任何向其对应的阴影区域移动的要素重新配置行为，都是一种帕累托改进。同理，如果初始配置为点 f，从点 f 移动到其对应的阴影区域的要素重新配置行为也都存在着帕累托改进。

类似于在帕累托最优交换条件中的分析，我们可以得到，存在一条生产契约曲线（图 11-5 中的 O_CO_D），使得凡是要素组合点不位于生产的契约线上的情况，总是可以通过交换实现帕累托改进的，当要素的组合点运动到生产的契约线上的时候，则不存在帕累托改进的余地。因此，生产的契约线就是所有帕累托最优的要素组合点的集合，它显示了投入要素在两家厂商之间进行配置的每一种有效率的方式。

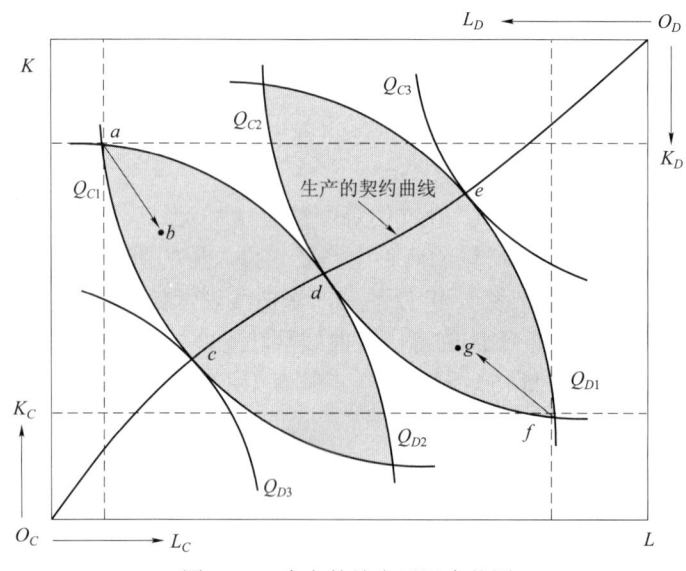

图 11-5　生产的埃奇沃思盒状图

由于生产的契约线是由两种产品的等产量曲线的切点连结而成，在切点处，两种要素的边际技术替代率必然是相等的，因此生产的帕累托最优条件可以用数学形式表示为：

$$MRTS_{LK}^{C} = MRTS_{LK}^{D} \qquad (11.15)$$

（11.15）式的经济含义：要使两种生产要素 L 和 K 在生产者 C 和 D 之间的分配达到帕累托最优状态，则对于这两种要素来说，必须满足其边际技术替代率相等。

3. 帕累托最优的生产和交换条件

帕累托最优的交换和生产条件也称交换与生产的帕累托最优条件，是指同时达成了生产要素在商品生产者之间的最优配置和商品在消费者之间的最优配置，即在资源既定的情况下，所有生产者在帕累托最优条件下生产的商品，恰好可以满足所有消费者在帕累托最优条件下对商品的需求，使所有商品的供给与商品的需求正好相等。简单地说，帕累托最优的交换和生产条件所要说明的问题是，如果经济资源和技术水平是既定的，那么整个经济体系在什么条件下是最有效率的。

将生产的契约线上的各点所代表的产量 X 和 Y 标绘在一个图中,我们就可以得到生产可能性曲线 PP',如图 11-6 所示。生产可能性曲线表示在技术水平和生产要素总量一定时,厂商在投入要素配置有效率时能够达到的最大产出组合。

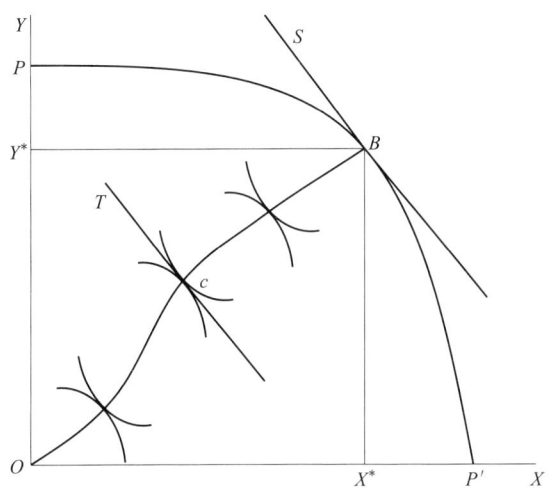

图 11-6 生产与交换的帕累托最优

边际产品转换率(MRT_{XY})衡量增加一个单位 X 的生产所必须减少的 Y 商品的数量,它就是生产可能性曲线的斜率的绝对值。

$$MRT_{XY} = -\frac{\Delta Y}{\Delta X} \tag{11.16}$$

在生产可能性曲线 PP' 上任取一点 B,该点 X,Y 产品的生产量分别为 X^* 和 Y^*。点 B 由生产契约线上某一点转换而来,自然满足生产的帕累托最优。直线 S 为生产可能性曲线 PP' 过点 B 的切线。在交换的埃奇沃思盒状图 OX^*BY^* 中,OB 为交换的契约线,OB 上所有的点都满足交换的帕累托最优。在交换契约线上的点 c 是两条无差异曲线的切点,过此点的无差异曲线切线 T 与生产可能性边界曲线的切线 S 平行,则点 c 就满足了生产与交换的帕累托最优。这样点 c 满足帕累托最优的全部三个条件,所以是经济上有效率的一个点。

当边际产品转换率等于边际替代率时,生产和交换均没有必要再调整,生产和交换就可以同时达到均衡。数学表达式如下:

$$MRS_{XY} = MRT_{XY} \tag{11.17}$$

满足（11.17）式，说明经济体系是最有效率的，同时达到了要素在生产者之间的最优配置和商品在消费者之间的最优配置，即符合生产和交换的帕累托最优。

下面举个例子来说明生产与交换的帕累托最优条件存在的原因：

不妨假定 $MRT_{XY}=1$，$MRS_{XY}=2$，此时生产者减少1个单位商品 Y 的生产，可以增加1个单位商品 X 的生产，而消费者减少1个单位商品 Y 的消费，只需多消费 0.5 单位商品 X 即可保持其效用不变，剩余的 0.5 单位商品可以给另外的消费者提高其效用水平，说明存在帕累托改进的余地。因此，只有当边际转换率等于边际替代率时，才不存在帕累托改进的余地，表明已经达到交换和生产的帕累托最优状态。

需要说明的是，尽管以上生产的帕累托最优条件、交换的帕累托最优条件以及生产与交换的帕累托最优条件都是在两个生产者、两个消费者、两种产品、两种生产要素的极其简化的条件下推出的，但由于两个是任意的，所以可以推论至一般情况。

三、完全竞争与帕累托最优

由一般均衡的定义和完全竞争市场的特点可知，在一定的条件下，完全竞争市场存在着一般均衡，即存在一组价格，使得所有商品的需求和供给恰好相等，在完全竞争条件下，每个消费者和生产者都是一组价格的接受者，他们都在既定的价格下实现自己的效用和利润最大化。

通过以上内容的学习，我们得出帕累托最优必须满足的三个条件。

首先，必须满足交换的帕累托最优条件，即任意两种商品之间的边际替代率对于所有消费者来说都相等：

$$MRS_{XY}^A = MRS_{XY}^B$$

其次，必须满足生产的帕累托最优条件，任意两种生产要素之间的边际技术替代率对于所有生产者来说都相等：

$$MRTS_{LK}^C = MRTS_{LK}^D$$

再次，必须满足生产和交换的帕累托最优条件，对于不同消费者来说，任意两种商品之间的边际替代率都相等；对于不同生产者来说，生产任意两种产品的边际产品转换率都相等；且边际替代率等于边际产品转换率：

$$MRS_{XY} = MRT_{XY}$$

我们以下将证明，只有在完全竞争市场上，才有可能满足帕累托最优状态的三个边际条件。

1. 完全竞争市场满足交换的帕累托最优条件

在完全竞争条件下，消费者是商品价格的接受者，同一种商品的价格对于任何消费者都是相等的，而每一个消费者都按效用最大化的边际原则进行购买，即使任意两种商品的边际替代率都等于这两种商品的价格之比。因而，对于不同消费者来说，任意两种商品之间的边际替代率都相等：

$$MRS_{XY}^A = MRS_{XY}^B = \frac{P_X}{P_Y} \qquad (11.18)$$

2. 完全竞争市场满足生产的帕累托最优条件

在完全竞争条件下，生产者是生产要素价格的接受者，同一种生产要素的价格对于任何生产者都是相等的，而每一个生产者都按利润最大化的要素最佳组合原则进行购买，即任意两种生产要素的边际技术替代率都等于这两种生产要素的价格之比。因而，对于不同生产者来说，任意两种生产要素之间的边际技术替代率都相等：

$$MRTS_{LK}^C = MRTS_{LK}^D = \frac{P_L}{P_K} \qquad (11.19)$$

3. 完全竞争市场满足交换和生产的帕累托最优条件

在完全竞争条件下，一方面，对于不同消费者来说，任意两种商品之间的边际替代率都相等；同时，由于任意商品均有 $MR=AR=P$ 成立，生产者按 $MR=MC$ 的利润最大化原则进行资源配置，因此使任意两种商品的边际产品转换率都等于这两种商品的边际替代率：

$$MRT_{XY} = \frac{MC_X}{MC_Y} = \frac{P_X}{P_Y} = \frac{MU_X}{MU_Y} = MRS_{XY} \qquad (11.20)$$

可见，完全竞争市场的一般均衡满足帕累托最优的三个条件，是最具有经济效率的。这种竞争性均衡在经济上有效率的结论通常被称为福利经济学第一定理。这一定理可表述为：如果所有人都在竞争性市场上进行交易，则所有互利的交易都将得以完成，并且其产生的均衡资源配置在经济上是有效率的。

新古典综合派的代表人物萨缪尔森在其《经济学》一书中曾经指出，在完全竞争的外部环境下，市场达到均衡时每种商品的价格均等于其边际成本，每种要素的价格同样也等于其边际产品的价值。当每个生产者都获得最大化的利润，每个消费者也都享受到最大化的效用时，市场作为一个整体就是有效率的。在这种情况下，没有一个人的境遇可以在不使另外一个人的境遇变糟的情况下得到改善。

亚当·斯密在他的经典著作《国富论》中曾经指出，当经济中的人们都在追求自己的利益的时候，在"看不见的手"的引导下，其结果是促进了公众的福利。福利经济学第一定理说明通过市场竞争，消费者追求自己的效用、厂商追求利润，就可以实现经济效率。这可以在一定程度上看作是对亚当·斯密等自由主义经济学家的信念所做的论证。

福利经济学第一定理指出了完全竞争的均衡是帕累托有效的，那么反过来是否可以说，给定资源的一个帕累托最优配置，它是否一定能够通过完全竞争的市场机制来完成？关于这个问题福利经济学第二定理给了我们明确的答复。福利经济学第二定理指出：在所有交易个人的偏好为凸性的条件下，任何一个帕累托最优配置（契约曲线上的每一点）都可以从一个适当的初始配置出发，通过竞争性均衡来达到。限于篇幅，这一定理的论证从略。

第三节　福利经济学

学习福利经济学的目的是为了对不同经济状况的社会"满意性"进行合适的评价。经济状况是在某种制度安排下经济运行和分配的结果，每种经济状况都具有不同的资源配置状态和经济活动的相应分配状况。福利经济学是在一定价值判断的前提下，研究社会经济制度、评价经济运行体系的经济理论。因此，福利经济学具有突出的规范性质。规范经济学进行规范论述，主要回答"应该怎么样"的问题。回答这种问题需要用一定的价值标准判断事物的"好"与"坏"，不能通过事实来检验，因此容易引起争论。

一、福利经济学的由来与发展

福利经济学的思想起源可以追溯到亚当·斯密在其代表作《国富论》中提出的"看不见的手"的原理，在自由竞争的市场，私人利益与社会利益是一致的，人们在追逐个人利益的同时实现了社会经济福利的最大化。

伴随着经济社会的发展，出现了收入和分配不均等、贫富差距扩大等问题，这一方面导致了社会效率的降低，另一方面引起了尖锐的社会矛盾。为解决这一问题而产生了福利经济学。福利经济学的"道德思想渊源"可追溯到18世纪末19世纪初的思想家边沁（Jeremy Bentham）的功利主义，即人的本性是追求幸福的，人的行动是趋利避害的，绝大多数人的幸福就是道德基础。判断道德准则和公民法的准则是"效用原则"，即要使构成社会的个人实现最大幸福。这也是应该用来判断政府行为的标准。福利经济学的福利概念就是从边沁的"幸福"一词中来的。福利经济学的理论基础是边际效用论，效用构成福利的内容和核心，效用最大化成为福利经济学的主题。因此无差异曲线分析和最优状态等概念对福利经济学的发展有重要作用。

福利经济学的先驱是英国经济学家霍布森（J. A. Hobson），他认为应以社会福利研究作为经济学的新方向，通过考察社会分配不均的问题，运用相关改良主义办法，如改革税收、实行国有化等政策解决分配不均，增进社会福利。福利经济学作为一个经济学的分支体系出现于20世纪初期的英国。1920年庇古的《福利经济学》一书的出版标志着福利经济学的产生。它产生的背景较为特殊：第一次世界大战的爆发和俄国十月革命的胜利使资本主义陷入了经济、政治和社会的全面危机。福利经济学的出现是资本主义世界，特别是英国阶级矛盾凸显和社会经济矛盾尖锐化的结果。西方经济学家承认，第一次世界大战的爆发使英国国内本已十分严重的贫富悬殊问题愈发严重，迫切需要建立一种以社会福利为目标的经济学体系。

庇古认为，福利经济学的主要研究目的是增进一个国家或者是整个世界的经济福利水平，根据基数效用论，他将福利定义为人们对获得效用的心理满足，将福利划分为广义福利和狭义福利。前者包括一些非经济的、难以计量的因素，如：友谊的获得、正义的伸张、自由的环境、快乐等；后者指可以直接或间接用货币尺度衡量的社会福利。个人福利可以用效用来表示，整个社会的福利就是千万个个人福利的简单加总。在这种价值判断的基础上，庇古提出了两个福利基本命题：一是国民收入总量越大，社会经济福利就越大；二是国民收入分配越均等化，社会福利就越大。一般将以庇古的观点为代表的福利经济学理论称为旧福利经济学。

20世纪30年代的经济大讨论使福利经济学发生了一次大的转折，产生了新福利经济学，其理论基础是序数效用论，代表人物是意大利经济学家帕累托。帕累托等新福利经济学家认为，使用偏好来表示效用概念，更具有主观性，使用序数效用，可以避免人际之间的比较。新福利经济学以帕累托的最优理论为出发点，可以分为两派："补偿原则论派"和"社会福利函数论派"。20世纪50年代美国经济学家阿罗（K. P. Arrow）提出了不可能定理和社会选择理论又大大地推进了新福利经济学。当代福利经济学理论研究既涉及抽象的福利理论又偏向于具体的现实领域，社会福利既是一个经济问题，也是一个政治、社会问题。

二、公平与效率

福利经济学研究的主要内容包括两个方面：一是社会的资源配置在什么条件下达到最优状态？如何才能达到最优状态？二是国民收入如何进行分配才能使社会全体成员的经济福利达到最大化？由于资源的配置意味着"效率"，全体国民享受经济福利意味着"公平",所以"效率"与"公平"既是福利经济学追求的基本社会目标,也是它的基本政策目标。

通过前面的学习,我们知道帕累托标准是我们判断一个经济是否有效率的基本依据,如果一个经济实现了帕累托最优,我们就说这个经济是有效率的,或者说资源配置是有效的。但是帕累托标准无法用以判断一个经济社会收入分配的公平性。经济上的有效率可能对应着收入分配上的公平,也可能对应着收入分配上的极端不公平。事实上,对于公平问题经济学家一直存在比较大的争议,远没有达成共识。

关于学界对公平问题的认识,归纳一下,至少有以下四种主要观点:

1. 平均主义的公平观。这种观点认为应该将社会所有的产品在社会全体成员之间进行绝对平均的分配,每个社会的成员得到相同的产品。但是由于消费者并不具有"同质"的偏好,所以这种平均的分配并不是帕累托有效率的。

2. 罗尔斯主义的公平观。罗尔斯认为,最公平的配置是使一个社会里境况最糟的人的效用最大化。罗尔斯主义并不意味着平均主义,因为对生产力较高的人比对生产力较低的人给予更高的奖励,这种有差别的分配方式能使最有生产力的人更努力地工作,从而生产出更多的产品和劳务,然后通过再分配使社会中最穷的人的境况变好。

3. 功利主义的公平观。在经济学中经常用个人效用的加权求和来反映从社会来看什么是理想的。功利主义的社会福利函数给每个人的效用以相同的权数,随之将社会成员的效用最大化。所以功利主义的社会福利函数就是:社会成员的总效用最大化。

4. 市场主导的公平观。这种观点认为市场竞争的结果总是公平的,因为它奖励那些最有能力的和工作最努力的人。按照这种观点,可能会导致产品分配的极大的不均等。

以上四种观点是按照从平均主义到不平均主义的顺序排列的。多数经济学家是反对平均主义和市场主导这两种极端的观点的。众所周知,市场竞争结果是有效率的,但有效率并不必然带来公平,因此,社会公平目标在某种程度上依靠政府对收入的再分配来实现。政府通过税收调节、社会保障计划、低收入家庭的子女受教育免费、失业救济等手段予以调节。不过,公平和效率经常是一对矛盾,政府的收入再分配政策可能会给经济效率带来一定的损害。因此,政府通常需要在公平与效率之间权衡取舍。

三、社会福利函数

如果要更为细致的研究社会福利最大化问题,我们必须知道确切的社会福利函数，以及怎样通过个人的福利水平推导出社会的福利水平。然而正如对公平的定义一样，学界并未对社会福利函数达成共识，这里我们仅作些简单的探讨。

首先，我们需要引入效用可能性曲线。

将交换契约线从商品空间转换效用空间就可得到效用可能性曲线。我们知道图 11-6 中的点 c 满足帕累托最优的三个条件，其在经济上是有效率的，该点对应的两个消费者 A 和 B 的效用水平 U_A, U_B 描绘到效用坐标系中，得到如图 11-7 所示的一个效用组合点 M，同样的方法，可以得到一系列这样的点，所有这些点连结起来，得到的曲线就叫做效用可能性曲线。在效用可能性曲线上的每一点都满足帕累托最优的三个条件，因此其在经济上是有效率的。

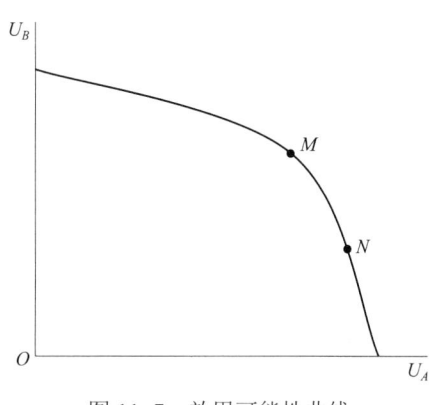

图 11-7　效用可能性曲线

由于效用实际是不可计量的，我们只能比较一下其相对大小，所以效用可能性曲线的形状，我们并不能详细地描绘出来，但我们可以明确的知道，该曲线上当消费者 A 的效用增加的时候一定伴随的是消费者 B 的效用的降低。否则，若 A 的效用增加，B 的效用增加或者不变，便存在帕累托改进的可能，这与帕累托最优的条件相矛盾。但是效用可能性曲线的凸凹性并不确定。

效用可能性曲线也可以理解为在经济上能够达到的效用水平的区域的边界，所以又称作效用可能性边界。

进一步观察效用可能性曲线，我们会发现尽管其上的所有点都是有"效率"的，但是不同的点所代表的公平性程度并不相同，如图中的点 M 和点 N，点 M 所代表的消费者 B 的效用明显大于点 N 中所代表的消费者 B 的效用。那么怎样才能确定出兼具"效率"和"公平"的效用组合？我们进一步引入社会福利函数。

以效用水平表示个人的福利水平，那么社会福利函数必定是个人福利的函数，为方便起见，我们再次利用本章所假定的简单两部门经济模型，即社会中只有 A 和 B 两个消费者，那么社会福利函数即可表示为：

$$W = W(U_A, U_B) \tag{11.21}$$

虽然我们无法得知上述函数的具体形式，但是可以有以下的基本判断：

如果两个人的福利都得提高，那么社会福利就必然得到提高，如果一个人的福利提高，而另外一个人的福利并没有降低，社会福利也会得到提高。在此

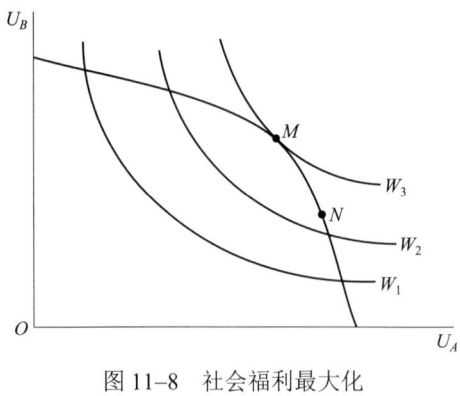

图 11-8 社会福利最大化

基础上，我们在效用坐标系中加入社会福利曲线 W，如图 11-8 所示。

因为社会福利曲线有无数条，则必有一条与效用可能性曲线相切，在图中，我们假定 W_3 与效用可能性曲线相切于 M 点，可以看出点 M 既是符合经济效率的点，又是所能达到的最高社会福利的点。因此可以说，点 M 兼具"效率"和"公平"。我们称点 M 为限制条件下的最大满足点。

从理论上分析，我们已经找到了经济社会资源配置的最优点，然而在现实生活中问题显然要复杂得多，因为我们不能明确地界定社会福利函数，这表现在以下两个重要问题上：首先是社会福利函数的存在性问题，表现为如何由个人的偏好推导出社会偏好的具体形式是个难题，阿罗已证明这是不可能的，即社会福利函数不存在；其次，如上节所述，我们怎样确定社会的"公平性"问题以界定社会福利的最大化，并没有一个统一的标准。尽管如此，建立在第一和第二定理上的福利经济学，仍然为公平和效率等方面的规范问题提供了有用的分析框架。

 本章小结

1. 本章讨论了一般均衡问题。一般均衡是指在生产要素的供给函数与消费者的需求函数，以及反映生产技术状况的生产函数为既定条件下，通过生产要素市场和商品市场以及这两种市场互相之间的供给与需求力量的相互作用，每种商品和生产要素的供给量与需求量将各在某一价格下同时趋于均衡，社会经济将达到全面均衡状态。

2. 一般均衡理论为我们描述了资源配置的均衡状态，而帕累托最优则为我们提供了衡量资源配置是否有效率的尺度。在一般均衡理论的基础之上，我们引入了帕累托最优的概念，并进一步研究了帕累托最优的三个条件，引出了福利经济学第一定理和第二定理。

3. 经济效率并不意味着公平，在此认识的基础上，我们介绍了福利经济学的发展脉络及基本内容，包括公平和效率的关系问题、社会福利函数等，探究

复习思考题

1. 简述局部均衡与一般均衡的区别。
2. 如果整个经济处于全面均衡状态之下,由于某种原因使商品 X 的市场供给增加,试考察:
（1）在 X 商品的替代品市场和互补品市场上会有什么变化?
（2）在生产要素市场上会有什么变化?
3. 什么是帕累托最优状态?
4. 为什么说完全竞争的市场机制符合帕累托最优状态?
5. 假设某人每月工作 10 天,他可生产两种产品 X 和 Y 供自己消费,已知两种产品的生产函数分别为 $Q_X=10L_1$，$Q_Y=5L_2$，如果该消费者的效用函数为 $U=Q_X Q_Y+2Q_X+4Q_Y$，试问此人如何分配他的时间 L 用于生产,可使效用最大?
6. 已知 X 商品的生产函数为 $X=5L^{0.4}K^{0.6}$，而 Y 商品的生产函数为 $Y=4L^{0.5}K^{0.5}$，若社会上有要素 $L_0=100$，$K_0=200$，且只生产 X 与 Y 商品。试问该社会生产的契约曲线是什么?

第十二章 市场失灵与微观经济政策

本章概要

市场机制在某些领域不能发挥作用或者不能有效地发挥作用的情况，称为市场失灵（market failure）。在现实中存在市场失灵，导致配置资源达不到最优状态。市场失灵的原因主要有：垄断、外部性、公共物品以及不完全信息等。对垄断的公共管制在第六章已经进行了讨论。本章分别就另外几种情况如何导致市场失灵及其解决措施等进行讨论。

学习目标

1. 理解外部性、公共物品、信息不对称的概念。
2. 能够区分公共物品和私人物品的不同，理解公共物品的供求曲线及决策机制。
3. 了解不完全信息的三种主要情况。

第一节 外 部 性

本书的诸多章节都假设消费者或生产者的行为是互不相关、彼此独立的经济活动。但实际情况却完全不同，经济活动中经济主体之间都有着千丝万缕的联系，因此每一个具体的经济活动都会产生外部影响即外部效应问题。

一、外部性的涵义及其分类

1. 外部性的涵义

外部性（externalities）是指个人（包括自然人和法人）的经济活动对他人造成的外生于市场交换机制的影响，应该注意的是这些影响没有被计入市场交易成本与价格之中。

理解外部性概念要注意的一个问题是：其中提到的外生于市场交换机制的影响都是指直接的利害关系，而不是通过市场价格变化或竞争关系发生的影响。例如，某企业价格下降可能会引起销售量增加，其竞争对手利润因此下降，该企业不仅不必承担其对手企业损失，而且会从中获得利益。这类通过市场机制作用引发的利害关系及其分配方式不属于外部性的范畴。

理解了外部性的涵义，下面我们按照布坎南（J.M.Buchanan）和斯塔布尔宾（W.C. Stubblebine）对外部效应存在的界定，某一个人的效用函数（或某一厂商的生产函数）所包含的变量是在另一个人（或厂商）的控制之下，可以把外部性用公式描述为：

$$U_A = U_A(X_1, X_2, X_3, \cdots X_n, Y_1) \qquad (12.1)$$

（12.1）式表明，如果某人 A 的效用，不仅受其所控制的活动 X_1，X_2，X_3，… X_n 的影响，而且同时也受到其他活动 Y_1 的影响，而 Y_1 是由第二个人 B 控制的，那么就发生了外部效应。

当外部效应存在时，市场依据失真的价格信号所作出的经济活动决策，使得社会资源配置缺乏效率，从而达不到帕累托最优状态。

2. 外部性的分类

外部性可以依据不同的标准来进行分类。按照外部性的承受者的不同，可将外部性区分为对消费的外部性和对生产者的外部性；按照外部性发起者的不同，将外部性区分为生产者活动的外部性和消费者活动的外部性。最为重要的，是根据外部效应的性质进行的分类，据此可以将其分为正的外部性和负的外部性，前者是有益的，通常被称为外部经济，后者是有害的，通常被称为外部不经济。

当一个生产者采取的行动使他人付出了代价而又未给他人以补偿时，便产生了生产的外部不经济。生产的外部不经济的例子很多。例如，一个企业可能因为排放脏水而污染了河流，或者因为排放烟尘而污染了空气。这种行为使附近的居民和整个社会都遭受了损失。还有一些潜在的可能造成全社会损失的生产经营活动也属于负的外部性，比如石油输送企业有油轮损坏或输油管道破裂的风险，一旦发生这种情况，会对生态环境的平衡造成毁灭性的打击，这种潜在的负外部效应同样是生产的外部不经济。类似地，消费者的消费活动也会产生负的外部性，例如在公共场所嗑瓜子，随地扔瓜子皮给大家休闲的环境造成了不良的影响。

当一个生产者采取的经济行动对他人产生了有利的影响，而自己却不能从中得到报酬时，便产生了生产的外部经济。生产的外部经济的例子也很多，例如，蜂农的养蜂行为会使果农的水果产量提高。同样消费行为也会产生消费的外部经济，这里不再举例。

二、外部性与资源配置

1. 外部不经济对资源配置的影响

对于负的外部性，由于外部效应并不反映在市场价格中，因此它们会成为经济缺乏效率的一个原因。我们用外部边际成本（MEC）来表示这种因增加一个单位某种物品或劳务的产量而给第三者所带来的额外成本。外部不经济的情况我们可以通过造纸厂向河中倾倒废水的例子来说明，图12-1中显示的是造纸厂在自由竞争的市场中的生产决策。

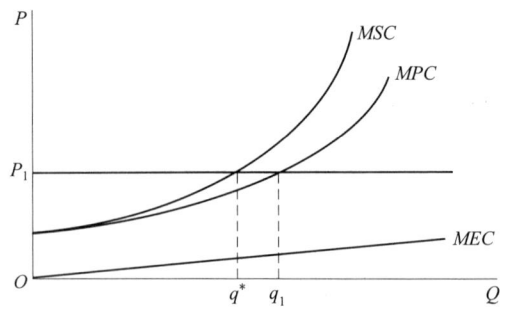

图12-1 负的外部效应与资源配置效率

以纸张生产为例，由于纸张生产所造成的废水倾泻于河流，导致水资源的污染，从而减少可供捕捞的鱼量，妨碍人们进行游泳、划船等各种形式的娱乐活动等。由于这些外部不经济存在，社会边际成本MSC大于私人边际成本MPC，其差额就是外部边际成本 MEC,大多数形式的污染来说,这一曲线是向上倾斜的,因为随着厂商产出的增加以及向河中倾倒的废水增加,它对渔业的增量危害也增加了。在图 12-1 中,利润最大化的厂商在价格等于私人边际成本 MPC 的产出为 q_1 处生产。从社会的角度看,该厂商生产的产出太多了。有效产出水平应当是价格等于生产的社会边际成本 MSC。在图 12-1 中,社会边际成本曲线是用每一产出水平上的私人边际成本加上外部边际成本得到的(即 MSC=MPC+MEC)。社会边际成本曲线 MSC 与价格线在产出为 q^* 处相交,此产量为社会最优生产量。由此可见,在存在负的外部效应的情况下,将导致生产过量进而产生过多的废水倒入河中,出现资源配置过度的状态。

2. 外部经济对资源配置的影响

正的外部性是指对交易双方之外的第三者所带来的未在价格中得以反映的经济利益,因此外部经济对外界带来的好处并没有得到补偿,也就是说物品的消费或生产的成本高于他应当支付的成本。比如用于预防传染病的疫苗接种就是外部经济的典型例子。事实上,疫苗接种不仅会使被接种者本人减少感染传染病菌的可能,那些没有接种疫苗的人也可因此而减少接触感染此种病菌的机会。依次类推,整个社会都可以从减少疾病传播的可能性中得益。经济学家用外部边际利益(MEB)来表示这种因增加一个单位的某种物品或劳务的消费或生产而给第三者所带来的额外的收益。如图 12-2 所示,疫苗接种的需求曲线 D 和供给曲线 S 的交点 E 所决定的均衡价格和均衡产量分别为 P_0 和 Q_0。显而易见,Q_0 的疫苗接种量不是最有效率的。因为需求曲线 D 所反映的仅是消费者自身可从疫苗接种获得的私人边际价值,并未包括外部边际利益。

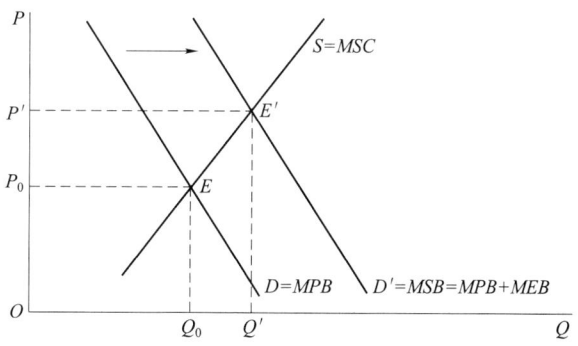

图 12-2 正的外部效应与资源配置效率

社会边际价值 MSB 决定新的需求水平,将原来的需求曲线 D=MPB 线上的各点向右上方移动 MEB 段距离,即可得到新的需求曲线 D'=MSB=MPB+MEB,

新的需求曲线同供给曲线 $S=MSC$ 线在 E' 点相交，由此而决定疫苗接种量为 Q'。很显然，这一产量水平是社会的最佳产量水平。由此可见，在存在正的外部效应的情况下，一种物品或劳务的私人边际价值小于社会边际价值，由此决策的供给规模将会呈现生产不足的状态。

三、解决外部效应的对策

如前所述，负的外部性会给社会带来损失，正的外部性会给社会带来利益。在经济分析中，针对外部性及其导致的生产过多或不足问题，主流的观点是应当由政府通过税收或补贴等干预手段解决。然而，过去几十年产权经济学研究的进展，使经济学家对这一问题获得进一步理解，认识到外部性之所以产生效率问题，关键在于产权界定不清晰和不充分。于是，通过界定产权来消除外部性影响成为了经济学界研究的热点。总的来说，要解决外部效应导致的市场失灵问题，其主要措施有明确产权、合并企业、征税补偿等。

1. 明确产权

通过明确产权解决外部性问题与通过政府干预措施来解决外部性的措施截然相反。在产权明确化的基础上通过市场交易，而无须政府干预就可以解决外部性问题。

使产权明晰化以解决外部性的思想是以科斯（Ronald Coase）为代表的产权学派经济学家提出的。产权是一系列的法定权利，例如按某种方式使用土地的权利、避免土地受污染的权利、对事故进行赔偿的权利、按照契约行事的权利等。产权学派经济学家指出，只要明确界定产权，经济行为主体之间的交易行为就可以有效地解决外部性问题。著名的科斯定理（Coase theorem）概括了这一思想。科斯定理表述如下：只要法定权利可以自由交换，且交易成本等于零，那么法定权利的最初配置状态对于资源配置效率而言就是无关紧要的。以下以化工厂污染为例说明外部性解决的产权途径。

例如，有一家工厂，它的烟囱冒出的烟尘使得周围的居民受到了损失，损失合计为 400 元。现在有两种解决办法：一种是在工厂的烟囱上安装一个除尘器，假设费用为 150 元；另一种是给周围每户居民家里安装空气净化器，假设有 25 户居民，每台空气净化器 10 元，总费用为 250 元。显然，第一种方法比较好，因为成本低。按照科斯定理，只要明确产权，无论这产权属于谁，即不论是给予工厂排放烟尘的权利，还是给予周围居民不受烟尘污染的权利，只要居民协商费用为零，最终的结果必然是选择第一种方法解决问题。试想，如果权力属于工厂，根据成本最小化原则和理性人假设，居民会选择成本最小的方法，即大家出钱给工厂安装一个除尘器；如果权力属于居民，根据成本最小化原则和理性人假设，则工厂会选择成本最小的方法，即自己出钱买一个除尘器安装在烟囱上。当然，以上方案是基于协商费用等于零的假设而得出，如果协商费用不等于零，通过产权明确也未必能使得资源得到合理配置。因为如果协商费用大于 100 元，居民会自己安装净化器而不是给工厂安装除尘器。❶这个协商费用被称为交易费用或交易成本。由此引出的排污权交易是近些年来最热门的话题。

专栏 12-1　碳排放权交易❷

排污权交易（tradeable pollution permit）的基本内容是：实行排污许可证制度，政府向厂商发放排污许可证，厂商则根据排污许可证向特定地点排放特定数量的污染物；排污许可证及其所代表的排污权是可以买卖的，厂商可以根据自己的需要，在市场上买进或卖出排污权。1997 年在日本京都召开了《气候框架公约》第三次缔约方大会，会上通过了《联合国气候变化框架公约的京都议定书》（简称《京都议定书》），为各国的二氧化碳排放量规定了标准。于是以排污权为理论基础的碳排放权交易开始在各国展开，并逐渐成熟。

按照《京都议定书》的规定，协议国家承诺在一定时期内实现一定的碳排放减排目标，各国再将自己的减排目标分配给国内不同的企业。当某国不能按期实现减排目标时，可以从拥有超额配额或排放许可证的国家主要是发展中国家购买一定数量的配额或排放许可证以完成自己的减排目标。同样的，在一国内部，不能按期实现减排目标的企业也可以从拥有超额配额或排放许可证的企业那里购买一定数量的配额或排放许可证以完成自己的减排目标。目前，在推动排放权交易方面，欧盟走在了世界的前列。欧盟已经制定了在欧盟地区适用的欧盟气体排放交易方案，通过对特定领域的万套装置的温室气体排放量进行认定，允许减排补贴进入市场，从而实现减少温室气体排放的目标。欧盟碳排放市场开始交易以来，交易量和成交金额稳步上升。

2. 合并企业

合并企业是指将具有外部经济的企业和具有外部不经济的企业合并，从而使外部性"内部化"，是使资源配置符合帕累托最优的另一种办法。这种办法既

---

❶ 改编自高鸿业. 西方经济学（第 4 版）[M]. 北京：中国人民大学出版社，2007：383-384.

❷ 资料来源：根据百度知道中相关信息改编。http://baike.baidu.com/view/3134204.htm? fr=ala0_1.

可能产生于外部性制造者与受外部性影响者之间的自愿交易,也可能产生于政府的干预。以下对这一问题进行分析。

我们以一个化工厂为例,假设其周围不是居民,而是农田,空气的污染会导致农业减产。我们知道,在产权不明确或者没有任何干预措施的情况下,化工厂所制造的污染程度之所以超过社会最优标准,是由于污染造成的成本不计入化工厂的私人成本中,而损失完全由农场承担。如果将化工厂与农场合并为一个企业,则企业的决策者将会同时考虑化工厂与农场的成本与收益。这时,农业的减产使新企业受到了损失,于是这个损失由新企业来承担。联合企业的决策者必须综合考虑化工产品和农产品的收益与成本。为了达到利润最大化,合并的企业必须使由于控制化工产品生产过程中的污染而造成的边际成本增加等于因污染程度的下降而降低的农产品生产的边际成本。合并企业后所造成的污染程度明显低于合并企业前的污染程度,实现了外部性的内部化。

3. 征税补偿

政府对造成外部不经济的家庭或厂商征税,或对形成外部经济的家庭或厂商进行补偿,直至社会的利益等于私人的利益,或社会的成本等于私人的成本,从而使资源配置达到帕累托最优。

(1)经济学家庇古认为对制造污染者征税,可以矫正他们的某些投入品价格太低的问题。以工厂排放有害废水造成的外部性为例,政府可以把污水排放造成的社会成本转换为适当水平的税费,向排放企业征收,从而消除外部性。如图12-3所示,通过征税,厂商的私人成本曲线 MPC 向左上方移动至 MPC',直至社会边际成本曲线 MSC 重合,如此一来,产量将减至社会最优水平 q^*,通过外部成本内部化,有效地解决了污染的外部性问题。

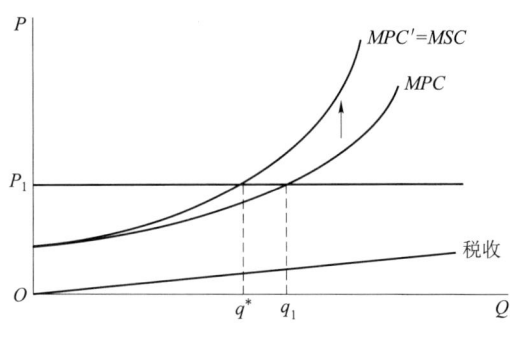

图 12-3 对征税的分析

(2)假定污染企业数目是一定的,以支付补贴的方式促使这些企业不污染,也可以达到有效率的生产规模。尽管这种观点乍看起来有点奇怪，但它与上述征税方案有着异曲同工之处。因为，对不制造污染的行为进行补贴，是提高污染者生产成本的另一种方法。例如，采用自然纤维生产可以在自然环境中分解的绿色环保餐具，投入生产之初成本较高，在市场上与化学原料生产的同类餐具竞争缺乏价格竞争力，但是新材料餐具具有积极的环保效应。政府便可以在一定时期用补贴手段扶持这类产品，以解决环保餐具推广初期的外部性问题。

第二节 公 共 物 品

物品有私人物品与公共物品之分。市场中绝大多数物品都是私人物品。本节我们将讨论公共物品。

一、公共物品的基本特征

我们之前所讨论的物品都属于私人物品，如私人轿车、衣衫首饰、化妆品等，它们在消费上具有竞争性与排他性。而公共物品则是由公共部门生产或提供的，是指私人不愿意生产或无法生产的而由政府提供的物品，包括铁路、警务、气象服务、教育、国防安全、航天研究，等等，它们在消费上具有非竞争性与非排他性，这也就是纯粹公共物品的基本特征。

1. 非排他性（nonexclusivity）

排他性是指人们必须支付价格才能消费该物品，即一旦购买者支付了价格就取得了该物品的所有权并可轻易地排斥他人消费这件物品。非排他性则正好相反，是指物品不能排斥该社会任何人的使用和消费，如果要采取收费的方式限制任何一个消费者对公共物品的消费是非常困难、甚至是不可能的。因此，任何一位消费者都可以免费地消费公共物品。例如，国防是一种典型的公共物品，一旦国家建立起强有力的国防体系，该国任何一位公民都可以从中受益，甚至包括那些偷税漏税的违法分子。公共物品的非排他性也可以理解为物品效用的不可分割性，灯塔、气象、国防、街道等公共物品都具有非排他性。

2. 非竞争性（nonrivalness）

竞争性指让更多人消费会发生边际成本，某人已经消费的给定数量的某种商品不能同时被其他人消费。非竞争性则是指对于任一给定的公共物品产出水平，增加额外一个人消费该物品不会引起物品成本的任何增加，即消费者人数的增加所引起的物品边际成本等于零。当物品是私人物品时，增加一个消费者的消费就要增加物品的数量，从而增加物品生产的成本。而公共物品一旦用既定的成本生产出来以后，增加消费者数量也不需要额外增加成本。对于非竞争性还需要满足两个前提条件：第一，边际拥挤成本为零，每个消费者的消费都不妨碍其他消费者同时消费的数量和质量，这种物品不但可以共同消费，而且也不存在消费中的拥挤现象；第二，边际生产成本为零，即增加一个消费者给供给者带来的边际成本为零，这里的边际成本不是微观经济学中经常分析的产量增加导致的边际成本，因为在公共物品的情况下，消费者增加和产量增加导致的边际成本并不一致。例如国家制作并发射无线电广播，任何使用收音机的人都可以收听，而且不会增加国家任何生产成本。

严格来说，只有同时具备非竞争性与非排他性两种特征才是真正的公共物品。但是在现实生活中同时具备这两种特征的物品并不多。国防和海上的灯塔通常被认为同时具有这两种特征，但更多的是类似公路和桥梁这种仅在一定程度上具有这些特征的物品，因为公路和桥梁的承载量是有一定限度的。公有资源具有非排他性但不具有非竞争性，例如公有的水域，不能排斥任何一个捕鱼者捕鱼的行为，但捕捞者的不断增加无疑会减少鱼的数量，因而增加捕鱼者的成本。需要注意的是，由于存在对某些非竞争性物品收费的可能，因而非竞争性物品并不总具有非排他性。例如，高速公路收费站使得公路服务具有排他性，一些商业性的网络资源、有线电视节目也具有排他性。

根据物品竞争性和排他性的程度不同，可以把各类物品划分为以下四类：私人物品，既具有排他性又具有竞争性；纯公共物品，既具有非排他性也具有非竞争性；准公共物品，在一定程度上具有非排他性但具有非竞争性；最后是上面提到过的公共资源，具有非排他性但不具有非竞争性。这几类物品的特性如表 12-1 所示。

表 12-1 四类物品的特征

	具有竞争性	具有非竞争性
具有排他性	私人物品	自然垄断
具有非排他性	公有资源	公共物品

需要说明的是，以上分类也具有不科学的一面，现实中完全不具有排他性的公共物品是几乎不存在的，这类物品大多只在一定程度和范围内具有非排他性，例如长江大桥、免费公园、围棋俱乐部等都可以被视为准公共物品。

二、公共物品与资源配置

1. 公共物品的均衡分析

根据前面几章有关市场均衡的理论分析可知，当市场上某类物品的边际成本等于该物品的边际收益，该物品的生产就是有效率的，否则就是无效率的。与私人物品的市场均衡条件相同，判断公共物品市场均衡的条件也是物品的边际成本等于物品的边际收益，因此无论是公共物品还是私人物品，市场出清的条件是相同的。但是，对于这两种类型不同物品，这一必要条件的表现形式有所不同。

我们知道，在某种私人物品市场上，当市场分割不存在时，市场均衡条件下所有生产者和消费者都面临着相同的价格。具体来说包括以下三个涵义：（1）所有生产者对该物品制定的价格相同；（2）所有消费者接受相同的价格；（3）均衡产销量下，生产者制定的价格刚好等于消费者接受的价格。在市场完全竞争时，价格 P 等于厂商的边际收益，因此均衡条件是：$MC=MR=P$。

公共物品则不同，由于公共物品具有非排他性和非竞争性，所以公共物品是由众多的消费者同时消费的。因此即使在市场分割不存在的假设下，消费者之间也可以根据他们对物品不同的偏好支付不同的价格。比如消费者由于家庭成员的人数不同及工资的不同其支付的国防经费也是不同的（隐含在个人所得税中）。因此在公共物品场合，不能使单个消费者的边际支付等于厂商面临的边际成本，单个消费者对公共物品的支付意愿只占公共物品支出的一部分，因此公共物品市场均衡条件是消费者边际支付意愿的加总与生产者边际成本相等。以下我们用数学方法说明这一结论。

假设社会上只有 A、B 两个消费者，图 12-4 中的 D_A、D_B 曲线分别代表消费者 A 和消费者 B 的需求曲线，这两条需求曲线的差异可能是由于 A、B 两人对该公共物品的偏好不同所造成的，也可能是由于 A、B 两人的收入水平不同所致。例如不同收入水平对教育的需求效用函数是不同的，高收入人群愿意为教育支付较高的价格。根据前面几章的理论所示，D_A、D_B 均向右下方倾斜，这里不再做过多的解释。同时，假设社会上只有一个生产者，公共物品的生产者通常是政府，只生产一类物品 X，物品的供给曲线 S 向右上方倾斜，如图 12-4 所示。

由于只有一个厂商，因此供给曲线 S 不仅是厂商的供给曲线，也是市场的供给曲线。但是需求曲线有两条，需要合并成一条市场需求曲线。要注意，需求曲线的合并方式在私人物品市场和公共物品市场上是不同的。

（1）私人物品的局部均衡分析

在分析公共物品的局部均衡之前，我们有必要首先来分析一下私人物品的局部均衡。

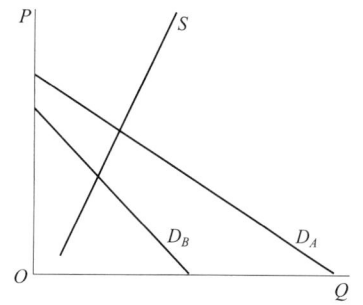

图 12-4　物品 X 的供求曲线

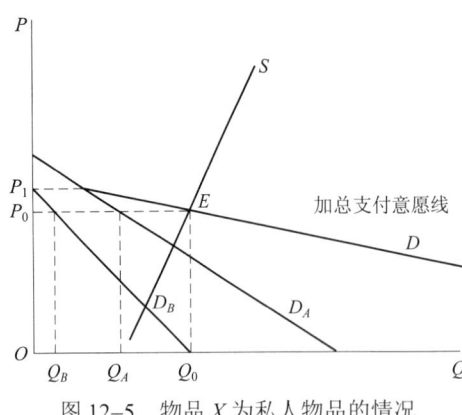

图 12-5 物品 X 为私人物品的情况

如图 12-5 所示，由于在私人物品市场，消费者面对的是同一水平的价格，因而在只有两个人的社会里，社会对该物品的总需求将为 $D=D_A+D_B$，即不同个人的需求在同一价格水平下的横向加总。上图中的折线 D 便是加总之后的需求曲线，D 曲线之所以会出现拐点，是因为当价格上升至 P_1 时，B 的需求为 0，这时只有 A 有需求，故此时 $D=D_A$。供给曲线 S 与需求曲线 D 交于 E 点，如图 12-5 所示，如果在该物品的供给曲线已定，那么其均衡价格为 P_0，其中的 Q_A 为 A 的消费量，Q_B 为 B 的消费量，在价格等于 P_0 时，均衡量 $Q_0=Q_A+Q_B$。

（2）公共物品的局部均衡分析

在解决了私人物品的社会需求加总和局部均衡分析之后，我们便可以来分析公共物品的社会需求加总和局部均衡问题了。

图 12-6 中 D_A 与 D_B 是个人 A 和 B 对公共物品的需求曲线。通过前面的论述我们已经知道，公共物品一旦提供出来，则对任何个人都是可支配的，不管是否出于本人的愿望。全体个人对一定数量的公共物品所愿支付的价格是由不同个人的需求曲线垂直相加而得到的。社会总需求 $D=D_A+D_B$。在公共物品的均衡分析中，我们同样可以看到 D 是一条带有拐点的曲线，其含义是，当公共物品的供给量超过 Q_1 之后，B 将拒绝支付价格，从而这种公共物品的生产成本将全部由 A 来承担。在这里，总需求曲线是由个人需求曲线垂直相加得到，之所以与私人物品市场不同，是因为在公共物品场合，每个人所能支配的是同样数量的公共物品，但他所愿意支付或者能够支付的价格是不一样的。在这里，价格是收入的函数，这一点是由公共物品的定义告诉我们的。供给曲线 S 与需求曲线 D 交于 E 点，交点 E 决定了公共物品的均衡价格与产量，价格为 P_0，产量为 Q_0，其中 P_A 为 A 支付的价格，P_B 为 B 支付的价格，有 $P_0=P_A+P_B$。

由此可见，公共物品的定价原则与私

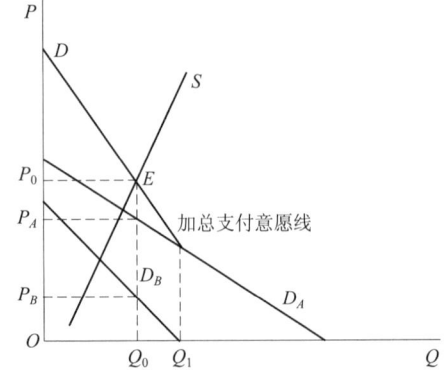

图 12-6 物品 X 为公共物品的情况

人物品的定价原则均是边际成本等于边际收益，但具体的表现方式不同：在私人物品中，遵循 $P_A=P_B=P=MC$ 的原则；在公共物品中，遵循 $P_A+P_B=P=MC$ 的原则。于是，公共物品这种有别于私人物品的有效定价告诉我们，公共物品是不能由私人部门提供的，这是因为个人对公共物品的支配是一样的，但评价确实是不一样的，从而不能由市场来统一定价。

2. 市场失灵

根据以上分析，公共物品市场的均衡条件有其特殊性，所以适用于私人物品市场一般均衡的市场竞争机制在公共物品市场是行不通的，原因在于公共物品的消费中存在着私人物品消费中所不存在的"免费搭便车问题"（free-rider problem）。所谓免费搭便车，是指个人不愿支付价格以负担公共物品生产的成本，而依赖别人生产公共物品以便自己不花费任何代价就可消费。由于存在免费搭车问题，依靠市场机制解决公共物品的生产往往导致所提供的公共物品的数量远远低于社会所需要的数量。例如，某村庄有遭遇蝗灾的危险，若提前做好防御工作则完全能够避免此灾害，估计村民们对实现该计划带来的环境改善的真实总支付意愿远远大于实施该计划所需要的成本 5 万元。然而，这并不能保证你能够通过私人投资从中获得盈利。因为如果不能强迫人们为这一计划付费，更不可能让人们按照他们对环境改善的真实主观评价来支付费用。由于蝗虫的活动范围不受限制，而且没有采取一种对那些没有支付费用的村民的惩罚措施，人们便会产生这种"免费搭便车"的心理和行为。

另外，我们再举一个与公共资源有关的市场失灵的例子，著名的"公地的悲剧"。公地的悲剧（tragedy of the commons）是制度经济学家非常熟悉的例子，这个例子证明，如果一种资源没有排他性的所有权，就会导致对这种资源的过度使用。休谟早在 1739 年就开始注意这一问题。在人们完全从私人动机出发自由利用公共资源时，一个必然的倾向是过度利用、低效率使用和浪费，并且过度利用后会使任何利用它的人都无法得到实际的好处，下面以公共牧地问题为例作简要分析。

设某村庄有 n 个农户，该村庄有一片大家都可自由放牧羊群的公共牧地。由于这片草地的面积有限，因此草的数量只能够某一数量的羊吃饱，如果在此草地上放牧的羊的实际数量超过此限度，则每只羊都无法吃饱，从而羊的产出（毛、皮、肉的总价值）就会减少，只能勉强存活甚至要饿死。假设这些农户只在夏天才到公共草地上放羊，而每年春天决定养羊的数量，则可看作各农户在决定自己养羊的数量时是不知道其他农户的养羊数的，即各农户养羊数的决策是同时作出的。再假设所有农户都清楚这片公共草地最多能养多少羊和在草地上羊的总数的各个水平下每只羊的产出，这就构成了 n 个农户之间关于养羊数的博弈，并且是一个静态博弈。同时假设购买和照料每只羊的成本对每个农户是相同的，是一个不变的常数。为使讨论简单和得到直观的结论，我们用一个具体化的例子来分析。

假设 $n=3$，即只有三个农户，每只羊的产出函数为 $V=100-Q=100-(q_1+q_2+q_3)$，$V$ 可以看作每只羊的价值，而边际成本 $MC=4$。并且，为了方便起见，我们先假设羊的数量是连续可分的。这时，三个农户的净收益函数分别为：

$$R_1=q_1[100-(q_1+q_2+q_3)]-4q_1$$
$$R_2=q_2[100-(q_1+q_2+q_3)]-4q_2$$
$$R_3=q_3[100-(q_1+q_2+q_3)]-4q_3 \quad (12.2)$$

求三个农户各自对其他两个农户策略（养羊数）的反应函数，得：

$$q_1=R(q_2,q_3)=48-q_2/2-q_3/2$$
$$q_2=R(q_1,q_3)=48-q_1/2-q_3/2$$
$$q_3=R(q_1,q_2)=48-q_1/2-q_2/2 \quad (12.3)$$

三个反应函数的交点（q_1^*, q_2^*, q_3^*）就是博弈的纳什均衡，我们将 q_1^*，q_2^*，q_3^* 代入三个反应函数，并解此联立方程组，即得 $q_1^*=q_2^*=q_3^*=24$。再将 $q_1^*=q_2^*=q_3^*=24$ 代入他们的净收益函数，可得 $R_1^*=R_2^*=R_3^*=576$，总净收益为 $R^*=1728$，即三个农户独立同时决定在公共草地放羊数量时所能获得的稳定的结果。同样也可以从总体利益的角度来考察一下公共草地上羊的最佳数量。设在该草地上羊的总数为 Q，则总净收益为：

$$R=Q(100-Q)-4Q=96Q-Q^2 \quad (12.4)$$

使得总得益 R 最大的养羊数 Q^* 必使净收益函数的导数为 0，即：

$$96-2Q=0 \quad (12.5)$$

解之得 $Q^*=48$，代入总净收益函数，得 $R^*=2304$，比三个客户独立决策时总净收益大得多。但养羊数却变少了。因此，三个农户独立决策时实际上使草地处于过度放牧的情况，浪费了资源，农户也没有得到最好的效果，如果各农户能将养羊数自觉限制在 48/3=16，则他们都能得到更多的收益。

"公地的悲剧"说明了在公共资源的利用、公共设施的提供方面政府的组织、协调和制约的必要性，同时它也是公共财政的一个基本职能。

三、公共物品的有效决策机制

针对公共物品的市场失灵问题，是否存在有效的解决机制？对公共物品的决策涉及与政府行为有关的"集体选择"。所谓集体选择，就是所有的参加者依据一定的规则通过相互协商来确定集体行动方案的过程。公共选择理论则特别注重研究那些与政府行为有关的集体选择问题。

1. 集体选择的规则

（1）一致同意规则

所谓一致同意规则，是指一项集体行动方案只有在所有参加者都认可的情况下才能够实施。这里的"认可"意味着赞成或者至少不反对。换句话说，在一致同意规则下，每一个参加者都对将要达成的集体决策拥有否决权。例如，联合国安理会的任何议案都必须得到五个常任理事国的一致认可才可实施。如果有一个反对，则相关议案即被否决。由于每一个参加者都拥有否决权。任何一个有可能损害某些参加者利益的集体行动方案都会被否决，于是，一致同意规则便具有如下的优点：第一，能够充分地保证每一个参加者的利益；第二，可以避免发生"免费搭车"的行为；第三，如果能够达成协议，则协议将是帕累托最优的。一致同意规则的缺点在于：达成协议的成本常常很大，在许多情况下甚至根本就无法达成协议。

（2）多数规则

所谓多数规则，是指一项集体行动方案必须得到所有参加者中的多数认可才能够实施。这里的多数，可以是简单多数，即超过总数的一半，也可以是比例多数，如达到总数的 2/3 以上。美国国会、州和地方的立法常常使用简单多数规则，但在弹劾和罢免总统、修改宪法时，则采取 2/3 的比例多数规则。与一致同意规则相比，多数规则的协商成本较低，也更加容易达成协议。多数规则存在的问题是：第一，他忽略了少数派的利益。由多数派赞成通过的集体协议强迫少数派也要服从；第二，可能出现"收买选票"的现象。这是因为，在多数规则的条件下，单个参加者的选择对最终的结果影响不大，具有可忽略性，从而一部分选民有可能不重视自己的选举权。这样一来，选举就有可能被利益集团所操纵，利益集团通过一定的小的代价来收买那些不重视自己选举权而打算不投票或投弃权票的选民，让他们按利益集团的意愿投票；第三，在多数规则下，最终的集体选择结果可能不是唯一的。不同的投票秩序会导致不同的集体选择结果，使社会成员作出前后不相一致甚至可能相互矛盾的决策。这就是所谓的周期多数现象。

（3）加权规则

一个集体行动方案对不同的参加者会有不同的重要性。于是，可以按照重要性的不同，给参加者的意愿"加权"，即分配选举权的票数。相对重要的，拥有的票数就较多，否则就较少。所谓加权规则，就是按实际得到的赞成票数（而非人数）的多少来决定集体行动方案。

（4）否决规则

否决规则的具体做法如下：首先让每个参加者对集体行动方案投票的成员提出自己认可的行动方案，汇总之后，再让每个成员从中否决掉自己所反对的那些方案。这样一来，最后剩下的没有被否决掉的方案就是所有成员都可以接受的集体选择结果了。如果又不止一个方案留了下来，就再借助于其他投票规则（如一致同意规则或多数规则等）来进行选择。否决规则的优点是显而易见的，因为经过这一规则筛选之后留下来的集体行动方案都将是帕累托最优的。

2. 最优的集体选择规则

上面所说的各种集体选择规则各有利弊，这就产生了如何确定最优的集体选择规则的问题，即按照什么样的规则来进行集体选择，才能保证所得到的结果是最有效率的。在这方面，西方公共选择理论家们提出了两个主要的理论模型。

（1）成本模型

按照这一模型，任何一个集体选择规则都存在着性质完全不同的两类成本：一类叫做决策成本，指的是在该规则下通过某项集体行动方案亦即作出决策所花费的时间与精力。集体决策的形成需要参加者之间不同程度的讨价还价。随着人数的不断增加，讨价还价行为发生的可能性将成倍增加，从而决策成本也将成倍增加。另一类是外在成本，指的是在该规则下通过的某项集体参加者个人的实际偏好一致时，这些参加者个人承担的外在成本就等于零；当两者不相一致时，他们承担的外在成本就大于零。显而易见，随着这种不一致的人数和程度的增加，外在成本的总量也将增加。对于不同的集体选择规则，决策成本和外在成本的大小是不一样的。例如，与一致同意规则相比，多数规则的决策成本可能较低，因为容易作出决策，但外在成本却可能较高，因为决策的结果可能和很多人的意愿不一致。决策成本和外在成本之和叫做相互依赖成本。最优集体选择规则的成本模型的结论是，理性的经纪人将按最低的相互依赖成本来决定集体选择的规则。

（2）概率模型

与成本模型不同，寻找最优集体选择规则的概率模型并不是追求社会相互依赖成本的最小化，而是力图使集体决策的结果偏离个人意愿的可能性达到最小。根据这一模型，最好的集体选择规则就是那种能使上述偏离可能性达到最小的规则。西方一些公共选择理论家证明，按照这一标准，集体选择中的多数规则是一种比较理想的规则。

3. 政府官员制度的效率

按照公共选择理论，政府官员制度是指那种由通过选举所产生的、被任命的以及经过考试而录用的政府官员来管理政治事务的制度。总的来说，这种政府官员制度的效率是比较低的，其原因是缺乏竞争、机构庞大以及成本高昂。公共选择理论认为，解决政府官员制度低效率的主要途径是引入竞争机制。具体做法是：第一，使公共部门的权力分散化。分散有利于减少垄断的成分。例如，可以把过于庞大的公共机构分解成几个较小的、有独立预算的机构。第二，由私人部门承包公共服务的供给。由政府投资的公共服务，并不一定必须由政府来生产。例如街道清扫、垃圾处理、消防、教育、体检等公共服务的生产都可以实行私有化。第三，在公共部门和私人部门之间展开竞争。如果允许私人部门和公共部门一样提供公共服务，则它们之间就会展开竞争，竞争将提高公共部门的效率。第四，加强地方政府之间的竞争。地方政府的权力不仅受到公民选票的制约，而且受到居民自由迁移的制约。当一个地方政府的公共服务的成本（税收）太高而质量太低时，居民就可能迁移到其他地区去。居民的迁出会减少当地政府的税收。因此，地方政府之间的竞争也可以促使它们提高效率。

第三节　不完全信息

完全竞争市场可以合理配置资源，其前提是信息完全，即消费者和生产者完全了解自身的处境和可能的选择。然而，信息完全只是假定，现实经济生活中，一般情况下信息是不完全、不对称的。本节我们从信息经济学的角度，特别是信息不对称方面分析市场失灵。

一、信息不对称

在传统微观经济学大部分篇章里，我们都假定微观经济学的两大经济主体：消费者、生产者对于他们面临选择的有关经济变量都拥有完全的信息。例如，生产者需要的信息有：生产的技术条件方面的信息，投入要素的价格信息，产品的市场价格信息，消费者对产品需求的信息等。消费者需要的信息有：市场上所有的产品的价格信息，产品的质量信息，产品的性能和用途方面的信息等。要素的所有者应该知道自己应得的报酬，而要素的雇主应该知道要素所有者愿意付出的真实投入量及要素潜在的边际生产力。这些条件对于一个统一、高效的完全竞争市场是不可缺少的。

然而，完全信息只是一种理想化的假设。在现实世界中，产品市场上的生产者无法准确预测市场上各种产品需求和要素供给变动的情况，消费者也无法了解所有商品市场上待销售商品的质量和价格情况；在劳动力市场上，申请人并不知道所有空职位的信息，而雇主也无法了解每一位雇员的才能和潜力。因此，决策者多面对的信息都是不完全的。亦即信息和其他资源一样，也是稀缺的。

导致信息不充分的原因有很多。生活中充满的不确定性是信息出现不完全性的重要方面。我们知道，不确定性使经济决策人只能预见自己的行为会有哪几种可能的结果，不确定性导致不完全信息，从而导致了决策时面临的各种风险。而信息的及时获取的重要性就在于它能减少生活中的不确定性。也就是说，当存在着不确定性的时候通常都存在着通过信息减少不确定性的可能性。而造成信息不确定性的原因主要有以下四个方面：第一，认识能力有限。人们不可能知道在任何时候、任何地方发生的或是即将发生的任何情况，尤其是在社会分工越来越细的时代，每个人只从事某一方面的工作，不可能掌握充分的信息。第二，掌握信息的成本高。当获知某一信息的成本高于该信息所带来的收益时，消费者会失去对掌握该信息的兴趣。第三，信息的特殊性。信息与普通商品不同，尤其在于消费者往往无法事先了解该信息可能带来的价值，因而不愿意花费高价去购买信息。第四，自利倾向。交易双方在信息掌握上一般处于不对称地位，为了自身的利益，信息掌握充分者往往会对处于不利地位的对方隐瞒信息。

信息不对称存在于生产、销售的各个环节。通常销售者对于一个产品的质量比消费者知道得多；工人对他们自己的技术和能力比他们的雇主知道得多；而经理们对于厂商的成本、竞争地位以及投资机会比厂商的所有者有更多地把握。在信息充分的世界里，市场平稳的运行，每种产品都形成均衡价格和均衡数量。然而在具有不对称信息的世界里，一些产品只能售出很少的数量，甚至根本卖不掉。总之，市场经济的有效运行以完全信息为前提条件，而这只是一种理论上的假设。现实生活中信息是不完全的或者是不对称的，因为获取信息需要成本。本节我们将就非对称信息下所导致的逆向选择、道德风险、委托—代理等问题进行讨论，并分析由这些问题而产生的效率损失。

二、逆向选择

在现实的经济生活中，存在着一些似乎与常规不相一致的东西。例如，我们知道，如果降低某种商品的价格，对该商品的需求量就会增加，这是存在于一般商品中的需求规律。但是，当消费者掌握的市场信息不完全时，他们对商品需求量就可能不随价格的下降而增加，而是相反，随价格的下降而减少。这时，就出现了所谓的"逆向选择"问题。所谓逆向选择（adverse selection），是指当不同的商品在购买者或出售者买卖时没有充分的信息来确定商品的真实质量，从而不同质量的商品以单一价格出售时，逆向选择就出现了。结果商场上充斥着低质量的商品，高质量商品反而越来越少。

1. 商品市场

有关商品市场上的逆向选择问题，我们主要以二手车市场为例加以说明。美国著名经济学家阿克洛夫（George A. Akerlof）在一篇经典的论文中对这种情况首先进行了理论分析。由于柠檬（lemons）在美国俚语中的意思是"次品"或者"不中用的东西"，所以出现逆向选择问题的商品市场又被称为"柠檬市场"，而在旧车交易中总是次品充斥，所以二手车市场是典型的柠檬市场。

设想某个二手车市场有 200 个卖者，每个卖者欲出售一辆二手车，共有 200 辆旧车待出售。市场上恰好有 200 个车辆购买者，每个买者想购买一辆二手车。假定 200 辆二手车中质量较好的车为 100 辆，质量较差的车（称为次品车）也是 100 辆，二者各占一半。假定购买者对质量较好的车愿意出 100 000 元的价格，对次品车愿意出 50 000 元。出售者对质量较好的车愿意接受的最低价格是 80 000 元，对次品车愿意接受的最低价格是 40 000 元。若买卖双方的信息是对称的，即买者与卖者双方都知道所交易的车的质量，则市场达到供求相等的均衡是没有问题的。100 辆质量较好的车每辆都将在 80 000～100 000 元的价格区间成交；100 辆次品车每辆都将在 40 000～50 000 元之间的价格成交。市场即不存在过剩的供给，也不存在过剩的需求。

但是，实际上买卖双方关于旧车质量的信息是不对称的。卖者知道自己的车的质量，买者并不知道所要购买的二手车的质量。买者只知道待出售的 200 辆二手车中有一半质量是较好的，另一半质量是较差的。因此每一个二手车购买者买到高或低质量车的概率各为 0.5。在这种情况下，每一位买者对所购的旧车愿意支付的价格是 75 000 元（100 000 元×0.5＋50 000 元×0.5）。我们看看 75 000 元的价格对供给会产生什么影响。哪一个卖者愿意以 75 000 元的价格出售旧车？毫无疑问，只有那些拥有较差质量旧车的人愿意按 75 000 元的价格出售旧车车。由于具有较好质量旧车的出售者愿意接受的最低价格是 80 000 元，因此在 75 000 元的价格水平，不会有一辆质量较好的旧车成交。如果二手车的购买者知道，在 75 000 元的价格水平不会有一个出售者出售质量较好的二手车，而只有质量较差的二手车可供购买，他愿意支付的价格就不是 75 000 元，而是 50 000 元。所以旧车市场最终只能是 100 辆较差的车在 40 000 元到 50 000 元的价格成交，次品车充斥市场，质量高的车被驱逐出市场。显然，因非对称信息而导致的二手车市场的最终均衡从社会角度看是无效率的，因为最终成交的数量低于供求双方想要成交的数量。

2. 保险市场

二手车市场因信息不对称而导致的逆选择问题在其他市场也存在，最典型的是保险市场。下面我们以健康保险为例说明保险市场上的逆向选择问题。

为什么超过 65 岁的人几乎难以以任何价格买到健康保险？老年人得严重疾病的风险大得多，但为什么保险的价格不上升到足以反映这一较高的风险呢？原因也是存在信息不对称，即使保险公司坚持要做医疗检查，购买保险的人对他们总的健康情况也要比保险公司所知道的清楚得多。结果就像二手车市场那样，出现了逆向淘汰——由于不健康的人可能更需要保险，使不健康的人在被保险人总数中的比例上升，保险公司提高保险价格，价格的上升使得较健康的人做出不投保的选择，这趋势使不健康的人所占比例上升，保险价格继续上升，一直到几乎所有想购买健康保险的人都是不健康的人，最终导致出售保险无利可图。

逆向选择问题产生的根源就在于信息不对称与自愿选择的相结合。在信息不对称与自愿选择相结合而前者状况无法改变时，变自愿选择为某种强制可能更有效，比如要求每个居民购买保险，而投保费则按全体居民平均风险水平为基础计算得到。此时会得到一种帕累托改进：高风险居民可按低于他实际面临的风险费率购买保险，他们的境况会变得更好。

3. 声誉

除了上面所讲的强制执行之外，向市场发送产品信号也是一种解决逆向选择问题的有效方式。在多数情况下，卖者对产品质量的了解比买者多得多。除非销售者能向购买者提供有关产品质量的信息，否则低质产品和服务会把高质产品和服务驱逐出去，出现市场失灵。在这些情况下便可以通过发送信号来缓解甚至纠正信息不对称。

发送信号有很多方式，如：赠送产品、展示样本、做有关质量广告、通过认证获得质量保证书，但这些方式都是要花费成本的，而最有效且成本低的信号是声誉。声誉是厂商以自己过去产品的质量发送信号。在信息不对称的情况下，购买者自然会根据以往的信号或来自别人的信息做出判断。如：你购买几个固定品牌或名牌的服装，是因为它的质量比较好；你常去几家固定的酒店吃饭，因为它有干净卫生的好评。因此，良好的声誉是矫正市场失灵的一种有效机制。但是，有些一次性的生产经营活动却很难作出声誉，所以声誉也不能解决一切逆向选择问题。

三、道德风险

信息不对称的另一个相关问题是道德风险。道德风险（moral hazard）也译为败德行为，是指经纪代理人在使其自身效用最大化的同时，损害委托人或其他代理人效用的行为。在保险市场上就经常会发生道德风险问题。以家庭财产保险为例，在个人没有购买家庭财产保险的情况下，个人会采取多种防范措施如安装防盗门、降低外出的频率、委托他人照看家门等来避免家庭财产失窃，结果家庭财产失窃的概率较小。如果个人一旦向保险公司购买了家庭财产保险，由于家庭财产失窃后由保险公司负责赔偿，个人可能不再采取防范性措施，从而导致家庭财产失窃的概率增大。在有道德风险的情况下，保险公司可能被迫提高他们的保险费或者甚至干脆拒绝出售此类保险。

败德行为的后果不仅是导致保险公司遭受损失，也妨碍市场有效地配置资源。以医疗保险为例，假定个人的医疗保险费与个人的就医次数与实际医疗支出毫无关系，无论就医次数多少、花费的医疗费用高低，都向医疗保险公司支付相同的保险费，那么个人将无节制的增加对于医疗服务的需求。显然，这种无节制的需求是不符合资源配置效率要求的。在我国传统的公费医疗制度下，政府充当了医疗保险公司的角色，对每一个享受公费医疗的人实行全额的医疗保险。享受公费医疗者的败德行为一方面造成医药的大量浪费，另一方面使得对于医疗服务的需求大大超过供给。为防止以上道德风险问题出现，医疗保险机构可以每年按照个人看病的概率向个人收取医疗保险费。个人在头一年看病次数多，医疗费用支出大，医疗保险公司就在下一年增加个人的医疗保险费。因此个人负担的医疗成本将随着他看病次数与医疗费用的增加而增加，个人不会无节制地增加对于医疗服务的需求。其需求是符合资源配置效率要求的。

可见，通过某些制度设计使投保人自己约束自己的行动，是避免道德风险的可行办法。例如，在家庭财产保险中，保险公司并不对投保人实行全额保险，而规定某些最低数量的免赔额。一旦投保人的财产发生损失，投保人自己也将负担一部分损失。医疗保险公司根据参加医疗保险的人实际就医情况经常调整医疗保险费用，以便消除投保人的败德行为。即使由政府统筹解决个人的医疗保险问题，也要让个人承担相应的份额，否则个人的败德行为将会使任何形式的政府医疗保险方案难以维系。

四、委托—代理问题

如果监督工人的生产效率是无成本的，那么企业主就能确保他们的经理和工人都有效地工作。然而，在大多数企业，企业主并不能监督雇员所做的一切，因为雇员的信息比企业主多。这种信息不对称产生了一个委托—代理问题。只要在一种安排中一个人的福利取决于另一个人所做的，代理关系就存在了。代理人是行为人，而委托人是行为影响的一方。在我们的例子中，经理和工人是代理人，所有者是委托人。委托—代理问题就是经理可能为了追求他们自己的目标，甚至不惜以损失所有者的利益为代价而行事。代理关系在我们的社会广泛存在。例如，医生作为医院的代理人进行服务，这样一来，他就可能挑选病人，并根据个人的偏好而不一定是医院的目标来看病。同样地，物业经理可能并不照业主想要的那样去管理物业。

解决委托—代理问题的关键是激励。假如产量多少完全由工人付出劳动的努力程度决定，委托人能通过观察最后产量而清楚地知道代理人的劳动态度和实际信息，即委托人拥有代理人工作态度的充分信息，那么要设计一种激励机制，使代理人带来最大净收益的努力程度，也是能让委托人最满意的程度，至少在理论上是完全可能的。然而在现实生活中，我们经常遇到如上述不对称信息的情况，工人可以按照激励机制选择对自己有利的努力水平，而雇主却无法知晓每个工人付出的真实劳动。

对于因工人不努力工作而产生的委托人—代理问题可以实行一种称之为效率工资（efficiency wage）的方案解决。效率工资是高于市场均衡工资率、同时又使雇员不发生偷懒行为的工资。这一方案最初由伊伦（L.Yellen）于 1984 年提出。这一方案的基本思想是，由于不对称信息，雇主不能确知雇员的生产力，为了防止雇员工作时偷懒，雇主发给雇员效率工资。效率工资率高于市场均衡工资率。因此，在效率工资下，将会导致一部分工人失业。失业工人的存在对在业工人构成一种潜在威胁。在业工人偷懒行为一旦被发现，就将被解雇，其工作岗位将被原失业者替代。失业的威胁将使在业者必须尽力工作，不敢偷懒。

本章小结

1. 外部性是指个人（包括自然人和法人）的经济活动对他人造成的外生于市场交换机制的影响。无论是负的外部性还是正的外部性都会导致资源配置失当，不能实现帕累托最优状态。解决外部效应的主要措施有：征税和补偿、企业合并、明确产权等，其主旨是通过外部性的内部化解决市场失灵问题。

2. 公共物品是指由公共部门生产的，或者指私人不愿意生产或无法生产而由政府提供的物品，它们在消费上具有非竞争性与非排他性。由于公共物品具有非排他性，因而难免产生搭便车的问题。为了解决这种问题，公共物品的生产必须由政府来承担。对于政府如何决策，公共选择理论家们提出了集体选择的有效决策机制。

3. 信息不对称是指经济活动主体不能充分了解所需要的一切信息，或者是经济交易的双方对有关信息了解和掌握的不相一致。信息不对称会导致逆向选择、道德风险及委托—代理等问题。

复习思考题

1. 在居民住宅占据了一个城镇的东部以后，有几家厂商定位在西部。每家厂商生产相同的产品，并在生产中排放有害气体，对社区居民造成了不利的影响。
（1）为什么存在厂商生产的外部性？
（2）你认为私下讨价还价能够解决这种外部性问题吗？
（3）社区可能会怎样决定空气质量的有效水平？

2. 你如何看待"科斯定理"？它在资本主义社会中适用吗？它在社会主义社会中适用吗？

3. 请举一例子说明消费的外部不经济。

4. 假设有 10 户居民住在一条街上，每户居民愿意为增加一盏路灯支付 4 美元，而不管已提供的路灯数量。若提供 X 盏路灯的成本函数为 $C(X)=X^2$，试求最优路灯安装只数。

5. 假定典型消费者愿意出价 3000 元购买一辆质量较好的二手车，出 1000 元购买一辆二手次品车。如果买到一辆次品车的可能性为 50%，那么消费者愿为购买一辆二手车花多少钱呢？

部分复习思考题参考答案

第一章 导 论

1. 经济学是一门研究人们面对稀缺性资源如何作出选择的科学。根据经济学的研究对象不同可以将其分为微观经济学和宏观经济学两大分支。微观经济学关注的是个体决策,它以个人、家庭、企业(或厂商)以及单个市场等单个经济单位为研究对象,研究其经济行为以及这些选择与决策的影响因素,研究相应经济变量的单项数值如何决定。宏观经济学关注的是总体现象,它以整个国民经济活动为研究对象,研究经济中总的经济问题以及相应经济变量的决定、变动及其相互间的关系。

4. 经济模型是指用来描述所研究的经济现象的相关经济变量之间依存关系的理论结构。经济模型是经济现实的一种简化,它常被用于预测现实世界。

建立经济模型通常通过以下程序:第一,识别经济问题,选择经济变量;第二,为简化问题而给出假设;第三,提出一种理论或假说;第四,检验理论或假说。

第二章 需求、供给与市场均衡

1. (1) 价格上涨;(2) 价格上涨;(3) 价格上涨;(4) 价格下降。

3. 第 2 种说法正确。因为气候不好导致农业歉收,农产品供给会减少,而对农产品的需求并未发生变化,如此一来,其价格会上升;而由于农产品的需求缺乏弹性,价格上升引起的需求量下降的百分比并不大,所以农民的收入反而会增加。

4. (1) 需求量等于供给量时,市场达到均衡状态,联立需求函数和供给函数,即可得均衡价格 $P_e=6$,均衡数量 $Q_e=20$。几何图形略。

（2）新的需求函数与原来的供给函数方程联立解得，新的均衡价格 $P_e=7$，均衡数量 $Q_e=25$。几何图形略。

（3）原来的需求函数与新的供给函数方程联立解得，新的均衡价格 $P_e=5.5$，均衡数量 $Q_e=22.5$。几何图形略。

第三章　消费者行为理论

1. 两种效用理论的区别就在于，序数效用论认为效用大小无法测量，效用之间的比较可以通过排序如第一、第二、第三、……加以解决。基数效用论则认为效用是可以用表示和衡量物体长度、重量等具体大小的数字来度量，2、5、10 等，不同商品的效用和同一商品的效用是可以加总的。

2. 由于水是生活所必需的，我们从水中得到的总效用是巨大的。然而，一种商品的价格是由其边际效用决定的。自然界中水十分丰富，人们购买的最后 1 升水的边际效用比较低，所以水的价格便宜。钻石十分稀缺，人们所购买的最后 1 克拉钻石的边际效用很高，因此钻石的价格非常贵。

3. 由于低档商品的收入效应为负；该消费者只消费两种物品 X 和 Y，且花完其收入，若 X 的收入效应为负，则 Y 的收入效应必为正，即 Y 一定是正常商品。所以，不可能两种商品都是低档商品。

4. 假定欧阳出差既可以乘飞机又可以乘火车，在横轴用 M 表示飞行距离，在纵轴用 G 表示火车里程数，她的收入为 I，则欧阳的预算线可以用下式表示：

$$P_M M + P_G G = I$$

$$G = \frac{I}{P_G} - M \cdot \frac{P_M}{P_G}$$

预算线的斜率为 $-\dfrac{P_M}{P_G}$

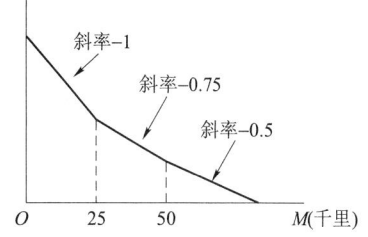

假设初始价格 $P_M=P_G=1$，当飞行里程 M 小于 25 000 时，预算线斜率为 -1；当 $25\,000 < M \leqslant 50\,000$ 时，$P_M=0.75$，预算线斜率为 -0.75；当 $M>50\,000$ 时，预算线斜率为 -0.5，如图所示。

5. 先求出均衡价格 $P=80$，均衡数量 $Q=50$，则消费者剩余 $PS=50\times(180-80)/2=2500$。

第四章 生产者行为理论

1.（1）

可变要素的数量	可变要素的总产量	可变要素的平均产量	可变要素的边际产量
1	10	10	10
2	30	15	20
3	60	20	30
4	80	29	20
5	95	19	15
6	108	18	13
7	112	16	4
8	112	14	0
9	108	12	–4

（2）是。从第四单位可变要素投入开始。

（3）在短期生产中普遍存在这么一种情况：假定技术和其他要素投入不变，连续增加一种可变生产要素投入；当投入量小于某一特定数值时，边际产量递增；当投入量连续增加并超过某一特定值时，边际产量最终会递减。

2. 首先说明当边际成本曲线位于平均成本曲线的下方时，平均成本曲线呈下降状态，当边际成本曲线位于平均成本曲线的上方时，平均成本曲线呈上升状态，然后证明，边际成本曲线不可能在平均成本曲线向下倾斜或向上倾斜时相交，边际成本曲线和平均成本曲线的唯一交点是平均成本曲线的最低点。

3. 机会成本是指：把某资源投入某一特定用途以后，所放弃的在其他用途中所能得到的最大利益。机会成本含义：在稀缺性的世界中选择一种东西意味着要放弃其他东西。一项选择的机会成本也就是所放弃的物品或劳务的价值。

4.（1）可变成本部分为 $TVC=Q^3-10Q^2+17Q$；不变成本部分为 66

（2）$TVC(Q)=Q^3-10Q^2+17Q$

$AC(Q)=Q^2-10Q+17+66/Q$

$AVC(Q)=Q^2-10Q+17$

$AFC(Q)=66/Q$

$MC(Q)=3Q^2-20Q+17$

5. 要想在既定产量下达到成本最小，两种要素必须符合：

$$\frac{MP_L}{MP_K} = \frac{P_L}{P_K} \qquad ①$$

又知道：　　　　　　　　　$TC=3L+5K$ 　　　　　　　　②

（1）已知：　　　　　　　　$Q=10$ 　　　　　　　　③

由①、②、③式可得：

$$\frac{\frac{3}{8}K^{\frac{5}{8}}L^{-\frac{5}{8}}}{\frac{5}{8}L^{\frac{3}{8}}K^{-\frac{3}{8}}} = \frac{3}{5}$$

∴　　　　　　　　　　　　$K=L$

进一步得：　　　　　　　　$K=L=10$

∴　　　　　　　$\min TC=3\times 10+5\times 1=80$

（2）已知：　　　　　　　　$Q=25$ 　　　　　　　　③′

由①、②、③′式可得：

　　　　　　　　　　　　　$K=L=25$

∴　　　　　　　$\min TC=3 \cdot 25+5 \cdot 25=200$

（3）已知：　　　　　　　　$TC=160$，

　　　　　　　　　　　　　$K=L$

　　　　　　　　　　　　　$TC=3L+5K$

得：　　　　　　　　　　　$K=L=20$

　　　　　　　　　　　　$Q=L^{3/8}K^{5/8}=20$

第五章　完全竞争市场

1. $LMC=3Q^2-24Q+40$，$LAC=Q^2-12Q+40$，$\pi=PQ-LTC$
   （1）$Q=10$，$LAC=20$，$\pi=800$
   （2）$P=4$，$Q=6$
   （3）厂商数量=100 家

2. （1）联立需求函数和供给函数得：$P=6$，$Q=3900$
   （2）由于短期均衡时 $P=6$，且单个企业 LAC 曲线的最低点的价格也是 6，可知该市场处于长期均衡。由 $Q=3900$，单个厂商产量为 50，所以厂商数量为 3900/50=78
   （3）由 $D'=SS'$，得 $P=6$，从而得 $Q=5600$

(4) 同（2）中分析，该短期均衡同时也是长期均衡，由 $Q=5600$，单个厂商产量为 50，所以厂商数量为 5600/50=112。

(5) 由于均衡价格均为 6，一直不变，所以该行业属于成本不变行业。

(6)（1）中厂商数量为 78，（3）中厂商数量为 112，所以新增厂商数量为 34 家。

3. $P=5$（提示：当 $AVC=P$ 时，停止营业）。

第六章 垄 断 市 场

1. 垄断厂商是价格的制定者，并不意味着该厂商对于自己给定的产量可以任意索取一个价格，垄断厂商在确定其产出水平时，相对于市场需求曲线，其价格亦被确定。

2. 在完全竞争条件下，单个厂商的产出相对于整个行业产出规模而言，数量非常小，厂商可以按照现行的市场价格任意的出售愿意产出的数量。故厂商每增加一个单位的产出所获得的边际收益与其价格是一致的。在垄断厂商情形下，垄断厂商面对的需求曲线就是行业的需求曲线，需求曲线负的斜率意味着如果垄断厂商增加一个单位的产出，为了能够销售出去，其价格也必须相应降低，而且前面生产的产品价格也同时下降。这样，边际收益必小于现在的价格。

3. 在垄断情况下，我们无法定义厂商的供给曲线是因为，对于给定的市场需求曲线，厂商的供给曲线实际上只是一个点，即由 $MR=MC$ 所决定的产出水平。如果需求曲线发生变动，那么相应的边际收益曲线也会移动。由此确定另一个利润最大化的产出水平。但是，把这些点连接起来没有什么意义，也不能表示垄断厂商的供给曲线。这是由于这些点的组合取决于移动的需求曲线的弹性变化及其相应的边际收益曲线。除非需求曲线的移动是平行移动，而这是不大可能的。所以，垄断厂商的供给曲线难以确定。

4. $Q=5$，$P=15$，利润为 10。

5.（1）完全竞争条件下，$P=10$，$Q=500$。

（2）垄断条件下，$Q=200$，$P=16$。

第七章 垄断竞争市场

3. 垄断竞争的厂商的产品具有异质性的特点，这保证了厂商面对的需求曲线具有负的斜率，它意味着：如果其价格提高的话，不会失去所以的购买者；如果增加产出，其价格必须相应的降低。这种市场结构类似垄断。但产品的异质并没有排除替代的可能。产品之间存在的替代性，使得厂商彼此之间无法给对方造成明显的影响。新厂商可以自由进入该行业。垄断竞争类似于完全竞争。

4. 对于有代表性的企业，面临的问题是：

$$\max_{q_k}(pq_k-c_k)$$

$$=\max_{q_k}\left(150-q_k-0.02\sum_{i=1,i\neq k}^{101}qi\right)q_k-(0.5q_k^3-20q_k^2+270q_k)$$

利润最大化的产出必须满足：

$$\partial\max_{q_k}(pq_k-c_k)/\partial q_k=0$$

即 $150-2q_k-0.02\sum_{i=1,i\neq k}^{101}qi-1.5q_k^2+40q_k-270=0$

因为 $q_i=q_k$

可求得：$q_k=20$，相应的价格为：$p_k=90$

利润为 $\pi_k=400$

5.（1）由 LTC，可得 $LAC=0.001Q^2-0.425Q+85$

由需求曲线，得 $P=120-0.4Q$

长期均衡时，实际需求曲线必然和 LAC 曲线在均衡点相交。令 $P=LAC$，得 $Q=200$，$P=40$。

（2）长期均衡时，预期需求曲线必然和 LAC 曲线相切，且 $MR=LMC$

当 $Q=200$ 时，可求得 $LMC=MR=35$。运用公式 $MR=P(1-1/E_p)$，解得 $E_P=8$

第八章 寡头垄断市场

1.（1）厂商 1 的利润函数为：

$$\pi_1=(53-Q_1-Q_2)\cdot Q_1-5Q_1$$

由利润最大化的一阶条件有：

$$\frac{\partial\pi_1}{\partial Q_1}=48-2Q_1-Q_2=0$$

所以，厂商 1 的反应函数为：

$$Q_1=\frac{48-Q_2}{2}=24-\frac{Q_2}{2}$$ ①

同理，厂商 2 的反应函数为：
$$Q_2 = \frac{48-Q_1}{2} = 24 - \frac{Q_1}{2} \qquad ②$$

（2）联立①式和②式求得：$Q_1=Q_2=16$，即为古诺均衡时每个厂商的产量水平。

（3）古诺均衡时市场总需求为 $Q=Q_1+Q_2=32$，所以：
$$P=53-Q=21$$
$$\pi_1=\pi_2=(53-32)\times 16 - 5\times 16 = 256$$

2.（1）该市场是寡头垄断市场，属于折弯的需求曲线模型，即斯威齐模型。

（2）$P_1=30-0.1Q(0\leqslant Q\leqslant 50)$，$MR_1=30-0.2Q$；
$P_2=40-0.3Q(Q>50)$，$MR_2=40-0.6Q$；
$C=50+4Q+0.1Q^2$，$MC=0.2Q+4$；
$MR_1=30-0.2Q=MC=0.2Q+4$，$Q=65$，不符合 $0\leqslant Q\leqslant 50$；
$MR_2=40-0.6Q=MC=0.2Q+4$，$Q=45$，不符合 $Q>50$。
因此，只有 $Q=50$，此时 $P=25$，$\pi=25\times 50 - (50+4\times 50+0.1\times 50^2)=750$。

（3）$C=50+4Q+0.3Q^2$，$MC=0.6Q+4$，则：
$MR_1=30-0.2Q=MC=0.6Q+4$，$Q=32.5$
$MR_2=40-0.6Q=MC=0.6Q+4$，$Q=30$
显然，$Q=30$ 不符合 $Q>50$，故 $Q=32.5$，$P=30-0.1\times 32.5=26.75$。

（4）$C=100+Q+0.05Q^2$，$MC=0.1Q+1$，则：
$MR_1=30-0.2Q=MC=0.1Q+1$，$Q=96.67$
$MR_2=40-0.6Q=MC=0.1Q+1$，$Q=55.71$
显然，$Q=99.67$ 不符合 $0\leqslant Q\leqslant 50$，
故 $Q=55.71$，$P=40-0.3\times 55.71=23.287$

3.（1）计算如下：
$$C_1=0.1Q_1^2+20Q_1+100\,000,\ MC_1=0.2Q_1+20$$
$$C_2=0.4Q_2^2+32Q_2+20\,000,\ MC_2=0.8Q_2+32$$
$$Q=4000-10P,\ P=400-0.1Q,\ MR=400-0.2Q$$
利润最大化的条件是 $MR=MC$，故
$$MC_1=0.2Q_1+20=MC,\ Q_1=5MC-100$$
$$MC_2=0.8Q_2+32=MC,\ Q_2=1.25MC-40$$
又 $Q=Q_1+Q_2$，即 $Q=6.25MC-140$，$MC=0.16Q+22.4$，故
$$MR=400-0.2Q=MC=0.16Q+22.4$$

解得 $Q=1049$，$P=295$，则
$$MC=0.16\times 1049+22.4=190$$
$$Q_1=5\times 190-100=850$$
$$Q_2=1049-850=199$$

（2）计算如下：
$$\pi_1=PQ_1-C_1=295\times 850-(0.1\times 850^2+20\times 850+100\,000)=61\,500$$
$$\pi_2=PQ_2-C_2=295\times 199-(0.4\times 199^2+32\times 199+20\,000)=16\,497$$

卡特尔的利润为：$\pi=\pi_1+\pi_2=61\,500+16\,497=77\,997$

4.（1）折弯的需求曲线模型的假设条件是：若行业中的一个寡头厂商提升价格，则其他厂商都不会跟着提价，这便使得单独提价的厂商的销售量大幅度地减少；相反，若行业中的一个寡头厂商降低价格，则其他厂商会将价格降到同一水平，这便使得首先单独降价的厂商的销售量的增加幅度是有限的。

（2）由以上（1）的假设条件，便可以推导出单个寡头厂商折弯的需求曲线：在这条折弯的需求曲线上，对应于单个厂商的单独提价部分，是该厂商的主观的 d 需求曲线的一部分；对应于单个厂商首先降价而后其他厂商都降价的部分，则是该厂商的实际的 D 需求曲线。于是，在 d 需求曲线和 D 需求曲线的交接处存在一个折点，这便形成了一条折弯的需求曲线。在折点以上的部分是 d 需求曲线，其较平坦即弹性较大；在折点以下的部分是 D 需求曲线，其较陡峭即弹性较小。

（3）与（2）中的折弯的需求曲线相适应，便得到间断的边际收益 MR 曲线。换言之，在需求曲线的折点所对应的产量上，边际收益 MR 曲线是间断的，MR 值存在一个在上限与下限之间的波动范围。

（4）正是由于（3），所以，在需求曲线的折点所对应的产量上，只要边际成本 MC 曲线的位置移动的范围在边际收益 MR 曲线的间断范围内，厂商始终可以实现 $MR=MC$ 的利润最大化的目标。这也就是说，如果厂商在生产过程中因技术、成本等因素导致边际成本 MC 发生变化，但只要这种变化使得 MC 曲线的波动不超出间断的边际收益 MR 曲线的上限与下限，那就始终可以在相同的产量和相同的价格水平上实现 $MR=MC$ 的利润最大化原则。至此，折弯的需求曲线便解释了寡头市场上的价格刚性现象。

5. 成功的卡特尔必须具备两个条件：一是对产品的需求是缺乏弹性的，二是该卡特尔必须控制大部分的产品供给。

石油欧佩克（OPEC）的成功就在于，它是由 12 个主要的石油生产国组成的，其石油产量占了世界石油总产量的相当比例，而且，在一定时期内，对石油的总需求以及非石油欧佩克（Non-OPEC）的供给都是缺乏弹性的。因此，

OPEC 具有相当的垄断势力，可以将价格提到高出竞争性价格更多的地方。

而对铜的总需求是富有弹性的，而且非西佩克（Non-CIPEC）的供给也有很大的弹性，因此，西佩克铜卡特尔（CIPEC）的潜在的垄断势力很小。

卡特尔在组织上必须解决以下的问题：在卡特尔内部如何达成关于价格和市场份额分配的协议，如何执行和监督协议的实施。

第九章　博弈论和竞争策略

2.（1）在纯策略方面有两个纳什均衡。每一个包含一家厂商生产产品 A 和另外一个厂商生产产品 C，这两个策略对应的策略组合为（A，C）和（C，A），第一个策略对厂商 2 更有利，第二个策略对厂商 1 更有利。这两个策略的收益分别是（10，20）和（20，10）。

（2）极大化极小策略为各博弈方使最小收益最大化。对于使他们最小收益最大化的策略组合是（A，A），并且他们的收益将是（-10，-10）。各博弈方的收益都不如纯策略的纳什均衡。

（3）如果厂商 1 执行它的极大化极小策略 A，若厂商 2 知道后，厂商 2 通过执行策略 C 获得最高收益。我们可以发现，如果厂商 1 保守地执行 A，那么，厂商 2 将获得两个纳什均衡中的最高的收益 20。

3.（1）如果厂商 2 选择低并且厂商 1 选择高即（高，低）策略组合对应的收益为（100，800），他们双方都没有改变价格的冲动（因为对于厂商 1，100>-20；对于厂商 2，800>50）。如果厂商 2 选择高并且厂商 1 选择低即（低，高）策略组合对应的收益为（900，600），他们双方都没有改变价格的冲动（因为对于厂商 1，900>50；对于厂商 2，600>-30）。所以，策略组合（低，高）和（高，低）都是纳什均衡。

（2）如果厂商 1 选择低，在厂商 2 也选择低时，厂商 1 的最差收益出现，是-20。如果厂商 1 选择高，在厂商 2 也选择高时，厂商 1 的最差收益出现，是 50。因此，如果采用极大化极小策略，厂商 1 将会选择高。相似地，如果厂商 2 选择低，在厂商 1 也选择低时，厂商 2 的最差收益出现，是-30。如果厂商 2 选择高，在厂商 1 也选择高时，厂商 2 的最差收益出现，是 50。因此，如果采用极大化极小策略，厂商 2 将会选择高。因此，两个公司都会选择高，即选择（高，高）策略组合，对应的收益为（50，50）。

（3）合作的结果将使共同收益最大化。如果厂商 1 选择低而厂商 2 选择高，对应的收益为（900，600），收益之和为 1500。

（4）厂商 1 从合作获得大多数的利润。合作下的最大收益与仅次于最好的收益间的差别是 900−100=800。说服厂商 2 选择对厂商 1 来说最好的选择，厂商 1 会向厂商 2 提供后者在合作时的收益（600）与其最好的收益（800）之间的差异（200）。不过，厂商 2 意识到厂商 1 能从合作中索要更多好处，便尽力从厂商 1 那里索要更多好处。

第十章 要素市场的价格决定

1. 厂商使用要素的原则是利润最大化这个一般原则在要素使用问题上的具体化，它可以简单的表述为：使用要素的"边际成本"和相应的"边际收益"相等。在完全竞争条件下，厂商使用要素的边际成本等于要素价格 w，而使用要素的边际收益是所谓边际产品价值 VMP，因此，完全竞争厂商使用要素的原则可以表示为：$VMP=w$ 或者 $MP \cdot P=w$。当上述原则或条件被满足时，完全竞争厂商达到了利润最大化，此时使用的要素数量为最优要素数量。

2. 劳动供给曲线之所以向后弯曲，是劳动工资率产生的替代效应和收入效应综合影响的结果。

替代效应和收入效应是工资率上升的两个方面，在工资率较低的条件下，劳动者的生活水平较低，闲暇的成本相应也就较低，从而，工资提高的替代效应大于收入效应，劳动的供给曲线向右上方倾斜。随着工资率的进一步提高，闲暇的成本增加，替代效应开始小于收入效应，结果劳动供给数量减少。因此，劳动的供给曲线呈现出向后弯曲的形状。

3. 要素价格决定理论根据生产理论断定，劳动、资本及土地都是生产产品所必须的投入要素，并且都服从边际报酬递减规律。当要素市场处于均衡时，厂商因使用生产要素而获得最大利润，要素所有者因提供生产要素而获得最大的满足。生产要素的使用和要素收入分配的市场分析具有一般的意义。在市场经济条件下，要素使用和供给的竞争有利于资源的合理配置。

4. 要素处在完全竞争市场中时，单个厂商对要素的需求曲线向右下方倾斜，当考虑厂商所在行业中的其他厂商的调整，则该厂商的要素需求曲线将不再与边际产品价值曲线重合。随着要素价格的变化，整个行业厂商都调整自己的要素使用量，从而都改变自己的产量，产品的市场价格就会发生变化。于是，厂商的要素需求曲线将不再与边际产品价值曲线重合。厂商的要素需求曲线叫做"行业调整曲线"，它仍然向右下倾斜，但比边际产品价值曲线要陡峭一些；在不完全竞争要素市场中，如果所有厂商均是卖方垄断者，市场的要素需求曲线就是所有这些厂商的边际收益产品曲线的水平相加。当并非所有厂商均是卖方垄断者，市场的要素需求曲线就是所有这些厂商的行业调整曲线的水平相加；

买方垄断厂商的要素需求曲线不存在。

5. $TR = P \cdot Q = 200Q - Q^2$

$$MR = 200 - 2Q$$

由于在 $Q=60$ 时，厂商利润最大化，所以 $MR=80$

从生产要素市场来看，厂商利润最大化的劳动使用量由下式决定：

$$w = MR \cdot MP_L$$

$$MP_L = 1200/80 = 15$$

第十一章　一般均衡与经济效率

2.（1）X 供给增加，价格下降，则 X 的替代品市场的需求减少，需求曲线左移，替代品价格下降；X 供给增加导致其互补品需求增加，需求曲线右移，互补品价格上升。

（2）X 供给增加导致生产要素的需求增加，生产要素的价格上升。

3. 帕累托最优（Pareto Optimality），也称为帕累托效率，帕累托最优是指资源分配的一种状态，在不使任何人境况变坏的情况下，而不可能再使某些人的处境变好。帕累托改进是指一种变化，在没有使任何人境况变坏的前提下，使得至少一个人境况变得更好。一方面，帕累托最优是指没有进行帕累托改进的余地的状态；另一方面，帕累托改进是达到帕累托最优的路径和方法。帕累托最优是公平与效率的"理想王国"。

4. 帕累托最优是指资源分配的一种理想状态。假定固有的一群人和可分配的资源，如果从一种分配状态到另一种状态的变化中，在没有使任何人境况变坏的前提下，使得至少一个人变得更好，这就是帕累托改进。帕累托最优的状态就是不可能存在更多的帕累托改进；换句话说，不可能再改进某些人的境况，而不使任何其他人受损。

经济社会中的每个人都在力图追求个人满足，一般说来，他并不企图增进公共福利，也不知道他所增进的公共福利为多少，但在这样做时，有一只"看不见的手"引导他去促进社会利益，并且其效果要比他真正想促进社会利益时所得的效果更大。

市场机制的自发作用使得经济处于一般均衡状态。在这一状态下，社会以最低的成本进行生产，消费者从消费产品中获得最大满足，厂商获得最大利润，生产要素按各自在生产中的贡献取得报酬。完全竞争市场满足帕累托最优的三个条件，其均衡状态是社会最优的。

5. 消费者最优化问题可以写为：

$$\max U = Q_x \cdot Q_y + 2Q_x + 4Q_y \quad (1)$$
$$\text{s.t.} \quad Q_x/10 + Q_y/5 = 10 \quad (2)$$

把（2）式代入（1）式，简单的最优化处理，令一阶导数为零，可求的最优的 $Q_x=50$，$Q_y=25$；再根据 $Q_x=10L_1$，$Q_y=5L_2$ 即可求出 L_1 和 L_2，解得 $L_1=5$，$L_2=5$。

6. 契约曲线是所有帕累托最优点的集合，帕累托最优的定义是，在不减少另外一个人效用的情况下，不能增加另外一个人的效用，按此定义，可构造如下最优化问题：

$$\max X = 5L^{0.4}K^{0.6} \quad (1)$$
$$\text{s.t.} \quad Y = 4(100-L)^{1/2} \cdot (200-K)^{1/2} \geq Y(0) \quad (2)$$

将（2）代入（1），进行简单的最优化处理，得到 L 与 K 之间的一个关系式，这个关系式就是契约曲线表达式。

第十二章 市场失灵与微观经济政策

1.（1）因为厂商在生产中排放的有害气体，损害了居民的身体健康，增加了社会成本，而这种成本不能在市场价格中反映出来，因此就存在厂商生产的外部性。

（2）私下讨价还价很难有效解决这一外部性问题。因为社区居民对西部的空气并不具有清洁权，而且这种外部性的影响又非常大。产权没有明晰的情况下，讨价还价是无效率的。

（3）社区居民可能通过合计每个家庭愿意为空气质量支付的价格，并使之等于减少污染的边际成本来决定空气质量的有效水平。

2. 从科斯定理的内容出发，以产权是否明晰和交易成本是否为零作为条件进行分析即可；利用科斯定理解决外部影响问题，在实际中并不一定真的有效。财产权不一定总是能够明确的加以规定；已经明确的财产权不一定总是能够转让；分派产权会影响收入分配，而收入分配的变动可能造成社会不公平，引起社会动乱。因此，即使是在资本主义社会，科斯定理的作用也是非常有限的；当然，科斯定理更不能适用于社会主义。

3. 消费的外部性是指一些个人的消费开支增加，而使社会为之承担的成本。例如，越来越多的人出去郊游，如果在郊游地抛下许多啤酒瓶、香烟蒂和塑料袋等废弃物，这不仅给社会增加了财政成本（清扫），而且对其他人也增加了精神成本，降低了郊游的满意程度。

4. 每户居民对路灯的愿付价格就是其边际收益，全体居民的需求曲线为每一户居民需求曲线的纵向加总，所以全体 10 户居民的边际收益 $MR=4\times10=40$，由提供路灯的总成本函数可求出边际成本函数：$MC=2X$

由 $MR=MC$，求得最优路灯安装数 $X=20$ 盏。

5. $3000\times(1-50\%)+1000\times50\%=2000$ 元。

参 考 文 献

[1] [英]亚当·斯密. 国民财富的性质和原因的研究[M]. 郭大力, 王亚南, 译. 北京: 商务印书馆, 1972.
[2] [英]马歇尔. 经济学原理(上、下卷)[M]. 朱志泰, 译. 北京: 商务印书馆, 1964.
[3] [美]萨缪尔森. 经济学[M]. 高鸿业译. 北京: 商务印书馆, 1981.
[4] [英]罗杰·E. 巴克豪斯. 西方经济学史[M]. 莫竹芩, 袁野, 译. 海口: 海南出版社, 三环出版社, 2007.
[5] [美]罗伯特·S. 平狄克, 丹尼尔·L. 鲁宾费尔德. 微观经济学(第7版)[M]. 高远, 朱海洋, 范子英, 等译. 北京: 中国人民大学出版社, 2009.
[6] [美]曼昆. 经济学原理(第5版)[M]. 梁小民, 梁砾, 译. 北京: 北京大学出版社, 2009.
[7] [美]道格拉斯·伯恩海姆, 迈克尔·惠斯顿. 微观经济学[M]. 项婷婷, 译. 北京: 北京大学出版社, 2010.
[8] [美]威廉·A. 迈克易切恩.《华尔街日报》版微观经济学(第5版)[M]. 田秋生, 译. 北京: 经济科学出版社, 2004.
[9] [美]阿瑟·奥沙利文, 史蒂芬·M. 谢菲林. 经济学(上册)[M]. 杜焱, 侯利, 谷京萍, 等译. 北京: 北京大学出版社, 2000.
[10] [美]斯蒂格利茨. 经济学[M]. 姚开建, 刘凤良, 吴汉洪, 译. 北京: 中国人民大学出版社, 1997.
[11] [美]柯兰德. 微观经济学(第6版)[M]. 陈蒙, 译. 上海: 上海人民出版社, 2008.
[12] [英]迈克尔·帕金. 微观经济学(第8版)[M]. 张军, 等译. 北京: 人民邮电出版社, 2009.
[13] [法]贝尔纳·萨拉尼耶. 市场失灵的微观经济学[M]. 朱保华, 方红华,

译. 上海：上海财经大学出版社，2004.

[14] [美] 罗伯特·吉本斯. 博弈论基础 [M]. 高峰，译. 北京：中国社会科学出版社，1999.

[15] [美] 朱·弗登伯格，[法] 让·梯诺尔. 博弈论 [M]. 黄涛，译. 北京：中国人民大学出版社，2002.

[16] 高鸿业，吴易风，吴汉洪，等. 现代西方经济学（第 2 版）[M]. 北京：经济科学出版社，2000.

[17] 高鸿业. 西方经济学（第 3 版）[M]. 北京：中国人民大学出版社，2004.

[18] 宋承先. 西方经济学名著提要 [M]. 南昌：江西人民出版社，1998.

[19] 宋承先. 现代西方经济学（微观经济学）[M]. 上海：复旦大学出版社，1994.

[20] 刘凤良. 经济学 [M]. 北京：高等教育出版社，1999.

[21] 张维迎. 博弈论与信息经济学 [M]. 上海：上海三联书店，1996.

[22] 余永定，张宇燕，郑秉文. 西方经济学 [M]. 北京：经济科学出版社，1997.

[23] 陈钊，陆铭. 微观经济学. 北京：高等教育出版社，2008.

[24] 梁瑞华. 微观经济学 [M]. 北京：中国农业大学出版社，北京大学出版社，2009.

[25] 张燕生. 西方经济学 [M]. 北京：中国财政经济出版社，1991.

[26] 刘秀光. 西方经济学原理 [M]. 北京：清华大学出版社，2009.

[27] 岳贤平，于振英. 微观经济学 [M]. 北京：清华大学出版社，2007.

[28] 汪祥春. 微观经济学 [M]. 大连：东北财经大学出版社，2002.

[29] 幸理，杨卿. 微观经济学 [M]. 武汉：华中科技大学出版社，2008.

[30] 刘文勇. 微观经济学 [M]. 哈尔滨：黑龙江大学出版社，2009.